Dietz Berlin

Franz Heilgendorff

Kategoriale Kritik

Zur Bedeutung von Kategorie und Begriff in der dialektischen Methode bei Marx

Dietz Berlin

Bibliografische Informationen der Deutschen Nationalbibliothek.
Die Deutsche Nationalbibliothek verzeichnet diese Publikation in der Deutschen Nationalbibliografie; detaillierte bibliografische Daten sind im Internet über http://dnb.dnb.de abrufbar.

Gefördert vom Verein zur Förderung der MEGA-Edition e.V.

Überarbeitete Fassung der Dissertation »Grundzüge einer Theorie kategorialer Kritik. Zur Bedeutung von Kategorie und Begriff in der dialektischen Methode bei Marx«, die im April 2022 an der Philosophischen Fakultät der Technischen Universität Dresden eingereicht und im Oktober 2022 verteidigt wurde.

2., durchges. Auflage 2024

Franz-Mehring-Platz 1, 10243 Berlin

Gestaltung: Andreas Homann
Druck und Bindung: CPI, Leck
Printed in Germany
ISBN 978-3-320-02411-6

FRANZ HEILGENDORFF, geb. 1989, war Stipendiat der Rosa-Luxemburg-Stiftung, hat an der TU Dresden in Philosophie promoviert und ist gegenwärtig wissenschaftlicher Mitarbeiter am Institut für Soziologie der TU Dresden sowie Lehrbeauftragter an verschiedenen Hochschulen. Darüber hinaus arbeitet er an einer digitalen Fassung des »Kapital« zum Selbststudium.

Inhalt

Einleitung 11

Exposition der These: Vorüberlegungen zu Kategorie und Begriff 13

Kategorie 15

Begriff 17

Erkenntnistheoretische Begründungselemente der marxschen Theorie der Revolution 21

Die bisherige Methodendebatte 30

Erster Teil 43

Die Auffassung der Kategorien bei Aristoteles 45

Der in den Kategorien liegende Problemzusammenhang aus der Perspektive von Hegel und Marx 45

Die Entdeckung der Kategorien bei Aristoteles 47

Der Begriff der Kategorie und die gesellschaftlichen Erfahrungen der Sophistik 50

- Kategorien in der »Topik« 54
- Kategorien in der »Kategorien«-Schrift 57
- Kategorien und der Übergang von Logik in Metaphysik 60

Antizipierende Bemerkungen: Kategorien im Übergang von Aristoteles zu Hegel 64

Zweiter Teil 69

Hegels Begriff von Kategorien 71

Grundbestimmungen 71

Die Grundbestimmungen und ihr Zusammenhang mit Marx 73

Drei Verständnisse von Kategorien in der »Phänomenologie«, »Logik« und den »Grundlinien der Philosophie des Rechts« 78

Hegels Kritik am Kategorienbegriff in der »Phänomenologie« und der Übergang zum Kategorienbegriff der »Logik« 81

Die Wahrnehmung und Hegels Kantkritik 83

Die Bewegung vom »Selbstbewusstsein« zur »Vernunft« als Grundlegung einer neuen Deduktionsform der Kategorien 86

Kategorie und Begriff in Hegels »Logik« 92

Die Einheit von Logik und Metaphysik 95

Die Kategorien der Wirklichkeit. Hinleitung 99

Die Wirklichkeit 102

Wirklichkeit und Möglichkeit 103

Notwendigkeit, Bedingung und Tätigkeit 105

Substanz und Akzidenz 107

Ursache und Wirkung, Wechselwirkung 108

Die Einheit von Darstellung und Kritik am Beispiel der Substanz 110

Die Wirklichkeit begreifen. Das Verhältnis von Kategorie und Begriff in der Darstellung 112

Hegels Kategorienauffassung im Verhältnis zu Kant und Aristoteles 114

Dritter Teil 119

Marx' Verständnis der Kategorien 121

Denken und empirische Wirklichkeit – Marx' frühe Hegelkritik und Hegels Rechtsphilosophie 121

Marx' Hegelkritik und die Beziehung von Logik und Realphilosophie 126

Denken und Wirklichkeit. Vermittlung von Begriff und Geschichte 129

Das Verhältnis von Geschichte und Darstellung 133

Marx' Kritik der »Rechtsphilosophie« als Folie der Kritik der politischen Ökonomie 133

Die gedankliche Reproduktion der Wirklichkeit. Mit und gegen Hegel am Beispiel des Wertbegriffs 136

Der Begriff der Kategorie bei Marx 141

Die Spezifik der marxschen Kategorienauffassung 142

Die Herausbildung des spezifischen Verständnisses der Kategorie bei Marx 151

Die Schärfung des Kategorienbegriffs in der Auseinandersetzung mit Proudhon 153

Kategorien als Ausdruck und gedankliche Reproduktion der Produktionsverhältnisse 156

Kategorien und gesellschaftliche Praxis 162

Ideologiekritische Funktion der Kategorien 168

Das Verhältnis von Begriff und Kategorie im »Kapital« 173

Die Struktur des »Kapital« als Vermittlung zweier Totalitäten von Kategorien 175

Die Zirkulationssphäre als erste Totalität 176

— *Erster und zweiter Abschnitt (Ware und Geld, Verwandlung von Geld in Kapital)* 176

— *Der Produktionsprozess als zweite Totalität von Bestimmungen der abstrakt menschlichen Arbeit* 177

Aspekte der Vermittlung dieser Totalitäten und der Begriff des Kapitals 178

Die Entwicklung der Kategorien im ersten Band des »Kapital« 182

Die Wertableitung und der dialektische Gehalt des »Kapital« 182

Hegel und Marx. Erneut 187

Der Wert und die Logik der Sache selbst in den »Kapital«-Auflagen 187

Die Darstellung ab der dritten deutschen Auflage 192

Die dialektische Bestimmung des Wertbegriffs und die gesellschaftliche Herrschaft der Abstraktion. Konsequenzen für das Projekt »materialistische« Dialektik 200

Die erste Totalität der Bestimmungen der abstrakt menschlichen Arbeit 204

Vom Doppelcharakter der Arbeit über die Wertformanalyse zum Geld 204

Der Fetischcharakter der Ware 208

— *Die Herrschaft der Abstraktion* 209

— *Versachlichung und Verdinglichung* 210

— *Theorie der Revolution* 212

Der Austauschprozess. Hegels Rechtskategorien und die Kategorien der politischen Ökonomie sowie der Zusammenhang von Philosophie und positiver Wissenschaft 213

— *Kritik der Kategorien der hegelschen »Rechtsphilosophie«* 214

— *Kritik der Kategorien der politischen Ökonomie* 215

— *Das Geld – Begriff oder Kategorie?* 221

— *Das Geld als ideelles Wertmaß und die Kategorien Maß der Werte und Maßstab der Preise* 223

— *Die kategoriale Bestimmung des Geldes als Zirkulationsmittel* 224

— *Von den kategorialen Momenten zum Begriff des Geldes. Schatz, Zahlungsmittel und Weltgeld* 227

Die Verwandlung von Geld in Kapital und das Kapital als Begriff des Wertes 229

Die zweite Totalität der Bestimmungen der abstrakt menschlichen Arbeit und das Wesen des Kapitals 233

Die Trinität von Arbeits-, Wertbildungs- und Verwertungsprozess 233

Arbeitsprozess oder die Abstraktion »Arbeit« als Kategorie der politischen Ökonomie 237

Die Arbeit als Kategorie des Kapitals. Verwertungsprozess und absoluter Mehrwert 242

— *Der Mensch in der Ökonomie. Rechtskategorien und Kategorien der politischen Ökonomie* 247

— *Formelle Subsumtion des Arbeitsprozesses als Verwertungsprozess unter das Kapital* 249

Die Kategorie des relativen Mehrwerts und die reelle Subsumtion der Arbeit unter das Kapital 251

— *Die Verwirklichung der Arbeit unter dem relativen Mehrwert* 252

— *Die aufzuhebende Wirklichkeit der Arbeit in der Fabrik und des Begriffs des Kapitals* 257

— *Widersprüche der Kategorie des relativen Mehrwerts und der Fabrik* 260

Der Begriff des Kapitals und der kapitalistische Akkumulationsprozess 263

Zusammenfassung 267

Anhang 274

Siglen 275

Literaturverzeichnis 276

Danksagung 286

Einleitung

Warum der unüberblickbaren Literatur zu Marx' »Kapital« und der Frage der »materialistischen« Dialektik eine weitere Publikation hinzufügen? Es scheint nicht nur alles gesagt, sondern »vergeblich, in dieser Richtung weitere Anstrengungen unternehmen zu wollen«.[1] Die Urteile sind gefällt: Eine eigenständige Ausarbeitung sei gescheitert, wie sich kurz vor dem Ende des staatlichen Sozialismus eingestanden wurde.[2] Gegenwärtig setzt sich zunehmend die Position durch, dass sich Marx' und Hegels Gebrauch der Dialektik decken, daher das »Projekt einer sogenannten ›materialistischen‹ Dialektik hinfällig«[3] sei. Doch der Eindruck täuscht, denn in diesem scheinbaren Ende ist ein Neuanfang versteckt, der es nicht nur erlaubt, die erkenntnistheoretischen Begründungselemente revolutionärer Theorie freizulegen, sondern auch die Eigenheiten der marxschen Dialektik.

Als ich vor einigen Jahren begonnen habe, mich genauer mit der Frage zu beschäftigen, was »materialistische« Dialektik sein könnte, bin ich beim Durcharbeiten dutzender Publikationen immer wieder über Sätze wie diesen gestolpert: Die Darstellung im »Kapital« zeichne aus, dass Marx »eine Reihe vertrauter ökonomischer Begriffe (Kategorien) [...] historisch und begrifflich in eine darstellungstechnische Beziehung zueinander setzt«.[4] Mir kam es seltsam vor, dass »Begriff« und »Kategorie« sehr häufig synonym verwendet werden, aber scheinbar doch eine Differenz besteht, wie es die Klammer anzeigt. Mit Verwunderung stellte ich fest, dass sich das Problem wiederholte. So spricht zum Beispiel auch Max Horkheimer in einem Satz von den »Grundbegriffe[n] der klassischen englischen Nationalökonomie«, nur um darauffolgend auszuführen, dass bei Marx im »Gang der Darstellung diese Kategorien neue

1 Andreas Arndt: Hegels Begriff des Begriffs und der Begriff des Wertes in Marx' »Kapital«, in: ders.: Hegel in Marx, Berlin 2023, S. 103–113, hier S. 104.

2 Siegfried Bönisch/Frank Fiedler: Dialektik als philosophischer Gegenstand – Ergebnisse und Aufgaben eines Forschungsprogramms, in: Deutsche Zeitschrift für Philosophie 5/1988, S. 385–394, hier S. 394.

3 Arndt: Hegels Begriff des Begriffs (2023), S. 104.

4 Andreas Vieth: Philosophische Grundbegriffe, in: Michael Quante/David P. Schweikard (Hrsg.): Marx Handbuch, Stuttgart 2016, S. 145–172, hier S. 158.

Funktionen [gewinnen]«.[5] Es zeigt sich eine folgenschwere Tautologie: Die Kategorien sollen die grundlegenden Begriffe und die grundlegenden Begriffe die Kategorien einer Wissenschaft bilden.[6] Als einer der wenigen um eine Differenzierung bemüht, schlug Wolfgang Fritz Haug vor, Marx hätte die Kategorien der politischen Ökonomie zu Begriffen umgearbeitet, erzeuge also einen »Begriff der Kategorie«.[7] Aber dies erklärt nicht die darstellungslogische Ordnung der Kategorien, um die die Frage der Dialektik kreist.

Hilfreicher war, dass Haug mit Rubén Zardoya Loureda auf das mir ebenso aufgefallene Problem der scheinbaren Identität von »Begriff« und »Kategorie« aufmerksam machte.[8] Wenn »Kategorie« und »Begriff« aufgrund ihrer Austauschbarkeit tatsächlich Synonyme sein sollten, so Zardoya Loureda kritisch-ironisch, dann bestünde ihre Identität wohl darin, dass sie schlicht Wörter oder Namen für etwas seien.[9] Wenn also Begriffe und Kategorien wirklich nur Wörter wären, was wäre dann noch unter einer »begriffliche[n] Beziehung der Kategorien«[10] zu verstehen? Der substanzielle Zusammenhang der Kategorien bleibt schlicht unklar; polemisch gewendet ließe sich gar davon sprechen, dass Marx' Methode scheinbar in der Aufzählung von Wörtern besteht. Eine Komik, die Andreas Vieth unfreiwillig auf den Punkt bringt: Marx' Darstellung »erscheint wie ein willkürliches Jonglieren mit Begriffen«,[11] lies Wörtern, sodass »schlicht unklar ist, was Dialektik bei Marx genau sein soll«.[12]

Daraus ergab sich folgende Idee: Ist es möglich, »Begriff« und »Kategorie« zu differenzieren, so kann die Unterscheidung erklären, worin Marx' Darstellungsmethode besteht. Gelingt es, ihre synonyme Verwendung aufzulösen, führt dies nicht nur in den Kern dialektischen Denkens als gedanklicher Reproduktion der Wirklichkeit,[13] sondern erhellt vielleicht sogar das Verhältnis von Hegel und Marx. Die Lösung dafür schien mir in der Geschichte der Philosophie zu liegen, da mit den Termini »Begriff« und »Kategorie« grundsätzliche erkenntnistheoretische Fragen verbunden sind, nämlich wie sich Denken auf die Wirklichkeit bezieht. Und schon bei Hegel heißt es: Es befasse sich niemand mit der Bedeu-

5 Max Horkheimer: Zum Problem der Wahrheit, in: ders.: Kritische Theorie. Eine Dokumentation. Band 1, Frankfurt a. M. 1968, S. 228–276, hier S. 268.

6 Vgl. Ekkhard Lassow: Das Verhältnis von Gesetzen und Kategorien am Beispiel des historischen Materialismus, in: Deutsche Zeitschrift für Philosophie 2/1980, S. 147–158, hier S. 148.

7 Wolfgang Fritz Haug: Kategorie, in: Historisch-kritisches Wörterbuch des Marxismus, Bd. 7/1, hrsg. v. Frigga Haug, Wolfgang Fritz Haug u. a., Hamburg 2008, Sp. 467–486, hier Sp. 475.

8 Vgl. Rubén Zardoya Loureda: ¿Son conceptos las categorías?, in: Pablo Guadarrama González/Carmen Suárez Gómez (Hrsg.): Filosofía y Sociedad, T. 1, Havanna 2000, S. 239–248, hier S. 244.

9 Vgl. ebd., S. 244.

10 Michael Heinrich: Das Programm der Kritik der politischen Ökonomie, in: Quante/Schweikard: Marx Handbuch, S. 71–118, hier S. 90.

11 Vieth: Philosophische Grundbegriffe, S. 158.

12 Ebd., S. 159.

13 Vgl. hierzu: Arndt: Hegels Begriff des Begriffs (2023), S. 113.

tung dessen, was ein Begriff ist, alle »setzen voraus, daß jeder es schon von selbst verstehe, wenn man von dem Begriffe spreche«.[14] Das Gleiche gilt wohl auch für Kategorien. Plausibel schien mir also, dass aufgrund dieses Mangels die dialektische Darstellungsmethode des »Kapital« und damit das »Problem der ›Kategorie‹ und ihrer ›Kritik‹«[15] ungelöst blieb. Denn selbst dort, wo dieses Problem gestreift oder in Ansätzen formuliert wird, bleiben die Lösungen unzureichend, da stets einzelne Aspekte nicht vermittelt werden können.[16] Das mangelnde Bewusstsein für die Funktionsweise und Bedeutung von Kategorien scheint mir also – neben den sich in der Methodendebatte reflektierenden realhistorischen und ideologischen Kämpfen, von denen hier abstrahiert wird – der Grund, weswegen das Projekt »materialistischer« Dialektik ins Leere lief.

Exposition der These: Vorüberlegungen zu Kategorie und Begriff

Um die synonyme Verwendungsweise von Kategorie und Begriff aufzulösen, ist es sinnvoll, mit der Bestimmung einer der beiden zu beginnen und zu fragen, ob sie nicht für sich stehend verständlich werden könnten. Ich möchte mit der »Kategorie« beginnen, auch weil hier die Kritikfunktion offensichtlicher ist. Die Ahnung, dass die Kategorien die Schlüsselstelle der dialektischen Methode sind, findet sich schon bei Horkheimer, der von Dialektik sagt, sie sei »eine Methode, mit der man eines aus dem anderen und alle Kategorien entwickeln kann«.[17] Die Dringlichkeit, die darstellungslogische Funktion der Kategorien zu begreifen, zeigt sich auch in einem Brief von Marx an Ferdinand Lassalle: »Die Arbeit, um die es sich zunächst handelt, ist Kritik der ökonomischen Kategorien oder, if you like, das System der bürgerlichen Ökonomie kritisch dargestellt. Es ist zugleich Darstellung des Systems und durch die Darstellung Kritik desselben.«[18] Um diesem Zitat einen Sinn abzuringen, ist einer durch Engels gelegten Spur zu folgen und die Andeutungen zu entwickeln, die sich in dessen Rezension von Marx' »Zur Kritik der Politischen Ökono-

14 Georg Wilhelm Friedrich Hegel: Wissenschaft der Logik II. Erster Teil. Die objektive Logik. Zweites Buch. Zweiter Teil. Die subjektive Logik, in: Werke [in 20 Bänden], Bd. 6, Frankfurt a. M. 1986, S. 252.

15 Hans-Georg Backhaus: Über den Doppelsinn der Begriffe »Politische Ökonomie« und »Kritik« bei Marx und in der Frankfurter Schule, in: Stefan Dornuf/Reinhard Pitsch (Hrsg.): Wolfgang Harich zum Gedächtnis. Eine Gedenkschrift in zwei Bänden, Bd. 2, München 2000, S. 12–216, hier S. 197.

16 Z. B. Andreas Arndt: Hegel in Marx, Berlin 2023; Backhaus: Über den Doppelsinn; Haug: Kategorie; Karel Kosík: Die Dialektik des Konkreten. Eine Studie zur Problematik des Menschen und der Welt, Frankfurt a. M. 1967; Lassow: Das Verhältnis von Gesetzen und Kategorien; Zardoya Loureda: ¿Son conceptos las categorías?; Isaac Rubin: Dialektik der Kategorien. Debatte in d. UdSSR (1927–29), Berlin (West) 1975; Jindřich Zelený: Die Wissenschaftslogik bei Marx und »Das Kapital«, Berlin (Ost) 1968.

17 Max Horkheimer/Theodor W. Adorno: Rettung der Aufklärung, Diskussionen über eine geplante Schrift zur Dialektik (1946), in: Max Horkheimer: Gesammelte Schriften 12: Nachgelassene Schriften (1931–1949), Frankfurt a. M. 1985, S. 593–602, hier S. 601.

18 Marx an Ferdinand Lassalle, 22.2.1858, in: Karl Marx/Friedrich Engels: Werke [MEW], Berlin 1956 ff., Bd. 32, S. 549–552, hier S. 550.

mie (1859)«[19] finden. Sie blieben wenig beachtet, weil diese Rezension historisch vor allem für das Verhältnis des Historischen und Logischen innerhalb der dialektischen Darstellung der Kategorien herangezogen[20] und dabei auch noch fehlinterpretiert wurde, wie Jindřich Zelený schon früh herausarbeitete.[21]

Liest man die Rezension jedoch genauer, findet sich dort eine Vorwegnahme von Michael Theunissens These einer Einheit von Kritik und Darstellung als Identitätsmoment von Marx und Hegel.[22] Engels schreibt, es sei Hegel in der »Wissenschaft der Logik« erstmals gelungen, »eine Wissenschaft in ihrem eignen, inneren Zusammenhang zu entwickeln«.[23] Mehr noch, Hegel sei mittels einer Kritik durch Darstellung »spielend mit der ganzen früheren Logik und Metaphysik«[24] fertiggeworden. Sucht man in Bezug hierauf nach Anknüpfungspunkten bei Hegel, zeigt sich, dass schon dessen Verwissenschaftlichung der Logik und Metaphysik an der richtigen Auffassung und Darstellung der Kategorien hängt. An vielen Stellen der »Enzyklopädie«, wo das Verhältnis seiner Philosophie zur Metaphysik[25] betrachtet wird, tritt dies deutlich hervor.[26]

Doch auch aus einem weiteren Grund könnte in Hegels Kategorienverständnis der Schlüssel für Marx' dialektische Methode liegen. Vergegenwärtigt man sich die Geschichte von Metaphysik und politischer Ökonomie, dann zeigt sich, dass Marx und Hegel in systematischer Hinsicht überraschend ähnliche Probleme hatten: Sie fanden beide eine unsystematische und von fehlerhafter Architektur getragene Wissenschaft vor – Hegel die Kategorien der Metaphysik und Logik, Marx die Kategorien der politischen Ökonomie. So ergibt sich eine bisher kaum beachtete Parallelität in der Verwissenschaftlichung der politischen Ökonomie[27] und Metaphysik: Ihre Ideengeschichte zeichnet aus, dass durch

19 Friedrich Engels: Karl Marx, »Zur Kritik der Politischen Ökonomie« (1859), in: MEW, Bd. 13, S. 468–477.

20 Vgl. hierzu zusammenfassend Wolfgang Fritz Haug: Historisches/Logisches, in: Historisch-kritisches Wörterbuch des Marxismus, Bd. 6/1, Hamburg 2004, Sp. 335–367.

21 Zelený: Wissenschaftslogik bei Marx und »Das Kapital«, S. 107.

22 Vgl. Michael Theunissen: Sein und Schein. Die kritische Funktion der hegelschen Logik, Frankfurt a. M. 1980, S. 16 f.

23 Engels: Karl Marx, »Zur Kritik der Politischen Ökonomie«, MEW, Bd. 13, S. 472.

24 Ebd., S. 474.

25 Ist hier von Metaphysik in einem allgemeinen Sinn die Rede, so wird darunter das Folgende verstanden: Metaphysik ist die Betrachtung der »allgemeinsten und grundlegenden Strukturen der Wirklichkeit« (Christof Rapp: Metaphysik, München 2016, S. 9) und reflexiver Rückgang auf »die Dimension der konstituierenden Grundlage von Natur« (Karl Heinz Haag: Der Fortschritt in der Philosophie, Frankfurt a. M. 1983, S. 10).

26 Vgl. Georg Wilhelm Friedrich Hegel: Enzyklopädie der philosophischen Wissenschaften im Grundrisse 1830. Erster Teil. Die Wissenschaft der Logik. Mit den mündlichen Zusätzen, in: Werke, Bd. 8, S. 16 f., 29, 52 f., § 9, S. 62, § 16; Georg Wilhelm Friedrich Hegel: Enzyklopädie der philosophischen Wissenschaften im Grundrisse 1830. Zweiter Teil. Die Naturphilosophie. Mit den mündlichen Zusätzen, in: Werke, Bd. 9, S. 15 f., § 246, S. 20 f., § 246 Zusatz.

27 Vgl. dazu das »Methodenkapitel« in den »Grundrissen«, Karl Marx: Ökonomische Manuskripte 1857–1858. Teil 1, in: Karl Marx/Friedrich Engels: Gesamtausgabe [MEGA^2], Berlin 1975 ff., Bd. II/1.1, S. 35–42.

Abstraktion von der Wirklichkeit einige diese bestimmende Kategorien herausgehoben worden sind (Physiokraten/antike Philosophie). Die Versuche der wissenschaftlichen Systematik und Darstellung jedoch scheiterten (Smith, Ricardo/Aristoteles, Scholastik), sodass sich eine Kritik anschloss, die in sich Kritik der Wissenschaft, Kritik des Gegenstandes und wissenschaftliche Ableitung der Kategorien vereinigte (Marx/Kant, Hegel).[28] Hegel wie Marx besaßen zudem auf ihre je eigentümliche Art die Bestrebung, nicht nur die Wirklichkeit gedanklich zu reproduzieren, sondern hiervon ausgehend zu verändern.[29] Fügt man all diese Versatzstücke zusammen, ergibt sich der hier verfolgte Analyserahmen: Um Marx' »Kritik der ökonomischen Kategorien« und die Methode »materialistischer« Dialektik zu begreifen, bedarf es der Rekonstruktion von Funktion und Bedeutung der Kategorien bei Hegel, die als Kritik der überlieferten Logik und Metaphysik zu lesen wären.

So zeichnet sich in der Kategorienfrage ab, wie eine Wissenschaft in ihrem eignen, inneren Zusammenhang zu entwickeln wäre, sodass sie zugleich Kritik des Gegenstandes (bei Hegel des Denkens, bei Marx der kapitalistischen Produktionsweise) wie Kritik der Wissenschaft ist (bei Hegel der Metaphysik und Logik, bei Marx der politischen Ökonomie). Nur von diesem Identitätsmoment einer durch die darstellungslogische Funktion der Kategorien bestimmten Kritik ließe sich die Differenz von Marx und Hegel entfalten und verstehen, was die Funktion von Kategorien jeweils auszeichnet. Mit und gegen Hegel ergibt sich hiernach ein Begriff von Dialektik, der insofern »materialistisch« ist, als dass er die dem Gegenstand sacheigene Logik gedanklich reproduziert, wie mit den revolutionstheoretischen Überlegungen Marxens verbunden werden kann.

Kategorie

Sichtet man, wo Marx den Kategorienbegriff verwendet, ist offensichtlich, dass die Kritik der politischen Ökonomie durch eine doppelte Verwendungsweise von Kategorien gelingt: Marx begreift die *nicht* durch die Kritik durchgegangenen Kategorien der politischen Ökonomie als »gang und gäbe Denkformen«[30] bzw. »objective Gedankenformen«[31] und so als Ausdruck von »Daseinsformen, Existenzbestimmungen, [...] einzelne[r] Seiten dieser [...] Gesellschaft«.[32] Diese entnehme die politi-

28 Das Gleiche gilt im Übrigen für die Geschichte der materialistischen Dialektik; vgl. hierzu S. 27.

29 Vgl. hierzu Franz Heilgendorff/Marco Kleber: Das Recht der Ökonomie. Die Methode der Rechtsphilosophie und die Hegel-Kritik von Marx, in: Michael Quante/Birgit Sandkaulen (Hrsg.): Hegel-Studien 53/54, Hamburg 2020, S. 251–274, hier S. 264, 268–274; Georg Wilhelm Friedrich Hegel: Vorlesungen über die Philosophie der Geschichte, in: Werke, Bd. 12, S. 528 f.; Karl Marx: 1) ad Feuerbach, in: MEGA², Bd. IV/3, S. 19–21.

30 Karl Marx: Das Kapital. Kritik der politischen Ökonomie. Erster Band (1890), in: MEGA², Bd. II/10, S. 485.

31 Ebd., S. 75.

32 Marx: Ökonomische Manuskripte 1857–58, Teil 1, MEGA², Bd. II/1.1, S. 41.

sche Ökonomie »ohne weitere Kritik« dem »Alltagsleben«[33] und gerät dabei in die Schieflage, »die Vorstellungen der in den bürgerlichen Produktionsverhältnissen befangenen Agenten dieser Produktion doktrinär zu verdollmetschen, zu systematisiren und zu apologetisiren«.[34] Fügt man diese Bestimmungen zusammen, zeigt sich, dass die Kategorien der politischen Ökonomie eine Wirklichkeitsauffassung widerspiegeln, die eine unkritische gedankliche Reproduktion gesellschaftlicher Verhältnisse bei gleichzeitiger Naturalisierung ist. Die Kategorien sind insofern unkritisch, wie sie die aus den Handlungen entspringenden Vorstellungen über die gesellschaftlichen Verhältnisse schlicht durch das Denken – als Bestimmungen bzw. Kategorien der politischen Ökonomie – wiedergeben.

Was das konkret bedeutet, lässt sich an der Ware als der gegenwärtigen gesellschaftlichen Form des Arbeitsproduktes klarmachen, die die politische Ökonomie in ihrer Einheit von Gebrauchswert und Tauschwert aus dem Alltagsleben aufnimmt. Der Vorwurf von Marx ist, dass die Ökonomen zwar untersuchen, *was* (Analyse) die Waren sind: nützliche Dinge oder Arbeitsprodukte mit Wert. Was sie aber nicht untersuchen, ist die Frage, *warum* die Arbeitsprodukte eine Waren- und Wertform besitzen. Selbst wenn die politische Ökonomie also versteht, dass der Wert durch die verausgabte Arbeit bestimmt wird, so fehlt der Analyse das gegenüberstehende synthetische Moment, warum die abstrakt menschliche Arbeit als gesellschaftliche Wertsubstanz fungiert und damit die Arbeitsprodukte gesellschaftlich formbestimmt als Waren erscheinen. Kurz: Es fehle der Ökonomie das Verständnis, dass »ihr ›Gegenstand‹ *soziale Form* ist, daß es sich um eine höchst eigentümliche, um eine gesellschaftliche Gegenständlichkeit handelt«.[35] Philosophisch ausgedrückt: In der klassischen politischen Ökonomie wird nicht entwickelt, wie sich aus dem Wesen die Erscheinungsform ergibt.

Und hier liegt der Schlüssel, um aus der Doppelfunktion der Kategorien die Darstellungsmethode zu begreifen, denn Marx entwickelt, wie die Wertform(en) aus der Wertsubstanz entspringen. Im »Kapital« gehen die Kategorien wie Ware oder Geld als Formen des Wertes aus der abstrakt menschlichen Arbeit hervor. Sie sind die Formbestimmungen dieser gesellschaftlichen Substanz und sind so logisch-systematisch verkettet. Ganz anders in der politischen Ökonomie: Die dortigen Kategorien bewegen sich für Marx nur auf der Ebene der reinen Denkbestimmungen der Gegenstände (Analyse). Aber sie reproduzieren die Kategorien nicht

33 Marx: Das Kapital. Erster Band (1890), MEGA², Bd. II/10, S. 481.

34 Karl Marx: Das Kapital. Kritik der politischen Ökonomie. Dritter Band (1894), in: MEGA², Bd. II/15, S. 792.

35 Helmut Brentel: Soziale Form und ökonomisches Objekt. Studien zum Gegenstands- und Methodenverständnis der Kritik der politischen Ökonomie, Opladen 1989, S. 273.

gedanklich als Formen des Wertes und damit nicht aus dem Wesen, seiner inneren Selbstbewegung heraus (Synthese). Den Kategorien der bürgerlichen politischen Ökonomie ist so eigen, dass die auf ihnen fußende gedankliche Reproduktion der Wirklichkeit nur die Denkbestimmungen des jeweiligen Wissenschaftlers darstellt – und zwar als (subjektive) Widerspiegelung und Ordnung der Realität.[36] In dieser äußeren, durch den Theoretiker vorgenommenen Systematisierung des Vorhandenen verbleiben die Kategorien unkritisch auf der Ebene des Alltagsverstandes. Indem die politische Ökonomie die Gesellschaftlichkeit ihres Gegenstandes nicht wahrnimmt, vielmehr die Verknüpfung von Werteigenschaft und Arbeitsprodukt als von Natur aus gegeben auffasst, werden diese Eigenschaften naturalisiert und als transhistorische Formen verewigt. Dies resultiert daraus, dass die politische Ökonomie in ihrer von rein quantitativen Fragen getragenen Methodik »ausschließlich auf die *Werthgröße*«[37] fokussiere und so die Gesellschaftlichkeit der Waren- und Wert*form* unerkannt bleibe. Von einer rein analytischen Definition des Wertes ausgehend werde nur geprüft, »ob die übrigen ökonomischen Verhältnisse[,] dieser Bestimmung des Werths *widersprechen*, oder wie weit sie dieselbe modificiren«.[38] Dies ist der Mangel, der den (unkritischen) Kategorien der politischen Ökonomie anhaftet. So bliebe es bei einer unzureichenden Form der gedanklichen Reproduktion der Wirklichkeit, in der das Bewusstsein dafür fehle, dass die Kategorien als erscheinende,

> »fertige Gestalt der ökonomischen Verhältnisse [...] in ihrer realen Existenz und daher auch in den Vorstellungen, worin die Träger und Agenten dieser Verhältnisse sich über dieselben klarzuwerden suchen, [...] sehr verschieden von, und in der That verkehrt, gegensätzlich zu ihrer innern, wesentlichen, aber verhüllten Kerngestalt und dem ihr entsprechenden *Begriff* [Herv. F. H.] [sich zeigt]«.[39]

Begriff

Im obigen Zitat fällt nun das erste Mal das Wort »Begriff«. »Begriff« scheint hier auf den ersten Blick analog zu System und Totalität verwendet zu werden. Und auch ihm ist eine Kritikfunktion beigelegt. Scheinbar besteht im »Begriff« oder im Kern der Sache eine Art Gravitationszen-

36 Wenn hier von Realität gesprochen wird, ist damit die Unmittelbarkeit gemeint, in der uns die Wirklichkeit gegenübertritt, wie es sich in der abstrakten Frage nach dem *Was?* spiegelt. Wird hingegen von Wirklichkeit gesprochen, so richtet sich der Fokus auf die Strukturen, die in der mit dem *Was?* verbundenen Frage des *Warum?* liegen. Wirklichkeit bezeichnet das Wirkende und Realität das Erzeugte, die verdinglichte Erscheinung.

37 Karl Marx: Zur Kritik der politischen Ökonomie. Erstes Heft, in: MEGA², Bd. II/2, S. 195–245, hier S. 137.

38 Karl Marx: Zur Kritik der politischen Ökonomie (Manuskript 1861–63), Teil 3, in: MEGA², Bd. II/3.3, S. 816.

39 Marx: Das Kapital. Dritter Band (1894), MEGA², Bd. II/15, S. 207.

trum, welches die Kategorien neu anordnet und damit überhaupt erst die skizzierte Kritik der Kategorien ermöglicht. Ebenso ist vermittels des Begriffs die Sache selbst Gegenstand der Wissenschaft. Wenn Marx in diesem Sinne den Begriff des Kapitals kritisiert, den die politische Ökonomie hat, dann deshalb, weil in ihm die Kategorien als Bestimmungen des Gegenstandes nicht adäquat wiedergegeben sind.

Der Anspruch an die Kategorien der Kritik der politischen Ökonomie besteht demnach darin, die Kategorien nicht nur als Bestimmungen des Gegenstandes durch das Denken systematisch aufzufassen, sondern die Kategorien als die der Sache eigenen Bestimmungen aus der »Kerngestalt« synthetisch zu entwickeln. Nur so wäre das Denken nicht Denken *über* den Gegenstand, sondern eine gedankliche Reproduktion der *Sache selbst*. So gelingt es, in der daraus resultierenden Totalität von Bestimmungen die jeweilige Wirklichkeit auf den Begriff zu bringen, und der Begriff als Form, ausgehend vom Kern der Sache, ist ihre gedankliche Reproduktion– oder zumindest der Versuch.

Im Begriff liegt also der Anspruch, nicht nur den Kern, das Wesen (*ousía*) der Dinge zu fassen, sondern gewissermaßen den Bau der Dinge zu begreifen, in dem die Kategorien als Bestimmungen der Sache kein gedankliches, »totes« Abbild sind, sondern ein wechselwirkendes Verhältnis von Denken und Sein.[40] In dieser einleitend nur andeutbaren Form, dass ausgehend vom Wesen die Kategorien als Bestimmungen des dem Begriff Zugrundeliegenden (*hypokeímenon*) entwickelt werden,[41] ergibt sich eine eigentümliche Auffassung dessen, was der Begriff einer Sache ist. Wenn Marx, wie im Kontext des obigen Zitates, daher von Begriff spricht als der »innern, wesentlichen, aber verhüllten Kerngestalt«,[42] so wird dies erst verständlich, wenn es auf die komplexen philosophischen Fragen von Struktur- und Entwicklungszusammenhängen im Verhältnis von Denken und Sein bezogen wird. Begriff meint bei Marx somit nicht eine durch das Denken konstituierte Bezeichnung von etwas. Er ist nicht das Wort oder der Name einer Sache. Auch nicht eine durch das Denken getätigte Definition derselben. Im Begriff vollzieht sich vielmehr der Übergang des nur sprachlichen Ausdrucks einer Sache, wie sie im Wort erscheint, in die systematisch-gedankliche Reproduktion des dem sprachlichen Ausdruck in der Wirklichkeit Zugrundeliegenden – und zwar in Form einer systematischen Darstellung, die die Einbildung der Wirklichkeit ins Denken ist.

40 Vgl. Hegel: Enzyklopädie (Teil 1). Logik, Werke, Bd. 8, S. 231, § 112.

41 Bei Hegel ist der Begriff der Sache zugleich der Zweck, ihr Telos (vgl. Hegel: Enzyklopädie [Teil 1]. Logik, Werke, Bd. 8, S. 359 f., § 204). Ungewohnt, aber folgerichtig heißt es daher bei Hegel, dass der »Begriff vielmehr das wahrhaft Erste [ist], und die Dinge sind das, was sie sind, durch die Tätigkeit des ihnen innewohnenden und in ihnen sich offenbarenden Begriffs« (ebd., S. 313, § 163 Zusatz 2). In dieser dynamischen Form löst Hegel ein, was *idéa* und *eídos* nur statisch für sich beanspruchten: das der Wirklichkeit Zugrundeliegende zu sein.

42 Marx: Das Kapital. Dritter Band (1894), MEGA^2, Bd. II/15, S. 207.

Im Unterschied zu den Kategorien ist der Begriff also die systematische Einheit derselben. Die Kategorien sind damit zugleich die Bestimmungen des Begriffs. Dadurch wird der Begriff nicht definiert, sondern durch die Darstellung der Kategorien entfaltet. Über das Kategorienverständnis ergibt sich so, was bei Marx Begriff bedeutet. Wie Adorno in einem ähnlichen Zusammenhang schreibt, werden die Kategorien daher durch den Begriff als »eine lesbare Konstellation von Seiendem«[43] organisiert.

Vom Projekt einer »materialistischen« Dialektik scheint dies Skizzierte weit entfernt und noch »idealistischer« werden diese Vorannahmen dadurch, dass mit diesem Analyserahmen eine Einheit von Sprach-, Denk- und Dingstruktur gesetzt wird, wie sie in der Metaphysik als der Wirklichkeit zugrunde liegende Struktur behauptet wurde. Es wird sich aber zeigen, dass eine solche Vorgehensweise notwendig ist, weil es die Möglichkeit enthält, Marx' Theorie der Revolution zu begründen. Denn was so freigelegt wird, sind die Konstitutionsbedingungen der Wirklichkeit, und erinnert man sich an die »Feuerbachthesen«, ist das hier Angedeutete – dass der Begriff bzw. das ihm zugrunde liegende Denken die Wirklichkeit bestimmen würde – die »*thätige* Seite«, die eine »›revolutionaire‹«, »›praktisch-kritische‹ Thätigkeit« erlaubt.[44] Ihre Grundlage ist Marx zufolge vom »Idealismus« entwickelt worden, nur eben in »idealistischer« Form: als Gedankentätigkeit. Um hiervon ausgehend zu einer »materialistischen« Dialektik zu kommen, ist somit, in Adornos Worten, »solidarisch mit der Metaphysik im Augenblick ihres Sturzes«[45] zu verfahren.

Der Begriff bildet bei Marx wie bei Hegel also die Organisationsform der kategorialen Darstellung und ist vermittels des Zugrundeliegenden (*hypokeímenon*) gewissermaßen das Gravitationszentrum, um das die Kategorien kreisen. Sie kreisen nicht einfach nur, sondern entspringen einer noch zu entwickelnden Bewegung der Substanz als Subjekt,[46] und die damit einhergehende Entfaltung von Widersprüchen wird es sein, welche das dialektische Moment der Darstellung der Kategorien ausmacht.[47] Begriff ist bei Marx folglich nicht nur eine allgemeine Vorstel-

43 Theodor W. Adorno: Negative Dialektik. Jargon der Eigentlichkeit (=Gesammelte Schriften, Bd. 6), Frankfurt a. M. 1986, S. 399.

44 Vgl. Marx: 1) ad Feuerbach, MEGA^2, Bd. IV/3, S. 19.

45 Adorno: Negative Dialektik, S. 400.

46 Die »Substanz als Subjekt« (vgl. Georg Friedrich Wilhelm Hegel: Phänomenologie des Geistes, in: Werke, Bd. 3, S. 28) soll bei Hegel die Widersprüche des Wesens lösen, was also einer Sache zugrunde liegt und diese bestimmt. Es muss erklärt werden, wie das Wesen tatsächlich formbestimmend sein kann, obwohl es auf den ersten Blick nur eine Abstraktion des Denkens zu sein scheint. Damit einher geht, dass die Formbestimmung sich nicht nur äußerlich, sondern aus der Sache selbst heraus vollziehen muss. Sonst wäre alles nur fremdbestimmt und Autonomie wie Freiheit verunmöglicht. Dies Problem wird in den Kapiteln zu Aristoteles und Hegel entwickelt.

47 Vgl. ohne die philosophische Einbettung: Dieter Wolf: Der dialektische Widerspruch im Kapital. Ein Beitrag zur Marxschen Werttheorie, Hamburg 2002.

lung von etwas, an der das Besondere der verschiedenen Dinge in ein Allgemeines verflüchtigt wurde, sondern eigentlich eine Urteils- und Schlussform und in der Tradition Hegels eine entfaltete Totalität von Bestimmungen bzw. von Kategorien.[48] Diese komplexe Verweisungsstruktur, der Lenin[49] mit der Auffassung von Kategorien als Knotenpunkten nahegekommen ist, macht die Eigenart der marxschen Transformation der Kategorien der politischen Ökonomie aus. Die Kategorien als »objektive Gedankenformen« werden durch diese begriffliche Organisationsform Teil einer wissenschaftlichen Systematik, die sie zusammenhängend darstellt und dadurch verändert. So werden sie nicht nur kritisiert, sondern dabei auch gänzlich neue Kategorien als Bestimmungen des Gegenstandes herausgearbeitet (absoluter und relativer Mehrwert, konstantes und variables Kapital u. dgl. m.). Hierdurch wird bei Marx, die politische Ökonomie erstmals in ihrem eigenen inneren Zusammenhang systematisch dargestellt und als Wissenschaft reflektiert, wie begründet: und zwar in einer Form, dass der dem Alltagsverstand und kritisierten »Vulgärökonomie« verborgene Zusammenhang der Kategorien entdeckt wird. Die Kategorien als »gang und gäbe Denkformen« werden dabei transformiert, sodass das »Kapital« auf den durch die Kritik durchgegangenen Kategorien beruht, die sich aus einem systematisch-begrifflichen Ableitungszusammenhang ergeben, der eben »durch die Wissenschaft erst entdeckt werden [muß]«.[50]

Diese Bestimmung ist jedoch insofern unzureichend, als dass in dieser Auffassung die Kritik der politischen Ökonomie nur auf eine Kritik der ökonomischen Theorie zielen würde, also auf die richtige Theorie der von Menschen in der (Re-)Produktion ihres Lebens konstituierten Gesellschaftlichkeit. So zeichnet den »Begriff« in der Kritik der politischen Ökonomie zwar aus, dass dieser als logische Form die rationelle Erfassung und gedanklich-systematische Reproduktion des der Theorie vorausgesetzten real existierenden Gegenstandes organisiert. Daraus bestimmt sich auch die Funktion wie das Verständnis der Kategorien. Es fehlt aber noch das »materialistische« Moment, was Marx' eigentümliche Verwendung der hegelschen Dialektik auszeichnet: dass die resultierende Systematik der Darstellung und damit der Begriff, wie Jindřich Zelený schrieb, »die gedankliche Reproduktion der inneren Gliederung, der inneren Struktur eines Gegenstandes [ist], und zwar dieser inneren Struktur in ihrer Entwicklung, in ihrer Entstehung, in Existenz und Untergang«.[51]

48 Vgl. Hegel: Enzyklopädie (Teil 1). Logik, Werke, Bd. 8, S. 311 f., § 163; vgl. Marx: Ökonomische Manuskripte 1857–58, Teil 1, MEGA², Bd. II/1.1, S. 35–43.

49 Wladimir Iljitsch Lenin: Konspekt zu Hegels »Wissenschaft der Logik«, in: ders.: Werke, Bd. 38, Berlin 1956 ff., S. 77–222, hier S. 85; ders.: Konspekt zu Hegels »Vorlesungen über die Geschichte der Philosophie«, in: Werke, Bd. 38, S. 231–294, hier S. 268.

50 Marx: Das Kapital. Erster Band (1890), MEGA², Bd. II/10, S. 485.

51 Zelený: Wissenschaftslogik bei Marx und »Das Kapital«, S. 62.

Erkenntnistheoretische Begründungselemente der marxschen Theorie der Revolution

Dies spiegelt sich in der Frage wider, ob Marx' Kritik auf die nationalökonomische Theorie zielt, also Dogmenkritik ist, oder auf das Realobjekt.[52] Ausgehend von Marx' kategorischem Imperativ, »alle Verhältnisse umzuwerfen, in denen der Mensch ein erniedrigtes, ein geknechtetes, ein verlassenes, ein verächtliches Wesen ist«,[53] scheint beides miteinander vermittelt werden zu müssen. Es geht somit um eine Kritik, die »an den immanenten Möglichkeiten der kapitalistischen Gesellschaftsformation ansetzt und deren Geschichte aus ihrem naturwüchsigen Zwang der Irrationalität emanzipiert«.[54] Wie die Vermittlung von Realobjekt und wissenschaftlichem System sich vollziehen kann, lässt sich mittels der in der Metaphysik und (hegelschen) Logik postulierten Identität von Denk-, Sprach- und Dingstruktur begreifen. Sie ist es, die die »›praktisch-kritische‹ Thätigkeit«[55] ermöglicht, welche Marx vorschwebte. Denn auch wenn es mittels des Denkens gelingen kann, die verdinglichte Realität zu verflüssigen, den Konstitutionsprozess der Dinge zu erfahren, indem man »diese versteinerten Verhältnisse dadurch zum Tanzen [zwingt], daß man ihnen ihre eigne Melodie vorsingt«,[56] so bleibt ihre sachliche Form »nach wie vor ausserhalb des Kopfes in seiner Selbstständigkeit bestehn«.[57]

Prototypisch vorgebildet findet sich diese Auflösung alles Festen in der Geschichte der Metaphysik. Wenn der Idealismus[58] die Denkbestimmungen als Grundbestimmungen des Seienden behauptet, dann kreist er in »idealistischer« Form um die Frage der Konstitution von Wirklichkeit. Als »erkenntnistheoretisches Begründungsmoment revolutionärer Theorie«[59] geht dieses Konstitutionsproblem verwandelt in Marx' Kritik ein. Die Rekonstruktion dieses Problemzusammenhangs, dass das Seiende durch das Denken bestimmt ist, und wie es Marx' Kritik ermög-

52 Vgl. bspw. Backhaus: Über den Doppelsinn.

53 Karl Marx: Zur Kritik der Hegelschen Rechtsphilosophie. Einleitung, in: MEW, Bd. 1, S. 378–391, hier S. 385.

54 Hans-Jürgen Krahl: Vom Ende der abstrakten Arbeit. Die Aufhebung der sinnlosen Arbeit ist in der Transzendentalität des Kapitals angelegt und in der Verweltlichung der Philosophie begründet, Frankfurt a. M. 1984, S. 109.

55 Marx: 1) ad Feuerbach, MEGA², Bd. IV/3, S. 19.

56 Marx: Zur Kritik der Hegelschen Rechtsphilosophie. Einleitung, MEW, Bd. 1, S. 381.

57 Marx: Ökonomische Manuskripte 1857–58, Teil 1, MEGA², Bd. II/1.1, S. 37.

58 Unter Idealismus wird hier der »Logik« folgend verstanden, dass »das Endliche nicht als ein wahrhaft Seiendes anzuerkennen« (Georg Wilhelm Friedrich Hegel: Wissenschaft der Logik I. Erster Teil. Die objektive Logik. Erstes Buch, in: Werke, Bd. 5, S. 172) sei, und hierin liegt auch für Hegel die Identität von Philosophie und Idealismus beschlossen. In anderen Worten: »Philosophie, welche dem endlichen Dasein als solchem wahrhaftes, letztes, absolutes Sein zuschriebe, verdiente den Namen Philosophie nicht« (ebd.).

59 Hans-Jürgen Krahl: Erfahrung des Bewusstseins. Kommentare zu Hegels Einleitung der Phänomenologie des Geistes und Exkurse zur materialistischen Erkenntnistheorie, Frankfurt a. M. 1979, S. 10.

lichte, ist Gegenstand der Teile zu Aristoteles und Hegel. Durch Marx wird dabei nicht nur das Denken durch die gesellschaftliche Arbeit als Konstitutionsmoment der Wirklichkeit ersetzt, sondern die Metaphysik negiert, indem er sie in Gesellschaftskritik transformiert.

Insbesondere mit Hegels »Logik« war Marx dabei so glücklich, eine Darstellungsform gefunden zu haben, die genau diese noch nachzuweisende eigentümliche Beschaffenheit besitzt, dass in ihr Wissenschaftskritik und Reflexion der konstituierenden Grundlagen der Dinge, also Kritik des Gegenstandes, zusammenfallen. Marx selbst führt dies jedoch nicht genauer aus, es finden sich nur die geläufigen Gedanken, es hätte Hegel ihm »by mere accident« einen »großen Dienst« erwiesen.[60] Marx fehlte aber bekanntermaßen die Zeit, wie beabsichtigt »in 2 oder 3 Druckbogen das *Rationelle* an der Methode, die H[egel] entdeckt, aber zugleich mystifiziert hat, dem gemeinen Menschenverstand zugänglich zu machen«.[61] Mit der hier verfolgten Lesart Hegels – einer Kritik der Metaphysik durch ihre Darstellung – und dem dortigen Kategorienverständnis soll dies *Rationelle* nun angedeutet werden. Es müsste dazu in Hegels »Logik« ausgehend von der hier verfolgten Fragestellung rekonstruierbar sein, dass die vorhegelsche Logik und Metaphysik den Zusammenhang von Denk- und Grundbestimmungen der Sache nur behauptet, aber nicht begriffen hätte und daher seine Kritik nicht nur Kritik der Logik ist, sondern auch der Metaphysik als Wissenschaft vom Seienden, also der Ontologie. Und tatsächlich findet sich diese Metaphysikkritik bei Hegel: Ihm zufolge vermag die gedankliche Reproduktion des Seienden in der klassischen Metaphysik nur bis zur analytischen Zerlegung desselben zu gehen und die so herausabstrahierten Bestimmungsmomente würden selbst in der entwickeltsten Form, der kantschen »Kritik der reinen Vernunft«, nur auf die den Urteilsformen entnommenen Verstandesbegriffe gebracht.[62] Was sich als Synthesismomente von Denken und Sein in den Kategorien[63] von Aristoteles bis Kant spiegele, seien so nur die Denkbestimmungen der Wirklichkeit.[64] Für die Philosophie, so Hegel, die sich die Wirklichkeit in der dem Menschen entsprechenden Weise des begrifflichen Denkens aneignet,[65] wäre dies jedoch unzureichend. In diesem Sinne würden sich die Kategorien als Bestimmungen des Denkens nur an der Wirklichkeit zeigen und blieben Denkbestimmungen. Als oberste Seins- und Aussageweisen sollten sie aber auch immer als das die Wirklichkeit Bestimmende und ihr Zugrundeliegende begriffen werden, als die Grundbe-

60 Marx an Engels, 16.1.1858, in: MEW, Bd. 29, S. 259–261, hier S. 260.

61 Ebd.

62 Vgl. Haag: Der Fortschritt in der Philosophie.

63 Kategorien sind in der Philosophie die obersten Seins- und Aussageweisen, deren Funktion es auch ist, alle bestimmteren Begriffe oder Gegenstände zu ordnen.

64 Vgl. Hegel: Enzyklopädie (Teil 1). Logik, Werke, Bd. 8, S. 93 f., §§ 26–28.

65 Vgl. ebd., S. 41 f., § 2.

stimmungen der Gegenstände. Ohne diese Vermittlung von Denk- und Grundbestimmungen in den Kategorien wäre das Sein des Seienden und ihr Begriff nicht identisch und Wahrheit damit unerreichbar. Erst wenn die Dingbestimmungen und ihre Denkformen, wie sie sich in der Sprache ausdrücken, identisch sind, erst dann sind die Denkbestimmungen wirklich die Grundbestimmungen der Dinge und wahre Urteile möglich.

Entsprechend wären in dieser hegelschen Lesart die Kategorien bei Aristoteles als die Bewusstmachung der (unbewusst) in der Sprache liegenden Denkformen der Wirklichkeit zu rekonstruieren, die aber noch nicht prioritär als Denkformen, sondern als Aussagegattungen des Seienden gefasst werden.[66] Gleichzeitig kann aber mit und in der aristotelischen »Metaphysik« rekonstruiert werden, dass insbesondere die Wesenskategorie durchaus im hegelschen Sinne als Grundbestimmung des Seienden gefasst wird und auf eine Identität von Denken und Sein zielt. Die Teile und der Bau der Sätze, die Form von Subjekt und Prädikat würde in diesem Sinne verbunden sein mit dem Bau der Dinge selbst, sodass der Kopula »ist« im prädikativen Urteil »S ist P« die Bestimmungsfunktionen von Denken und Sein inhärieren – das Urteil: »Die Tanne ist ein Baum«, also nicht nur im Denken, sondern auch in der Sache liegt. In der Schrift »Kategorien«, die die unverbundenen Wörter untersucht und entsprechende Kategorien prägt, vollzieht sich aus diesem Blickwinkel eine Kategorisierung der Wirklichkeit. In den Kategorien verschränken sich daher schon seit Aristoteles die Bedeutung von Denkbestimmungen (im Sinne von Aussageweisen und Denkweisen) und Grundbestimmungen des Seienden.[67] Gebildet an der Kopula »ist«, die Subjekt und Prädikat zusammenschließt, wird für die Kategorien prägend, dass sich in ihnen die in Begriffen vollziehende gedankliche Reproduktion der Wirklichkeit realisiert, die zugleich die Grundstruktur der Dinge treffen will. Insofern bildet Aristoteles in der vorliegenden Arbeit den Ausgangspunkt, da bei diesem nicht nur historisch, sondern auch begrifflich die Kategorien das erste Mal herausgearbeitet werden. Aus dieser hegelschen Perspektive findet sich bei Aristoteles eine Konstitutionstheorie der Wirklichkeit, die als Zusammenhang von Denk- als Grundbestimmungen des Seienden artikuliert ist und in letzter Instanz das Denken als Denken zum Zugrundeliegenden der Wirklichkeit macht,[68] wie es jedoch erst bei Hegel seine systematische Darstellungsform findet.

Denn zu seiner Entwicklung bedarf es der hegelschen spekulativen Lesart der Kategoriendeduktion bei Kant. Bei diesem werden die aristotelischen Kategorien ausgehend von der Konstitutionsproblematik mög-

66 Vgl. Aristoteles: Kategorien, Berlin 2006, S. 10, Abschnitt 1b.

67 Vgl. Hans-Georg Bensch: Anmerkungen zum Begriff der Wahrheit bei Kant und Hegel – und Aristoteles, in: Hegel-Jahrbuch 1/2015, S. 465–469.

68 Vgl. Aristoteles: Metaphysik, Berlin (Ost) 1960, S. 293, Z. 1074^{b}.

licher Gegenstände des Denkens wieder aufgegriffen,[69] wodurch sich die Bedeutung der Kategorien entscheidend wandelt. Aufgrund dieser verschobenen Perspektive wird bestimmend, dass die Kategorien die Konstitution von Wirklichkeit vermittels der Synthesis der sinnlichen Wahrnehmung im »*Ich denke* ...« leisten. Diese als kopernikanische Wende beschriebene Erkenntniskritik begreift die Realität nicht als Unmittelbarkeit, sondern – analog zur mathematischen Konstruktion der Bewegung der Himmelskörper – als Konstruktionsleistung des erkennenden Subjekts.[70] Durch diesen Schritt negiert Kant die aristotelische Metaphysik.[71] Die klassischen Fragen der Metaphysik, wie die Konstitution von Gegenständlichkeit, werden bei Kant radikal als innerweltliches Problem menschlicher Erkenntnis reformuliert und so wird erkenntniskritisch die Einsicht gewonnen, dass »die Inhalte niemals intentione recta, sondern immer schon im Medium einer Subjektivität, in dem sie gebrochen und aufgehoben sind, erkannt werden können.«[72] Konkret bedeutet dies, dass für Kant die Kategorien des Denkens, vermittels des sinnlichen Materials, die Wirklichkeit als Erscheinungsform eines für das Denken unverfügbaren Ding-an-sich konstituieren.[73] Kategorien sind daher bei Kant zu fassen als in den Erscheinungsformen der Dinge sedimentierte Subjektivität. Damit ist in der »Kritik der reinen Vernunft« die bei Aristoteles nur angedeutete Bestimmung der Kategorien als Synthesismoment von Denken und Sein entwickelt. In dieser Form bilden sie die vom Denken zu unterscheidenden Denkbestimmungen oder Verstandesbegriffe.[74] Durch die Einheitsfunktion des »Ich denke«[75] werden die Kategorien als Denkformen des Wahrgenommenen zum Konstitutionsgrund der Wirklichkeitserkenntnis und der antike Widerspruch von Denken und Sein wird in den modernen von Subjekt und Objekt transformiert.

Indem so jedoch nur das synthetisierte Abbild der Wirklichkeit in das Denken des Subjekts tritt, bleibt im Ding-an-sich ein unauflösbarer Rest sich dem Denken entziehender Wirklichkeit bestehen. Daher gilt auch hier: Die Denkbestimmungen werden nicht zu Grundbestimmungen der Dinge an sich, sondern nur zu den Grundbestimmungen der erscheinenden Welt für den Menschen. Hierdurch ist die Vermittlung in Hegels Augen unzureichend gelöst und die Kategorien lösen gerade das nicht ein, was sie in Hegels Denken zu beanspruchen hätten: den Konstituti-

69 Vgl. Immanuel Kant: Prolegomena, in: ders.: Schriften zur Metaphysik und Logik 1 (= Werkausgabe Bd. V), Frankfurt a. M. 1986, S. 113–266, hier S. 192 f.

70 Vgl. Immanuel Kant: Kritik der reinen Vernunft, Hamburg 1998, B VII–XV.

71 Vgl. Kant: Prolegomena, S. 242–244.

72 Krahl: Erfahrung des Bewusstseins, S. 41.

73 Vgl. Kant: Kritik der reinen Vernunft, B75, A48.

74 Vgl. Gotthard Günther: Beiträge zur Grundlegung einer operationsfähigen Dialektik. Band 1, Hamburg 1976, S. 56 f.

75 Kant: Kritik der reinen Vernunft, B131.

onsprozess der Wirklichkeit gedanklich zu reproduzieren. Funktional formuliert: Die Identität von Denken und Sein, Subjekt und Objekt besteht bei Kant nur, weil die Kategorie als Denkfunktion oder »die Form *A* als dieselbe im Subjekt und Objekt vorhanden [ist]«.[76] So wären die Kategorien wieder nur an der äußeren Realität aufgefunden worden. Hegel schwebt eine andere Form der Identität vor, in der Sein und Denken, Subjekt und Objekt »nicht in der Vergleichung, sondern an und für sich [dasselbe sind]«.[77] Damit wird das »ist« im prädikativen Satz (»A ist B«, Subjekt ist Prädikat) spekulativ als schon immer bestehende Einheit von Denken und Sein ausgelegt, Ding-, Denk- und Sprachstruktur miteinander identifiziert. Die Bestimmungsfunktion(en) des Denkens, also die Verbindung von Subjekt und Prädikat, wird so ausgehend von der Kopula in den Kategorien reflektiert.

Vor dem Hintergrund der Französischen Revolution und dem damit einhergehenden Gestaltungsanspruch der Vernunft fasst Hegel das in den Kategorien liegende Konstitutionsproblem noch radikaler:[78] Bereits Kant machte das Subjekt zur Grundlage der erscheinenden Wirklichkeit, doch anders als Kant, der die konstituierenden Strukturen der Wirklichkeit als solche im Ding-an-sich unverfügbar macht, erkennt Hegel in der Synthesisleistung der Kategorien eine schon immer vorausgesetzte Identität von Denken und Sein, Subjekt und Objekt. Wenn allem, was wir von der Wirklichkeit begreifen, schon immer das Denken zugrunde liegt, dann verhalte es sich so, dass sich aus dem Denken selbst als ursprünglicher Identität »denkendes Subjekt und das Mannigfaltige, als Leib und Welt sich erst abscheiden«.[79] Hegels spekulative Kant-Lesart löst damit die Wirklichkeit restlos in den Geist auf und verbindet dies mit seiner Aristoteles-Kritik, dass die Kategorien zwar auf die Grundbestimmungen der Dinge zielten, aber dabei reine Denkbestimmungen des Seienden blieben. Entsprechend wäre zu entwickeln, wie bei Hegel in den Kategorien die gedankliche Reproduktion der Wirklichkeit (Denkbestimmungen) mit den Bestimmungen der Sache selbst (Grundbestimmungen) zusammenfallen. Nur so ließen sich Seiendes und Begriff für das Denken als identisch erweisen und der Begriff als das die Sache Bestimmende denken.[80]

76 Georg Wilhelm Friedrich Hegel: Glauben und Wissen oder Reflexionsphilosophie der Subjektivität in der Vollständigkeit ihrer Formen als Kantische, Jacobische und Fichtesche Philosophie, in: Werke, Bd. 2, S. 287–433, hier S. 311.

77 Hegel: Phänomenologie, Werke, Bd. 3, S. 181.

78 Vgl. Hegel: Vorlesungen über die Philosophie der Geschichte, Werke, Bd. 12, S. 529.

79 Hegel: Glauben und Wissen, Werke, Bd. 2, S. 307.

80 Die darüber hinausgehenden Fragen, ob damit der Begriff zu einem vorgeordneten spekulativen Prinzip werden muss, das in einer Identität von Philosophie und Religion gipfelt, oder Hegel »materialistisch« lesbar wäre, sodass die Wirklichkeit eben für den Menschen (bestimmt man ihn als *animal rationale*) nur durch das Denken zugänglich ist und somit auch nur im Denken besteht, können hier nicht entschieden werden.

Hierin liegt das Prinzip, wie die Darstellung der Kategorien der politischen Ökonomie als Kritik mit der in den »Feuerbachthesen« angemahnten praktisch-kritischen Tätigkeit zu vermitteln und zu entwickeln wäre: In diesem Verständnis der Kategorien wären sie nach dem Vorbild der hegelschen »Logik« nicht nur als Denkbestimmungen der Wirklichkeit in einen systematischen Zusammenhang gebracht, sondern zugleich als Grundbestimmungen eines sich in der Wirklichkeit realisierenden Begriffs gedacht – die versteinerten Verhältnisse durch ihre eigene Melodie, der Reflexion ihres Konstitutionsprozesses, zum Tanzen gebracht. Verkürzt: Wenn Hegels Begriff auszeichnet, dass er nicht nur passiv-abstraktes Abbild der Wirklichkeit ist, sondern Grund der Sache, dann ist dies nur möglich, indem er in sich ein Prinzip reflektiert, das aus sich die Bestimmungen der Wirklichkeit der jeweiligen Sache entwickelt. Dies ist für Hegel die Substanz als Subjekt, und Marx nutzt diese Vorstellung kritisch, um dadurch das Kapital zu kritisieren: Im Kapital (Geld > Ware ... Produktion ... Ware' > Geld') geht der Wert

> »beständig aus der einen Form in die andre über, ohne sich in dieser Bewegung zu verlieren, und verwandelt sich so in ein automatisches Subjekt. Fixirt man die besondren Erscheinungsformen, [...] Kapital ist Geld, Kapital ist Waare [...,] wird der Werth hier das Subjekt eines Processes, worin er unter dem beständigen Wechsel der Formen [...] sich selbst verwerthet.«[81]

In der »okulten Qualität« des Werts als Kapital, »Werth zu setzen, weil er Werth ist«,[82] realisiert sich so, was sich eigentlich nicht realisieren dürfte: Die Herrschaft des Begriffs über die Sachen und – wie zuvor im Denken und der Religion – einer von den Menschen geschaffenen, aber verselbstständigten Struktur über die Wirklichkeit. Um diese Verselbstständigung denken zu können, ihre Entfaltung zu einem System darzustellen und darin zugleich die Bedingungen der Möglichkeit einer befreiten Gesellschaft zu erschließen, bedarf es der Negation der hegelschen Begriffskonzeption – ihrer Übernahme zum Verständnis der Struktur und ihrer Überwindung durch eine praktisch-kritische Tätigkeit, die diese dem Kapital eigene Herrschaft der Abstraktion aufhebt. Die Herrschaft des Kapitals als abstrakte Struktur, so Krahl, ist nämlich nicht erst im Kauf und Verkauf der Arbeitskraft »repressive Abstraktion«, sie erzwinge von den Einzelnen »Abstraktion von den besonderen Gebrauchswerten, Bedürfnissen und Interessen« und realisiere damit, was »die moderne Psychoanalyse

81 Marx: Das Kapital. Erster Band (1890), MEGA², II/10, S. 141.
82 Ebd.

Triebversagung nennen würde«.[83] Hegels Methode würde also auf die gesellschaftlich konstituierte Wirklichkeit des Menschen anwendbar, weil der Gegenstand selbst diese eigentümliche Struktur besitzt. Der hieraus resultierende Begriff des Kapitals als sich selbst verwertender Wert hätte demnach Begriff wie Realobjekt zugleich zu sein.

Der Unterschied zwischen Marx und Hegel wird sich daran herauskristallisieren, dass die Synthesis zwischen Subjekt und Objekt bei Marx durch Arbeit vermittelt gedacht wird, insofern der philosophische Gegensatz von Denken und Sein als der durch Arbeit vermittelte Stoffwechsel zwischen Menschen und Natur gefasst wird. Indem das den Kategorien des »Kapital« zugrunde liegende als Synthesismoment zwischen Subjekt und Objekt, Denken und Sein nicht mehr im Denken besteht, sondern in der gesellschaftlichen Praxis der Menschen liegt, ist in der Erkenntnis der abstrakt menschlichen Arbeit als gesellschaftlicher Substanz des Wertes die Kritik der politischen Ökonomie nicht nur Wissenschaft(-skritik), sondern zugleich Kritik des realen Gegenstandes: des Kapitals.

Und nicht nur Kritik, sondern Theorie der Revolution. Darin besteht das Projekt einer »materialistischen Dialektik«: Da Marx nicht einen *reinen* Begriff und damit das Denken als das hinter den gesellschaftlichen Formen Liegende bestimmt, sind die Kategorien als Denkbestimmungen der Wirklichkeit auch nicht nur die Bestimmungen des Denkens der Wirklichkeit. Revolutionstheoretisch gewendet: Sie sind nicht aufzuklärender Ausdruck falschen Bewusstseins, sondern als objektive Gedankenformen Ausdruck der aufzuhebenden kapitalistischen Vergesellschaftungsform der Arbeit. Hegels Kategorienverständnis lässt sich so in eine Theorie der Gesellschaft wie ihrer auf Praxis zielenden Kritik transformieren: Auch bei Marx sind Kategorien Denkbestimmungen wie Grundbestimmungen – nur nicht der Natur, sondern der durch das Kapital formbestimmten Wirklichkeit. Es wird sich zeigen, dass so der logische Zusammenhang der Kategorien aus dem der Wirklichkeit der kapitalistischen Gesellschaftsform Zugrundeliegenden entwickelt wird, der Selbstverwertung des Wertes. Das Kapital und sein im »Kapital« begrifflich rekonstruierter Strukturzusammenhang sind damit – kritisch an die Metaphysik Hegels anknüpfend – als das die menschliche Wirklichkeit konstituierende wie fremdbestimmende Prinzip begriffen.

Damit sind die hieraus folgenden Existenzbestimmungen des Menschen, innerhalb dieser durch das Kapital formbestimmten Wirklichkeit selbst kategorial durch das Kapital bestimmt – als durch die Herrschaft der Wertabstraktion formbestimmte gesellschaftliche Dinge und Charak-

83 Hans-Jürgen Krahl: Beiträge aus den Schulungsprotokollen, in: ders: Konstitution und Klassenkampf: Zur historischen Dialektik von bürgerlicher Emanzipation und proletarischer Revolution. Schriften, Reden und Entwürfe aus den Jahren 1966–1970, Frankfurt a. M. 1971, S. 368–391, hier S. 379.

termasken der handelnden Menschen und objektive Gedankenformen. Sie sind somit einerseits gleich den philosophischen Kategorien »*Abstraktionen* dieser realen Verhältnisse«,[84] andererseits als historisch vergängliche Formen ausgesprochen, weil sie auf der kapitalistischen Vergesellschaftung der Arbeit beruhen. Sie sind durch privat-arbeitsteilige Produktion bestimmte, historisch-spezifische und damit ebenso sehr vorübergehende Existenzweisen des Menschen und seiner gesellschaftlichen Beziehungen, eben weil der Begriff wie das Realobjekt Kapital selbst auf einer rein *gesellschaftlichen* Substanz ruht. So zeigt sich, warum das »Kapital« als wissenschaftliche Theorie Ausdruck der revolutionären Bestrebungen Marxens ist und er es nicht als normative Sozialphilosophie verstand, sondern als das »furchtbarste Missile, das den Bürgern [...] an den Kopf geschleudert worden ist«.[85] Aus der kritischen Wendung und Ersetzung des Denkens in Hegels Metaphysikkritik durch die abstrakt menschliche Arbeit[86] ergibt sich, dass die Kategorien zwar durch die Wissenschaft kohärent erkannt werden können, aber da ihr Konstitutionsgrund nicht das begriffliche Denken, sondern die gesellschaftliche Praxis ist, bleiben sie trotz der Kritik davon unabhängig bestehen. Oder wie Adorno betonte: Man sollte sich hüten, zu denken, an der in der Theorie sich vollziehenden »Auflösung der Verdinglichung, des Warencharakters[,] den Stein der Weisen zu besitzen«,[87] denn die Kategorien reproduzieren sich trotz der Kritik weiterhin als die Existenzbestimmungen der Wirklichkeit und damit als verkehrtes gesellschaftliches Bewusstsein.

Marx' Interesse an den Kategorien zielt neben der Wissenschaftskritik daher stets auf die gesellschaftlichen Verhältnisse, die diese Kategorien ins Leben rufen.[88] So ließe sich zeigen, wie Karel Kosík betonte, dass »die reale Bewegung der ökonomischen Kategorien« nichts weiter ist »als verdinglichte Form der gesellschaftlichen Bewegung der Menschen« und es wird offenbar, »dass die Kategorien der gesellschaftlichen Bewegung der Dinge existenzielle – notwendige und historisch vorübergehende – Formen der gesellschaftlichen Bewegung der Menschen sind«.[89] Und entsprechend ist nur ein Denken, das auf die Differenz von Wesen und Erscheinung pocht, auf ein die Wirklichkeit bestimmendes Prinzip, also

84 Karl Marx an P. W. Annenkow, 28.12.1846, in: MEW, Bd. 4, S. 547–557, hier S. 552.

85 Marx an Johann Philipp Becker, 17.4.1867, in: MEW, Bd. 31, S. 541.

86 Diese Entdeckung, dass es einen Zusammenhang zwischen Hegels Begriff des Geistes und Marx gibt, dass das absolute Subjekt eigentlich die gesellschaftliche Arbeit ist, gebührt Adorno und findet sich in den »Drei Studien zu Hegel« (Theodor W. Adorno: Zur Metakritik der Erkenntnistheorie. Drei Studien zu Hegel (= Gesammelte Schriften, Bd. 5), Frankfurt a. M. 2005, S. 265 f., 269, 273).

87 Adorno: Negative Dialektik, S. 191.

88 Vgl. Karl Marx: Das Elend der Philosophie. Antwort auf Proudhons »Philosophie des Elends«, in: MEW, Bd. 4, S. 63–182, hier S. 126; Marx: Das Kapital. Erster Band (1890), MEGA^2, II/10, S. 49.

89 Kosík: Dialektik des Konkreten, S. 190 f.

»solidarisch mit der Metaphysik im Augenblick ihres Sturzes«[90] verfährt, in der Lage, die Wirklichkeit gedanklich zu reproduzieren und »materialistisch« auf ihre Veränderung hin zu begreifen.

Folglich sind drei Stränge in einer Kritik der Kategorien miteinander zu vermitteln: Kritik der Wissenschaft, Ideologiekritik und Kritik des Gegenstandes. Bei Marx drücken daher die Kategorien nicht die erreichte Reflexivität des Denkens aus, sondern als ein soziohistorisches Kategorienmodell die Reflexivität der Menschheit als eines nur handelnd existierenden Subjekts, kurz der Gesellschaft. Diese kann sich, wie das Denken in seinen Kategorien, verselbstständigen und damit auch reflektieren, »sodass materialistische Dialektik die bewusste Erfahrung bedeutet, welche die antagonistische Gesellschaft an sich selber macht«.[91] In dieser Kategorienauffassung spiegelt sich folglich die Möglichkeit, dass Hegels Bestimmungen des Absoluten in der Analyse der kapitalistischen Gesellschaft »nicht positivistisch der Sinnlosigkeit überführt, wohl aber in die geschichtliche Endlichkeit aufgehoben [werden]«.[92] So ließe sich vor dem Hintergrund der Funktionsweise von Kategorien nicht nur das unbewusst Allgemeine der Methodendebatte aufklären, dass das Verhältnis von Kategorie und Begriff der Springpunkt dialektischen Denkens ist, sondern es wird Marx' Methode »materialistischer« Dialektik als Algebra der Revolution – in ihrer Identität wie in ihrem Unterschied zu Hegel – fassbar. Folglich ist auch eine genauere Bestimmung des zumeist unter der Vorstellung eines »vom Kopf auf die Füße Stellens« gedachten Verhältnisses von Marx und Hegel möglich. Die Umkehrung Hegels richtet sich dabei »gegen eine Idealisierung, in der die Wirklichkeit aus einer vorgefassten Idee konstruiert wird« und diese »zum Subjekt des gesellschaftlichen und historischen Prozesses erklärt wird«.[93]

Der die menschliche Wirklichkeit bestimmende Begriff wie ihr Zweck ist damit für Marx nicht der des Menschen, sondern der des Kapitals in seiner realen Herrschaftsform des sich selbst verwertenden Werts. In der Wirklichkeit der kapitalistischen Gesellschaft erscheint daher das menschliche Wesen naturalisiert in den Bestimmungen der politischen Ökonomie – als *homo oeconomicus;* wie zuvor in der Philosophie als *animal rationale*. Durch die marxsche Kritik hingegen ließe sich das menschliche Wesen in seiner Wirklichkeit als »ensemble der gesellschaftlichen Verhältnisse«[94] begreifen, wie es nicht nur vermittels des Denkens bestimmt ist, sondern wirklich existiert, »[i]n seiner Wirklichkeit *ist*«.[95]

90 Adorno: Negative Dialektik, S. 400.
91 Krahl: Erfahrung des Bewusstseins, S. 17.
92 Ebd., S. 9.
93 Johannes Rohbeck: Marx, Stuttgart 2014, S. 106.
94 Marx: 1) ad Feuerbach, MEGA², Bd. IV/3, S. 21.
95 Ebd., Hervorh. F. H.

Die theoretische Kritik des Bewusstseins als selbstreflexive Entzifferung objektiver Gedankenformen, die den Grund in den gesellschaftlichen Verhältnissen haben, ist also direkt auf die gesellschaftliche Praxis gerichtet. Die Widersprüche, Kategorien und Denkformen der bürgerlichen Gesellschaft können somit für Marx nur aufgehoben werden, wenn die ihnen zugrunde liegenden Verhältnisse revolutioniert werden, die diese gesellschaftlichen Formen konstituieren: die kapitalistischen Produktions- und Eigentumsverhältnisse. In der Kategorienproblematik ist daher das Zentrum der marxschen Kritik und auch seiner Methode auszumachen – die kategoriale Kritik.

Die bisherige Methodendebatte

Diesen Problemaufriss im Forschungsstand zu verorten, ist komplex, da verschiedenste Diskussionsstränge zusammengeführt werden, die bisher getrennt waren und in der gegenwärtigen Debatte um eine realistische Sozialphilosophie[96] und die normativen Aspekte der marxschen Theorie eine untergeordnete Rolle spielen. Eine übergreifende Einheit ist dabei kaum mehr herzustellen und außerhalb der verkürzenden Dichotomie einer »Neuen Marx-Lektüre« gegenüber einem »Traditions-« bzw. »Arbeiterbewegungsmarxismus« ist eine Klassifizierung der Ansätze fast nicht mehr möglich. Wollte man der inhaltlichen Fülle und wechselseitigen Abhängigkeit auch nur in Ansätzen gerecht werden, würde dies nur in Form einer eigenen Monographie möglich sein, wie die Arbeiten Jan Hoffs und Ingo Elbes zeigen.[97]

Daher wird in dieser Arbeit ein anderer, problemorientierter Zugriff auf die Literatur gewählt. Aus dem unüberschaubaren Feld der Literatur wird sich auf diejenige fokussiert, anhand deren Mängeln wie Forschungserträgen der hier im Begriff der Kategorie vermutete Zusammenhang von Wissenschafts- und Gesellschaftskritik als dem unbewusst Allgemeinen des Projekts »materialistischer« Dialektik explizierbar wird. Denn die Frage, was Kategorien für Marx sind, blieb zwar nicht unbearbeitet, jedoch bislang ungelöst. Die Forschung bestand vielmehr darin, durch Abstraktion vom Inhalt des »Kapital« methodologische Kategorien zu bestimmen, wie sich zum Beispiel im deutschsprachigen Raum in den Debatten der *Deutschen Zeitschrift für Philosophie* abzeichnete.

Doch auch hier findet sich beständig eine Konfusion von »Kategorie« und »Begriff«: Exemplarisch zeigt sich dies an der Frage, in welchem Verhältnis der »Begriff ›Vermittlung‹« »zu den anderen Kategorien der materialistischen Dialektik [steht], etwa zu den Begriffen ›Widerspruch‹,

96 Vgl. z. B. Urs Linder: Marx und die Philosophie. Wissenschaftlicher Realismus, ethischer Perfektionismus und kritische Sozialtheorie, Stuttgart 2013.

97 Ingo Elbe: Marx im Westen. Die neue Marx-Lektüre in der Bundesrepublik seit 1965, Berlin 2010; Jan Hoff: Marx global. Zur Entwicklung des internationalen Marx-Diskurses seit 1965, Berlin 2009.

›Entwicklung‹, ›Kausalität‹ oder ›Zusammenhang‹«.[98] Auch die Lehrbücher zur Dialektik zeichnet aus, dass »Begriff« und »Kategorie« in diesem Sinne als »Grundbegriffe« einer Wissenschaft gleichgesetzt werden.[99] So zeigt sich, dass die allgemeine Vorstellung von Kategorien in den Wissenschaften mit dem philosophischen Begriff von Kategorie konfundiert werden, bei dem diese als Denk- wie Grundbestimmungen einer Substanz zu bestimmen sind.

Auch dass sich geradezu unbemerkt ausgehend vom »Kapital« die innerphilosophische Geschichte des Kategorienbegriffs wiederholte, weist darauf hin, dass die Kategorienfrage der Springpunkt der Methodendebatte ist. Wie in der Philosophie die Urteilsformen, so diente im Marxismus das »Kapital« als das der Kategorienreflexion Zugrundeliegende und basierend auf der logischen Struktur des »Kapital« wurde versucht, durch Abstraktion die Kategorien der »materialistischen Dialektik« zu bestimmen. Die Kategorien erschienen so aber wie schon in der Philosophie nur als eine Sammlung von Denkgesetzen ohne eigene Ordnung,[100] was für die Darstellung der Kategorien der materialistischen Dialektik eine systematische Ableitung der Kategorien notwendig machte, wie dies in Form der Lehrbücher zur Dialektik angestrebt wurde. Es wiederholt sich folglich die Kritik Kants und Hegels an den überlieferten Kategorien der Philosophie, dass ohne einen Begriff von »Architektur«[101] in der Darstellung der Denkbestimmungen das Denken unbegriffen bliebe. So zeigten sich die durch Abstraktion erschlossenen Kategorien materialistischer Dialektik auch nur als formale Ansammlung von Gesetzen des Denkens[102] und es blieb in der deutschsprachigen, insbesondere in der *Deutschen Zeitschrift für Philosophie* geführten Debatte unklar, was außerhalb der in Marx' »Kapital« anzutreffenden Nutzung das Kriterium der Kategorien des Systems materialistischer Dialektik sein könnte.[103] Am Ende der 40-jährigen Diskussion um die Kategorien der »materialistischen Dialektik« stand so die Einsicht, dass die Kritik Hegels an Kant, dieser habe die Kategorien »aufgerafft, wie sie ihm auf-

98 Frank Fiedler/Bernd Vogel: Zum Begriff »Vermittlung«, in: Deutsche Zeitschrift für Philosophie 8/1982, S. 987–996, hier S. 988; vgl. auch: Ekkhard Lassow: Das Verhältnis von Gesetzen und Kategorien, S. 148.

99 Vgl. Mark M. Rosental: Kategorien der materialistischen Dialektik, Berlin (Ost) 1960, S. 10 f., 15.

100 Vgl. Hegels Kritik in: ders.: Wissenschaft der Logik I, Werke, Bd. 5, S. 29.

101 Vgl. Kant: Kritik der reinen Vernunft, A832/B860.

102 Exemplarisch bei Rugard Otto Gropp: Die marxistische dialektische Methode und ihr Gegensatz zur idealistischen Dialektik Hegels, in: Deutsche Zeitschrift für Philosophie 1/1954, S. 69–112.

103 Vgl. z. B. Bönisch/Fiedler: Dialektik als philosophischer Gegenstand; Fiedler/Vogel: Zum Begriff »Vermittlung«; Alfred Kosing: Die Einheit von Dialektik und Erkenntnistheorie im dialektischen Materialismus, in: Deutsche Zeitschrift für Philosophie 11–12/1960, S. 1428–1447; Hubert Laitko: Struktur und Dialektik, in: Deutsche Zeitschrift für Philosophie 6/1968, S. 674–697; Heinrich Opitz: Die Praxis als zentrale Kategorie der materialistischen Gesellschaftstheorie, in: Deutsche Zeitschrift für Philosophie 4/1966, S. 450–468; Hans-Christoph Rauh: Materialistische Dialektik als Erkenntnistheorie und Erkenntnistheorie als Widerspiegelungstheorie, in: Deutsche Zeitschrift für Philosophie 3/1978, S. 338–349; Gottfried Stiehler: Über die Elastizität

stießen, nicht auf das übliche System der Darstellung der Kategorien der materialistischen Dialektik übertragen [werden dürfte], aber sie uns doch nachdenklich stimmen [sollte]«.[104] Folgt man der hier vorgeschlagenen Funktionsbestimmung der Kategorien, so ließe sich eine systematische Ableitung der Denkbestimmungen als Kategorien der materialistischen Dialektik nicht anders begreifen als in der hegelschen Form der Ableitung der Kategorien aus der allgemeinen flüssigen Substanz der Vernunft, was aus weltanschaulichen Gründen jedoch ausgeschlossen werden musste,[105] sodass es – an Marx' Hegelkritik anschließend[106] – zumeist lapidar hieß: »Begriffe und Kategorien sind keine Frucht des reinen Denkens.«[107] Zugleich sollten aber die Kategorien der materialistischen Dialektik stets allgemeine Formen sein »mit denen das Denken die Wirklichkeit erfasst«[108] und in dieser Fassung waren die Kategorien als »Formen des Erfassens der objektiven Realität im Denken [...] das Objekt der dialektischen Logik«,[109] hätten also eines letzten Geltungsgrundes bedurft, wie ihn zum Beispiel Hegel in der »Wissenschaft der Logik« im Denken selbst entdeckte. Letztlich blieb in all diesen Versuchen zu einem System der Kategorien der »dialektischen Logik« oder »materialistischen Dialektik« stets unklar, worin das Gravitationszentrum dieses Systems bestehen könnte.[110] Im Bestreben einer Abgrenzung zu Hegel wurde so verpasst, dass im Kategorienverständnis bestehende Identitätsmoment einer Kritik durch Darstellung herauszuarbeiten, von dem ausgehend die Differenz der beiden Denker hätte bestimmt werden können.

Dabei drückt(e) sich im Projekt einer materialistischen Dialektik die Hoffnung aus, Denkformen zu finden, die als Kategorien der materialistischen Dialektik eine kritische Erkenntnis der Wirklichkeit verbürgen. Besonders deutlich kommt dieses Bedürfnis in der historischen Situation der Kritischen Theorie und des sogenannten Traditionsmarximus zum Ausdruck. In Letzterem steigerte es sich bis zum Bemühen der Etablierung einer wissenschaftlichen Weltanschauung *für* die Arbeiterklasse, das Handbücher hervorbrachte über »allgemeine, grundlegende Begriffe, die

von Kategorien des historischen Materialismus, in: Deutsche Zeitschrift für Philosophie 7/1977, S. 779–791; W. W. Stoljarow: Über Rolle und Stellung der philosophischen Kategorien im Denken, in: Deutsche Zeitschrift für Philosophie 5/1957, S. 672–696; Bernd Vogel: Die philosophischen Kategorien als ein Gegenstand der materialistischen Dialektikforschung. Literaturbericht, in: Deutsche Zeitschrift für Philosophie 5/1988, S. 444–449.

104 Bönisch/Fiedler: Dialektik als philosophischer Gegenstand, S. 394.

105 Vgl. hierzu die Kritik von Karel Kosík (ders: Dialektik des Konkreten, S. 156–161).

106 Vgl. Friedrich Engels/Karl Marx: Die heilige Familie oder Kritik der kritischen Kritik. Gegen Bruno Bauer und Konsorten, in: MEW, Bd. 2, S. 3–224, hier S. 61 f.

107 Rosental: Kategorien der materialistischen Dialektik, S. 11.

108 Pavel V. Kopnin: Dialektik, Logik, Erkenntnistheorie, Berlin (Ost) 1970, S. 134.

109 Ebd., S. 242.

110 Vgl. Andreas Arndt: »... unbedingt das letzte Wort aller Philosophie«. Marx und die hegelsche Dialektik, in: Rahel Jaeggi/Daniel Loick (Hrsg.): Karl Marx – Perspektiven der Gesellschaftskritik, Berlin 2013, S. 27–38, hier S. 31.

der Erfassung allgemeinster Zusammenhänge der menschlichen Gesellschaft in ihrer Bewegung und Entwicklung dienen«.[111] Stets herbeigesehnt wurde ein Werkzeug, das angesichts der »chaotischen Vorstellung des Ganzen«[112] eine »ordnende Funktion«[113] innehat, und so galt und gilt im Marxismus der Erarbeitung eines »kategorial-begrifflichen Apparates«[114] stets ein besonderes Interesse. Auch hier wird anhand der Zitate deutlich, wie wenig »Begriff« und »Kategorie« systematisch unterschieden werden. Dieser als Dialektik, dialektische Methode oder materialistische Dialektik bezeichnete Apparat sollte helfen, so Bartsch und Klimaszewsky, »sich in der Vielfalt und im Wirrwarr der Zusammenhänge und Entwicklungstendenzen zu orientieren« und die »allgemeinen Zusammenhänge [zu erkennen], die allen Erscheinungen und Prozessen der materiellen Welt und des Denkens eigen sind«.[115] Selbst in den tastenden Formulierungen Adornos, dass die dialektische Methode, »in eins Abdruck des universalen Verblendungszusammenhangs und dessen Kritik, in einer letzten Bewegung sich noch gegen sich selbst kehren«[116] müsste, bleibt diese Hoffnung auf eine Methode zur Entzauberung der gesellschaftlichen Verhältnisse erhalten. Nicht von ungefähr ist der zweite Teil der »Negativen Dialektik« mit *Begriff und Kategorien* untertitelt.[117]

Dabei zeichnet die Methodenreflexion ein grundlegender Widerspruch aus, der in einem fragilen Abhängigkeitsverhältnis von Gegenstand und Methode besteht: Die erhoffte Methode materialistischer Dialektik, die den Weg aus dem »Verblendungszusammenhang« und eine Ordnung des »Wirrwarrs der Zusammenhänge« erlaubt, wie deren Kategorien, sind nur Ausdruck einer Abstraktionsleistung vom besonderen Gegenstand. Gleichzeitig sollen sie aber nicht nur hierfür spezifisch, sondern allgemeingültig sein und bedürften daher eigentlich einer eigenständigen Ableitung, die nicht nur an den Eigenheiten des marxschen »Kapital« hängt. Zu schlichten wäre der Widerspruch, dass das Wissen über die allgemeinen Denkformen der Reflexion eines bereits gedachten Gegenstands entstammt. Das heißt, die Extraktion von Kategorien der materialistischen Dialektik aus dem »Kapital« stellt noch keine systematische Ableitung dar. Sie bleibt Reflexion und als Reflexion macht sie, wie Hegels »Phänomenologie«, nur das in der immer schon in der konstituierten Gegenständlichkeit liegende Unbewusste bewusst – also Momente

111 Nikolaj I. Drjachlov: Kategorien des historischen Materialismus, Studien zur Widerspiegelung gesellschaftlicher Entwicklungsprozesse in philosophischen Begriffen, Berlin (Ost) 1978, S. 8.

112 Marx: Ökonomische Manuskripte 1857–58, Teil 1, MEGA², Bd. II/1.1, S. 36.

113 Drjachlov: Kategorien des historischen Materialismus, S. 11.

114 Ebd., S. 28.

115 Gerhard Bartsch/Günter Klimaszewsky: Materialistische Dialektik, ihre Grundgesetze und Kategorien, Berlin (Ost) 1973, S. 160.

116 Adorno: Negative Dialektik, S. 397.

117 Ebd., S. 137.

einer im »Kapital« liegenden Methode der Kritik. Diese Unmöglichkeit, eine abschließende systematische Darstellung der »materialistischen« Dialektik zu geben, hat jedoch auch etwas damit zu tun, dass schon die Philosophie die Denkformen nicht aus sich selbst hervorbringt, sondern diese dem Lebensprozess des Menschen entstammen und durch sie nur systematisiert werden[118] – was nichts weniger bedeutet, als dass das System der Denkbestimmungen immer historisch, also Veränderungen unterworfen ist.[119]

Noch mehr gilt dies für die von politischen und historischen Interessen geleitete Reflexion der Architektur des »Kapital« und der »materialistischen« Dialektik. Die Emanzipationsbewegungen des 19. und 20. Jahrhunderts haben überhaupt erst den Gegenstand der marxschen Methode erzeugt und die Methodenfrage als Kernelement des Marxismus,[120] sodass das komplexe Wechselverhältnis zwischen Gegenstand und Methode abgeschnitten zu werden droht, welches sich im Entstehungsprozess des »Kapital« verbirgt. Dies wurde schon früh von Karel Kosík bemerkt. Er kritisierte, dass sich die Philosophie als Verwalterin allgemeiner logischer Kategorien einer dialektischen Methode überflüssig machen würde, wie demgegenüber die positive Wissenschaft als reine Betrachtung der Fakten dem Positivismus verfiele. Denn das Grundproblem der Methodendebatte zeige sich darin, dass in der politischen Ökonomie der »ökonomische Inhalt [...] gleichgültig gegenüber den logischen

118 Insbesondere Adorno reflektiert diese Abhängigkeit der philosophischen Kategorien von den Strukturen der Wirklichkeit bzw. der Gegenstände. Für ihn besteht das Problem der Philosophie darin, dass sie »eigentlich gar nichts zu beißen hätte – gar nicht über die Kategorien verfügen würde, an denen sie sich eigentlich erprobt« (Theodor W. Adorno: Erkenntnistheorie [1957/58], Frankfurt a. M. 2018, S. 46), wenn eine vollständige Trennung von Philosophie und Wissenschaft vollzogen worden wäre. Hiervon zeugt noch der Satz in der »Negativen Dialektik«, dass diese nicht wie Hegel vom Sein auszugehen hätte, sondern vom Etwas: »Kein Sein ohne Seiendes« (Adorno: Negative Dialektik, S. 139). Selbst in der Reflexion der Philosophie auf ihre eigene Geschichte oder das Denken selbst hätte sie noch einen vorausgesetzten Gegenstand. Adorno geht so weit, zu sagen, dass »[v]ollends die Kategorien, an denen Philosophie Kritik übt oder die sie rechtfertigt, allesamt immer Kategorien [sind], die aus Wissenschaften oder wissenschaftlichen Kontroversen stammen, und es wäre ein ganz leerer, ein scheinhafter Anspruch, wenn Philosophie so verführe, als ob sie all das rein aus sich heraus hervorbrächte« (Adorno: Erkenntnistheorie [1957/58], S. 46). Das Denken hätte folglich die Kategorien daran zu messen, was sie von sich beanspruchen zu leisten – sowohl in Bezug auf die inhaltliche Dimension der Fachwissenschaft als auch in Bezug auf die abstrakt-formale Ebene der Logik. So ist es für Adorno nicht mehr sinnvoll, wie noch bei Kant, von einer Tafel statischer Kategorien auszugehen, sondern innerphilosophisch sei auf den Prozess zu reflektieren, »der in der Erkenntnistheorie und in der Stellung der erkenntnistheoretischen Kategorien zueinander besteht« (ebd., S. 62). Verschiebt man die Aussagen Adornos zur Selbstreflexion der Erkenntnis auf die Frage nach der Erkenntnis der Gesellschaft, so lässt sich der Schluss ziehen, dass es darum gehen muss, »durch die Konfrontation einer jeglichen einzelnen Kategorie oder Erkenntnisleistung sie über sich hinauszutreiben, sie durch Konsequenz dazu zu bringen, dass sie über sich selbst hinausweist und damit verweist auf das Problem des Ganzen oder des Konkreten, welches ja schlechterdings das Problem der Philosophie ist« (ebd.). Darin orientiert auch Adorno auf den wissenschaftlichen Zusammenhang der Darstellung, in welchem die Kategorien systematisch dargestellt werden und durch die systematische Darstellung Kritik sind.

119 Vgl. Friedrich Engels: Herrn Eugen Dührings Umwälzung der Wissenschaft. Anti-Dühring, in: MEW, Bd. 20, S. 5–306, hier S. 14.

120 Vgl. Georg Lukács: Geschichte und Klassenbewusstsein. Studien über marxistische Dialektik, Neuwied 1968.

Kategorien, in der Philosophie die logischen Kategorien [...] unabhängig vom ökonomischen Inhalt«[121] behandelt würden, sodass der Unterschied zwischen Gegenstand und Methode stets einseitig zur Seite der Methode oder zur Seite des Gegenstandes aufgelöst werden würde. Diese Rückkehr des Verdrängten spiegelt sich nicht nur im Oxymoron »marxistischer Philosophie«, sondern auch in der anfänglichen Zuständigkeit der Ökonomen für das »Kapital« im sogenannten Traditionsmarxismus.[122] Zu Recht ist diesem vorgeworfen worden, die qualitative Seite der politischen Ökonomie[123] zu vernachlässigen und die Werttheorie als Problem der Allokation zu behandeln.[124] Die Schlussfolgerung hieraus ist, dass die Kategorien der Philosophie und der positiven Wissenschaft weder identisch noch völlig voneinander unterscheidbar sind, insofern jede Auffassung von Kategorien als Moment der gedanklichen Reproduktion der Wirklichkeit, abstrakt betrachtet, Denkbestimmungen in sich trägt. Auflösbar ist diese Problematik nur durch den Rückgang auf den darin sedimentierten philosophischen Gehalt.

Damit entsteht ein Methodenverständnis, das ebenso sehr Methode wie ihr Gegenteil ist, da in ihr die Methode die Reproduktion der Sache im Denken, also der Gegenstand selbst ist. Diese Identität von Identität und Nichtidentität, die sich im Verhältnis von Gegenstand und Methode ausdrückt, lässt sie so schwer fassbar werden. Entgegen der in der Geschichte des Marxismus sich zeigenden Suche nach einer Art absoluten Methode ist jedoch an diesem Moment der Differenz von Denken und Sein festzuhalten und zu orientieren auf Marx' Selbstverständnis. Dieser lehnte die Idee eines »Universalschlüssels«, dessen »größter Vorzug darin besteht, übergeschichtlich zu sein«,[125] offen ab. Und doch zieht sich die Hoffnung auf einen Universalschlüssel wie ein roter Faden durch die Methodendiskussion (und – ehrlicherweise – auch durch das Erkenntnisinteresse der Arbeit). Sie wird getragen von dem Vertrauen, dass – ungeachtet dessen, ob die inhaltlichen Ausführungen im »Kapital« angesichts der spätkapitalistischen Moderne noch Gültigkeit besitzen – »im dialektischen Marxismus

121 Kosík: Dialektik des Konkreten, S. 156.

122 Vgl. die Diskussionsprotokolle der Konferenz »100 Jahre ›Kapital‹« (in: Walter Euchner/Alfred Schmidt [Hrsg.]: Kritik der politischen Ökonomie heute. 100 Jahre »Kapital«, Frankfurt a. M./Wien 1968).

123 Vgl. z. B. Hans-Georg Backhaus: Dialektik der Wertform. Untersuchungen zur marxschen Ökonomiekritik, Freiburg 1997, S. 34.

124 Bereits sehr früh bildeten sich hiervon jedoch auch Ausnahmen, die bis heute nicht genügend zur Kenntnis genommen werden, wie z. B. die Studie zum Entstehungsprozess des Kapitals von Walter Tuchscheerer (ders.: Bevor das »Kapital« entstand. Die Entstehung der ökonomischen Theorie von Karl Marx, Berlin [Ost] 1968) oder die im Zuge der MEGA herausgegeben *Beiträge zur Marx-Engels-Forschung*, *Marx-Engels-Forschungsberichte*, die *Marx-Engels-Jahrbücher*, die *Halleschen Arbeitsblätter zur Marx-Engels-Forschung* oder auch Beiträge Leipziger Wissenschaftler in der Zeitschrift *Aus dem philosophischen Leben der DDR*.

125 Karl Marx' Brief an die Redaktion der *Otetschestwennyje Sapiski*, in: MEW, Bd. 19, S. 107–112, hier S. 112.

die richtige Forschungsmethode gefunden wurde«.[126] Hieraus resultierte die dargestellte Teilung zwischen Gegenstand und Methode, zwischen den inhaltlichen Aussagen im »Kapital« und der Methode und Struktur der Darstellung, die Lukács missverständlich als Forschungsmethode benennt, darunter jedoch allgemein Wissenschaftsmethodik versteht.

In der Methodendiskussion kommt dabei gegenüber dem marxschen Forschungsprozess der Darstellung eine besondere Bedeutung zu, auch wenn deren Einheit stets betont wurde.[127] Bisweilen steht dem auch eine besondere Betonung des in Darstellungsversuchen sich vollziehenden Forschungsprozesses entgegen.[128] Kennzeichnend ist jedoch, dass – ausgehend vom Primat der Darstellung – die Schlussfolgerung gezogen wurde: Wenn sich etwas über die Methode sagen lässt, dann, »dass das richtige Verständnis der marxschen Methode [...] mit dem des Begriffs der ›Darstellung‹ steht und fällt«.[129] Aufgabe der Darstellung sei es dabei, das vorhandene Material in »einer zweiten Reflexion zu strukturieren«.[130] Die Darstellung muss also den der Forschung zugrunde liegenden zersplitterten Stoff zur Einheit bringen. Dabei wird betont, dass Darstellung und Kritik in Marx' Theorie verschränkt sind und dieser »sowohl die Theorien der Nationalökonomie als auch den Realprozess des ökonomischen Systems infrage [stellt]«.[131] Der eigentliche Fokus der Methodenreflexion lag jedoch stets auf der Darstellungsform, das heißt der Ableitung der Kategorien. So wurde versucht, der inneren Bewegung, die die Kategorien der Darstellung verkettet, auf die Spur zu kommen, und dies ist auch der Gegenstand, der hier zur Disposition steht.

Dabei scheint noch immer unklar, wie die Verkettung der Kategorien funktioniert, da keine wissenschaftliche Grundlage für die Beantwortung besteht, solange unklar bleibt, was diese »Kategorien« eigentlich sind, was also das sie Verbindende im Sinne einer gemeinsamen Substanz sein könnte. Die Debatte lässt sich dabei grob in die folgenden Positionen einteilen: Die Deduktion der Kategorien sei logisch-historisch,[132] logisch-

126 Lukács: Geschichte und Klassenbewusstsein, S. 35.

127 Vgl. z. B. Witali Wygodski: Die dialektische Einheit von Forschungs- und Darstellungsmethode im politökonomischen Schaffen von Karl Marx und ihre schöpferische Anwendung durch W. I. Lenin, in: Hallesche Arbeitsblätter zur Marx-Engels-Forschung 3/1978, S. 57–72; ders.: Die Verflechtung von Forschungs- und Darstellungsmethode in den »Grundrissen der Kritik der politischen Ökonomie«, in: Hallesche Arbeitsblätter zur Marx-Engels-Forschung 9/1979, S. 4–18; ders.: Nochmals zum Verhältnis von Forschungs- und Darstellungsmethode, in: Hallesche Arbeitsblätter zur Marx-Engels-Forschung 11/1980, S. 20–25.

128 Wolfgang Fritz Haug: Marx' Lernprozess, in: ders.: Dreizehn Versuche, marxistisches Denken zu erneuern, Hamburg 2005, S. 223–235; Franz Heilgendorff: Die fragwürdige These einer fortschreitenden Popularisierung im *Kapital* und ihre Konsequenzen, in: Das Argument 330, 2018, S. 873–883.

129 Alfred Schmidt: Zum Erkenntnisbegriff der Kritik der politischen Ökonomie, in: Euchner/Schmidt (Hrsg.): Kritik der politischen Ökonomie heute, S. 35 f.

130 Ebd., S. 36.

131 Rohbeck: Marx, S. 100.

132 Zusammenfassend bei: Wolfgang Fritz Haug: Historisches/Logisches.

systematisch,[133] logisch-genetisch,[134] praxeologisch,[135] logisch[136] oder dialektisch.[137] Insbesondere im deutschen Sprachraum spalten sich an dieser Frage die Marx-Lektüren in die Dichotomien der »Neuen Marx-Lektüre« und des »Arbeiterbewegungs-« bzw. »Traditionsmarxismus«. Letzterer unterstellt in verschiedenen Abstufungen eine Identität der kategorialen Darstellung und der realen Entwicklungsgeschichte.[138] Im Gegensatz dazu geht die sogenannte »Neue Marx-Lektüre« von einer logischen Anordnung der Kategorien aus.[139] Allgemein zeigt sich gegenwärtig in der deutschen[140] und internationalen Diskussion um Marx' Methode[141] eine breite Akzeptanz des Ausdrucks »logische Methode«.

Den Vertretern einer logischen Lesart wird dabei nicht zu Unrecht vorgeworfen, dass ihre Rede von einer logischen Methode »im umgekehrten Verhältnis zur Analyse und epistemologischen Durcharbeitung ihres Gehalts [steht]«.[142] Das hier zu entwerfende Verständnis von »Begriff« und »Kategorie« muss also die Frage beantworten, was unter einer logischen Methode oder logischen Entfaltung der Kategorien zu verstehen ist. Dazu wird auf Dieter Wolf aufgebaut,[143] der herausarbeitete, dass die Reihenfolge der Kategorien im »Kapital« sich aus methodisch notwendigen Abstraktionsschritten ausgehend von der »contemporären Geschichte«[144] des Kapitals und seiner »Kernstruktur«[145] ergibt. Für Wolf entspringen die Kategorien der Lösungsbewegung des dialektischen Widerspruchs zwischen Gebrauchswert und Wert,[146] und damit hängt die Verkettung der Kategorien an der sich darin (form-)bestim-

133 Wolf: Der dialektische Widerspruch im Kapital.

134 Zelený: Wissenschaftslogik bei Marx und »Das Kapital«.

135 Wolfgang Fritz Haug: Vorlesungen zur Einführung ins »Kapital«, Hamburg 2005; ders.: Neue Vorlesungen zur Einführung ins »Kapital«, Hamburg 2006; ders.: Das »Kapital« lesen – aber wie?, Materialien, Hamburg 2013.

136 Helmut Reichelt: Zur logischen Struktur des Kapitalbegriffs bei Karl Marx, Freiburg 2001.

137 Mark M. Rosental: Die dialektische Methode der politischen Ökonomie von Karl Marx, Berlin (Ost) 1969.

138 Vgl. insb. und kritisch zum Verhältnis von Geschichte und Darstellung: Gudrun Richter: Gesetzmäßigkeit und Geschichtsprozeß. Logisches und Historisches, Berlin (Ost) 1985.

139 Zusammenfassend Elbe: Marx im Westen.

140 Ebd.; Michael Heinrich: Die Wissenschaft vom Wert. Die Marxsche Kritik der politischen Ökonomie zwischen wissenschaftlicher Revolution und klassischer Tradition, Münster 2004; ders.: Kritik der politischen Ökonomie. Eine Einführung, Stuttgart 2009.

141 Christopher J. Arthur: The New Dialectic and Marx's *Capital*, Leiden 2004; Fred Moseley/Tony Smith (Hrsg.): Marx's *Capital* and Hegel's *Logic*. A Reexamination, Leiden/Boston 2014; Riccardo Bellofiore/Roberto Fineschi (Hrsg.): Re-reading Marx. New Perspectives after the Critical Edition, London 2009; Hoff: Marx global.

142 Haug: Das »Kapital« lesen – aber wie?, S. 32.

143 Dieter Wolf: Die »Bewegungsformen« des »absoluten Geistes« als Lösungsbewegungen des dialektischen Widerspruchs zwischen »Natur« und »Geist« und die »Bewegungsformen« des Kapitals als Lösungsbewegungen des dialektischen Widerspruchs zwischen Gebrauchswert und Wert, unter: www.freiland-potsdam.de/uploads/7294046b07eff1a96e119c9d1eba6031.pdf, 2018.

144 Marx: Ökonomische Manuskripte 1857–58, Teil 2, in: MEGA², Bd. II/1.2, S. 368.

145 Marx: Das Kapital. Dritter Band (1894), MEGA², Bd. II/15, S. 263.

146 Vgl. Wolf: Der dialektische Widerspruch im Kapital.

menden abstrakt menschlichen Arbeit als gesellschaftlicher Wertsubstanz. Philosophisch ausgedrückt: Es erhält der Wert als gesellschaftliche Substanz aufgrund seiner Widerspruchsstruktur den Status eines Subjekts. Ausgehend von diesem Widerspruch lassen sich die Kategorien als eine auf sich beziehende Reflexionsbewegung (d. h. Formgebung) der Substanz als Subjekt konstituieren, weswegen die entsprechenden Abschnitte auch mit Wert*formanalyse* betitelt sind. In den Wertformen als Bewegungsformen des Widerspruchs zwischen Gebrauchswert und Wert verpuppt sich also, philosophisch gesprochen, die Selbstbewegung der Substanz.

Dass die Kategorien durch diese Lösungsbewegung von Widersprüchen produziert werden und dies an der Substanz-Kategorie hängt, wurde bereits von Isaac I. Rubin in den 1920er-Jahren herausgearbeitet.[147] Die Einsicht Rubins, dass die abstrakt menschliche Arbeit als Wert den Status einer Formsubstanz besitzt und die »logische Einheit der ökonomischen Kategorien durch die reale Einheit dieser Gesellschaft«[148] bestimmt sei, blieb jedoch unzureichend vermittelt. Weil er über keinen Begriff der Kategorie als Bestimmungsmoment der Substanz verfügte, konnte er nur versichern und nicht erklären, warum es sich nicht um eine logische Eigenbewegung der Kategorien handelt, sondern die Ableitung der Kategorien mit »einem reichen und komplexen sozio-ökonomischen Gehalt gesättigt ist, der der Realität entnommen und durch die Kraft abstrakten Denkens erhellt wird«.[149] Erst Ewald Iljenkow konnte die damit verbundene Frage der Kategorienentwicklung als Aufsteigen vom Abstrakten zum Konkreten weiterführen.[150] Dadurch, dass bei Iljenkow die Frage des Zusammenhanges von abstrakten und konkreten Kategorien vor allem anhand der Frage des Zusammenhanges einer historischen und/oder logischen Ordnung der Kategorien betrachtet wurde, blieb auch hier die auszuarbeitende Funktion der Kategorien und die auf dem Begriff beruhende Systematik ungenügend. Immer wieder zeigt sich so, dass die Mängel in der Debatte um Marx' Methode auf eine unzureichende Bestimmung dessen zurückzuführen sind, was eigentlich die darstellungslogische Funktion der »Kategorien« und des »Begriffs« ist.

Dies zeigt sich insbesondere an der Debatte um die logisch-historische Kapitalinterpretation, in der bis heute die Kategorienentwicklung als »geschichtliche[r] Prozess«[151] aufgefasst wird. Gerade die Kategorienent-

147 Vgl. Isaak Iljitsch Rubin: Studien zur Marxschen Werttheorie, Frankfurt a. M. 1973; ders.: Dialektik der Kategorien.

148 Rubin: Dialektik der Kategorien, S. 50.

149 Rubin: Studien zur Marxschen Werttheorie, S. 46.

150 Vgl. Ewald Wassiljewitsch Iljenkov: Die Dialektik von Abstraktem und Konkretem, in: Mark M. Rosental (Hrsg.): Geschichte der marxistischen Dialektik. Von der Entstehung des Marxismus bis zu Leninschen Etappe, Berlin 1974, S. 211–233; ders.: Die Dialektik des Abstrakten und Konkreten im »Kapital« von Karl Marx.

151 Vieth: Philosophische Grundbegriffe, S. 158.

wicklung Ware – Geld – Kapital verführt aufgrund ihrer Abstraktheit und Unmittelbarkeit zur fälschlichen Gleichsetzung mit vergangenen historischen Epochen – nicht nur im »Arbeiterbewegungsmarxismus«. Darüber hinaus ergibt sich aus der Abstraktheit der Entwicklung der Kategorien auch die Fehlauffassung einer an Hegel und dessen Problemstellungen angelehnten logischen Fassung der Kategorien,[152] die Unterstellung von handelnden Subjekten, um die abstrakte Kategorienlogik fassbar werden zu lassen,[153] oder die Annahme didaktischer Überlegungen Marxens.[154] Mit Dieter Wolf kann durch seine Rekonstruktion des durch Abstraktionsschritte vermittelten Realgehalts der Kategorien der Wertformanalyse ein Großteil der bisherigen Methodendiskussion und neueren Studien zu Marx' Wertbegriff[155] dahingehend aufgeklärt werden, dass sie mehrheitlich auf einer Fehlinterpretation und Selbstmissverständnissen bezüglich der Darstellungsmethode des »Kapital« beruhen. Wolf zeigt, dass die Systematik des »Kapital« auf einer spezifischen Handhabung der Abstraktionskraft zur Vermeidung von tautologischen Erklärungen und der Entfaltung des dialektischen Widerspruchs zwischen Gebrauchswert und Wert beruhe.[156] Eine ähnliche Spur findet sich jedoch auch im Kontext der logisch-historischen Methodenauffassung. Bereits Mark M. Rosental führte in den 1960er-Jahren aus, dass die Reihenfolge der Kategorien davon bestimmt werde, dass Stück für Stück wieder eingeführt werde, wovon Marx zunächst abstrahierte.[157] Auch wenn Rosental dabei am Dogma der logisch-historischen Methode festhält, betont er wie Wolf, dass im darstellungslogischen Vorwärtsschreiten der Kategorien Marx' Forschungsprozess gegenläufig aufgehoben ist. Dies erschließe sich aber erst im Gesamtdurchgang der Darstellung vom Standpunkt der Totalität und erklärt die resultierenden Fehlinterpretationen durch das Ausblenden dieses Standpunktes der Totalität. Der abstrakte Anfang begründet sich damit durch den Lauf der Darstellung selbst, so auch Iljenkow[158] und Gerhard Stapelfeldt.[159]

Dies bedeutet, dass die Abfolge der Kategorien nicht auf einer einfachen Analogie oder Anwendung der hegelschen »Logik« und dessen Kategorien beruhen kann und eine Rekonstruktion dieser im »Kapital« –

152 Wie z. B. bei Backhaus: Dialektik der Wertform; Helmut Reichelt: Neue Marx-Lektüre. Zur Kritik sozialwissenschaftlicher Logik, Hamburg 2008.

153 Ebd.; Haug: Vorlesungen zur Einführung ins »Kapital«.

154 Ebd.

155 Heinrich: Die Wissenschaft vom Wert; Reichelt: Neue Marx-Lektüre u. a. m.

156 Vgl. Dieter Wolf: Abstraktionen in der ökonomisch-gesellschaftlichen Wirklichkeit und in der diese Wirklichkeit darstellenden Kritik der politischen Ökonomie, unter: http://www.dieterwolf.net/pdf/Abstraktion.pdf, 2007.

157 Vgl. Rosental: Die dialektische Methode, S. 357, 373, 389.

158 Vgl. Iljenkow: Die Dialektik des Abstrakten und Konkreten.

159 Vgl. Gerhard Stapelfeldt: Das Problem des Anfangs in der Kritik der Politischen Ökonomie von Karl Marx, Hamburg 2009.

wie am konzisesten bei Abbas Alidoust Azarbaijani[160] und in Ansätzen bei weiteren Autoren[161] – nicht ausreicht. Die Besonderheit der Darstellungsmethode des »Kapital« lässt sich vielmehr darin zusammenfassen,

> »mit einer bestimmten auf die Eigentümlichkeiten des Gegenstandes ausgerichteten Methode gedanklich nachzuvollziehen, auf welche Weise die Menschen in ihrem praktischen Handeln bzw. ihrem Verhalten zueinander und zur Natur schon immer die ökonomisch gesellschaftliche Wirklichkeit geschaffen haben«.[162]

Im zu entwickelnden Kategorienverständnis, der Kategorien als Denk- wie Grundbestimmungen der Substanz, wird hier versucht, greifbar werden zu lassen, wie Marx die Reproduktion der eigentümlichen Logik des eigentümlichen Gegenstandes durch die Form des hegelschen spekulativen Begriffs gelingt.

Es droht jedoch in dieser Fixierung der Methodendebatte auf die Darstellung die »Bewegung der revolutionären Negation« als des der Darstellung »spezifischen logischen Korrelats«[163] verloren zu gehen und an Bedeutung einzubüßen. Insbesondere Zelený betont deren Einheit: Dass erst eine Transformation der gesellschaftlichen Verhältnisse zeigen würde, ob die im »Kapital« erfolgte Reproduktion der Wirklichkeit im Denken wahr gewesen ist. Es vollzieht also Marx theoretisch nach, wie das »Sichfestsetzen[s] der sozialen Tätigkeit, diese[r] Konsolidation unsres eignen Produkts zu einer sachlichen Gewalt über uns, die unsrer Kontrolle entwächst, unsre Erwartungen durchkreuzt, unsre Berechnungen zunichte macht«.[164] Doch Wesen der Kritik der politischen Ökonomie ist, dass sie nicht nur Wissenschafts- und Ideologiekritik bleibt, sondern zur Kritik des Realobjekts wird, indem sie Hegels Metaphysikkritik – wie angedeutet –»zum erkenntnistheoretischen Begründungselement revolutionärer Theorie«[165] macht. Dies gelingt durch die Doppelbedeutung

160 Abbas Alidoust Azarbaijani: Aufhebung Hegels »Wissenschaft der Logik« in Marx' »Das Kapital«. Teil 1: Die Lehre vom Sein – der Produktionsprozeß des Kapitals, Berlin u. a. 2010; ders.: Aufhebung Hegels »Wissenschaft der Logik« in Marx' »Das Kapital«. Teil 2: Die Lehre vom Wesen – der Zirkulationsprozeß des Kapitals, Berlin u. a. 2010; ders: Aufhebung Hegels »Wissenschaft der Logik« in Marx' »Das Kapital«. Teil 3: Wissenschaft der subjektiven Logik oder die Lehre vom Begriff: der Gesamtprozess der kapitalistischen Produktion sowohl in seinem objektiven wert- als kapitalbegrifflichen Fortgang als auch in seiner wert- und kapitalbegrifflichen Widerspiegelung, Berlin u. a. 2015.

161 Arthur: The New Dialectic and Marx's *Capital*; Backhaus: Dialektik der Wertform; Moseley/Smith: Marx's *Capital* and Hegel's *Logic*. A Reexamination; Reichelt: Zur logischen Struktur des Kapitalbegriffs bei Karl Marx, Freiburg 2001; ders.: Neue Marx-Lektüre.

162 Dieter Wolf: Gesellschaftliche Praxis und das Problem der Geldware. Kritische Auseinandersetzung mit Ingo Stützle, Michael Heinrich und Jannis Milios, in: Dieter Wolf/Ansgar Knolle-Grothusen/Stephan Krüger (Hrsg.): Geldware, Geld und Währung. Grundlagen zur Lösung des Problems der Geldware, Hamburg 2009, S. 7–115, hier S. 8.

163 Zelený: Wissenschaftslogik bei Marx und »Das Kapital«, S. 294.

164 Friedrich Engels/Karl Marx: Die deutsche Ideologie, in: MEW, Bd. 3, S. 9–532, hier S. 33.

165 Krahl: Erfahrung des Bewusstseins, S. 10.

der Kategorien als Denk- wie Grundbestimmungen: Die Kategorien der durch das Kapital bestimmten Wirklichkeit werden nicht nur als Produkt des Denkens, sondern ausgehend von der gesellschaftlichen Wertsubstanz zugleich als »Daseinsformen« wie »Existenzbestimmungen« des Kapitals und damit als Grundbestimmungen entfaltet. Um dies verständlich werden zu lassen, bedarf es der Rekonstruktion der Geschichte der Metaphysik, die an diese Einleitung anschließt. Hierauf aufbauend lassen sich die aufgeführten Positionen der Methodendebatte erstmals aufgrund ihres unbewusst Allgemeinen, des mangelnden Kategorienverständnisses, systematisch zusammenführen. Die bisherigen Ergebnisse der Methodendebatte werden so im Übergang von Philosophie in Gesellschaftskritik weiterentwickelt, wie kritisiert.

Erster Teil

Die Auffassung der Kategorien bei Aristoteles

Der in den Kategorien liegende Problemzusammenhang aus der Perspektive von Hegel und Marx

Es ist nicht nur historisch, sondern auch begrifflich mit Aristoteles zu beginnen. Denn es lässt sich zeigen, dass in Aristoteles' Kategorienreflexion ein Übergang von der Logik in die Metaphysik vollzogen wird, der die für Hegel (und Marx) entscheidende Frage beantworten lässt: Wie gelingt durch Begriffe eine gedankliche Reproduktion der Wirklichkeit? Metaphysik zielt in diesem Sinne auf die (ideellen) Strukturen, die den Dingen zugrunde liegen, mit der Eigenheit, dass diese durch die Reflexion erschlossenen Denkbestimmungen die Grundbestimmungen des Seienden bilden sollen. In dieser Reflexion der Beschaffenheit der Dinge möchte sie in das »Problem der objektiven Möglichkeit von erscheinender Natur«[1] eindringen. Marx kann hieran kritisch anschließen, insofern er sich die Frage stellt, wann und warum die Arbeitsprodukte in Wert- und Warenform erscheinen – kurz, was die Formbestimmung der Dinge ist.[2] Spekulativ ausgedrückt wird daher die Produktionsweise bei Marx die »allgemeine Beleuchtung worin alle übrigen Farben getaucht sind und [welche] sie in ihrer Besonderheit modificirt. Es ist ein besondrer Aether, der das spezifische Gewicht alles in ihm hervorstechenden Daseins bestimmt.«[3]

In der Geschichte der Philosophie findet sich diese Vorstellung eines den Dingen inhärenten und sie bestimmenden Prinzips vorgebildet. Es ist der Gedanke einer vom *nous* oder moderner, der Vernunft durchwebten und beherrschten Welt. Marx greift diese Denkform in »Grundrisse« auf, um darüber zu reflektieren, wie sich das Denken die Wirklichkeit aneig-

1 Haag: Der Fortschritt in der Philosophie, S. 9.

2 Marx' Kritik geht also von einer Differenz von Wesen und Erscheinung aus: Wichtig ist dabei, dass beide nicht zusammenfallen, die Erscheinung keine Verhüllung des Wesens ist, sondern dessen Formbestimmung, sodass die gesellschaftliche Wirklichkeit nicht nur Erscheinung, sondern durch Formprinzipien strukturierte und damit zweckbestimmte Totalität ist. Im Zentrum steht daher, Krahl folgend, eher die Formanalyse der Erscheinung als das Durchschauen des in der Erscheinung verborgenen Wesens (vgl. Hans-Jürgen Krahl: Sinnlichkeit und Abstraktion: Prolegomena zu einer materialistischen Empirie. Eine Diskussion zwischen Peter Brückner, Hans-Jürgen Krahl u. a. u. Beitr. von Heinrich Brinkmann u. Manfred Lauermann, Gießen 1973).

3 Marx: Ökonomische Manuskripte 1857–58, Teil 1, MEGA², Bd. II/1.1, S. 41.

net und sie in Form des Begriffs gedanklich reproduziert.[4] Transformiert führt sie – so die hier vertretene These – in den Kern der Kritik der politischen Ökonomie. Denn in der einleitend dargestellten Kritik, dass die politische Ökonomie nur auf der »physisch« zugänglichen gesellschaftlichen Oberfläche operieren würde, die inneren Zusammenhänge dabei jedoch verborgen blieben, wiederholt sich in Form der Gesellschaftstheorie dieser der Philosophie eigene und vermittels der Vernunft reflektierte Schritt ins Metaphysische. Hieraus ergibt sich die Marx eigentümliche gesellschaftstheoretische Fassung des Konstitutionsproblems der Metaphysik: Anstelle der Vernunft, des *nous*, und damit des als Formsubstanz gegenüber den Menschen verselbstständigten Denkens wird es für Marx die sich gegenüber den Menschen verselbstständigte Gesellschaftlichkeit der Arbeit sein, die als *gesellschaftliche* Formsubstanz das Strukturprinzip der Wirklichkeit bildet.[5]

Den Ausgangspunkt hierzu bildet Aristoteles in der Interpretation Hegels.[6] Anstelle einer Auseinandersetzung mit der Aristoteles-Forschung wird also aus Hegels (und Marx') Perspektive rekonstruiert, was die gedankliche Reproduktion der Wirklichkeit in Begriffen und damit den in den Kategorien sich spiegelnden Zusammenhang von Denken und Sein bestimmt. Folgt man Hegel, liest dieser die antiken Denkbestimmungen des Seienden im Sinne einer *spekulativen* Metaphysik, in der sie als Grundbestimmungen der Dinge aufgefasst werden.[7] Hiervon ausgehend lässt sich in Aristoteles' Verständnis der Kategorien eine der ersten systematischen Reflexionen zum Verhältnis von Denken und Sein rekonstruieren, die über die verschiedenen Bedeutungsformen der Kopula »ist« in einem prädikativen Urteil »S ist P« vermittelt sind. Die Kategorien zeichnet aus, dass Aristoteles zwischen deren Bestimmung als Prädikationsformen des Seienden einerseits und ontologischen Grundkategorien andererseits schwankt bzw. eine bewusste Doppelbestimmung vornimmt.[8] In diesem Sinne sind Kategorien »nicht nur Gattungen des Aussagens oder der Prädikation (γένη τῶν κατηγοριῶν), sondern auch Kategorien des Seienden (κατηγορίαι τοῦ ὄντος).«[9] So entspringen aus der prädikativen Aussage »S ist P« bei Aristoteles zwei Begriffe der

4 Vgl. ebd., S. 37.

5 Vgl. Moishe Postone: Zeit, Arbeit und gesellschaftliche Herrschaft. Eine neue Interpretation der kritischen Theorie von Marx, Freiburg 2003, S. 259.

6 Vgl. Hegel: Enzyklopädie (Teil 1). Logik, Werke, Bd. 8, S. 94–96, § 28; ders.: Vorlesungen über die Geschichte der Philosophie II, in: Werke, Bd. 19, S. 132–249.

7 Vgl. Hegel: Enzyklopädie (Teil 1). Logik, Werke, Bd. 8, S. 94, § 28.

8 Vgl. Hans-Georg Bensch: Kategorie(n) bei Kant und Hegel, in: Hegel-Jahrbuch 1/2016, S. 154–159, hier S. 154.

9 Guido Kreis: Transzendentale Metaphysik: Kant und Hegel, in: ders.: Negative Dialektik des Unendlichen. Kant, Hegel, Cantor, Frankfurt a. M. 2015, S. 169–226, hier S. 173; vgl. auch S. 194 und fast gleichlautend Gunnar Hindrichs: Kategorienrahmen und Begriffswandel. Zwischen Kant und Hegel, in: Kazimir Drilo/Axel Hutter (Hrsg.): Spekulation und Vorstellung in Hegels enzyklopädischem System, Tübingen 2015, S. 119–156, hier S. 127.

Logik, als Formen in der Kopula »ist« die Wirklichkeit zu denken. Sie müssen differenziert werden: einerseits in die Syllogistik oder formale Logik, die sich um »die Schemata der Begriffe, Urtheile und Schlüsse«[10] dreht, also um die *richtige oder falsche* Sprechweise *über* die Dinge zentriert ist; andererseits in die Logik im Sinne von Metaphysik, die »sich für die Wissenschaft der Prinzipien [erklärt]«, daher »Bildnerin des wissenschaftlichen Systems und also die Wissenschaftslehre selbst [ist]«[11] und die Frage nach der *Wahrheit* beinhaltet.[12]

Die Entdeckung der Kategorien bei Aristoteles

Beide Formen der Logik sind dabei in den Kategorien enthalten, denn was Aristoteles anhand der am Urteil gebildeten Kategorien reflektiert, ist, in welcher Weise vermittels der Kopula »ist« über das Seiende ge- bzw. das Seiende selbst ausgesprochen wird.[13] Sie werden hier so aufgefasst, dass es einerseits um die formale Richtigkeit von Aussagen über Dinge geht, andererseits um deren ontologische Dimension, wie es sich insbesondere in der Kategorie der Substanz zeigt.[14] Diese Differenz spiegelt sich in der Art, wie an verschiedenen Stellen der aristotelischen Schriften die erste Kategorie (v. a. als *ousía, ti esti* und *tode ti)* begriffen wird[15] und auf das »Was-Sein« der Dinge zielt.

Im Sinne dieser ersten Kategorie ist die höchste Sprech- und Denkweise über die Dinge die der Identität eines Dings, in der das Wesen desselben zum Ausdruck gebracht werden soll. Was sich der Sache nach also in der zur Kategorie gehörigen Denkform des »Was ist X?« abzeichnet, ist eigentlich das, was bei Hegel als Begriff gedacht wird. Indem in der Schrift »Kategorien« jedoch nicht nur die Prädikationsformen des Seienden untersucht werden, sondern die Sache selbst, wird mit der *ousía* als erster Kategorie anstelle der Prädikate das Seiende selbst Gegenstand. Gleichursprünglich tritt so mit der Frage, »Was-es-ist« die formanalytische Frage des »Warum-(so-und-nicht-anders-)Seins« auf.

So liegt in den anhand der Kopula »ist« herausabstrahierten Kategorien nicht nur die Frage nach dem korrekten sprachlichen Ausdruck, der das Was-Sein wiedergibt, sondern auch die ontologische Frage, was das Sein des jeweiligen Seienden eigentlich ausmacht, und in diesem *Warum* der Übergang in Metaphysik. Hierzu unterscheidet Aristoteles in der ersten Kategorie zwischen einer ersten und zweiten Substanz, und darin ent-

10 Kuno Fischer: Logik und Metaphysik oder Wissenschaftslehre, hrsg. v. Hans-Georg Gadamer, Heidelberg 1998, S. 19.

11 Ebd., S. 19 f.

12 Vgl. Hegel: Enzyklopädie (Teil 1). Logik, Werke, Bd. 8, S. 14.

13 Vgl. Aristoteles: Kategorien, S. 11, Z. 2a11.

14 Vgl. ebd., S. 11, Z. 2a11.

15 Vgl. Klaus Oehler: Tabelle der Kategorienaufzählungen im Corpus Aristotelicum. Vergleichende Zusammenstellung, in: ders. (Hrsg): Aristoteles. Kategorien, Berlin 2006, S. 352–355.

halten ist das Problem, dass der Begriff einer Sache deren substanzielle Bestimmung ausdrücken soll, von der schwer zu entscheiden ist, ob sie als erste Substanz das Allgemeine des Einzeldings oder als zweite Substanz die Einheit aller Einzeldinge dieser Gattung ist.[16]

In der Kategorie *ousía* findet also ein Übergang statt von der formalen Logik und den Aussageformen zu ontologischen Fragen der Konstitution von Wirklichkeit, was das Bestimmende der Dinge ist, wie sich dann in der »Metaphysik« auch zeigt.[17] Damit geht die prädikative Urteilsform empirischer Gegenständlichkeit aus ihrer eigenen Struktur heraus in Bereiche über, die der unmittelbar sinnlich-empirischen Erfahrung nicht mehr zugänglich sind, sondern der Wesenserkenntnis qua Vernunft bedürfen. Der Versuch, ein Urteil über die Dinge zu bilden, das richtig ist, somit keine logischen Widersprüche enthält, bedeutet so zugleich, zu bestimmen, was sie in Wirklichkeit, das heißt in Wahrheit, sind. Der Verstand als Bestimmung der Dinge und Vernunft als diese denkend sind daher von Beginn an als zu vermittelnde angelegt. Entsprechend verschiebt sich die Fragestellung in der »Metaphysik« und die Kategorie der *ousía* wird darin umgebildet werden, um das Wesen der Einzeldinge fassbar werden zu lassen.

Metaphysik und Logik – man könnte auch sagen, Vernunft und Verstand – stehen damit in der hier verfolgten Interpretation vermittels der dem Urteil inhärenten verschiedenen Modi der Kopula »ist« in einer Wechselbeziehung, in der die Aussageformen über das Seiende (Verstand) in die Reflexion der Grundbestimmungen der Dinge übergehen (Vernunft). In diesem und nicht in einem formalen Sinne wird Logik in der vorliegenden Auseinandersetzung gefasst werden. Um dies zu verdeutlichen, muss zuerst rekonstruiert werden, wie die Kategorien, an der Grammatik sich bildend, aber vermittels der Sprache stets auf Wirklichkeit bezogen bleibend, aus der Auseinandersetzung mit der Sophistik entstehen und so eher zu Fragen der Syllogistik tendieren. Entsprechend steht in der Kategorienaufzählung in der »Topik«[18] die Frage der Rhetorik und das »Was-Sein« im Fokus. Die Kategorien werden dort vorrangig aufgefasst als Werkzeuge, um falsche Schlussfolgerungen aufzudecken und Ausgesagtes als widersprüchlich aufzuhellen. In ihr spiegelt sich die historische Situation der *polis*, in der Fragen der Rhetorik eine besondere Gewichtung zukam, insofern die politische Entscheidungsfindung sprachlich vermittelt war. Die Problemstellung der »Topik« verweist damit auf den historischen Ursprung der Kategorien.

16 Aristoteles: Kategorien, 11, Z. 2a8–25.

17 Vgl. z. B. Aristoteles: Metaphysik, Z. 1068a8, 1069a21.

18 Vgl. Aristoteles: Organon. Bd. 1: Topik. Über die sophistischen Widerlegungsschlüsse, Hamburg 1997, S. 23, Z. 103b22.

Weiterverfolgen werde ich dann die entstehenden Konsequenzen, wenn nicht das »Was-es-ist«, sondern die *ousía* die erste logische Kategorie bildet, in ihrem Spannungsverhältnis zwischen Einzelding und Allgemeinem. Diese Neugewichtung der ersten Kategorie vollzieht sich in der bekannteren Fassung der Kategorien in der Schrift »Kategorien« und erinnert aber noch an die Fragestellung der »Topik«. Die hier verfolgte Interpretation fasst dies so auf, dass die in der »Topik« an die Gegenstände gestellte Frage, »Was-es-ist« (*ti esti*),[19] auf den Gegenstand in seiner empirischen Existenz- bzw. Erscheinungsform zielt, die in der Sprache aufgehoben wurde. In der Schrift »Kategorien« hingegen zielt sie gleichursprünglich auf die metaphysische Dimension des Wesens des Seienden, auf die Substanz als Wesen (*ousía*), deren Erscheinungsform die Dinge sind. Im »Was« als einer Substanzkategorie ist damit zugleich die Frage nach der Ursache bzw. dem Grund gesetzt, und darin nach den Grundbestimmungen der Wirklichkeit, die sich in diesen Kategorien als Denkbestimmungen spiegeln (z. B. *ousía* als teils noch ungeschieden die Erfahrung von Wesen, Grund, Substanz, Stoff, Inhalt usw. in sich fassend); die einzelnen Erscheinungen bilden dabei zwar den Ausgangspunkt der philosophischen Reflexion, aber es ging Aristoteles stets um das darin erkennbare Allgemeine, und so vollzieht sich der Übergang zur »Metaphysik«, denn da »das Sein gegeben sein und bestehen muß, richtet sich die Frage offenbar darauf, warum der Stoff ein Was ist«.[20]

Sowohl die Fassung der ersten Kategorie in der »Topik« als auch in der Schrift »Kategorien« zielen damit zwar auf eine begrifflich vermittelte Erkenntnis der Wirklichkeit, doch die zweite Variante beinhaltet weit mehr als die erste, ist radikaler: Sie fragt nach der Möglichkeit derselben, das heißt sie sucht nach der »metaphysischen Grundlage der Phänomene, die Gegenstand menschlicher Erkenntnis sein können«.[21] Es ist ebendiese Perspektive, die mit der Frage nach dem »Was« zugleich die des »Warum« provoziert und so bereits die sich bei Kant und Hegel vollziehende Verschränkung von Kategorienreflexion und Konstitutionsproblematik ankündigt. In diesem an Hegel angelehnten Sinn fallen Logik und Metaphysik zusammen. Entsprechend zeichnet sich ab, dass die Wirklichkeit, als Erscheinungsform eines Jenseitigen organisiert, nur begrifflicher Erkenntnis, also der Reflexion zugänglich ist und die Wirklichkeit damit nicht als solche genommen wird, sondern als Ausdruck eines hinter ihr liegenden, sie formierenden Prinzips – welches sich schon bei Aristoteles als begriffliches Denken fassen lässt, wie Guido Kreis betont: »*Die Wirklichkeit ist als solche begrifflich strukturiert.*«[22] Dies gelte auch für Hegel,

19 Aristoteles: Topik, S. 23, Z. 103b22.

20 Aristoteles: Metaphysik, S. 189, Z. 1041b5–6.

21 Haag: Der Fortschritt in der Philosophie, S. 9.

22 Kreis: Transzendentale Metaphysik: Kant und Hegel, S. 194.

wie Marx erkenntniskritisch betont, denn in der begrifflichen Aneignung der Welt ist die Wirklichkeit eben »in fact ein Product des Denkens, des Begreifens«.[23] Marx' Erkenntniskritik wird darin bestehen, dass Hegel die begriffliche Aneignungsweise mit der Produktion der Wirklichkeit gleichsetze und damit das Denken verselbstständige. In der Aufdeckung dieses Prinzips und Marx' Kritik, dass nicht die Vernunft, sondern der wirkliche, tätige Mensch das der menschlichen Wirklichkeit Zugrundeliegende ist, liegt die Hoffnung, bestimmen zu können, warum die durch Arbeit und Gesellschaft konstituierten Dinge sind, wie sie sind, damit sie anders werden können.[24] In dieser Erkenntnis ihres Seins als werdend erscheint die Wirklichkeit nicht mehr fetischistisch wie in der politischen Ökonomie als unsere Realität, als scheinbar ewige Form menschlicher Verkehrsverhältnisse, sondern wirklich, das heißt veränderlich, als Produkt der menschlichen Tätigkeit.

Der Begriff der Kategorie und die gesellschaftlichen Erfahrungen der Sophistik

Der Terminus »Kategorie« bezeichnet ursprünglich einen Teil der Schriften des Aristoteles (»Kategorien«), die im »Organon« zusammengefasst sind und Grundelemente von dessen Logik zum Gegenstand haben. *Organon* lässt sich mit »Werkzeug« übersetzen und die Kategorien damit als Werkzeuge, um in einem Streit zu obsiegen, wie er philosophiehistorisch anhand der Figur des Sophisten gebildet ist. Der Begriff der Kategorie entspringt bei Aristoteles also nicht dem reinen Denken, sondern umgekehrt, es ist eine gesellschaftliche Problemstellung, die dem alltagssprachlichen *kategoria* philosophische Würde verleiht: die Auseinandersetzung mit der Sophistik.

Die zur Vermeidung von Mehrdeutigkeiten aus der Reflexion der Kopula »ist« entspringenden Kategorien sind dabei als Antwort auf den Relativismus der Sophisten zu verstehen. Anhand der Kategorien kann so etwa der Trugschluss »*Sokrates ist weiß, Weiß ist eine Farbe, also ist Sokrates eine Farbe*«[25] aufgedeckt werden, da, wie Böhme ausführt, *Mensch-Sein* und *Weiß-Sein* kategorial, also als Prädikationsformen des Seienden zu unterscheiden sind: »nämlich als zweite Substanz und als Qualität«.[26] Rein formal betrachtet sind die Urteile richtig, und es stimmt dieser Satz überein mit dem korrekten Schluss »*Alle Menschen sind sterblich, alle Griechen sind Menschen, also sind alle Griechen sterblich.*« Betrachtet man jedoch nur, ob die Form des Schlusses die richtige ist, entsteht ein Widerspruch auf der Seite des Inhalts zur logischen Form,

23 Marx: Ökonomische Manuskripte 1857–58, Teil 1, MEGA², Bd. II/1.1, S. 37.

24 Vgl. Marx: 1) ad Feuerbach, MEGA², Bd. IV/3, S. 21.

25 Gernot Böhme: Platons theoretische Philosophie, Darmstadt 2000, S. 247 f.

26 Ebd., S. 248.

sodass die Schlussformen der Logik, wenn sie nur als das Äußere vom inneren Gehalt der Aussage getrennt reflektiert werden, mangelhaft und für die Frage der Wahrheit unzureichend sind.[27] Daher dienen in der herrschenden »Anarchie der Meinungen«[28] die Kategorien und mit ihr auch die Logik als Mittel, um angesichts der gesellschaftlichen Verwerfungen innerhalb der antiken *polis*, deren Ausdruck die Sophistik ist, in Auseinandersetzungen einzugreifen und Fehler in den Aussageformen aufzufinden. Dies bildet den diskursiven, gesellschaftlichen Erfahrungsgehalt der Logik und des in diesem Kontext entstehenden Begriffs der Kategorie.

Ohne diesen Vergesellschaftungszusammenhang der *polis* bleibt die Entstehung des Kategorienbegriffs schwer verständlich, denn erst diese als Gemeinschaft der Bürger beschreibt den Rahmen, in dem solcherart Reflexionen von Aussagen wirksam und notwendig werden. Die attische *polis*, so Gschnitzer, ist dabei nicht nur ein Stadtstaat, sondern vor allem eine Versammlung des Volkes und zugleich ein Volksgericht.[29] Indem dieser als politischer Raum verstandene Lebensbereich durch diskursive Verhandlung über die Belange der Gemeinde konstituiert wird, kam der (öffentlichen) Rede als ihrem Medium größte Aufmerksamkeit und politische Relevanz zu. Kurz gesagt: »Die *polis* lebt und spricht im *logos*, sie ist selbst das gesprochene Wort, das wirkungsvolle Wort auf der *agora*.«[30]

Diese Verknüpfung von *polis*, *logos* und *agora*, so Klaus Heinrich, fände sich der Sache nach auch im *kategoria* sprachlich verwandten *kategoros*, dem öffentlichen Ankläger, der darauf verweist, dass auf der *agora* in der *polis* als einer Stadtgesellschaft mittels des *logos* Öffentlichkeit hergestellt werde.[31] Dieser gesellschaftliche Erfahrungsgehalt wird in der Kategorie von der Philosophie aufgenommen, umgedeutet und weiterentwickelt: Das »Kategorie« zugrunde liegende altgriechische *kategoria* bedeutete ursprünglich öffentliche Anschuldigung, Gegenrede und im übertragenen Sinn auch Aussageform.[32] Die öffentlichen Anliegen wurden dabei als Streit vor Gericht, als Prozess verhandelt, und *agorein* als öffentliche Rede verbunden mit der Vorsilbe *kata*, »gegen-« bedeutend, sodass Heinrich zufolge *kata agorein*, *kategorein* das öffentliche Widerreden, die öffentliche Anklage beinhaltet, in der über die

27 Hegel wird daher einfordern, dass aufgrund dieses Mangels die Logik nicht aus der Beziehung auf äußere Gegenstände begriffen werden kann, wie es bei Aristoteles geschieht, sondern nur systematisch aus sich selbst, aus dem Denken des Denkens heraus (vgl. Hegel: Enzyklopädie [Teil 1]. Logik, Werke, Bd. 8, S. 68, § 19, S. 85, § 24 Zusatz 2).

28 Fischer: Logik und Metaphysik oder Wissenschaftslehre, S. 25.

29 Vgl. Fritz Gschnitzer: Griechische Sozialgeschichte, Stuttgart 2013, S. 135-140.

30 Pierre Vidal-Naquet: Der schwarze Jäger. Denkformen und Gesellschaftsformen in der griechischen Antike, Frankfurt a. M./New York 1989, S. 18.

31 Vgl. Klaus Heinrich: tertium datur. Eine religionsphilosophische Einführung in die Logik, Frankfurt a. M. 1981, S. 37.

32 Vgl. Hans-Michael Baumgartner/Gerd Gerhardt/Klaus Konhardt u. a.: Kategorie, Kategorienlehre, in: Historisches Wörterbuch der Philosophie, Bd. 4, Basel, S. 714–776, Sp. 714.

Realität verhandelt wird.[33] Die Kategorien zielen damit auf »öffentlich-verbindliche Redeweisen«,[34] die gegen die relativistischen Argumentationsmuster der Sophistik gerichtet sind. Damit ereignet sich – Kuno Fischer folgend – eine Problemverschiebung in der Philosophie selbst, weg vom Fokus der Ordnung der Natur hin zu den Formen der Sprache, des Denkens der Wirklichkeit und der Verknüpfung der diese bezeichnenden Begriffe, welche die Logik leisten soll. Und so werden mit Sokrates' Auftritt in der Geschichte der Philosophie »die denkenden Erscheinungen das Objekt und der logische Zusammenhang derselben das Problem der Philosophie«.[35] Oder anders: Der Widerspruch zwischen Mensch und Natur, die wirklichen Widersprüche, die Interessenkonflikte in der Realität der *polis* werden aufgehoben und reflektiert in philosophischer Form – als Beziehung zwischen Denken und Sein, Begriff und Gegenstand, Sollen und Sein. Damit ist die Kopula als Machtverhältnis zu lesen, die gleichursprünglich das Problem der Identität wie des Verhältnisses von Sprache und Ontologie, Denken und Sein aufwirft – ein Umstand, der früh von der Kritischen Theorie formuliert, aber bisher viel zu wenig beachtet worden ist.[36]

Der Bezug der Rede auf die Dinge stellt auf Grundlage der Vergesellschaftungsform der *polis* folglich ein unmittelbar politisches Problem dar: Da die Redekunst ebenso Scheinwissen hervorzubringen vermag, geht es nicht selten darum, Einfluss auf den *demos* auszuüben und so durch rhetorische Techniken »die schwächere Sache zur Stärkeren zu machen«.[37] Redekunst und die Kunst politischer Führung fallen also zusammen; historisch geschieht dies in der Figur des Redners, »auch Demagogen genannt, amtslosen Leuten, die nur durch ihre Rednergabe, als Volks- und Gerichtsredner, den Gang der Dinge lenken«.[38] Bedroht

33 Vgl. Heinrich: tertium datur, S. 37, 47.

34 Ebd., S. 195.

35 Fischer: Logik und Metaphysik oder Wissenschaftslehre, S. 26.

36 Vgl. Herbert Marcuse: Der eindimensionale Mensch. Studien zur Ideologie der fortgeschrittenen Industriegesellschaft, München 1998, S. 146–158; Max Horkheimer: Copula und Subsumtion (1939), in: ders.: Gesammelte Schriften 12: Nachgelassene Schriften (1931–1949), Frankfurt a. M. 1985, S. 69–74; ders.: Erbsünde und Copula (1942), in: ders.: Gesammelte Schriften 12, S. 277–278; ders.: Zum Problem der Wahrheit, in: ders.: Kritische Theorie. Eine Dokumentation. Bd. 1, Frankfurt a. M. 1968, S. 228–276; ders./Theodor W. Adorno: Diskussionen über Sprache und Erkenntnis, Naturbeherrschung am Menschen, politische Aspekte des Marxismus, in: Max Horkheimer: Gesammelte Schriften 12, S. 493–529; Adorno: Negative Dialektik, S. 103–114, 149, 183.

37 Protagoras, zit. n. Gschnitzer: Griechische Sozialgeschichte, S. 205.

38 Ebd., S. 137. Dass in dieser Form die Ausbildung einer spezifischen Gruppe von Menschen möglich ist, setzt bereits ein großes Maß an gesellschaftlicher Arbeitsteilung voraus, insofern die Förderung von Kopfarbeit nur unter Absehung von körperlicher Arbeit möglich ist, deren Früchte durch die bezahlte Rede eingestrichen werden können. Es ist also eine doppelte Erfahrung in der Reflexion der Rede als Logik aufgehoben: neben den Auseinandersetzungen der *polis* ebenso die gesellschaftliche Teilung von Hand- und Kopfarbeit, was auch »der tatsächliche Verlauf der Dinge [bestätigt]; denn erst als nahezu alle Lebensnotwendigkeiten, alle Dinge der Bequemlichkeit und des Lebensgenusses vorhanden waren, begann man eine solche Einsicht [das Wissen als solches] zu suchen« (Met. 982b22–24).

wird dadurch die traditionelle Ordnung als auch der allgemeine Wahrheitsanspruch von Philosophie und Wissenschaft. Entsprechend wird versucht, der partikularen Infragestellung eine methodische Einsicht entgegenzusetzen, die den Rahmen gültiger Aussagen über die Dinge vorgeben soll. Aus diesem politischen Moment erwächst die Notwendigkeit der Fixierung von Denkbestimmungen und formalen Regeln. Hieraus entfaltet sich ein diskursiver Erfahrungsraum des Kampfes gegen Doppeldeutigkeiten und falsche Reden, der die Verfassung der griechischen Stadtstaaten selbst tangiert und so die Notwendigkeit kategorialer Reflexion begründet.

Ausdruck dessen ist der Schwenk vom Inhalt auf die Form der Aussage, der sich bei Aristoteles findet und in letzter Instanz im *nous* die Verselbstständigung der eigenen denkenden Tätigkeit zur Grundstruktur der Dinge vollzieht, so Marx.[39] Das »Etwas«, worauf der Kategorienbegriff referiert, ist also die in der Kopula liegende Beziehung von Denken und Sein in der Sprache und damit das Denken selbst als Grundbestimmung der Dinge – vergessen wird dabei jedoch, dass der dabei entspringende »nous der eigne nous des Philosophen«[40] ist. Die Reflexion richtet sich mittels der Abstraktion auf die Strukturebene, und Marx exzerpiert aus Aristoteles, es sei daher richtig, dass dieser die Kopula, »die Synthese als Grund alles Irrthums angiebt [...]. Das Vorstellende und reflektierende Denken ist überhaupt eine Synthese von Sein und Denken, von Allgemeinem und Einzelnem, von Schein und Wesen.«[41] Die Leistung der Kategorien als Formen der Synthesis von Denken und Sein in den verschiedenen Bedeutungsnuancen der Kopula »ist« besteht also darin, die Prädikations- wie Existenzformen des Seienden (im Denken) zu fixieren. Formale Logik als die Reflexion dieses Sachverhaltes vollzieht diese Trennung von logischen Formen und empirischem Inhalt der Aussage. Dies führt zu einer Unterscheidung von im metaphysischen Sinne wahren oder unwahren, oder formal richtigen oder falschen (Logik) Auffassungen der Wirklichkeit. Marx führt daher aus, dass »alles unrichtige Denken, auch unrichtige Anschauung, Bewußtsein etc. von Synthesen solcher Bestimmungen [ausgehen], die nicht zueinander gehören, sich selbst äusserlichen, nicht immanenten Beziehungen von objektiven und subjektiven Bestimmungen«.[42]

39 Vgl. Karl Marx: Hefte zur epikureischen, stoischen und skeptischen Philosophie, in: MEW, Bd. 40, S. 80.

40 Ebd. Marx hält Aristoteles jedoch zugute, dass der *nous* nur »da tätig und da angewandt [wird], wo die natürliche Bestimmtheit nicht ist. Er ist selbst das non ens des Natürlichen, die Idealität.« (Ebd.)

41 Karl Marx: Exzerpte aus Aristoteles: De anima, in: MEGA², Bd. IV/1, S. 167.

42 Ebd.

Kategorien in der »Topik«

Wie also lassen sich bereits vorliegende Urteile anhand der Kategorien klassifizieren, fehlerhafte Verknüpfungen aufspüren und damit Handlungsfähigkeit in den zugrunde liegenden gesellschaftlichen Konflikten erzielen, die sich in diesen Aussagen spiegeln? Und wie spiegelt sich dies in dem, was »Begriffe« und was »Kategorien« sind? Dass die Logik auf einen Streit der Meinung reagiert und als Entscheidungshilfe bezüglich einer richtigen bzw. falschen Aussage positioniert wird, macht Aristoteles sogleich eingangs deutlich, wenn er das Vorhaben der »Topik« beschreibt: »Ein Verfahren finden, von dem aus wir Schlüsse ziehen können über jede aufgegebene Streitfrage aus einleuchtenden (Annahmen) und selbst, wenn wir Rede stehen müssen, nichts Widersprüchliches zu sagen.«[43] In diesem Kontext werden die Kategorien also aus dem Problem der Begriffsbestimmung abgeleitet und die Begriffsbestimmung als die Suche nach einer die Wirklichkeit erfassenden Denkform bestimmt, die sich im Begriff der Sache spiegelt. Damit steht der Sache nach bereits die für Marx entscheidende Frage zur Disposition, wie im Begriff die gedankliche Reproduktion der Wirklichkeit durch die Kategorien gelingt.

In der »Topik« gilt das Interesse der Wahrheitsfindung, die vermittels der Begriffsbestimmung reflektiert wird – verstanden als eine Rede, »die das ›was es sein sollte‹ bezeichnet«.[44] Die Begriffe sind dabei nicht nominalistisch zu verstehen, denn Aristoteles bezieht die Form des Begriffs in der »Topik« nicht allein auf formale Aussagen und die Bestimmung von Wörtern durch andere Wörter, sondern explizit auf die Rede von Dingen: So wird nicht nur »entweder eine Rede für ein Wort abgegeben oder eine Rede für eine Rede; es geht nämlich auch, Dinge dem Begriffe nach zu bestimmen, die mittels einer Rede bezeichnet werden«.[45] Die gewählte Perspektive macht deutlich, dass hier das im Begriff liegende Problem der gedanklichen Reproduktion des Seienden im Fokus steht und damit, wie Marx zu Aristoteles anmerkt, die allgemeine Frage, was den Worten eigentlich zugrunde liegt.[46]

Aristoteles geht dabei weder von einer Identität von Begriff und Sache noch von einer absoluten Trennung aus. Was ihm vorschwebt, ist ein relativer Bezug, der über vier verschiedene Typen der Prädikation – als Möglichkeiten der Begriffsbestimmung – hergestellt wird. So wird etwas über etwas anderes entweder als Definition, als Eigentümlichkeit, als Gattung oder aber als Akzidenz ausgesagt. Unter einer Definition versteht Aristo-

43 Aristoteles: Topik, S. 3, Z. 100a.

44 Aristoteles: Topik, S. 11, Z. 101b38.

45 Ebd., Z. 102a1–2.

46 Vgl. Marx: Hefte zur epikureischen, stoischen und skeptischen Philosophie, MEW, Bd. 40, S. 31; Horkheimer: Erbsünde und Copula (1942), S. 277; Horkheimer/Adorno: Diskussionen über Sprache und Erkenntnis, Naturbeherrschung am Menschen, politische Aspekte des Marxismus, S. 494.

teles dabei die Rede, die das *to ti en einai* bezeichnet, das »was-es-sein-sollte«.[47] Mit jeder der weiteren genannten Redeweisen wird der Verweis von Begriff und Sache relativer.[48] Was sich hierin abzeichnet und in der Primärstellung der Definition zeigt, ist die Reflexion der Bewegung, die außer dem Denken stehende Sache in diesem gedanklich, also begrifflich zu reproduzieren.

Was Aristoteles hier als Begriff reflektiert, ist dabei jedoch noch keine eigenständige Theorie des Begriffs im hegelschen Sinne, sondern es vollzieht im Scheidungsprozess von Form und Inhalt der Aussage die Reflexion des dem Denken ontologisch vorausgesetzten Bezugs von Begriff und Gegenstand. Begriffliches Denken und der Begriff als Urteilsform sollen dabei die zugrunde liegende Sache ausdrücken. Erst der Begriff offenbart durch Eingrenzung des der Sache Zugehörigen das Seiende und definiert folglich die Sache in der begrifflichen Rede, so auch Nicolai Hartmann.[49] Er weist darauf hin, dass so die dem aristotelischen »Begriff« zugrunde liegende Methode des Definierens nur die »allgemeinen Wesenszüge des ›Seienden‹«[50] herausstellt und daher in der Form des Begriffs ein Aufdecken von Seiendem aussagt. Diese aristotelische Begriffsbestimmung ist daher dem Bezug des Denkens auf den Gegenstand nachgebildet und nicht, wie in Hegels »Logik«, in einer zweiten Reflexion aus dem Begriff des Begriffs abgeleitet – Geltung und Genesis also nicht geschieden. Wenn Aristoteles folglich davon spricht, dass Begriffsbestimmung eine Rede ist, in der die Sachen dem Begriffe nach bestimmt werden, und sie so in der Rede aufhebt,[51] dann »werden zwar faktisch die Begriffe gebildet, aber nicht ihnen, sondern der Erfassung ihres Gegenstandes gilt das Verfahren«.[52] Entsprechend gilt für die Begriffslogik: Nicht sie erfinde Begriff, Urteil und Schluss, sondern reflektiere sie als Form, wie sie sie

> »im lebendigen Denken vor[findet]; genauso wie die Grammatik die Regeln der Sprache nicht erfindet, geschweige denn sie ihr gibt, sondern der lebendigen Rede entnimmt. Die Logik kann so wenig wie die Grammatik ›vorschreiben‹, sie kann nur ›entdecken‹. Um aber zu entdecken, muss sie analysieren. Darum heißt sie bei Aristoteles ›Analytik‹.«[53]

47 Aristoteles: Topik, S. 11, Z. 101b38.

48 Vgl. ebd., S. 13–17, Z. 102a–102b.

49 Nicolai Hartmann: Aristoteles und das Problem des Begriffs, in: ders.: Kleinere Schriften. Bd. 2. Abhandlungen zur Philosophiegeschichte, Berlin 1957, S. 100–129.

50 Hartmann: Aristoteles und das Problem des Begriffs, S. 103.

51 Vgl. Aristoteles: Topik, S. 11, Z. 101b37 f.

52 Hartmann: Aristoteles und das Problem des Begriffs, S. 116.

53 Ebd., S. 103.

In Bezug auf den Begriff heißt dies, dass es bei der Begriffsbestimmung der darunterliegenden Sache um ein Urteil geht als in definitorischer Rede das Wesen der Sache Offenbarende.[54] Der Begriff besitzt damit Hartmann folgend »die Form der logischen Aussage, besteht also aus Subjekt und Prädikat. Sie hat nicht den Einheitstyp des Begriffs, sondern den des Urteils.«[55] In Bezug auf den Begriff als Urteil ist in diesem das Problem gelöst, dass Begriff und Sache einerseits tendenziell identisch sind, andererseits aber angesichts des unter dem Begriff gefassten Einzelnen auch eine beständig relativer werdende Verknüpfung besitzen können, und so scheint der Satz bzw. das Urteil die angemessene Form zu sein, in der sich dieser Widerspruch der Rede bewegen kann – eine Erfahrung, wie sie im altgriechischen *logos* sedimentiert ist. Bei Hegel wird daher der Begriff auch als Ur-teil, als ursprüngliche Teilung gefasst werden[56] und die zugrunde liegende Problemstellung, Einzelnes, Besonderes und Allgemeines zu vermitteln, weist so voraus auf die hegelsche Systemphilosophie, in der erst das Ganze das Wahre ist. Rückbezüglich erklären sich so auch die vier Arten der Begriffsbestimmung in der Topik: *Definition, Eigentümlichkeit, Gattung und Akzidenz.*[57] Sie können als Grade des Zusammenfallens des Begriffs mit der unter der Aussage befassten Sache verstanden werden, des Einzelnen und Allgemeinen.

Der Begriff als Urteilsform ergibt sich so aus der Annäherung an den Gegenstand, und es »wird nicht der Begriff definiert, sondern gerade die Sache«.[58] Indem der Begriff der Sache sich mit dem Urteil überschneidet, das Urteil im klassischen Syllogismus des Aristoteles wiederum als Schlussfolgerung aus Prämissen folgt, wird nun die Einführung der Kategorien als Aussagegattungen notwendig, um die unterschiedlichen Seinsweisen der Urteilsform von »S ist P« auseinanderzuhalten, die in der Kopula »ist« der Prämissen enthalten sind: »Es sind dies der Zahl nach zehn: *Was-es-ist, So-und-so-viel, So-und-so-beschaffen, Im-Verhältnis-zu ..., An-irgendeiner-Stelle, Zu-der-und-der-Zeit, Lage, Haben, Tun, Erleiden.*«[59] Durch diese Klassifizierung können Fehlschlüsse wie der weiter oben angeführte – *Sokrates ist weiß, Weiß ist eine Farbe, also ist Sokrates eine Farbe* – vermieden werden.

Aber die Kategorien können in diesem Sinne nicht nur retrospektiv auf Aussageformen bezogen werden, sondern, wie es sich in der »Metaphysik« dann auch zeigt, ebenso Seinsstrukturen vorstellen und damit die Grundbestimmungen des Seienden im Denken reproduzieren.[60] Ent-

54 Vgl. Aristoteles: Topik, S. 21 f., Z. 103b.

55 Hartmann: Aristoteles und das Problem des Begriffs, S. 108.

56 Vgl. Hegel: Enzyklopädie (Teil 1). Logik, Werke, Bd. 8, S. 316 f., § 166.

57 Vgl. Aristoteles: Topik, S. 13–17, Z. 102a–102b.

58 Hartmann: Aristoteles und das Problem des Begriffs, S. 109.

59 Aristoteles: Topik, S. 23, Z. 103b21–23.

60 Vgl. Aristoteles: Metaphysik, S. 151, Z. 1028a10-b7, S. 276, Z. 1069a18–30

sprechend wirft Aristoteles schon in der »Topik« das Problem auf, dass, wenn einem Menschen »also ein Mensch vor Augen steht und er sagt, das vor Augen Stehende sei ›Mensch‹ oder ›Lebewesen‹«, er ausspricht, »*was* es ist, und weist hin auf ›seiendes Wesen‹«.[61] Die erste Kategorie unterscheidet sich also darin von den anderen Kategorien, dass in ihr das seiende Wesen reflektiert wird und in den anderen Kategorien nur ein »So-und-So-beschaffen«-Sein dieses Seienden.[62]

Kategorien in der »Kategorien«-Schrift

Noch deutlicher wird dies in der leicht abgeänderten Fassung der Kategorien im »Kategorien« benannten ersten Buch des »Organon«. Dort kann man eine fast gleichlautende Zusammenfassung der Kategorien finden:

> »Von dem, was ohne Verbindung geäußert wird, bezeichnet jedes entweder eine Substanz oder ein Quantitatives oder ein Qualitatives oder ein Relatives oder ein Wo oder ein Wann oder ein Liegen oder ein Haben oder ein Tun oder ein Erleiden.«[63]

Fast gleichlautend, denn im Gegensatz zur »Topik«, in der die erste Kategorie mit »Was-es-ist« (*ti esti*) bezeichnet ist[64] und damit auf die Prädikation orientiert wird, scheint hier vermittels des Wesens-/Substanzbegriffes (*ousía*) als erster Kategorie eine Grundbestimmung des Seienden mitgedacht.[65] Noch deutlicher wird diese Differenz der ersten zu den anderen neun Kategorien, wenn Aristoteles in der »Metaphysik« schreibt, es könne, diese Kategorien zugrunde gelegt, vom Seienden als Seiendem in jenen »vielen Bedeutungen gesprochen [werden]«.[66] Indem das prädikative Urteil »S ist P« mittels der Kopula »ist« nicht nur ein Problem der Prädikation, sondern der Existenzaussage und Grundbestimmungen der Dinge ist, öffnet sich ein Horizont, der über die Kategorien als reine Aussageformen hinaustreibt und zur Metaphysik übergeht. Dies zeigt sich daran, dass gegenüber der »Topik« die erste Kategorie von den anderen Kategorien getrennt erscheint und zwischen der ersten Kategorie und den anderen eine Rangordnung herrscht. Die erste Kategorie unverbundener Begriffe wird ausgelegt im Sinne der *ousía* als die das Wesen ausdrückenden Begriffe. Die anderen Kategorien fungieren als Prädikationen über dieses ihnen Zugrundeliegende. Diese Rangordnung aufgreifend heißt es dann auch in der »Metaphysik«, »daß sich keine Wissenschaft

61 Aristoteles: Topik, S. 23, Z.103b29–31.

62 Ebd., Z. 103b31 f.

63 Aristoteles: Kategorien, S. 10 f., Z. 1b25 ff.

64 Ders.: Topik, S. 23, Z. 103b22.

65 Vgl. ders.: Kategorien, S. 10, Z. 1b26.

66 Ders.: Metaphysik, S. 151, Z. 1028a13 f.

[...] um das Hinzugekommene kümmert«.[67] In der ersten Kategorie ist so die Frage enthalten, was die »Ursachen und Quellen des Seienden selbst [sind], insofern es ist«.[68]

Der Übergang in die Metaphysik als Wissenschaft des Seienden anhand der Kategorien wird explizit ausgesprochen, wenn Aristoteles in der »Metaphysik« das Seiende zu bestimmen versucht und damit das von den Dingen selbst Herkommende, also mit Notwendigkeit Seiende meint.[69] Dabei betont er die Kategorien als Prädikationsformen wie zugleich als Grundbestimmungen des Seienden: Das »›Sein‹ bezeichnet jeweils dasselbe wie eine dieser Arten des Ausgesagten«.[70] Und Aristoteles präzisiert: Die erste Kategorie ist dabei jene, unter der man »das ›Was‹ versteht, das das Wesen bezeichnet«, und »so nennen wir es nicht weiß oder warm oder drei Ellen lang, sondern Mensch oder Gott«.[71] Daher laufe die Frage, »was das Seiende sei [...] auf die andere hinaus: was das Wesen ist«,[72] und hierin liegt die Analogie der ersten Kategorie (*ousía*) in der Schrift »Kategorien« mit der »Metaphysik« begründet. In der Schrift »Kategorien« wird das Wesen aber vor allem gefasst im Sinne der ersten Substanz, als das dem individuellen Einzelding Innewohnende.[73]

Unter einer ersten Substanz wird dort dasjenige verstanden, was »weder von einem Zugrundeliegenden ausgesagt wird, noch in einem Zugrundeliegenden ist«, also das einzelne Individuum.[74] Genauso gut ist aber die Gattung oder das Allgemeine als Wesen im Sinne einer zweiten Substanz denkbar,[75] und so heißt es in Bezug auf diese: Es »heißen die Arten, in denen die an erster Stelle Substanzen genannten sind, diese und deren Gattungen«.[76] Letztlich bleibt damit die Suche nach dem bestimmenden Formprinzip in der Schrift »Kategorien« in der Unterscheidung von erster und zweiter Substanz unzureichend gelöst.[77] Es zeigt sich jedoch die metaphysische Stoßrichtung, dass ausgehend von den Einzeldingen das Wesen zu bestimmen sei: »Wenn also die ersten Substanzen nicht existieren, ist es unmöglich, daß etwas von dem anderen existiert.«[78]

67 Ebd., S. 146, Z. 1026b5–6.

68 Ebd., S. 150, Z. 1028a4.

69 Vgl. S. 145, Z. 1026a33–b2.

70 Ebd., S. 116, Z. 1017a28, S. 145, Z. 1026a35–b2

71 Ebd., S. 151, Z. 1028a13–18.

72 Ebd., S. 152, Z. 1028b4–5.

73 Vgl. ders.: Kategorien, S. 11, Z. 2a14–16.

74 Ebd., S. 11, Z. 2a13 f.

75 Vgl. ebd.

76 Ebd., Z. 2a14–16.

77 Die Lösung ist, dass das aus Form und Stoff Zusammengesetzte als erste Substanz gilt und das, was in der »Metaphysik« als Form angesprochen ist, in der zweiten Substanz mitgedacht wird, dem der Stoff als zu formendes Material zugrunde liegt, und beides damit wieder nur die Individualität und das Einzelne meint.

78 Aristoteles: Kategorien, S. 12, Z. 2b5 f.

Letztlich formuliert Aristoteles so eine Kritik an Platons Ideenlehre, weil das Wesen nun nicht das bloß Allgemeine sein kann (also das, was Aristoteles als zweite Substanz und deren Gattungen fasste). Daher ist der Begriff bzw. das Allgemeine auch nicht vor der Sache, sondern in der Sache, und Aristoteles legt eine metaphysische Rangordnung in der Bestimmung der Dinge fest, in der, so Helmut Seidel, »nur das Einzelne substanziell« sei und dieses daher auch in der Aussageform »S ist P« »in der Stammform des Urteils immer *als Subjekt auftreten muss und niemals Prädikat sein kann*«.[79] So spiegelt sich bereits in »Kategorien«, dass die erste Kategorie als Kategorie der Kategorien der Bedeutung dessen, was ein Begriff ist, am nächsten kommt. Seidel betont daher, es stelle sich ausgehend von diesem Substanzbegriff in den Kategorien die von der Logik zur »Metaphysik« und aristotelischen Platonkritik überleitende Frage, »*wie denn die Bewegung, das ständige Entstehen und Vergehen der einzelnen Dinge so erklärt werden kann, dass darin ein Beständiges und Unveränderliches erscheint, das als Korrelat des Begriffes auftreten kann, Wissenschaft also möglich macht*«.[80]

Diese Frage macht die Umänderung der Kategorie des Wesens notwendig. Das zugrunde liegende Problem ist, dass im Begriff wie in der Sache Einzelnes (individuelle Substanz, Substrat) und Allgemeines (zweite Substanz, Art und Gattung) miteinander vermittelt sein müssen. Aus der Betonung des Einzelnen ergebe sich dabei das Vorurteil, bei Aristoteles handele es sich um einen Empiriker, so Hegel. Aber das Gegenteil sei wahr, denn auf die Vermittlungsfrage des Einzelnen und Allgemeinen zielend nehme Aristoteles Hegel zufolge »alles jenes Einzelne mehr als spekulativer Philosoph auf und verarbeitet es so, daß der tiefste spekulative Begriff daraus hervorgeht«.[81] Im *individuum est ineffabile*, dass das Einzelne nur als Allgemeines aussprechbar ist, wird Hegel dann auch den Springquell der Dialektik entdecken.[82]

Wenn also die Kategorien nicht nur auf die begriffliche Rede als Prädikation des Zugrundeliegenden zielen, sondern in der ersten Kategorie auch auf unverbundene Begriffe und Einzeldinge, liegt darin ein Übergang von der nachträglichen Reflexion der Formen einer bereits vorliegenden Aussage »S ist P« hin zu den Kategorien als Grundbestimmungen des Seienden. Entsprechend legt sich Aristoteles das Problem dann auch in der »Metaphysik« zurecht. Im Kontext der »Metaphysik« führt dies dazu, dass das je einzelne Zugrundeliegende eigentlich nicht

79 Helmut Seidel: Aristoteles und der Ausgang der antiken Philosophie. Vorlesungen zur Geschichte der Philosophie, Berlin (Ost) 1984, S. 36.

80 Ebd., S. 37.

81 Hegel: Vorlesungen über die Geschichte der Philosophie II, Werke, Bd. 19, S. 146.

82 Vgl. Marco Kleber: Philosophieren mit Hegel, Dresden 2021, S. 39, 133–35.

anders gedacht werden kann als »das erste Substrat«.[83] Das erste Substrat bezeichne als höchste Kategorie »in gewissem Sinne de[n] Stoff [...], in einem anderen Sinne die Form und im dritten Sinne das aus Stoff und Form kombinierte«.[84] Das Kombinierte muss dabei als Abgeleitetes aus dem »Wesens-Was« ausgeschlossen werden, denn als geformte Einheit kann es nicht das Erste, die wesentliche Bestimmung sein. Der Stoff (*hyle*) selbst, als ungeformter, könne aber ebenso »unmöglich« das Wesen sein,[85] und so bliebe nur die Form selbst als das Wesen des Seienden, was zu untersuchen ist. Anstelle des politischen Raumes der *polis*, in der die in der Kopula »ist« liegende Machtfrage der Synthesis von Denken und Sein als politisch-rhetorische gestellt und diskursiv gelöst wurde, hebt sie sich mit der Metaphysik nun in eine ontologische auf.

So zeigt sich, dass der methodisch-formale Gebrauch der Kategorien als eine Form von Aussagenlogik oder Kontrollinstanz der Rede durch die Reflexion nicht nur der Prädikationsformen, sondern der Einzeldinge bzw. ihnen korrelierenden »unverbunden Wörter« zugleich ein Versuch ist, das in der Kopula »ist« gedachte Seiende und damit die Wirklichkeit zu bestimmen.

Kategorien und der Übergang von Logik in Metaphysik

In der »Metaphysik« trifft man auf die Kategorien als Mittel wissenschaftlicher Erkenntnis, wenn Aristoteles diese nutzt, um über die verschiedenen Dimensionen des Seienden zu reflektieren.[86] Der Anspruch, den Aristoteles an die Metaphysik formuliert, ist der folgende: Das Seiende in seiner wesentlichen Bestimmung zu erkennen[87] und »ihre Sache wäre, das Seiende zu betrachten, insofern es ist«.[88] Der Lauf der Darstellung folgt dabei der beständig vertiefenden Reflexion des Seienden und besitzt eine Systematik nur insofern, wie sich diese aus der Logik der Abstraktion von allem Unwesentlichen ergibt. Dies zeigt sich als Rückgang in den Grund des Seienden. In der fortschreitenden Abstraktion vom Akzidentiellen ist dann das, was übrig bleibt, das Wesen und die Identität der Sache – Methode (Abstraktion), Gegenstand und Darstellung konvergieren so und daher ist das Wesen auch die zentrale Kategorie. Was das Seiende also ist, schließt den Kategorien folgend eine in der logischen Form der Abstraktion schon immer vorausgesetzte Ordnung ein, in der das »Wesens-Was« der Erkenntnis höher dient, »als wenn wir das Quale oder das Quantum oder das Wo erkannt haben; denn auch die letzteren

83 Aristoteles: Metaphysik, S. 154, Z. 1029a1–2.
84 Ebd., S. 154, Z. 1029a3–4.
85 Ebd., S. 155, Z. 1029a27.
86 Vgl. ebd., S. 151 f., Z. 1028a17.
87 Vgl. ebd., S. 75, Z. 1003a21–33.
88 Ebd., S. 145, Z. 1026a32.

können wir nur dann erkennen, wenn wir wissen, ›was‹ das ist: Quantum oder Quale«.[89]

So wird deutlich, dass sich in der den Kategorien zugrunde liegenden Verknüpfung von (Abstraktions-)Logik und Metaphysik folgenschwere Probleme ergeben: Wenn die logische Form der Frage nach dem »Was« der Dinge die Abstraktion von Unwesentlichem ist und im Herausstellen des Allgemeinen als des Gemeinsamen besteht, dann ist das, was als Wesensbestimmung übrig bleibt, letztlich nur eine abstrakte Imitation der Einzeldinge – reine Identität. Diesen Widerspruch bei der Betrachtung des Allgemeinen und des jeweils zugehörigen Seins des Einfachen löst Aristoteles, indem er ausgehend vom Prinzip der Widerspruchsfreiheit als Wesen (an)erkennt, was die Ursache dafür ist, dass der Stoff ein bestimmtes »Was« ist – dies jedoch um den Preis, dass der an sich formlose Stoff gegenüber der Form zum schlechthin Unbestimmten wird. Dabei sei der Stoff zwar an sich unbestimmt, so Daniel Queiser, was aber nicht bedeutet, dass dieser unbestimmbar sei. Vielmehr sei er das durch die Form schlechthin Bestimmbare.[90]

Damit sind aber die beiden im Denken als Grundbestimmungen des Seienden fungierenden Kategorien von Stoff und Form in ein Prioritätsverhältnis zugunsten der Form gepresst. Bei Aristoteles ist diese Verbindung von immaterieller Form und passivem Stoff im einzelnen Ding als eine ziel- und zweckgerichtete Bewegung gedacht, die die Möglichkeit des Stoffs in die Wirklichkeit der Form überführt. Diese Vorstellung folgt dabei der Praxis des bildenden Künstlers.[91] So benennt Aristoteles vier (Form-)Ursachen, die latinisiert als *causa materialis*, *causa formalis*, *causa efficiens* und *causa finalis* in die Philosophie eingegangen sind.[92] Indem so stets eine aktive Form als eine ziel- und zweckgerichtete Tätigkeit den Stoff formt, beispielsweise der Bildhauer vermittels seiner Tätigkeit als *causa finalis* den Marmor bearbeitet, drängt sich für die bereits geformten Einzeldinge der Welt die Frage auf, wie deren Einheit zustande kam.

In letzter Konsequenz führt dies zur Annahme einer *prima materia* und *prima forma*, deren Einheit nur durch eine vermittelnde Instanz beantwortbar ist – also der Annahme der Existenz eines allgemeinen Zweckes der Natur, gedacht als *nous*. Dieser wird damit, wie Marx im Rückgriff auf die »Metaphysik« betont, eingeführt als eine »Maschine«, die Aristoteles jedoch »nur da anwende, wo ihm die natürlichen Erklärungen ausgehn«.[93] Metaphysik als Wissenschaft des Seienden scheitert

89 Ebd., S. 152, Z. 1028a39–b2.

90 Vgl. Daniel Queiser: Vorwärts zu Aristoteles? Ernst Blochs Komposition einer links-aristotelischen Linie, in: Das Argument 325, 2018, S. 74–88, hier S. 76 f.

91 Vgl. Aristoteles: Metaphysik, S. 18 f., Z. 981a25–981b9, S. 154, Z. 1029a4–6.

92 Ebd., S. 104, Z. 1013a24–36.

93 Marx: Hefte zur epikureischen, stoischen und skeptischen Philosophie, MEW, Bd. 40, S. 80.

also an ihrem eigenen Prinzip – in der fortschreitenden Abstraktion entsteht eine Aporie: Indem sie von allem abstrahiert, so die Formbestimmung übrigbehält, aber von geformten Einzeldingen ausgeht, muss sie notwendig ein äußeres Formprinzip in die Dinge einführen. Denn für die Erkenntnis des Seienden gilt so, dass die Wirklichkeit dem Vermögen bzw. der Möglichkeit vorausgehen muss: »*Daß* es besteht, muß klar sein; wäre das nicht klar, so würde garnichts zu fragen sein.«[94] Somit wird die Form nicht nur als Gestalt des Stoffes, sondern zugleich als ihre erste Ursache aufgefasst. Diese (im obigen marxschen Sinne) »Maschine«, also Formbestimmung, ist dabei insbesondere in der vierten Ursache, der *causa finalis*, als Ziel und Zweck auffindbar und ergibt sich aus der Struktur einer auf der Logik der Abstraktion beruhenden Methodik selbst: Indem die Form das bestimmende Moment ist, aber nicht abstrakte Idee sein darf, muss diese als Telos bereits im Einzelnen vorausgesetzt sein.

Dies spiegelt sich auch in der Verschränkung von Logik und Metaphysik wider: Unter dem Aspekt des Seienden betrachtet geht es um die Formbestimmung und Formtätigkeit (Metaphysik), unter dem Aspekt der Erkenntnis betrachtet geht es um den das Seiende aussagenden Begriff (Logik), wobei beides – wie in der späteren hegelschen »Wissenschaft der Logik« – im Zweckbegriff bzw. *Telos* aufgehoben ist und auf den *nous*, die Vernunft, als Bewegendes verweist. Die Ursache lässt sich damit entweder als »weswegen« im Sinne der Rede und Begriffsbestimmung auffassen, die die zugrunde liegende Sache nachbildet und hierbei auf die Kategorien als Prädikationsformen des Seienden verweist. Oder aber metaphysisch-ontologisch als das »erste Bewegende« zu fassen ist.[95] Worauf die Metaphysik eigentlich zielt, ist also die in den Dingen als Erscheinungen liegende Wesensbestimmung und die dadurch bestimmte Wirklichkeit der (Einzel-)Dinge als Erscheinung ihres Wesens. In dieser Form wird bei Hegel im Begriff des Begriffs Logik und Ontologie konsequent zusammengedacht werden, sodass die wesenslogische Bestimmung der Kategorie der Wirklichkeit mit der begriffslogischen Kategorie der Objektivität vermittelt ist. In dieser Form sind dann in den Kategorien die (subjektiven, logischen) Denk- und (objektiven, ontologisch-metaphysischen) Grundbestimmungen des Seienden systematisch miteinander vermittelt.

Dieser Aspekt der Vermittlung von Denken und Sein bleibt aber bei Aristoteles im Gegensatz zu Hegel noch statisch. Das durch Abstraktion aus dem Einzelnen hervorgehende Allgemeine bleibt nur die abstrakte Denkbestimmung, ihr Eigentümliches, Identisches. So konvergieren Logik und Metaphysik nicht nur unglücklich, sondern das in der ersten Kategorie vermutete Konstitutionsprinzip erscheinender Natur bleibt

94 Aristoteles: Metaphysik, S. 188, Z. 1041a23f. Zur Nutzung dieser Einsicht bei Marx, vgl. die vorliegende Arbeit, S. 96, 103, 218, 226, 270.

95 Ebd., Z. 1041a31.

einzig die formale Tautologie einer endlichen Verstandesbestimmung: Indem die Einzeldinge aufgelöst werden in die Einheit von Stoff und Form unter Priorität der Form als eine zielgerichtet wirkende Kraft (*entelecheia*), wird bei Aristoteles wie schon bei Platon die »metaphysische Wesenheit auf einen tautologischen Denkinhalt reduziert«, »dem ins Innere der Dinge verlegten Resultat des Werdens«,[96] das in dieser Trennung nur das *caput mortuum* der Abstraktion darstellt.[97] Es fehlt die Selbstbewegung der Substanz bzw. des Zugrundeliegenden – wie schon bei dem eigentlich mit dieser Auffassung des Wesens kritisierten Platon[98] – und damit tendenziell das Moment der Synthesis, wie das Allgemeine zugleich als Grundbestimmung fungieren könnte. Denn es ist nicht nur die Erscheinung auf das Wesen hin zu durchschauen (Analyse), sondern zugleich synthetisch zu entwickeln, wie das Wesen das Ding als Erscheinung seiner Selbst(-bestimmung) setzt.[99] In der aristotelischen Ursachenlehre als Lösung, die nicht wie bei Platon das Wesen als *eîdos* abspaltet und der Welt voraussetzt, sondern in die Einzelheit verlegt, wird, wie Marx betont, dieses nun zwar »die wirkliche begriffliche Einzelnheit«.[100] Das Wesen bleibt darin aber, so Haag, in letzter Konsequenz weiterhin nur »abstrakte Imitation von Gewordenem – nicht formierender Grund: keine *causa formalis*, sondern *Telos*: bloße *causa finalis*«.[101]

Dies wäre, so kann man mit Marx sagen, dialektischem Denken unangemessen, weil die in der Form von Subjekt und Prädikat ausgesprochenen »Bestimmungen gleichsam prädeterminiert, nicht aus immanenter Notwendigkeit entwickelt sind«.[102] Entsprechend beginnt auch Hegel daher seine »Logik« und die Darstellung der Kategorien nicht mit der Form, sondern mit dem Inhalt/Stoff, gefasst nicht als Substrat, sondern als Substanz – dem Sein, reinem Sein als solchem. Indem dies nicht nur als Stoff/Substrat (*hyle*), sondern als Substanz (*hypokeímenon*) gedacht ist, ändert sich die Perspektive, denn was soll das sein, reines Sein? Es ist – weil unbestimmt – Nichts. So ist es aber zugleich nicht mehr unbestimmt, sondern – wenn auch äußerst dürftig – bestimmt: Als Bewegung über das Sein zum Nichts ist es und als solches Werden. Aus dem Widerspruch heraus, dass das Zugrundeliegende nicht unbestimmt gedacht werden kann, erzeugt es an sich selbst Formbestimmungen. Und damit

96 Haag: Der Fortschritt in der Philosophie, S. 33.

97 Hegel: Enzyklopädie (Teil 1). Logik, Werke, Bd. 8, S. 231, § 112.

98 Marx gibt diese Kritik von Aristoteles an Platon pointiert wieder, wenn er schreibt: »Es sind nicht nur Seiende, es ist die Sphäre des Seins, die Plato in die Idealität hinaustragen will: diese Idealität ist ein verschloßnes, spezifisch unterschiednes Reich im philosophierenden Bewußtsein selbst: weil es dies ist, fehlt ihm die Bewegung.« (Marx: Hefte zur epikureischen, stoischen und skeptischen Philosophie, MEW, Bd. 40, S. 89).

99 Vgl. Marx: Das Kapital. Erster Band (1890), MEGA², Bd. II/10, S. 334 FN 89.

100 Marx: Hefte zur epikureischen, stoischen und skeptischen Philosophie, MEW, Bd. 40, S. 214.

101 Haag: Der Fortschritt in der Philosophie, S. 32.

102 Marx: Hefte zur epikureischen, stoischen und skeptischen Philosophie, MEW, Bd. 40, S. 229 f.

hat es die Bestimmungen nicht von außen, sondern als *causa formalis* an sich selbst. In dieser Form wird das Zugrundeliegende (*hypokeímenon*) in der Kategorie der Substanz gedacht und dynamisiert. Hegels Kritik ist also: Das Zugrundeliegende als Stoff/Substrat/Materie verweist auf eine äußere Formursache. Anders als Substanz: Weil das Zugrundeliegende als Substanz genauso wenig denkbar ist wie reiner Stoff, aber nicht nur zu formendes Substrat ist, muss es an sich selbst eine Form besitzen, um erscheinen zu können, und hierdurch entsteht eine Bewegung. Das Zugrundeliegende wird dynamisiert, sodass dieses eben nicht nur Substanz, sondern zugleich Subjekt ist. Was resultiert und Hegel verlangt, ist eine gedankliche Zumutung: Das in der Kopula »ist« Zugrundeliegende zu denken, und zwar als sich selbst bestimmende Bestimmungsfunktion. Erst in dem Beginn mit dem reinen Sein, der Triade von Sein – Nichts – Werden, so auch Adorno, wird also die Funktion der Kopula denk- und darstellbar, wie die Kategorien als Bestimmungen des Denkens ableitbar: »Kein Satz. Er stellt die Kopula in ihrer Abstraktheit auf, ohne sie auf ein τόδε τι zu beziehen.«[103]

So fällt in Hegels »Logik« die Metaphysik als Reflexion der die Wirklichkeit bestimmenden Strukturen mit der Logik zusammen und erhält als Theorie des Denkens eine eigene wissenschaftliche Darstellungsform: Die sich selbst bestimmende Bestimmungsfunktion des Seienden, wobei das Seiende in der Reflexion eben zugleich Denken ist. Indem so nicht die unter dem Begriff befasste Sache nachvollzogen und die Kategorien nur als Prädikationsformen des Seienden gefasst werden, kann Hegel den Begriff als Seiendes denken – als Bestimmung des Seienden. Dies gelingt, weil in der »Wissenschaft der Logik« die in der Kopula liegende Bestimmungsfunktion gedacht wird. Die Schwierigkeit und Zumutung liegt hier also in der Sache selbst, da für Hegel im Sein Denken und daher im Denken Sein liegt. Damit gehen Denken und Sein ineinander über, und der Mangel der aristotelischen Kategorien, als Grundbestimmungen nur die abstrakten Denkbestimmungen des Seienden zu sein, wird gelöst.

Antizipierende Bemerkungen: Kategorien im Übergang von Aristoteles zu Hegel

Beispielhaft zeigt sich dies, wenn bei den unverbundenen Dingen ernst gemacht wird mit dem dem Begriff eigenen Satz der Identität (A=A) – oder in Bezug auf Hegel, mit der Tautologie: Denken ist Denken. Diese Bestimmung findet sich bereits bei Aristoteles als Bestimmung der göttlichen Vernunft.[104] Hegel greift sie auf, um die angedeutete Neubestimmung der

103 Horkheimer/Adorno: Diskussionen über Sprache und Erkenntnis, Naturbeherrschung am Menschen, politische Aspekte des Marxismus, S. 497.

104 Aristoteles: Metaphysik, S. 293, Z. 1074b35.

Kategorien zu vollziehen: Indem das Denken[105] sich selbst denkt, zeigt sich, dass das Denken Gedanken als seine eigene Bestimmung hervorbringen kann. Das Denken gibt sich also im Gedanken – dessen Form, sprachlicher Ausdruck und Prädikation er zugleich ist – selbst einen Gegenstand, vermittels dessen es sich selbst bestimmen kann. Im Denken des Denkens besitzt das Denken folglich ein sich notwendig selbst bestimmendes Prinzip, weil es einen »inneren Widerspruch enthalte«,[106] dass nämlich das Denken nicht anders gedacht werden kann außer als Gedanke. Das Seiende als »Stoff« der Denkbestimmungen ist in diesem Fall nur das Denken selbst, welches darin als Gedanke formbestimmt ist, denn Denken kann ohne die Form des Gedankens nicht sein. So gelingt es, dass das, was als Allgemeines des Einzelnen bestimmt wird (dass *der* Gedanke des Gedankens der Gedanke des Denkens schlechthin ist), zugleich als Prinzip des Seienden und als Formtätigkeit erkennbar wird.[107] So löst sich der in der ersten Kategorie liegende Widerspruch von erster (Individuelles, Einzelnes) und zweiter Substanz (Art, Gattung, Allgemeines). Das demnach ein reziprokes Verhältnis zwischen Einzelnem und Allgemeinem gesetzt ist, zeigt sich in der Reflexion, dass das Einzelne (der Gedanke) Ausdruck des Allgemeinen ist (Denken) und dass es das Allgemeine ist (Denken), was in dem Einzelnen (dem Gedanken) erscheint.

Indem dialektisches Denken als Reflexionsverhältnis die erste (Gedanke) und zweite Substanz (Denken) als Subjekt und Prädikat eines Urteils beständig vertauscht und vermittelt, wird durch diese Bewegung das Allgemeine zu einem Setzenden – und damit der Begriff zum Grund der so bestimmten Wirklichkeit. Dies Allgemeine, der Begriff ist aber selbst nichts weiter als das zugrunde liegende Denken, die in der Kopula »ist« liegende Bestimmungsfunktion. Die Kategorien sind damit nicht mehr nur Prädikationsformen und Denkbestimmungen, sondern Grundbestimmungen des zugrunde liegenden Seienden – des Begriffs bzw. Denkens, das sich in den Kategorien als Formbestimmungen des Denkens vollzieht.

Entsprechend dürfte auch die Logik als eine Theorie des Denkens nicht in einer Ansammlung von Schlüssen dargestellt werden oder als »Aufraffung« der Kategorien aus den Urteilsformen, die dem Denken der

105 Hier liegt nach Marx zugleich der grundsätzliche Fehler philosophischer Reflexion: Das Denken kann nicht in dieser verselbstständigten Form existieren, es ist gebunden an die Leiblichkeit des Menschen und damit an den dem Leib zugrunde liegenden Stoffwechsel mit der Natur, der sich durch Arbeit vollzieht. Seine tragische Wahrheit erhält dies bei Hegel, wenn er die Menschen als Charaktermasken des Denkens ausspricht.

106 Hegel: Enzyklopädie (Teil 1). Logik, Werke, Bd. 8, S. 100, § 33.

107 Ironischerweise ließe sich so sagen: Hegel ist gerade dort »Materialist«, wo der Idealismus auf seine Spitze getrieben wird – in der Auffassung des Seins als Denken, weil in der Reflexion des Denkens eine Übereinstimmung von Gegenstand und Methode herrscht und die wirkliche innere Bewegung des Gegenstandes auf den Begriff gebracht wird. So zeichnet sich bereits hier ab, dass die gebräuchliche Unterscheidung im Marxismus zwischen Materialismus und Idealismus in Bezug auf die Dialektik nicht sonderlich hilfreich ist, um die Differenz zwischen Hegel und Marx zu bestimmen (vgl. Andreas Arndt: Ein Gegensatz ohne Bedeutung: Idealismus und Materialismus, in: ders.: Hegel in Marx, Berlin 2023, S. 65–77).

Sache nachgebildet sind, sondern sie besitzen ein eigenständiges Prinzip, aus dem die Kategorien als Denkbestimmungen der Sache selbst hervorgehen: Das in der Kopula verschlossen liegende Denken als Denken.[108] So ergibt sich die in der Einleitung skizzierte Form des Begriffs, in der

> »die Reihe seiner Bestimmungen in ein notwendiges systematisches Ganzes gebracht wird, – nicht ein systematisches Ganzes, daß richtig eingeteilt und kein Teil vergessen werde und sie auch in ihrer richtigen Ordnung vorgestellt werden, sondern daß es *ein* lebendiges organisches Ganzes wird, worin jeder Teil als Teil gilt und nur das Ganze als solches Wahrheit hat.«[109]

So lässt sich an der aristotelischen Kategorie der *ousía* der Übergang der Logik als Logik der Abstraktion hin zu einer Bewegung der Sache selbst und einer aus dieser Bewegung der Selbstbestimmung resultierenden Systemarchitektur entwickeln, in der der Begriff das ihm Zugrundeliegende und damit die Wirklichkeit des jeweiligen Seienden gedanklich reproduziert. Einfach deswegen, weil Denken immer Bestimmen ist und die Wirklichkeit bereits bestimmte, ist also in der Reflexion der Bestimmungsfunktion das der Wirklichkeit Zugrundeliegende gedanklich reproduziert, Denken wie Sein begriffen. Aristoteles streift dies zwar in der Ursachenlehre, jedoch bleibt dies (wie zitiert) Haag zufolge aufgrund der zugrunde liegenden Logik der Abstraktion nur äußerlich und das Allgemeine abstrakt Allgemeines. Als bloß Gemeinsames, als *causa finalis* und Form, liegt es eher im Denken als in den Dingen selbst. Hegel wird demgegenüber die *ousía* mit Platons *eîdos* verschmelzen und so das Allgemeine dynamisieren. Im hegelschen *nous*, in einer Platon mit Aristoteles synthetisierenden Bedeutung, ist die Vernunft so nicht nur im Denken, sondern in der Welt; als »Seele der Welt, wohne [sie] ihr inne, sei ihr Immanentes, ihre eigenste, innerste Natur, ihr Allgemeines«.[110] Auch dies hat einen historischen Hintergrund: Im Kontext der Französischen Revolution reartikuliert Hegel damit die in der Kopula liegende Frage nach der Identität zwischen Denken und Sein als Frage der geschichtlichen Entwicklung der Menschheit, als Vermittlung von Ontologie und Politik. Das heißt, schon bei Hegel fallen auf äußerst komplexe Weise Kritik des Gegenstandes und der Wissenschaft zusammen, sind Erkenntnis- und Gesellschaftstheorie vermittelt, wenn Hegel die Französische Revolution mit den Worten feiert:

108 So ließe sich Hegels »Logik« auch als spezifische Lösung für die Frage der Vollständigkeit und Systematik der Kategorien auffassen, in der sich die Fragestellungen der Rezeptionsgeschichte der Schrift »Kategorien« lösen, ob auch andere und weitere Kategorien als die von Aristoteles angegebenen hätten angeführt werden können und was ihre wahre Reihenfolge sei.

109 Hegel: Geschichte der Philosophie II, in: Werke, Bd. 19, S. 241 f.

110 Hegel: Enzyklopädie (Teil 1). Logik, Werke, Bd. 8, S. 82, § 24 Zusatz.

> »Anaxagoras hatte zuerst gesagt, daß der *nous* die Welt regiert; nun aber erst ist der Mensch dazu gekommen, zu erkennen, daß der Gedanke die geistige Wirklichkeit regieren solle. Es war dieses somit ein herrlicher Sonnenaufgang. Alle denkenden Wesen haben diese Epoche mitgefeiert. Eine erhabene Rührung hat in jener Zeit geherrscht, ein Enthusiasmus des Geistes hat die Welt durchschauert, als sei es zur wirklichen Versöhnung des Göttlichen mit der Welt nun erst gekommen.«[111]

Metaphysik reflektiert also nicht nur auf die Konstitutionsbedingungen von Wirklichkeit, sondern auf den sich in ihr realisierenden Begriff, der bei Hegel als Vernunft und bei Marx als Kapital erkannt werden wird.

111 Hegel: Vorlesungen über die Philosophie der Geschichte, Werke, Bd. 12, S. 529.

Zweiter Teil

Hegels Begriff von Kategorien

Grundbestimmungen

Es verwundert vielleicht, dass in der Entfaltung des Kategorienbegriffs Kant übergangen wird. Dies scheint jedoch insoweit berechtigt, als Hegel eine Lesart Kants vertritt, die weit mehr Interesse an einem in Kant erblickten spekulativen Prinzip besitzt als an der inhaltlichen Ausgestaltung selbst.[1] Denn was Hegel in der Synthesisleistung der Kategorien in der »Kritik der reinen Vernunft« erkennt, die die mannigfaltigen Data zu einer Erscheinung zusammenfassen, ist eine Identität von Denken und Sein, die sich in der kantschen Vermittlung von Subjekt und Objekt ausdrückt.

Synthesis bedeutet für Hegel Identität, und Identität zwischen zwei Dingen ist nur möglich, wenn beide Momente, Subjekt und Objekt, sich gleichen, denn ungleiches kann nicht identisch werden. Im Gegensatz zu Aristoteles reflektiere Kant zwar das Denken und seine Funktionalität in ihrem Verhältnis zueinander. Er besitzt also einen Begriff des Denkens und damit in der Trennung von Denken und Denkfunktionen eine systematische Einteilung der Vernunft, wie sie sich in der Architektonik-Idee der »Kritik der reinen Vernunft«[2] ausdrückt. An ihr kritisiert Hegel jedoch, dass auf der einen Seite das »Ich denke« als Subjekt stünde und auf der anderen Seite die Dinge an sich, »beide ohne weitere Bestimmtheit nach Kategorien«.[3] Die moderne Fassung der aristotelischen Einheit von Denken und Sein als Identität von Subjekt und Objekt vollziehe sich so *erst vermittels* der Kategorien. Demnach seien zwar einerseits die Denkfunktionen ein Identitätsmoment von Subjekt und Objekt, andererseits bliebe darin Kants Philosophie nur formal und empirisch, also »psychologischer Idealismus«,[4] weil sie nur auf diese punktuellen, abstrakten Identitätsmomente des Erkenntnisbandes zwischen Denken und Sein ziele.

1 In den wenigen Auseinandersetzungen mit der historischen Herausbildung und dem in Hegels Kategorienverständnis verhandelten Problemzusammenhang wird in der Forschung der Bezug zu Kant stärker gewichtet (Kreis: Transzendentale Metaphysik: Kant und Hegel; Hindrichs: Kategorienrahmen und Begriffswandel) als der zu Aristoteles.

2 Vgl. Kant: Kritik der reinen Vernunft, A 832, B 860.

3 Hegel: Glauben und Wissen, Werke, Bd. 2, S. 311.

4 Ebd.

Nach Hegels Lesart bildet sich bei Kant damit nur eine verständige Einheit heraus, da das Identitätsmoment von Erscheinung und Denken noch immer der aristotelischen Abstraktionslogik folgt, insofern die Synthesis der Erscheinungen aus dem Weglassen ihrer sonstigen Unterschiede resultiert. Funktional formuliert: Die Identität von Denken und Sein, Subjekt und Objekt besteht nur, weil die Kategorie als Denkfunktion oder »die Form A als dieselbe im Subjekt und Objekt vorhanden [ist]«,[5] also von allen anderen, gleichzeitig bestehenden Momenten abstrahiert wird.

Hegel schwebt eine andere Form der Identität vor, in der Sein und Denken »nicht in der Vergleichung, sondern an und für sich [dasselbe sind]«.[6] In jeder Kategorie vollzieht sich daher für Hegel nur eine besondere Weise der allgemeinen Identität von Denken und Sein, von Subjekt und Objekt. So unterlegt Hegel Kants Kategorien sein eigenes spekulatives Verständnis der Kategorien als Verstandesbegriffen, das ein neues Verständnis der Kategorie selbst einläutet: Es wird die Vernunft sein, die sich als Allgemeines in den Kategorien als Verstandesbegriffen bestimmt und die der Kopula »ist« der prädikativen Aussage »S ist P« inhäriert. Dieser spekulative Zug, oder philosophiehistorisch gesprochen, die Deduktion der Kategorien aus einem Grundprinzip, fehle bei Kant, wie Hegel mehrfach im Anschluss an Fichte betont. Und sie war es auch, die schon bei Aristoteles fehlte. Hegels Auffassung von Kategorien tritt also an, dieses Defizit einer Kategoriendeduktion aufzuheben. Denn es ist »[d]ie Wahrheit dieser Formen [Kategorien, F. H.] für sich selbst [...] nie betrachtet und untersucht worden, ebenso wenig als ihr notwendiger Zusammenhang«.[7] Hegels Kategorienverständnis ist geprägt von dem Versuch, die Kategorien aus dem Denken als Seiendem selbst abzuleiten, sodass diese nicht von einer zufällig-empirischen Gegenständlichkeit abhängen, sondern eine eigene, in ihrer Deduktion liegende Notwendigkeit aufweisen, was Hegel, ausgehend von Fichtes Kantkritik, für sich in Anspruch nimmt.[8]

Dass auch zu dieser Rekonstruktion ein Großteil der Hegel- und Kantforschung ausgespart wird, liegt wie zuvor in der Eigenheit der hier verfolgten Intention, Aristoteles durch Hegel und Hegel durch Marx zu interpretieren. Denn wie bereits Marx betonte, kann das Frühere »nur verstanden werden, wenn das Höhere selbst schon bekannt ist«,[9] zugleich entsteht dadurch der Nachteil, dass »die lezte Form die vergang-

5 Ebd.

6 Hegel: Phänomenologie des Geistes, Werke, Bd. 3, S. 181.

7 Georg Friedrich Wilhelm Hegel: Enzyklopädie der philosophischen Wissenschaften im Grundrisse 1830. Dritter Teil. Die Philosophie des Geistes. Mit den mündlichen Zusätzen, in: Werke, Bd. 10, S. 310, § 162.

8 Georg Friedrich Wilhelm Hegel: Vorlesungen über die Geschichte der Philosophie III, in: Werke, Bd. 20, S. 392, 400, 414.

9 Marx: Ökonomische Manuskripte 1857–58, Teil 1, MEGA^2, Bd. II/1.1, S. 40; vgl. dazu auch Hegel: Phänomenologie des Geistes, Werke, Bd. 3, S. 180.

nen als Stufen zu sich selbst betrachtet« und sie daher »immer einseitig auffaßt«,[10] wie es sich hier in der Interpretation von Aristoteles durch Hegel und Hegel durch Marx möglicherweise zeigt. Andererseits ist es darin begründet, dass auch in Bezug auf die Frage der Dialektik bei Hegel die Menge an Literatur kaum mehr überblickbar ist und eine Bestimmung, was »Begriffe« und »Kategorien« sind, nur randständig erfolgt.[11]

Die Grundbestimmungen und ihr Zusammenhang mit Marx

Die einleitenden vagen Bestimmungen dessen, was bei Hegel mit dem Begriff der Kategorie verbunden ist, sollen nun im Durchgang durch dieses Kapitel expliziert werden. Insofern für Hegel die Kategorien in der »Wissenschaft der Logik« spezifische Formbestimmungen des Denkens sind, geht damit eine komplexe Auffassung des Verhältnisses von Form und Inhalt einher: Indem im Denken des Denkens die Bestimmungsfunktion selbst gedacht wird, ist *»der Inhalt* nichts [...] als das *Umschlagen der Form* in Inhalt, und die *Form* nichts *als Umschlagen des Inhalts* in

10 Marx: Ökonomische Manuskripte 1857–58, Teil 1, MEGA², Bd. II/1.1, S. 40 f.

11 Exemplarisch zeigt sich dies bei Pirmin Stekeler-Weithofer, der den Begriff der Kategorie außerhalb der Bestimmung, Kategorien seien Klassen von Aussageformen, nicht weiter untersucht (ders.: Philosophie des Selbstbewußtseins, Frankfurt a. M. 2019, S. 133, 163). D. h. nicht, dass es nicht eine Vielzahl von Forschungen zu der Bedeutung einzelner Kategorien oder ihrer Übergänge gibt – was jedoch eine Randerscheinung bleibt, ist eine Metatheorie dessen, was eigentlich eine Kategorie ist. Eine Ausnahme bilden die Aufsätze bzw. Buchkapitel von Guido Kreis (ders.: Transzendentale Metaphysik: Kant und Hegel), Gunnar Hindrichs (ders.: Kategorienrahmen und Begriffswandel) und Hans-Georg Bensch (ders.: Kategorie[n] bei Kant und Hegel). Ebenso werden Begriff und Kategorie häufig synonym verwendet. Gunnar Hindrichs spricht z. B. angesichts der Kategorien explizit von »Grundbegriffen« (ders.: Kategorienrahmen und Begriffswandel, S. 120).

Auch in der Auseinandersetzung mit Hegels Dialektik werden die hier aufgeworfenen Fragen nur gestreift. Die hierfür grundlegende Studie von Dieter Wandschneider (ders.: Grundzüge einer Theorie der Dialektik: Rekonstruktion und Revision dialektischer Kategorienentwicklung in Hegels »Wissenschaft der Logik«, Stuttgart 1995) erkennt zwar als Ziel Hegels die Ausarbeitung eines »Systems inhaltlich-logischer Grundkategorien und logischer Grundprinzipien« (ebd., S. 24), aber was Kategorien als Kategorien sind, wird nicht explizit untersucht. Nichtsdestoweniger ergeben sich durchaus formale Überschneidungen zur vorliegenden Arbeit, wenn er das »Auftreten einer Antinomie« als »Möglichkeit dialektischer Kategorienentwicklung« (ebd., S. 37) bestimmt. Weil Wandschneider jedoch Kategorie und Begriff nicht in ihrem hier verfolgten Verweisungszusammenhang zur Metaphysik untersucht, fasst er diese Antinomie oder selbstreferenzielle Struktur sprachphilosophisch und operationalisiert die Kategorienentfaltung formallogisch als »Prinzipiierungszusammenhang« (ebd., S. 183).

Darüber hinaus reproduzieren sich in der Hegelforschung die gleichen Probleme wie im Projekt »materialistischer Dialektik«, wenn beispielsweise Hindrichs Kategorien als »Grundbegriffe« auffasst (ders.: Kategorienrahmen und Begriffswandel, S. 120), »als Begriffe umfassendster Reichweite, die es ermöglichen, dass Denken sich auf seine Gegenstände richtet« (ebd., S. 122). Hieran anschließend wird v. a. die Frage gestellt, wie diese Kategorien gerechtfertigt werden können (ebd., S. 129 ff.). Hindrichs beschreibt Dialektik durchaus ähnlich, wie es hier verfolgt wird, als sich ausdifferenzierendes Denken (ebd., S. 147). Unklar bleibt aber, was das eigentlich Bewegende in der Kategorienentfaltung ist. Dass dies eine zentrale Leerstelle ist, zeigt sich auch bei Guido Kreis, wenn er ausführt: »Der begriffliche Gehalt jeder einzelnen Kategorie soll sich aus dem begrifflichen Gehalt einer zuvor bereits analysierten Kategorie durch eine kategorieninterne Entwicklung der betreffenden begrifflichen Gehalte selbst ergeben.« (ders.: Transzendentale Metaphysik: Kant und Hegel, S. 179) Was dieser begriffliche Gehalt ist, bleibt aus Ermangelung der Bestimmung des Spannungsverhältnisses von Begriff und Kategorie jedoch unklar. Auch wenn insbesondere Kreis die hier entwickelten ontologisch-metaphysischen Fragen streift (ebd., S. 194–196), bleibt die in den Kategorien liegende Problematik einer Vermittlung von Begriff und Kategorie stets auf Sprechakte bezogen und der Begriff wird bestimmt »als das System der Kategorien unseres Begriffsschemas« (ebd., S. 226).

Form«.[12] Hierzu bedarf es einer Neufassung des kategorialen Verhältnisses von Form und Inhalt: dass die Form nicht etwas dem Inhalt Äußeres ist, sondern, wie es sich in Aristoteles' »göttlicher Wissenschaft« andeutete, die Vernunft – also abstrakt der Inhalt – als an sich selbst formbestimmend begriffen wird. Ausgesprochen ist damit, dass für Hegel die Kategorien als Formen des Denkens nicht die Form eines empirischen Inhalts sind, die durch Abstraktion erschlossen werden, sondern der Inhalt des Denkens als eines Seienden. Dies zeichnet seine *Logik* gegenüber der *transzendentalen Logik* Kants aus und ermöglicht eine Neufassung der Kategorien.

Und vielleicht war es dieser Zusammenhang, der Engels vorschwebte, als er ausführte, dass Hegels diesem Versuch zugrunde liegende logische Methode »spielend mit der ganzen früheren Logik und Metaphysik«[13] fertiggeworden sei, indem sie – das Material der Geschichte der Logik und Metaphysik vor sich habend – versucht, die Metaphysik und Logik als »eine Wissenschaft in ihrem eignen, inneren Zusammenhang zu entwickeln«.[14] Träfe die Einschätzung Engels' zu, so gelang dies Hegel, indem die Kategorien weder nur Abstraktionsprodukte noch Bedingungen der Möglichkeit der Erkenntnis, sondern, wie Lenin betonte, Knotenpunkte, Momente der Bewegung des Denkens selbst sind. Darin haben sie den Anspruch, als Bestimmung des Denkens, also eines wirklichen Gegenstandes, zugleich dessen Grundbestimmungen zu sein.

Diese Darstellung ist damit auf doppelte Weise eine Kritik der bisherigen Logik: Waren vor Hegel die Kategorien nur endliche Bestimmungen des Denkens von etwas, die durch Abstraktion von diesem Inhalt gewonnen und als eine lose Sammlung von Denkgesetzen kanonisiert wurden, sollen sie nun aus dem den Denkbestimmungen Zugrundeliegenden abgeleitet werden. So waren nach Hegel die Kategorien bisher nur Abstraktionsprodukte aus den Urteilsformen und damit »instinktmäßig als Triebe wirksam [...] und zunächst vereinzelt, damit veränderlich und sich verwirrend in das Bewusstsein des Geistes gebracht«[15] worden. Gelänge ihre Kritik durch systematische Darstellung, so Hegel, würden diese zur Grundlage wissenschaftlicher wie weltgeschichtlicher Revolutionen,[16] da eine kohärente Darstellung zugleich die Kritik der bisherigen Auffassungen der Kategorien und damit des Selbstverständnisses des Menschen von sich und seiner Wirklichkeit ist, die für Hegel eben durch das Denken bestimmt sei.[17]

12 Hegel: Enzyklopädie (Teil 1). Logik, Werke, Bd. 8, S. 265, § 133.

13 Engels: Karl Marx, »Zur Kritik der Politischen Ökonomie«, MEW, Bd. 13, S. 474.

14 Ebd., S. 472.

15 Hegel: Wissenschaft der Logik I, S. 27.

16 Vgl. Hegel: Enzyklopädie (Teil 2). Naturphilosophie, Werke, Bd. 9, S. 20 f., § 246 Zusatz.

17 Hegel: Vorlesungen über die Philosophie der Geschichte, Werke, Bd. 12, S. 529.

Dies gelingt, indem die vorhandenen Kategorien der Logik und Metaphysik durch Abstraktion auf ihr Gemeinschaftliches reduziert werden: Bestimmungen des Denkens (des Seienden) zu sein. Nun kommt es für Hegel darauf an, wie dargelegt, dieses Zugrundeliegende nicht als irgendeinen Inhalt, als Materie, Stoff, Substrat oder Ähnliches aufzufassen, sondern als Substanz. Umgangen wird so das bewegungslose *caput mortuum* der Abstraktion, das einer äußeren Formierung bedarf. Die so erschlossene Substanz, das Denken als Denken, ist nämlich schlichtweg undenkbar: Was soll man sich vorstellen unter *dem* Denken? Ohne eine Zuflucht zu Metaphern zu nehmen, ist dies unmöglich, und Marx wird vor demselben Problem stehen, wenn er von *der* abstrakt menschlichen Arbeit spricht. Sprachbilder einer Gallerte, gespenstigen Gegenständlichkeit oder eines Kristalls der abstrakt menschlichen Arbeit versuchen dies einzufangen.[18] Denn denkbar wird ein Zugrundeliegendes nur, wenn es eine Form hat; etwas Formloses lässt sich – außer eben metaphorisch als »gespenstige Gegenständlichkeit« – nicht denken. Will man es also doch denken, dann erzwingt dies Zugrundeliegende geradezu eine Form: *diese oder jene* Arbeit oder eben *einen* Gedanken. So entsteht eine Dynamik und das Zugrundeliegende wird als Bestimmungsfunktion reflektiert: Die Substanz zwingt zur Bestimmung, und dies ist es, was Hegel meint, wenn er in der »Phänomenologie« ausführt, die Substanz müsse als Subjekt aufgefasst werden, als Bewegendes und sich Bestimmendes.[19] In diesem Sinne wird die Substanz zum Subjekt, *causa sui*, Ursache ihrer selbst[20] – entsprechend ist Hegels Philosophie auch als Philosophie der Freiheit zu verstehen.[21] Die Bestimmungen, die die Substanz so in ihrer Selbstbestimmung produziert, sind damit Denk- wie Grundbestimmungen: Für die Logik heißt dies, dass das Denken des reinen Gedankens die Formbestimmungen des Denkens produziert. Es ergibt sich durch diese Art des Denkens des Denkens eine neuartige Deduktion der logischen Kategorien und Verwissenschaftlichung der Metaphysik: Die Kategorien sind die Formbestimmungen des Denkens und weil aber das Seiende das Denken und das Denken das Seiende ist, fallen Logik und Metaphysik zusammen. In der Bewegung des Denkens des Seienden als Denken, eines sich in seinem negativen Selbstbezug an sich für sich selbst bestimmenden Inhalts, werden die Kategorien verkettet entfaltet. Die Substanz als Subjekt ist damit als die reine Bestimmungsfunktion gedacht, so wie

18 Marx: Das Kapital. Erster Band (1890), MEGA², Bd. II/10, S. 40.

19 Vgl. Hegel: Phänomenologie des Geistes, Werke, Bd. 3, S. 22 f.

20 Es besteht darin – im Anschluss der Begründung des modernen Subjekts durch Descartes' *cogito ergo sum* – nichts weniger als der Nachweis der Freiheit und Selbstbestimmung des »Ich« als eines denkenden Subjekts und damit die moderne Form, den Widerspruch zwischen Denken und Sein als Verhältnis von Subjekt und Objekt zu denken.

21 Zum Grundthema der Freiheit bei Hegel: Andreas Arndt: Geschichte und Freiheitsbewusstsein, Berlin 2015.

sie allen möglichen Urteilen zugrunde liegen würde. Als Widerspruch generiert sie die Bewegung der Kategorien: Die Substanz (Nichtidentität) muss an sich eine Form (Identität) produzieren, damit sie ist (Identität von Identität und Nichtidentität), und die so produzierten Formbestimmungen sind die Kategorien. Hieraus ergibt sich die Hochschätzung des Widerspruchs bei Hegel.[22] Erst wenn dieser Widerspruch gelöst ist, hört die Bestimmungsfunktion auf und das System als die Verkettung von Formbestimmungen der Sache ist vollendet. Das resultierende System ist damit das »Werden seiner selbst, der Kreis, der sein Ende als seinen Zweck voraussetzt und zum Anfange hat und nur durch die Ausführung und sein Ende wirklich ist«.[23] Durch diese Totalität wird also der Begriff der Sache gleichursprünglich mit der Sache selbst zur Erscheinung gebracht – oder, wie Hegel in der »Wissenschaft der Logik« betonen wird: Die Besonderheit dieser Bewegung ist, »daß das Vorwärtsgehen ein *Rückgang* in den *Grund*, zu dem *Ursprünglichen* und *Wahrhaften* ist, von dem das, womit der Anfang gemacht wurde, abhängt und in der Tat hervorgebracht wird«.[24] Entsprechend konzipiert Hegel Wissenschaft als Kreislauf, in dem »das Ganze derselben ein Kreislauf in sich selbst ist, worin das Erste auch das Letzte und das Letzte auch das Erste wird«.[25]

In dieser Form entsteht erstmals eine wirkliche »Wissenschaft der Logik« und wissenschaftliche Form der Metaphysik. Indem ausgehend vom Selbstwiderspruch der Substanz, nur formbestimmt sein zu können, die Kategorien als Momente des zugrunde liegenden Seienden entfaltet werden, gelingt es, das Seiende im Denken (der Gedanke des Denkens) wie das Denken des Seienden (das Denken des Gedankens) durch sich selbst (als Denken und Sein) zu bestimmen. In dieser Verknüpfung sind dann nicht nur Metaphysik und Logik miteinander vermittelt, sondern als Einheit – als Logik, die Metaphysik, und Metaphysik, die Logik ist – aus ihrem eigenen, inneren Zusammenhang als Wissenschaft begründet, weil im Denken des reinen Gedankens Sein und Denken zusammenfallen.

Was ist nun der Zusammenhang mit Marx? Wozu muss dieser komplexe Zusammenhang hergeleitet und verstanden werden? Wir benötigen es nicht nur, um das Kapital als automatisches Subjekt denken zu können, in dem der Wert in der Lage ist, »Werth zu setzen, weil er Werth ist«, sondern auch, um den Aufbau des »Kapital« zu verstehen und die Verselbstständigung des Wertes zu einer uns beherrschenden Form.

Diese Struktur ist äußerst wichtig, denn nur durch sie lassen sich die Kategorien des »Kapital« dialektisch entfalten wie als Herrschaftszusammenhang begreifen und kritisieren – was sich so in der Wirklichkeit als

22 Hegel: Wissenschaft der Logik II, Werke, Bd. 6, S. 75.

23 Hegel: Phänomenologie, Werke, Bd. 3, S. 23.

24 Hegel: Wissenschaft der Logik I, Werke, Bd. 5, S. 70.

25 Ebd.

Struktur entfaltet, ist nicht das menschliche Wesen, sondern die abstrakt menschliche Arbeit als *gesellschaftliche* Wertsubstanz. Ein einfaches ökonomisches Beispiel veranschauliche dies: Die Wertformanalyse beginnt mit der Frage, was der Wert einer Ware ist. Man könne, so Marx, eine Ware drehen und wenden, wie man will, ihren Wert kann man ihr nicht ansehen – die Ware »bleibt unfaßbar als Werthding«.[26] Die nur der Abstraktion zugängliche »gespenstige Gegenständlichkeit«[27] des Wertes wird erst im Tauschwert fassbar, der einfachen Wertform eines anderen Arbeitsproduktes als Ware: So seien 20 Ellen Leinwand 1 Rock wert. Weil der Wert ein quantitatives Verhältnis ist, kann er auch nur in einem gesellschaftlichen Verhältnis zweier Dinge erscheinen, also an einer anderen Ware: Die gesellschaftliche Wertsubstanz kann zwar als Gallerte metaphorisch reflektiert werden, versucht werden zu antizipieren, aber formbestimmt erscheint sie erst im Austausch – als Verhältnis zweier Waren. Der Wert als (gesellschaftliche) Substanz ist also undenkbar, sozusagen nicht existent, gespenstig (Nichtidentität), und muss sich eine Form geben, worin sich der Widerspruch löst, nicht formbestimmt sein zu können: die einfache, einzelne oder zufällige Wertform (Identität von Identität und Nichtidentität). Spekulativ gesprochen gibt sich die Wertsubstanz in der Kategorie der Ware eine Erscheinungsform und ihr Widerspruch, nicht formbestimmt zu sein, löst sich. Zugleich löst er sich aber auch nicht, denn der Wert erscheint so nur im Verhältnis zu einer anderen Sache, aber nicht zu allen. In dieser erreichten Identität (Warenform) von Identität (Tauschwert) und Nichtidentität (Wertsubstanz) bleibt ein Widerspruch erhalten und treibt zu den nächsten Bestimmungen des Wertes, den Kategorien Geld und Kapital – denn die unendliche Substanz bzw. der Wert als allgemeines gesellschaftliches Verhältnis stellt sich in einem begrenzten Verhältnis zweier und nicht aller Waren dar.

Ohne die Herausarbeitung dieses in dem Kategorienverständnis und dem Verhältnis von Kategorie und Begriff sedimentierten philosophischen Gehalts muss die spezifische marxsche Bezugsweise auf Hegel und die Kritik der Kategorien der politischen Ökonomie daher unverständlich bleiben. Das Verständnis dessen, was Kategorien sind, ist so alles andere als eine Nebensächlichkeit, denn mit ihr steht und fällt die Darstellungsmethode des »Kapital« als Kritik wie Wissenschaft. Die Methodenfrage reformuliert sich daher vor diesem Hintergrund als Kategorienproblem. Historisch bedeutet dies: Wenn die abstrakt menschliche Arbeit durch die privat-arbeitsteilige Produktion, also die bürgerlichen Eigentumsverhältnisse, den Status einer gesellschaftlichen Wertsubstanz erhält, dann ist die Wertabstraktion – wie in der Einleitung[28] dargelegt – das der Wirklich-

26 Marx: Das Kapital. Erster Band (1890), MEGA², Bd. II/10, S. 49.

27 Ebd., S. 40.

28 Siehe die vorliegende Arbeit, S. 27, 29.

keit Zugrundeliegende wie sie Formbestimmende. Diese Herrschaft einer an sich nichtigen Reflexionsbestimmung, der Wertform als Ausdruck der Gesellschaftlichkeit der Arbeit, wäre aufzuheben durch den Verein freier Menschen und eine planvolle Vergesellschaftung der Produktion.

Drei Verständnisse von Kategorien in der »Phänomenologie«, »Logik« und den »Grundlinien der Philosophie des Rechts«

Indem Hegels und Marx' Kategorienverständnis derart wechselseitig miteinander vermittelt sind, ergibt sich auch ein spezifischer Zugriff auf Hegel, der sich auf die »Phänomenologie des Geistes«, die »Logik« in der Fassung der »Enzyklopädie«[29] und die »Grundlinien der Philosophie des Rechts« als drei verschiedene Verwendungsweisen des Kategorienbegriffs konzentriert. Das mit der Kategorienauffassung der »Grundlinien« verfolgte Erkenntnisinteresse orientiert sich allerdings bereits so sehr an Marx, dass die Auseinandersetzung mit Hegels Rechtsphilosophie im dritten Teil zu Marx zu finden ist.

Die »Phänomenologie des Geistes« ist deswegen entscheidend, weil in ihr die Basis gelegt wird, um die Eigenheiten der Kategorien bei Hegel zu verstehen. Da ist zum einen die Kritik an den Kategoriendeduktionen von Kant und Aristoteles, wie sie vor allem im Abschnitt zur »Wahrnehmung« zu finden ist. Sie schließt nicht nur an die Bemerkungen der »Differenzschrift« an, dass durch Kant die Kategorien »teils zu ruhenden toten Fächern der Intelligenz, [wie] teils zu den höchsten Prinzipien gemacht worden sind«,[30] sondern legt dezidiert dar, warum den Kategorien ein Deduktionsprinzip fehle und sie unsystematisch aufgefasst worden seien. Im Zuge dessen scheidet Hegel im Kapitel »Kraft und Verstand« anschließend das von ihm erblickte spekulative Prinzip der kantschen Deduktion der Kategorien von dessen inhaltlichen Ausführungen ab und betont, dass in der Synthesisfunktion der Verstandesbegriffe schon immer eine ursprüngliche Einheit von Subjekt und Objekt, Denken und Sein, vorausgesetzt ist. So holt Hegel ein, was er schon früh betonte: Dass Kants »Theorie des Verstandes von der Vernunft über die Taufe gehalten

29 Aufgrund der Arbeitsweise von Marx, der wahrscheinlich zumeist die Fassung der »Logik« in der »Enzyklopädie« bevorzugte, wird auch hier die »Logik« in der Form der »Enzyklopädie« zugrunde gelegt. Diese Vermutung stützt sich darauf, dass Marx, wenn er im »Kapital« auf Hegels »Logik« referiert, stets die »Enzyklopädie« angibt (vgl. Karl Marx: Das Kapital. Kritik der politischen Ökonomie. Erster Band [1867], in: MEGA², Bd. II/5, S. 31, oder auch Marx: Das Kapital. Erster Band [1890], MEGA², Bd. II/10, S. 163). Ebenso findet sich im Briefwechsel der Hinweis von Engels bezüglich der Darstellung der Werttheorie: »Du hast den großen Fehler begangen, den Gedankengang dieser abstrakteren Entwicklungen nicht durch mehr kleine Unterabteilungen und Separatüberschriften anschaulich zu machen. Diesen Teil hättest Du behandeln sollen in der Art, wie die hegelsche ›Enzyklopädie‹, mit kurzen Paragraphen, jeden dialektischen Übergang durch besondre Überschrift hervorgehoben und womöglich alle Exkurse und bloßen Illustrationen mit besondrer Schrift gedruckt.« (Engels an Marx, 18.7.1867, in: MEW, Bd. 31, S. 303 f., hier S. 303) Weitere Belege, dass Marx (und Engels) eher mit der »Enzyklopädie« arbeitete(n), ergeben sich aus der MEGA, wie sich im Teil zu Marx zeigen wird.

30 Georg Wilhelm Friedrich Hegel: Differenz des fichteschen und schellingschen Systems der Philosophie, in: Werke, Bd. 2, S. 10.

worden [ist]«.[31] Mithilfe der Fichtekritik im Abschnitt zum »Selbstbewusstsein« und dem Anfang des Abschnitts zur »Vernunft« lassen sich so die Eckpunkte von Hegels eigenem Kategorienverständnis entwerfen.

Wie die Vernunft als ursprüngliche Identität zu konzipieren ist, aus der alle Kategorien des Denkens deduziert werden können, kann Hegel aber erst in der »Wissenschaft der Logik« zeigen. Ausgehend von dem Denken als Substanz der Vernunft und indem er sie im obigen Sinne als Subjekt fasst, das sich selbst bestimmt, entwickelt Hegel dort die Bestimmungen des Denkens aus dem Denken selbst. So erreicht er eine Identität von Verstand und Vernunft, die wechselseitig ineinander übergehen: Indem die Kategorien (die kantschen Verstandesbegriffe) als die Selbstbestimmungen des Denkens entwickelt werden, sind sie nicht nur die Denkbestimmungen der Vernunft, sondern gehen zugleich aus ihr hervor, sind ihre Grundbestimmungen. Die Vernunft oder der Inbegriff des Denkens entfaltet sich also in seinem Bezug auf sich selbst vermittels seiner eigenen Bestimmungen, das heißt den Kategorien. Die Vernunft ist dabei das Allgemeine, welches sich in den Bestimmungen des Verstandes besondert, wie diese nur die Vernunft zum Ausdruck bringen. Indem beide (Denken/Vernunft und Gedanke/Verstand) somit dasselbe und zugleich auch nicht dasselbe sind, ergibt sich eine der Kategorienentfaltung zugrunde liegende widersprüchliche Struktur: Der zu schlichtende Widerspruch zwischen Form (Gedanke) und Inhalt (Denken) – oder noch abstrakter zwischen Denken und Sein. Analog zur marxschen Wertformanalyse folgen die Kategorien aus der Lösungsbewegung dieses Widerspruchs. Wenn der Tauschwert *einer* Ware eben nur *ein* isolierter Ausdruck des Wertes, aber nicht seine Allgemeinheit ist, ist *ein* Gedanke, wie der des Seins am Anfang der »Logik«, eben nur *ein* Gedanke, praktisch Nichts, also noch nicht *das Denken* in seiner Allgemeinheit. Dieser Selbstwiderspruch der Substanz zwischen Form und Inhalt oder auch Identität und Nichtidentität, zwischen Allgemeinem und Besonderem, der fortschreitend zu vermitteln ist, erzeugt die Kategorien. Indem die Kategorien so abgeleitet und systematisiert werden, begründet Hegel nicht nur die Einheit von Metaphysik und Logik, ihren jeweiligen wissenschaftlichen Charakter, sondern kritisiert auch die vormaligen Auffassungen der jeweiligen Kategorien. So lässt sich zeigen, wie schon in der hegelschen Logik die marxsche kategoriale Kritik als Kritik der Wissenschaft wie des Gegenstandes vorgebildet ist.

Wie aber verhält sich nun das so bestimmte Denken zu den außerhalb des Denkens existierenden Gegenständen und den positiven Wissenschaften?[32] Was bedeutet es, dies spekulative Prinzip auf die sogenannten positiven Wissenschaften anzuwenden, wie das Staatsrecht, die

31 Ebd.

32 Vgl. Hegel: Enzyklopädie (Teil 1). Logik, Werke, Bd. 8, S. 49–52.

politische Ökonomie etc.? Dies ist Gegenstand der Auseinandersetzung mit der hegelschen »Rechtsphilosophie«. Folgt man dem obig skizzierten Muster der Kategoriendeduktion, dann bedeutet dies: Die Kategorien des Rechts, die – so Hegel – bisher nur unsystematisch dargestellt worden sind und keinen inneren Zusammenhang haben, müssten durch Abstraktion auf eine Einheit zurückgeführt werden, die als sich selbst bestimmende Substanz diese Kategorien als Bestimmungen besitzt und sie so ableitbar macht, das heißt kritisch darstellt. Für Hegel ist das den Kategorien der bürgerlichen Gesellschaft Zugrundeliegende die menschliche Freiheit, der Wille. Dieser ist ebenso wie das Denken nicht unbestimmt denkbar, sondern nur als besonderer Wille, der sich verwirklichen muss. Hieraus entspringt für Hegel als erste Kategorie des bürgerlichen Rechts das Eigentum als willentliche Verfügung über etwas. Die sich über das Eigentum vermittelnde Beziehung von Willen aufeinander, das Vertragsrecht, bildet für Hegel so den Kern des abstrakten Rechts und die Verwirklichung abstrakter Freiheit, indem sich hier die Menschen – über den Austausch vermittelt – als freie und gleiche Rechtspersonen (an) erkennen. Genau dies wird Marx kritisieren: Indem Hegel so nämlich den philosophischen Begriff der Freiheit in den Kategorien des bürgerlichen Rechts ausspricht, wird die bürgerliche Eigentumsordnung zur Verwirklichung der abstrakten Idee der Freiheit – kurzum: naturalisiert und apologetisiert. An diesem Vorwurf lässt sich nicht nur erklären, worin der von Marx behauptete »rationelle Kern« der hegelschen Methode besteht, wenn er auf empirisches Material angewandt wird. Es zeichnet sich vielmehr auch ab, worin sich – wenn man so will – »idealistische« und »materialistische« Dialektik unterscheiden.

Hegels Kritik am Kategorienbegriff in der »Phänomenologie« und der Übergang zum Kategorienbegriff der »Logik«

Ausgehend von dieser Exposition ist also zuerst darzulegen, wie Hegel eine eigenständige Konzeption der Kategorien entwickelt. Einerseits wurzelt dieses in der Auflösung der Aporien der Kategorienauffassung von Aristoteles, andererseits aber in einer spekulativen Kantlektüre. Der entscheidende Unterschied zu Kant, den Hegel dabei in der »Phänomenologie« ausspricht, besteht darin, dass die Gegenstände des Denkens nicht einfach nur eine unqualifizierte Mannigfaltigkeit sind, die durch die Kategorien zu einer Einheit gebracht werden. Vielmehr ist der Gegenstand als Gegenstand des Denkens schon immer in irgendeiner Form ein gedachter Gegenstand und trägt damit Denkbestimmungen und (reine) Gedanken, das heißt das Subjekt in sich. Denn selbst in der rudimentärsten Form der sinnlichen Gewißheit besitzt der Gegenstand eine Denkform: den Gedanken des reinen Seins, das *dieses* Etwas *ist*.

Damit ist keine Reflexion über die Kategorien als »Werkzeuge« der Erkenntnis vor der Erkenntnis nötig, sondern jede Stufe des Bewusstseins, in der etwas denkend erkannt wird, enthält schon immer die Wirklichkeit der jeweiligen Denkbestimmung und damit das Subjekt bzw. die Kategorien in sich. Damit grenzt sich Hegels Kategorienbegriff in der »Phänomenologie« vom Konstitutionsproblem der kantschen Philosophie ab – Gegenständlichkeit ist schon immer konstituierte und was die Erkenntnis als Erfahrung ausmacht, ist, die in der Gegenständlichkeit liegende Vermittlungsbewegung zu erinnern, also wie der Gegenstand als Gegenstand des Denkens geworden ist.

Die für Hegel entscheidende Frage ist nicht mehr, wie die Kategorien die Mannigfaltigkeit formieren, sondern wie die schon immer stattgefundene Formierung von Gegenständlichkeit vom Bewusstsein erfahren werden kann. Hegel drückt diesen Zusammenhang im Bild der Strahlenbrechung aus: Es sei zum Verständnis der Erkenntnis nicht die Reflexion über das »Brechen des Strahls« entscheidend, welches die Position Kants wäre, sondern das Erkennen bestünde im »Strahl selbst, wodurch die Wahrheit uns berührt«.[1] Die Begründung dieser Kritik ist so simpel

1 Hegel: Phänomenologie, Werke, Bd. 3, S. 69.

wie radikal: Würde man vom Gegenstand das Abziehen, was die Strahlenbrechung als Formierung desselben hinzugetan, so hätte man schlicht eine überflüssige Bewegung vollzogen, nach der das der Erkenntnis zugewandte Ding »gerade wieder soviel [ist] als vor dieser somit überflüssigen Bemühung«.[2]

So tritt Hegel an, ohne vorherige Prüfung des Erkenntnisvermögens, zu bestimmen, was Erkenntnis bedeutet. Die Bewegung des Geistes und damit den Weg der Selbsterkenntnis des Bewusstseins in der »Phänomenologie des Geistes« zeichnet folglich die Erinnerung dieses schon immer realisierten Produktionsaktes der im Denken anzutreffenden Gegenstände aus – von der Gestalt der unmittelbaren Gewissheit ausgehend und bis zum absoluten Geist aufsteigend. Und in dieser Reflexion des im Gegenstand liegenden Unbewussten ist die Verdinglichungskritik im »Kapital« vorbereitet: Es ist die Erinnerung des Anteils des Subjekts an der schon immer konstituierten Gegenständlichkeit und in dieser die Auflösung des Seins in ein Werden.

Die Erfahrung, die das Bewusstsein darin macht, besteht in dem Nachvollzug des im Resultat verborgenen Resultierens – auch hier als ein Zurückgehen in den Grund. Dies bedeutet, dass die Kategorien sich in der Reflexion des Erkenntnisprozesses selbst zeigen. Daher besteht die Erfahrung, die das Bewusstsein in dieser Reflexion macht, in der prüfenden Bewegung, ob »der Begriff dem Gegenstande, der Gegenstand dem Begriffe entspricht«.[3] Was zu prüfen wäre und die dialektische Entwicklung der Gestalten des Bewusstseins zum Geist auszeichnet, ist also, ob der Begriff (das Wissen) dem Gegenstand (dem Wahren) entspricht.

Dies heißt jedoch nicht, dass das erkennende Subjekt schon immer unmittelbar über die Wahrheit verfügen würde. Entgegen den Abstraktionen des durch die Wahrnehmung analysierten Erkenntnisprozesses führt Hegel verschiedene Stufen der Wahrheit ein, denen verschiedene Gestalten des Bewusstseins entsprechen. Ausgehend von der sinnlichen Gewissheit, dass da *Etwas* ist, hat jedes Bewusstsein seine eigene Wahrheit und auf jeder Stufe findet sich eine spezifische Übereinstimmung von Denken und Sein, Subjekt und Objekt. Ausgehend von den sich darin zeigenden Widersprüchen reihen sich prozessual diese verschiedenen Gestalten des Bewusstseins aneinander und verändern damit das Wissen über den Gegenstand und somit ihre Wahrheit. Indem das Bewusstsein sein Wissen oder seinen Begriff vom Gegenstand diesem gemäß(er) macht, ändert sich aber zugleich auch der Gegenstand als Gegenstand des Bewusstseins. In diesem Annäherungsprozess an das, was beständiges Wissen ist, werden für das jeweilige Bewusstsein notwendige Widersprüche in der Beziehung zwischen Denken und Sein deutlich, sodass das

2 Ebd.

3 Ebd., S. 74.

Bewusstsein sein Wissen bzw. seinen Begriff vom Gegenstand beständig ändern muss, »um es dem Gegenstande gemäß zu machen«.[4] Indem also das Wissen vom Gegenstand sich reflektiert bzw. dabei der Beobachtung des *Lesenden* als *Phänomenologen* zugänglich wird, verändert sich auch der Gegenstand für das Bewusstsein. Von dieser dialektischen Bewegung ist die Darstellung der »Phänomenologie« getragen, sie ist die Erfahrung, »welche das Bewußtsein an ihm selbst, sowohl an seinem Wissen als an seinem Gegenstande ausübt, *insofern ihm der neue wahre Gegenstand* daraus entspringt«.[5]

Die Wahrnehmung und Hegels Kantkritik

Indem dem Bewusstsein so Stück für Stück die reinen Gedankenformen vorgeführt werden, zeichnen sich die gegenstandskonstitutiven Kategorien ab. Im Vergleich zu den einleitenden Bemerkungen springt der Mangel dieser Kategorienentfaltung unmittelbar ins Auge: Er ist mittels der phänomenologischen Methode an einem dem Bewusstsein äußeren Gegenstand entwickelt. Damit sind die Kategorien selbst abhängig von der Existenz einer dem Bewusstsein vorausgesetzten Gegenständlichkeit und büßen die Notwendigkeit ein, um die Hegel bemüht ist. Außerhalb der Abstraktion auf sie als Bedingungen der Möglichkeit von Erfahrung steht kein Rechtfertigungsgrund und noch weniger eine systematische Einteilung zur Verfügung. Dieser Mangel einer Kategoriendeduktion, wie sie aus der Verallgemeinerung der Selbstwahrnehmung des Denkens von Gegenständlichkeit resultiert, wird im Kapitel zu Wahrnehmung sehr deutlich und lässt sich auf Kants und Aristoteles' Darstellung der Kategorien beziehen.

In der Systematik der »Phänomenologie« bildet dieses Kapitel den zweiten Abschnitt der Darstellung des Bewusstseins, das mit der sinnlichen Gewissheit einer äußeren Realität beginnt. Mit der Wahrnehmung, so Hegel, soll das Bewusstsein der sinnlichen Gewissheit zu bestimmtem Wissen von einem Ding werden. Sie stellt damit die Lösungsform des Widerspruchs der sinnlichen Gewissheit dar: Indem das Ich ein bestimmtes *Hier* und *Jetzt* auszusprechen versucht, gerät es in den Widerspruch, dass dieses auf den ersten Blick als die *»reichste«* und *»wahrhaftigste«* Erkenntnis erscheinende Wissen sich bei genauerer Analyse als »die abstrakteste und ärmste *Wahrheit*« entpuppt.[6] Die Unmittelbarkeit der Gewissheit spiegelte dem Ich nur seinen eigenen unmittelbaren Gegenstand als Wissen und dessen Denkbestimmung bzw. die Kategorie des reinen Seins wider. Dieser Widerspruch, das Einzelne zu meinen, es aber nur als Allgemeines aussagen zu können, führt – in der Verzweiflung

4 Ebd., S. 78.
5 Ebd.
6 Ebd., S. 82.

darüber – dazu, den Gegenstand bewusst wahrzunehmen, wodurch sich der Gegenstand des Bewusstseins verändert: »[I]ch nehme so es auf, wie es in Wahrheit ist, und statt ein Unmittelbares zu wissen, *nehme ich wahr.*«[7] So wird ein neuer Standpunkt eingenommen. Das Bewusstsein beginnt die Eigenschaftsbestimmungen der Sache wahrzunehmen, die in der sinnlichen Gewissheit zugunsten des schlichten Daseins untergeordnet waren: »Der Reichtum des sinnlichen Wissens gehört der Wahrnehmung, nicht der unmittelbaren Gewißheit an«.[8] Was dabei entsteht und in der Erfahrung des Bewusstseins sich als Denkbestimmung zeigt, ist die in den Eigenschaften hervortretende Erscheinung des Dinges-an-sich.

So entsteht für den Gegenstand der Wahrnehmung ein folgenreicher Widerspruch: Die Wahrnehmung wechselt beständig zwischen Teil (Eigenschaften) und Ganzem (Ding). Das Ding als Form oder Eins existiert nur durch seine Eigenschaften, wie die Eigenschaften als solche durch das Ding bestimmt zu sein scheinen – was dieses Ding an sich jedoch ist, außer einem Gedankending, kann nicht in der Wahrnehmung erscheinen, die zwischen Ding und Eigenschaften hin- und hergeworfen wird. Die Eigenschaften selbst, die dieses Ding besitzt, sind dabei nicht weiter auf etwas anderes reduzierbar. Daher bestimmt sich das Ding als ein Zusammengesetztes, dessen Eigenschaften darin als Materien »selbst *einfach Allgemeine* [sind]«.[9]

Indem die Eigenschaften in der Wahrnehmung so als auch nebeneinander bestehen und sich nicht affizieren, das Salz zum Beispiel weiß und auch kristallin und auch kubisch usw. sei, bestünde, so Hegel, das Ding wesentlich in diesen Eigenschaften.[10] Das Ding der Wahrnehmung hat so den Widerspruch an sich, als *Eines* zu sein, welches aber zugleich nur im *Auch der Eigenschaften* besteht. Dieser Widerspruch erzeugt dann die folgende Denkform: Durch diese passive Allgemeinheit des *Auchs* der Eigenschaften ist das so bestimmte Ding immer zugleich Einheit, also Eins. Als dieses *Eins*, welches die Einheit der Eigenschaften stiftet, ist die Einheit des Eins daher nicht nur passiv, sondern bestimmte Eigenschaften ausschließende Einheit. Als dieses bestimmte Eins ist das Ding im selben Moment aber auch nur wieder Medium einer Menge von Unterschieden – nur nicht wie anfangs als passive Allgemeinheit, sondern als dieses bestimmte Eins. Und durch dieses *Eins* als ein *Medium* bestimmt sich das Ding als Dingheit zu diesem Ding.[11] Warum aber dieses Ding diese Eigenschaften hat oder ob die Reihe dieser Eigenschaften darin abgeschlossen ist, hat keine Notwendigkeit außerhalb der Wahrnehmung

7 Ebd., S. 92.
8 Ebd., S. 94.
9 Ebd., S. 95.
10 Vgl. ebd., S. 100.
11 Vgl. ebd., S. 96.

des *Auchs* der Eigenschaften selbst. Das heißt, die Relation Ding–Eigenschaften ist noch nicht begriffen als Wissen vom Gegenstand im Sinne eines »wesentliche[n] Verhältnis[ses] seiner zu sich *selber*«, wie es in der »Enzyklopädie« heißt,[12] sondern als im Bewusstsein vorgefundene Tatsachen und damit als der Sache äußerliche Bestimmungen des Denkens.

In dieser Denkform kann also keine Grundlage angetroffen werden, um die Anzahl und den Zusammenhang der Eigenschaften außerhalb der empirisch vorfindlichen Zusammenhänge zu bestimmen und sie bewusst zu machen. Damit fehlen eine substanzielle Bestimmung und die Lebendigkeit der Sache selbst, die sich vermittels der Eigenschaften bestimmt. Dies ist zugleich der folgenreichste Widerspruch der Wahrnehmung: Dass die Notwendigkeit der Erkenntnis oder ihre Wahrheit nur in der wahrgenommenen Erscheinung selbst liegt. Hieraus ergibt sich am bisherigen überlieferten Verständnis der Kategorien eine dezidierte Kritik, und in dieser Erfahrung, die das Bewusstsein am Gegenstand macht, explizit an der Kategoriendeduktion Kants und Aristoteles': Aus Hegels Perspektive verhalten sich bei diesen Denkern die Kategorien zum Denken wie die Eigenschaften zum Ding in der Wahrnehmung.

Für Hegel wären in diesem Sinne die Kategorien als abstrakte, den Urteilsformen abstammende Denkbestimmungen ebensolche einfache Allgemeinen, die schlicht in der Wahrnehmung anzutreffen sind. So wären für Hegel die Kategorien bei Kant und Aristoteles schlicht für sich bestehende, empirische Fundsachen aus den Urteilsformen. Die inhaltlichen Bestimmungen des Denkens, die Kategorien, ergeben sich daher nicht aus dem Denken selbst, sondern werden nur wirksam wie deduzierbar durch den Bezug des Denkens auf ein äußerliches Objekt – Gegenstands- und Geltungskonstitution fallen so insbesondere in Kants Kategorien zusammen.[13] Damit ist zwar einerseits das Denken inhaltlich, das heißt kategorial bestimmbar, aber die Denkbestimmungen als Funktionsbestimmungen des Denkens stehen unvermittelt als verschiedene Formen, als *Auch* des Denkens nebeneinander. Sie werden zwar als Bestimmungen des Denkens auf ein Allgemeines bezogen, zum Beispiel in der »Metaphysik« auf den *nous* oder in der kantschen Transzendentalphilosophie auf das »Ich denke …«, aber der Zusammenhang der Kategorien untereinander und ihr Bezug zum Denken selbst kann im Sinne einer metaphysischen Wesensbestimmung nicht erklärt, sondern nur behauptet werden. Insbesondere bei Kant ist so zwar eine Ableitung aus einer zweiten Reflexionsstufe angelegt, aber gescheitert, wie Fichte und Hegel betonen. Für Hegel verbleibt die Logik so auf der Ebene einer

12 Hegel: Enzyklopädie (Teil 3). Philosophie des Geistes, Werke, Bd. 10, S. 211, § 422 Zusatz.

13 Daher auch die Bestimmung bei Kant: »Gedanken ohne Inhalt sind leer, Anschauungen ohne Begriffe sind blind.« (Kant: Kritik der reinen Vernunft, B75, A48).

»Psychologie« des Denkens,[14] in der die Kategorien als »auch« nebeneinander existieren, ohne sich zu affizieren.[15] Sie stehen, wie Hegel noch in der »Logik« betonen wird, »wie die Eigenschaft des Dings zum *Dinge* selbst, – einem unbestimmten Substrate, welches nicht der wahrhafte Grund und das Bestimmende seiner Eigenschaften sei«.[16] Für die Kategorien bei Kant und Aristoteles gilt so, dass diese als Denkbestimmungen streng genommen kein Prinzip, keine Gesetzmäßigkeit und keinen Zusammenhang außerhalb der Wahrnehmung des Denkens selbst besitzen – sie sind für Hegel damit als Kategorien unzureichend begriffen.[17] Es resultiert damit ein Mangel an Notwendigkeit, weil in dieser Denkform die Rechtfertigung der Wahrnehmungsinhalte in der Wahrnehmung des Inhalts liegt und damit tautologisch ist.

Die Bewegung vom »Selbstbewusstsein« zur »Vernunft« als Grundlegung einer neuen Deduktionsform der Kategorien

Die Lösung für einen neuen Deduktionszusammenhang der Kategorien zeichnet sich bereits im Abschnitt zum Selbstbewusstsein ab und dort insbesondere im Teil »Herrschaft und Knechtschaft«. Was sich hieran entwickeln lässt, sind die allgemeinen Bestimmungen einer Substanz als Subjekt und was es bedeutet, dass die Vernunft das Zugrundeliegende sei. Entscheidend für Hegels neue Auffassung der Kategorien ist die dortige Darstellung des Selbstbewusstseins als selbstreflexive Setzung. Der Ausgangspunkt der Denkform der Substanz als Subjekt ist das selbstreferenzielle Bestreben, sich seiner selbst zu vergewissern, wie es sich in der Begierde spiegelt, als der (praktischen) Aufhebung des nur theoretischen Bewusstseins seiner selbst.

Das Selbstbewusstsein der »Phänomenologie« weiß zwar, dass das Bewusstsein, welches ihm zugrunde liegt, es selbst ist, es nach der fichteschen Gleichung *Ich=Ich* mit sich selbst identisch ist – zugleich möchte es sich dem aber auch nach außen vergewissern. So entsteht in ihm der angemessene *Trieb* und die *Begierde*, das Bewusstsein über Anderes als sein Bewusstsein zu erfassen und aufzuheben, wie Hegel in der »Enzyklopädie« schreibt: »Das Produkt dieses Prozesses ist, daß Ich sich mit sich selbst zusammenschließt und hierdurch *für sich* befriedigt, Wirkliches ist.«[18] Indem sich jedoch die Begierde in dem Versuch, sich einen Gegenstand gleichzumachen, »auf das selbstlose Objekt nur negativ bezieht«,

14 Vgl. Hegel: Wissenschaft der Logik II, Werke, Bd. 6, S. 256.

15 Vgl. Hegel: Differenz des fichteschen und schellingschen Systems der Philosophie, Werke, Bd. 2, S. 10.

16 Hegel: Wissenschaft der Logik II, Werke, Bd. 6, S. 254.

17 Vgl. Hegel: Enzyklopädie (Teil 3). Philosophie des Geistes, Werke, Bd. 10, S. 11–13, § 378 inkl. Zusatz; Hegel: Enzyklopädie (Teil 1). Logik, Werke, Bd. 8, S. 101, § 34 Zusatz, S. 310, § 162; Hegel: Wissenschaft der Logik II, Werke, Bd. 6, S. 254–269.

18 Hegel: Enzyklopädie (Teil 3). Philosophie des Geistes, Werke, Bd. 10, S. 217, § 428.

ist sie »in ihrer Befriedigung überhaupt *zerstörend* wie ihrem Inhalte nach *selbstsüchtig*«.[19] Eben weil die Befriedigung sich immer nur an einem Einzelnen vollzieht und damit keine Allgemeinheit erreicht, führt dies dazu, dass sich »in der Befriedigung wieder die Begierde [erzeugt]«.[20]

Die geforderte Selbst*ständigkeit* des Selbstbewusstseins hat hierbei ihren Bestand nur in der unendlichen Iteration[21] und ist daher ständig auf die Wiederholung angewiesen, ohne im Anderen je bei sich verweilen zu können – der Widerspruch zwischen Identität und Nichtidentität löst sich in dieser schlechten Unendlichkeit also nicht auf. Die Lösung besteht Hegel folgend darin, dass nicht das Selbstbewusstsein als Begierde die Bestimmung des Gegenstandes vollzieht, sondern der Gegenstand selbst sich zu dem bestimmt, was er für das Bewusstsein ist. In diesem Verhältnis von Herrschaft und Knechtschaft realisiert sich sowohl auf der Seite des Subjekts als auch auf der Seite des Objekts eine Reflexionsbewegung, sodass »ein *Selbstbewußtsein für ein Selbstbewußtsein*«[22] besteht, es »*sich selbst* im *Anderen* [sieht]«.[23] Das Selbstbewusstsein kann sich daher nur als beständig erweisen, wenn sich die Negation nicht durch die die Begierde begleitende triebhafte, zerstörerische Aufhebung des Anderen realisiert, sondern selbstständig vom Anderen vollzogen wird. Damit entstehen zwei Selbstbewusstseine, die sich als wechselseitig anerkennend verhalten, sodass »jedes Extrem [...] diese Austauschung seiner Bestimmtheit und absoluter Übergang in das entgegengesetzte [ist]«.[24] Identität realisiert sich so als ein gesellschaftliches Anerkennungsverhältnis, wie wir es später in der »Rechtsphilosophie« als auch der marxschen »Wertformanalyse« strukturanalog antreffen werden. Als Grenze bleibt hier freilich bestehen, dass sich der Knecht nicht dem allgemeinen Willen, sondern nur dem besonderen Willen des Herrn unterwirft.

Wie schon die ins Unendliche gehende Begierde in der Wiederholung immerhin ein Selbstgefühl hervorbringt und sich damit das Selbstbewusstsein als Allgemeines abzeichnet, liegt in dem besonderen Anerkennungsverhältnis zwischen Herrn und Knecht die Möglichkeit eines allgemeinen Verhältnisses verschiedener Selbstbewusstseine zueinander. Hegel vollführt im Übergang zum Abschnitt zur »Vernunft« hierfür eine Denkbewegung, die entscheidend ist für das Verständnis der dialektischen Methode: In einem ersten Schritt wird dargestellt, dass sich

19 Ebd., S. 218, § 428.

20 Ebd.

21 Hierin kulminiert die Kritik Hegels an Fichte, an dem Verlust des Ichs in die endlose Bewegung, »daß ich die Schranke immerfort aufzuheben, über die Grenze immer fortzugehen habe ins Unendliche, in die schlechte Unendlichkeit hinaus, und immer eine neue Grenze finde.« (Hegel: Vorlesungen über die Geschichte der Philosophie III, Werke, Bd. 20, S. 403).

22 Hegel: Phänomenologie, Werke, Bd. 3, S. 144.

23 Ebd., S. 146.

24 Ebd., S. 147.

jede Seite für sich bestimmt und darin eine Identität zwischen Herrn und Knecht möglich ist. Diese Identität liegt in dieser Bestimmungsfunktion selbst, in der Konstitution des Selbstbewusstseins. Damit ist es die Bestimmungsfunktion selbst, die das Allgemeine bildet, was in der Beziehung der beiden Selbstbewusstseine erscheint. Durch Abstraktion von allem außerhalb der Bestimmungsfunktion selbst wird diese einerseits zum »gemeinsamen Dritten«, wie es auch Marx in der Analyse der Ware handhabt. Zugleich zeichnete sich bereits ab, dass dies gemeinsame Dritte nicht einfach das abstrakt Allgemeine sein darf, sondern sich entfalten lassen muss. Dazu dreht Hegel nun die Darstellungsform um, gewissermaßen von den Füßen auf den Kopf: War das Vorgehen bisher induktiv, indem vom Besonderen aufs Allgemeine geschlossen wurde, ist im Übergang zur »Vernunft« die Perspektive deduktiv angelegt, vom Allgemeinen zum Besonderen. Es ist nun *das* Selbstbewusstsein, das in *den Selbstbewusstseinen*, im Anderen, erscheint und diese zu ihrem Ausdruck hat. Marx wird diese Operationalisierung später als den Hegel eigenen Mystizismus geißeln:

> »Sage ich: Römisches Recht und deutsches Recht sind beide Rechte, so ist das selbstverständlich. Sage ich dagegen: *Das* Recht, dieses Abstraktum, *verwirklicht sich* im römischen Recht und im deutschen Recht, diesen konkreten Rechten, so wird der Zusammenhang mystisch.«[25]

Was sich so in den einzelnen, sich wechselseitig anerkennenden Selbstbewusstseinen abzeichnet, ist folglich das »*allgemeine Selbstbewußtsein*«,[26] die Vernunft. Es vollzieht sich in diesen besonderen Einzelnen, die als diese »freie Einzelheit *absolute Selbstständigkeit*«[27] haben, ein »allgemeine[s] Wiedererscheinen des Selbstbewußtseins«, und so ist es der »Begriff, der sich in seiner Objektivität als mit sich identische Subjektivität und darum allgemein weiß«.[28] In diesem Umschlag des Einzelnen ins Allgemeine, das sich darin als Zugrundeliegendes erweist, zeigt sich

> »die gewaltige Diremtion des Geistes in verschiedene Selbste, die an und für sich und füreinander vollkommen frei, selbstständig, absolut spröde, widerstandleistend – und doch zugleich miteinander identisch, somit nicht selbstständig, nicht undurchdringlich, sondern gleichsam zusammengeflossen sind«.[29]

25 Marx: Das Kapital. Erster Band (1867), MEGA², Bd. II/5, S. 634.
26 Hegel: Enzyklopädie (Teil 3). Philosophie des Geistes, Werke, Bd. 10, S. 226, § 436.
27 Ebd.
28 Ebd.
29 Hegel: Enzyklopädie (Teil 3). Philosophie des Geistes, Werke, Bd. 10, S. 227, § 436 Zusatz.

Hier gilt es vorerst, diesen »Mystizismus« Hegels zu akzeptieren: In ihrer Unterscheidung sind die Selbstbewusstseine also nur die Selbstunterscheidung des Geistes und in diesem konstitutionstheoretischen Zusammenhang von Allgemeinem, Besonderem und Einzelnem ist bei Hegel die Genesis der Vernunft gefunden, die den Schlüssel für die Kategoriendeduktion der »Wissenschaft der Logik« und auch der »Rechtsphilosophie« enthält.[30] Die Totalität der logischen Kategorien lässt sich so nämlich darstellen als Ausdruck einer allgemeinen, sich in den besonderen Kategorien realisierenden wie darin bestimmenden Substanz. Diese – als Vernunft begriffen – erhält nun die eigentümliche Bestimmung als der die Kategorien zu begründende Begriff oder genauer, als Denken und so die dem Begriff zugrunde liegende Substanz *(hypokeímenon)* zu fungieren. Gleiches gilt für den Willen in der »Rechtsphilosophie«: Dieser ist es, der sich in den besonderen Willen realisiert und die dann die Sphäre des abstrakten Rechts und der abstrakten Freiheit bilden.

Damit zeichnet sich hier der Kern der Darstellungsmethode einer Entfaltung der Bestimmungen des Allgemeinen aus der diesem zugrunde liegenden Substanz in Form einer Kategorienreihe ab: Alles Besondere und Einzelne ist ausgehend von diesem Substanzbegriff nur die Kristallisation einer lebendigen Substanz, der Substanz als Subjekt. Benutzt man die im Marxismus geläufige Unterscheidung eines Forschungs- und Darstellungsprozesses, bedeutet dies, dass in der Forschung alle Bestimmungen induktiv auf eine Einheit zurückgeführt werden und diese als Zugrundeliegendes *(hypokeímenon)*, im Sinne der Substanz als Subjekt, sich selbst bestimmt. Sie bringt im Darstellungsprozess die Kategorien deduktiv als Denk- wie Grundbestimmungen der Sache selbst hervor – oder es zeigt sich, in Hegels Worten, wie die »Theorie des Verstandes von der Vernunft über die Taufe gehalten«[31] werden kann.

Im Gedanken der Vernunft als allgemeiner Substanz realisiert sich also nichts weniger als Hegels Anspruch, jenes sich in der kantschen Deduktion der Kategorien verbergende »rein spekulative Prinzip«[32] der Identität von Denken und Sein, Subjekt und Objekt herauszuheben. Entsprechend schränkt sich für Hegel die bei Kant im Denken hergestellte Identität nicht »auf zwölf oder vielmehr nur auf neun reine Denktätigkeiten ein«,[33] die sich in den Kategorien widerspiegeln und der »Enzyk-

30 Analog findet sich bezüglich der Bestimmung der Warenwerte bei Marx: »Als Krystalle dieser ihnen gemeinschaftlichen gesellschaftlichen Substanz sind sie Werthe [Bewusstsein, F. H.] – Waarenwerthe [Selbstbewusstsein, F. H.].« (Marx: Das Kapital. Erster Band [1890], MEGA², Bd. II/10, S. 40) Im einzelnen Wertausdruck liegt also die verpuppte Gestalt der Genesis der Geldform, als allgemeiner Begriff des Wertes, wie bei Hegel im Bewusstsein der der Vernunft.

31 Hegel: Differenz des fichteschen und schellingschen Systems der Philosophie, Werke, Bd. 2, S. 10.

32 Ebd., S. 9.

33 Ebd., S. 10.

lopädie« zufolge nur »tote, unwirksame und gleichgültige Behälter von Vorstellungen [wären]«.[34]

Es sei somit keine Erkenntnis aus reiner Vernunft oder Idealismus, mittels abstrakter Grundsätze und Begriffe erkennen zu wollen, was die Dinge in Wirklichkeit sind. Vernunfterkenntnis bedeutet für Hegel, die Dinge nicht aufzufassen, wie sie »*außer* unserem Bewußtsein existieren sollen«,[35] sondern diese als Tatsachen des Bewusstseins zu begreifen. So sei das Streben der Menschen darauf gerichtet, »die Welt zu erkennen, sie sich anzueignen und zu unterwerfen, und zu dem Ende muß die Realität der Welt gleichsam zerquetscht, d. h. idealisiert werden«.[36] Entsprechend schlägt das für das Selbstbewusstsein

> »bisher negative Verhältnis zu dem Anderssein in ein positives um. Bisher ist es ihm nur um seine Selbstständigkeit und Freiheit zu tun gewesen, um sich für sich selbst auf Kosten der *Welt* oder seiner eigenen Wirklichkeit, welche ihm beide als das Negative seines Wesens erscheinen, zu retten und zu erhalten. Aber als Vernunft, seiner selbst versichert, hat es die Ruhe gegen sie empfangen und kann sie ertragen; denn es ist seiner selbst als der Realität gewiß oder daß alle Wirklichkeit nichts anderes ist als es; sein Denken ist unmittelbar Wirklichkeit; es verhält sich also als Idealismus zu ihr.«[37]

So stiftet das Denken nicht nur im »Ich denke ...« punktuelle Identität,[38] sondern die Momente, in denen sich das Denken vollzieht – wie auch immer man sie reflektiert, ob als Subjekt/Objekt, Subjekt/Prädikat, Inhalt/Form ... – gehen aus dem Denken selbst hervor.[39] Damit wird das »ist« im prädikativen Urteil (»A ist B«, Subjekt ist Prädikat) spekulativ als schon immer bestehende Einheit von Denken und Sein ausgelegt, Ding, Denk- und Sprachstruktur miteinander identifiziert. Das Urteil ist so für Hegel eigentlich eine ursprüngliche Teilung, ein *Ur*-teil.[40] Die Beziehung von Allgemeinem, Besonderem und Einzelnem ist damit als

34 Hegel: Enzyklopädie (Teil 1). Logik, Werke, Bd. 8, S. 310, § 162.

35 Georg Wilhelm Friedrich Hegel: Verhältnis des Skeptizismus zur Philosophie. Darstellung seiner verschiedenen Modifikationen und Vergleichung des neuesten mit dem alten, in: Werke, Bd. 2, S. 213–272, hier S. 220.

36 Hegel: Enzyklopädie (Teil 1). Logik, Werke, Bd. 8, S. 118, § 42 Zusatz 1. Oder auch in der »Logik«: »Das *Begreifen* eines Gegenstandes besteht in der Tat in nichts anderem, als das Ich denselben sich zu *eigen* macht, ihn durchdringt [...]. Ich durchdringt ihn *denkend.*« (Hegel: Wissenschaft der Logik II, Werke, Bd. 6, S. 255) So ist die Objektivität des Gegenstandes »nichts anderes als die Natur des Selbstbewußtseins, hat keine anderen Momente oder Bestimmungen als das Ich selbst« (ebd.).

37 Hegel: Phänomenologie, Werke, Bd. 3, S. 178 f.

38 Vgl. Hegel: Differenz des fichteschen und schellingschen Systems der Philosophie, Werke, Bd. 2, S. 311.

39 Vgl. Hegel: Phänomenologie, Werke, Bd. 3, S. 181.

40 Vgl. Hegel: Enzyklopädie (Teil 1). Logik, Werke, Bd. 8, S. 316 f., § 166.

»wesentliche[s] Verhältnis seiner zu sich *selber*«[41] verstanden. Und so heißt es, die Vernunft und damit synonym das reine Denken sei »die Gewißheit, alle *Realität* zu sein«.[42]

Ausgehend von dieser Selbstständigkeit der Vernunft kann nun die Darstellung der »Phänomenologie« verlassen werden. Es zeigte sich, dass das für Hegels Kategorien entscheidende Moment die Entfaltung derselben als Selbstbestimmung einer Substanz als Subjekt ist. So zeichnet sich ab, wie das schon seit Aristoteles in der Kopula »ist« aufgefundene Denken als das tatsächlich Zugrundeliegende operationalisierbar wird: Die von Aristoteles angestrebte Klärung des Verhältnisses der Kategorien zur Wahrheit[43] als »Übereinstimmung der Erkenntnis mit ihrem Gegenstande«[44] wird erst ausgehend von der Deduktion der Kategorien als Inhaltsbestimmungen und nicht nur als Denkbestimmungen rational auflösbar.

41 Hegel: Enzyklopädie (Teil 3). Philosophie des Geistes, Werke, Bd. 10, S. 211, § 422 Zusatz.

42 Hegel: Phänomenologie, Werke, Bd. 3, S. 181.

43 Vgl. Hegel: Wissenschaft der Logik II, Werke, Bd. 6, S. 269.

44 Ebd., S. 266.

Kategorie und Begriff in Hegels »Logik«

Von dem bisher Dargestellten ausgehend, dass sich vermittels der Vernunft Denken und Sein, Subjekt und Objekt als identisch erweisen und die Kategorien nichts weniger sind als die Selbstbestimmung der Vernunft, wird verständlich, warum Hegel an der landläufigen Auffassung der Logik vor allem Folgendes kritisiert: dass die Logik nur als Methode des richtigen Denkens und korrekten Bezugs des Denkens auf die Dinge aufgefasst wird. So setze die Logik eine an und für sich fertige Welt voraus, auf die sich das Denken als leere Form nur äußerlich beziehe und erst »dadurch ein reales Erkennen werde«.[1] Dies impliziert eine unüberwindbare Trennung der zu vereinigenden Extreme. Hegel zieht hieraus eine äußerst radikale Folgerung: Wenn die Kategorien weder an einem empirischen Inhalt entwickelt werden können noch durch den Bezug auf die Dinge zu rechtfertigen sind, dann wäre es das Geschäft der Logik, diese reinen Formen des Gedankens »an und für sich selbst, nach ihrem eigentümlichen Inhalt«[2] zu betrachten. Damit erst würde die Logik zu einer Wissenschaft, insofern der Mangel behoben würde, dass die logischen Formen nur als Formen eines äußeren Inhalts reflektiert wurden, aber nicht als Inhalt selbst, nämlich als Bestimmungen der allgemeinen Substanz, der Vernunft.

Den Widerspruch zwischen Form und Inhalt, der so der Logik landläufig angehängt wird, existiert daher für Hegel nicht. Die Kategorien sind die Formen des Denkens und haben so am Denken einen eigenen Inhalt. So schreibt Hegel: »Die logische Vernunft selbst ist das Substantielle oder Reelle, das alle abstrakten Bestimmungen in sich zusammenhält und ihre gediegene, absolut-konkrete Einheit ist.«[3] Im Gegensatz zu Kant synthetisiert nicht ein transzendentales Subjekt qua der Kategorien das empirische Material, sondern Hegel fasst in der »Logik« die Vernunft nach einer neuartigen Struktur: Als Substanz, die sich als Subjekt selbst in den Kategorien bestimmt, entfaltet sie sich zu einer Totalität, in der sie mit sich identisch – weil alle Bestimmungen ihre Bestimmungen sind – und

1 Hegel: Wissenschaft der Logik I, Werke, Bd. 5, S. 37.
2 Ebd., S. 40.
3 Ebd.: S. 41 f.

nichtidentisch ist – weil eine Bestimmung immer Formbestimmung und damit Formwandel ist. Dies gelingt, weil die Vernunft das Denken selbst ist: Sie ist »das Bewußtsein über die Form der inneren Selbstbewegung ihres Inhalts«.[4] So kann sie aus sich heraus ihren eigenen Gegenstand, einen Gedanken, erzeugen, und dieser Gedanke ist nicht leer, sondern hat im Denken des Denkens sich selbst zum Inhalt. So kann das Denken sich selbst als formbestimmter Gegenstand – als Gedanke – gegenübertreten und begreifen. Getragen wird dies von der Denkform bestimmter Negation, »daß also im Resultate wesentlich das enthalten ist, woraus es resultiert«,[5] und so die Darstellung nicht mehr und nicht weniger ist als »der Gang der Sache selbst«,[6] was sich vollendet zum »System der Denkbestimmungen«.[7] Damit ist das Denken frei und aus sich selbst heraus bestimmt. Die so abgeleiteten Denkbestimmungen als Kategorien stehen dadurch in einem systematischen Ableitungszusammenhang zueinander und sind nicht mehr als vereinzelte Fundsachen in das Bewusstsein eingebracht, sondern durch diese Form systematischer Deduktion kritisch dargestellt als Grundbestimmungen des Denkens: »Indem ich denke, gebe ich meine subjektive Besonderheit auf, vertiefe ich mich in die Sache, lasse das Denken für sich gewähren, und ich denke schlecht, indem ich von dem Meinigen etwas hinzutue.«[8] Erst so kann die Logik als ein System sich vollenden, das nichts Äußeres in sich hineinnimmt – es ist die Selbstbeobachtung des Denkens im Denken und in dieser Selbstbestimmung entfaltet es seine Bestimmungen als Bestimmungen des Denkens. Indem Hegel in der »Wissenschaft der Logik« also das Denken als reines Denken, den Begriff als reinen Begriff auffasst, wird die Logik zur *prima philosophia*, weil in ihrer Reinheit die Struktur aller überhaupt denkbaren Begriffe begründbar ist. Entsprechend kann, wie Hegel mehrfach betont, auch keine Definition des Denkens oder des Begriffs wie der Logik gegeben werden, sondern der Begriff ist die prozessuale Darstellung als Bewegung der Substanz selbst.[9]

Überwunden wird so zum Zweiten, dass in der vorhegelschen Logik das Denken gesetzt ist als »etwas Mangelhaftes« gegenüber dem Objekt. Entsprechend wurde die Wahrheit bestimmt als bloße »Übereinstimmung des Denkens mit dem Gegenstande«, das heißt, dass das »Denken

4 Ebd., S. 49.
5 Ebd.
6 Ebd., S. 50.
7 Ebd., S. 61.
8 Hegel: Enzyklopädie (Teil 1). Logik, Werke, Bd. 8, S. 83, § 24 Zusatz 2.
9 Genau in dem gleichen systematischen Zusammenhang wird sich bei Marx zeigen, dass die Ware, von der das »Kapital« seinen Ausgangspunkt nimmt, nur der abstrakteste und ärmste Ausdruck des gesamten Systems ist und am Ende der Darstellung erst seine reichere und konkrete Bestimmung enthält, die eben nicht vorausgesetzt werden kann, sondern als fortlaufende Bestimmung der zugrunde liegenden allgemeinen flüssigen Substanz, der abstrakt menschlichen Arbeit in Form des Wertes, entwickelt werden muss.

nach dem Gegenstande sich fügen und bequemen [soll]«.[10] Anders Hegel: Bei ihm werden die Kategorien nicht in Abhängigkeit des Denkens von einem Äußeren bestimmt, an dem es sich entwickelt, sondern an sich selbst. Dabei vollzieht Hegel einen Kunstgriff: Wenn der erste Gedanke des Denkens das reine Sein ist, dann ist das *Sein* zugleich *Denken*. Es ist damit der Versuch, das »System der reinen Vernunft, als das Reich des reinen Gedankens zu fassen. *Dieses Reich ist die Wahrheit, wie sie ohne Hülle an und für sich selbst ist.*«[11] Dadurch geht die Logik über in Metaphysik und Theologie, weil in einem logischen – nicht in einem zeitlichen – Sinne »dieser Inhalt *die Darstellung Gottes* ist, *wie er in seinem ewigen Wesen vor der Erschaffung der Natur und eines endlichen Geistes ist*«.[12] Durch die Darstellung dessen gelingt es Hegel, dass die Logik »mit der Metaphysik zusammen[fällt], der Wissenschaft der Dinge in Gedanken gefaßt«, wobei den Gedanken oblag, »die Wesenheiten der Dinge auszudrücken«.[13] Das Besondere der »Logik« ist also, dass die in den sonstigen Wissenschaften angetroffene Vermischung des Gedankens mit einem objektiven Inhalt, mit einem dem Denken äußeren Gegenstand wegfällt, sodass man es in »der Logik [...] mit dem reinen Gedanken oder den reinen Denkbestimmungen zu tun [hat]«.[14] Nur so ist das Denken oder der Geist frei, denn »Freiheit ist eben dies, in seinem Anderen bei sich selbst zu sein, von sich abzuhängen, das Bestimmende seiner selbst zu sein«.[15]

Drittens wird so das von Hegel ausgemachte Defizit überwunden, dass das Denken den Gegenstand nicht bestimmen könnte und selbstreferenziell bliebe. Denn es komme in der bisherigen Logik das Denken nicht aus sich heraus, bleibe in sich gefangen und der Gegenstand dem Denken gegenüber fremd, »als ein Ding an sich schlechthin ein Jenseits des Denkens«.[16] Eine gedankliche Reproduktion der Wirklichkeit misslänge daher und eine »wissenschaftliche« Logik existierte bisher nicht. Philosophische Erkenntnis müsse daher auszeichnen, dass die Dinge gedacht werden und so der älteren Metaphysik folgend die Denkbestimmungen »nicht ein den Gegenständen Fremdes, sondern vielmehr deren Wesen sei, [...] daß das Denken in seinen immanenten Bestimmungen und die

10 Hegel: Wissenschaft der Logik I, Werke, Bd. 5, S. 37.

11 Ebd., S. 44.

12 Ebd.

13 Hegel: Enzyklopädie (Teil 1). Logik, Werke, Bd. 8, S. 81, § 24.

14 Ebd., S. 84, § 24, Zusatz 2.

15 Ebd., S. 83, § 24 Zusatz 2; vgl. auch S. 199, § 94 Zusatz. So ist eine Form gefunden, in der ein Gegenstand der Vernunft, wie Gott, Welt oder Freiheit, als Absolutes tatsächlich gedacht werden kann. Es ist die Entfaltung eines schon immer vorhandenen Gehaltes, der aufgrund seiner widersprüchlichen Struktur eine diesem gemäße Form hervorbringt, und als solches ist die Entfaltung nicht von außen bestimmt, sondern selbstbestimmt, frei. Was Hegel hier nutzt, ist die aus sich heraus wahr seiende Struktur des analytischen Urteils der Identität, welches er aber als synthetisches Urteil a priori auslegt, insofern es aus sich heraus ein von sich Verschiedenes setzt.

16 Hegel: Wissenschaft der Logik I, Werke, Bd. 5, S. 37.

wahrhafte Natur der Dinge ein und derselbe Inhalt sei«.[17] Das heißt, für Hegel sind die Kategorien die Bestimmungen des Gegenstandes selbst und damit sind das Denken, die Kategorien »gleichsam das diamantene Netz, in das wir allen Stoff bringen und dadurch erst verständlich machen«.[18] Sie sind die Struktur der Realität selbst und bilden in diesem Sinne ihr geistiges Band, wie Hegel an verschiedenen Stellen im Rückgriff auf Goethes spekulative Naturphilosophie betont.[19]

Die Einheit von Logik und Metaphysik

Zu der so angelegten Einheit von Logik und Metaphysik ist es notwendig, die Aporien der Metaphysik zu überwinden. Zum einen muss der schon im Kapitel zu Aristoteles angemahnte Widerspruch gelöst werden, dass das durch Abstraktion erschlossene Wesen nur »abstrakte Imitation von Gewordenem – nicht formierender Grund [ist]: keine causa formalis, sondern Telos: bloße causa finalis«.[20] Möglich wird dies über die Denkform der Substanz als Subjekt, in der das Zugrundeliegende nicht das *caput mortuum* der Abstraktion darstellt, sondern in sich dynamisch ist: Nicht die Formseite ist das Wesen, sondern der von Aristoteles als formlos ausgeschlossene Stoff, das Substrat, als Substanz gedacht. Dem inhärent ist eine Widerspruchsentfaltung, die sich in der bereits angedeuteten Denkform der Identität von Identität und Nichtidentität vollzieht. Das Nichtidentische (Substanz) erzeugt (Subjekt) an sich selbst eine erste Form, um gedacht werden zu können, ist daher mit sich identisch, zugleich aber auch nicht, weil bis zur Entfaltung der Totalität aller Bestimmungen der Widerspruch zwischen Identität (Form) und Nichtidentität (Inhalt) nicht gelöst ist.

Fast beiläufig ergibt sich damit auch die Denkform des Absoluten, um die die Metaphysik stets kreiste. Hegel betont deswegen auch, dass diese Denkform der Substanz als Subjekt die »erste, reinste, d. i. abstrakteste Definition des Absoluten [ist]«,[21] weil sie nicht nur eine notwendige Bestimmung des aus dem Anfang Folgenden enthält, sondern auch erklärt, wie aus der Möglichkeit die Wirklichkeit hervorgeht oder Etwas aus Nichts.

Hegel revolutioniert in dieser Form die Metaphysik, in der das Absolute, also Gott, bisweilen nur als *deus ex machina* denkbar war. Die Grundlage dafür findet Hegel bei Aristoteles, der die Vernunft als Denken des Denkens und als Wissenschaft des Göttlichen fasst.[22] Es verwundert

17 Ebd., S. 38.

18 Hegel: Enzyklopädie (Teil 2). Naturphilosophie, Werke, Bd. 9, S. 20, § 246 Zusatz.

19 Ebd. und Hegel: Enzyklopädie (Teil 1). Logik, Werke, Bd. 8, S. 109, § 38 Zusatz.

20 Haag: Der Fortschritt in der Philosophie, S. 32.

21 Hegel: Wissenschaft der Logik I, Werke, Bd. 5, S. 74.

22 Aristoteles: Metaphysik, S. 293, Z. 1074b33–35.

kaum, dass Hegel auch seine »Enzyklopädie« mit der entsprechenden Passage enden lässt,[23] denn hier kündigt sich der Ausweg aus den starren Verstandesbestimmungen der Dinge als Einheit von Stoff und Form an. Indem – wie ausgeführt – in der Vernunft und dem Denken ein Gegenstand aufgefunden wird, dessen Inhalt zugleich eine Form an sich selbst besitzt, ist die Formursache keine äußere, sondern eine in der Sache selbst liegende. Lösbar werden so die der Verstandesbestimmung der Dinge geschuldeten Aporien, die das Ding auftrennend einmal als Stoff, einmal als Form nimmt, was die dargelegten Schwierigkeiten der Kategorie der *ousía* in der »Metaphysik« produziert. Hegel schwebt, wie sich bereits andeutete, etwas anderes vor: dass Stoff und Form eigentlich dasselbe sind, nur aus einer unterschiedlichen Perspektive betrachtet. Denn trennt man sie auf, isoliert sie als verständige Momente einer Sache, ergibt sich das Problem, erklären zu müssen, wie die Dinge als abstrakt entgegengesetzter Stoff und Form im Seienden zueinanderfinden. Die Form bleibt so statisch, nur *causa finalis* einer äußeren Einwirkung, sodass ein Beweger nötig wird, der die Verbindung von Stoff und Form garantiert. Hegel versenkt diese äußere, an den bildenden Künsten geformte Vorstellung von Göttlichkeit als eines *deus ex machina* nun in den Stoff selbst, der sich als Seiender in Bezug auf sich selbst bestimmen muss, um als dieser sein zu können. Der Stoff/das Substrat wird so als Substanz und diese als Subjekt gedacht. Solcherart sich selbst bestimmende Bewegung wurde in der klassischen Metaphysik gedacht als die Form der Formen, der *actus purus* bzw. das Göttliche, das frei ist »von jeglicher Potenzialität: reine Aktualität des aus sich existierenden Geistes«.[24] Hegel hebt dies in seiner Auffassung der Substanz als Subjekt auf, indem diese durch eine *creatio ex nihilio* existiert: Da kein unbestimmter Stoff denkbar ist, muss dieser als Substanz gedacht sich selbst eine Form geben – damit geht aber, ganz aristotelisch, die Wirklichkeit der Möglichkeit voran. Die Sache ist, weil sie ist, und erst rückbezüglich, wenn sie ist, lässt sich erschließen, warum sie ist: nämlich was es zu diesem Etwas gemacht hat. In Marx' Worten: »Das Nachdenken über die Formen [...], also auch ihre wissenschaftliche Analyse, [...] beginnt post festum und daher mit den fertigen Resultaten des Entwicklungsprocesses.«[25] Was in den Gebilden der Wirklichkeit wie in den vereinzelten Kategorien – sowohl der Logik wie vorgreifend der politischen Ökonomie – also verborgen bleibt, ist ihr Konstitutionsakt, das Unbewusste. Aus dessen Verdrängung resultiert die mangelnde Notwendigkeit, fehlerhafte Auffassung und Systematik, und erst in dieser Form dialektischer Darstellung tritt sie überhaupt ins Bewusstsein. Die Kategorien, als Formbestimmungen der Substanz als Subjekt, werden als

23 Hegel: Enzyklopädie (Teil 3). Philosophie des Geistes, Werke, Bd. 10, S. 395, § 577.

24 Haag: Der Fortschritt in der Philosophie, S. 34.

25 Marx: Das Kapital. Erster Band (1890), MEGA², Bd. II/10, S. 74 f.

Abstraktionsprodukte des der Sache Zugrundeliegenden selbst verständlich – das heißt bei Hegel: des Denkens. Was in den Kategorien erscheint und sich darin seine Form gibt, ist das Denken selbst, und so schlagen die Kategorien um in den Begriff bzw. das ihm zugrunde liegende *hypokeímenon*, wie der Begriff bzw. das *hypokeímenon* nur in den Kategorien erscheinen kann. So kann die Logik, die Abstraktion ihr eigenes Prinzip abstrakt-formal bestimmen – und zwar als abstraktes Prinzip aller Gegenständlichkeit schlechthin. Dadurch geht sie über in Metaphysik, Sprach-, Ding- und Denkstruktur werden identisch, nämlich als Formierung eines Inhalts, als die Bestimmungsfunktion, die schon immer der Kopula »ist« inhäriert und in der »Wissenschaft der Logik« nun erstmals entfaltet wird.

Zum anderen löst Hegel damit auf sehr eigenwillige Form Kants Forderung nach einer wissenschaftlichen Metaphysik ein, denn diese habe »als Wissenschaft bisher noch gar nicht existiert«.[26] Ausgehend von dem Dogmatismus der Metaphysik und den »Antinomien der reinen Vernunft« stellte Kant die Wissenschaftlichkeit von Metaphysik infrage, da sie aufgrund dieser Mängel »überall gar keinen synthetischen Satz bisher a priori gültig beweisen [hat] können«, »nichts geschafft und gefördert [habe]«, sodass sie »nach so viel Gewühl und Geräusch noch immer da [ist], wo sie zu Aristoteles' Zeiten war«.[27] Diesen harschen Vorwurf würde Kant jedoch zugleich zurückziehen, wenn es jemandem möglich wäre, dass »er nur einen einzigen synthetischen, zur Metaphysik gehörigen Satz anführen will, den er auf dogmatische Art a priori zu beweisen sich erbietet«.[28] Um diesen Beweis anzutreten, müsste eine Form des Urteils gefunden werden, die eine Bewegungsform für diese widersprüchliche Struktur der Gegenstände der Metaphysik, des Absoluten ist. In Kants Sprachgebrauch: Es müsste eine Urteilsform gefunden werden, die zugleich analytisch wie synthetisch ist. Analytisch, da über Gegenstände der Metaphysik schlechterdings keine Erfahrung möglich und damit kein Kriterium vorhanden ist, um zwischen sich widersprechenden Aussagen (Gott ist einer/Gott ist viele) zu entscheiden. So bliebe als notwendige Verbindung von Subjekt und Prädikat nur die analytische Form, dass die Bestimmungen die Bestimmungen der Sache selbst sind – zum Beispiel »Der Kreis ist rund.« Synthetisch, weil diese Bestimmungen der Sache selbst zugleich wissenserweiternd sein sollen und damit nicht nur analytisch – Kants Vorbild sind hier mathematische Urteile wie »7+5=12«, da weder in 5 noch in 7 die 12 enthalten ist, das Urteil aber trotzdem notwendig wahr ist. Die hier vertretene These ist, dass sich diese Form des Urteils in Hegels Dialektik, der Substanz als Subjekt, findet. Indem die Substanz an sich selbst eine Form erzwingt, ist die daraus folgende Bestimmung

26 Kant: Prolegomena, S. 246.

27 Ebd.

28 Ebd.

eine Bestimmung der Sache selbst (analytisch) wie auch wissenserweiternd (synthetisch). Ein einfaches Beispiel ist, dass das Bewusstsein als Selbstbewusstsein erscheint oder das Denken als Gedanke – es ist eigentlich dasselbe (analytisch), aber auch nicht, weil form- und damit fortbestimmt (synthetisch). Die Substanz als Subjekt entfaltet sich so – wie es sich am Gang der »Phänomenologie« vom Bewusstsein über das Selbstbewusstsein zur Vernunft schon abzeichnete – zu einer Totalität von Bestimmungen der Sache selbst, als sich selbst entfaltendes System von Kategorien. Diese Form entspricht demnach einem analytischen Urteil, weil nur das ausgesagt wird, was in dem Begriff selbst schon immer gesetzt ist und durch Abstraktion als Zugrundeliegendes erschlossen wurde, aber hiervon ausgehend in der Form eines synthetischen Urteils und einer Deduktion als System erscheint.[29]

Der Anfang muss dazu als eine Unmittelbarkeit genommen werden, »ein Nichtanalysierbares«, und sei »als das ganz Leere zu nehmen«,[30] als »das einfache Unmittelbare, von dem die Bewegung ausgeht«.[31] Vor dieser Bewegung ist es weniger als nichts, völlig unbestimmt.[32] So konstituiert sich ein für-sich-sein aus dem an-sich-sein, wodurch dieses nicht verdrängt wird, sondern entfaltet.[33] In diesem Konstitutionsakt von Etwas aus Nichts lassen sich nun die Kategorien als Selbstbestimmungen des Zugrundeliegenden entfalten.

Dies ist, wie bereits betont, in Hegels »Logik« das »*Sein, reines Sein*« – darin *ist* das Denken/Sein als der Gedanke, aber zugleich ist es gänzlich unbestimmt, nur als Seiendes, und die zu entwickelnden Kategorien sind dann die weiteren Bestimmungen dieses reinen Gedankens. Und weil der Gedanke im Denken ist, sind die Denkbestimmungen desselben zugleich die Grundbestimmungen des Denkens als des Seienden und Seienden als Denken. Von diesem Abstraktum ausgehend teilt sich die »Logik« in drei Bereiche, in denen die Kategorien als Bestimmungen des Seins (Seinslogik), des Wesens, also als Reflexionsbestimmungen (Wesenslogik) und des Begriffs als eines selbstständigen Verhaltens (Begriffslogik) dargestellt werden. Hegel fasst dabei die Wesens- und Seinslogik zur objektiven Logik zusammen, in der vor allem die Denkbestimmungen der Metaphysik zu finden sind, denen in der subjektiven Logik der Begriff und die klassischen logischen Formen gegenüberstehen. So deutet sich das in der Einleitung skizzierte Verhältnis von Begriff und Kategorie an: Der in

29 Hegel: Wissenschaft der Logik I, Werke, Bd. 5, S. 75.

30 Ebd.

31 Ebd., S. 78 f.

32 Die politischen Konsequenzen hiervon und ein ähnlicher Ansatz finden sich bei Slavoj Žižek: Weniger als nichts. Hegel und der Schatten des dialektischen Materialismus, Frankfurt a. M. 2016.

33 Man könnte in den Termini der Psychoanalyse auch sagen, zu einem Unbewussten – vgl. hierzu Judith Butler: Psyche der Macht. Das Subjekt der Unterwerfung, Frankfurt a. M. 2001, hier S. 7–35.

der »Logik« dargestellte Begriff der Logik, oder korrekter, der Begriff aller Begriffe, entfaltet sich im obigen Sinne zu einer Totalität von Kategorien, die aber nichts weiter sind als die Bestimmungen des Begriffs. Deswegen ist es eigentlich nicht ganz falsch, Kategorie und Begriff zu identifizieren, solange man weiß, worin sie sich formanalytisch unterscheiden – dies ist eben die Aufgabe der »Abstraktionskraft«: das Ineinanderfallende auseinanderzuhalten.[34] Eingeholt wird damit, dass die Dinge nicht das sind, was sie zu sein scheinen, sondern dass das, was identisch erscheint, in Wirklichkeit vermittelt ist. Nirgendwo deutlicher zeigt sich dies als an den Reflexionsbestimmungen des Wesens, weswegen sie im Folgenden als Beispiel herangezogen werden sollen.

Die Kategorien der Wirklichkeit. Hinleitung

Dass hier exemplarisch die Kategorien des dritten Abschnitts der Wesenslogik, der Wirklichkeit – und darin insbesondere das absolute Verhältnis oder die Substanzialität – herangezogen werden, hat seine systematischen Gründe in der vorliegenden Arbeit selbst, insofern anhand des Kategorienbegriffs geklärt werden soll, wie in der Darstellung eine gedankliche Reproduktion der Wirklichkeit gelingt. Und da sie auf das Wesentliche reduziert ist, wird hier der Fassung der »kleinen Logik« aus der »Enzyklopädie« der Vorzug gegenüber der »Wissenschaft der Logik« gegeben. Da die Kategorien einen geschlossenen darstellungslogischen Zusammenhang bilden, bringt dies die Schwierigkeit mit sich, dass ein Einstieg nur äußerlich, als Sprung möglich und schwer verständlich ist, ohne die vorhergehende Darstellung der »Logik« einzuholen, aus der die zu betrachtenden Kategorien hervorgegangen wie bestimmt sind. Auch deswegen möchte ich mich hier auf den Abschnitt zur Wirklichkeit beziehen, weil die darin verhandelten Fragen bekannt sind und es sich im Horizont der »Metaphysik« nachweisen lässt, wie in den hegelschen Kategorien Darstellung und Kritik miteinander vermittelt sind.

Erinnert man sich daran, wie Aristoteles das Wesen des Seienden und damit das der Wirklichkeit Zugrundeliegende bestimmte, so wird »in erster Linie bei vier Dingen [davon] gesprochen. Denn das jeweils zugehörige Sein, das Allgemeine und die Gattung werden für das Wesen des Einzelnen gehalten und dazu viertens das Substrat.«[35] Nach der Diskussion dieser vier Möglichkeiten kommt Aristoteles zum Schluss, dass das dem Seienden Zugrundeliegende (*hypokeímenon*) einerseits »Stoff« sei, andererseits aber »Begriff oder Form« und »in einer dritten Weise das daraus Kombinierte«.[36] Die Kombination beider stellte für Aristoteles nichts weniger dar als die Wirklichkeit, die aus diesen beiden

34 Vgl. auch Marx: Das Kapital. Erster Band (1890), MEGA², Bd. II/10, S. 8, 61.

35 Aristoteles: Metaphysik, S. 153, Z. 1028b35 f.

36 Ebd., S. 154, Z. 1029a3–4.

Momenten zusammengesetzt ist. Der bereits bekannte Widerspruch ist hier, dass das Seiende so entweder wesentlich durch die Form oder aber wesentlich durch die Materie oder den Stoff bestimmt sein soll, weil sich ohne Materie keine Form zeigen könne und vice versa. Entscheiden lässt sich dieser Widerstreit nur dogmatisch und es zeigt sich an dieser Stelle ganz praktisch der von Kant aufgezeigte Dogmatismus der Metaphysik, der aus der Anwendung der Kategorien auf das Unendliche resultiert, sodass »wir uns in falsche Schlüsse (Paralogismen) und Widersprüche (Antinomien) [verwickeln]«.[37] Vermittels der Kategorie des Wesens kommt es so dazu, dass endliche Verstandesbestimmungen (Form/Stoff) fixiert werden und das Denken zwischen diesen Bestimmungen hin und her irrt.

Eine Neufassung dieser Kategorien als endliche Verstandesbestimmungen war Hegel, wie skizziert, durch die Betrachtung der Vernunft in der »Metaphysik« möglich: Aristoteles fragt sich dort, ob die Vernunft eine Präsenthaltung des Denkens ist (Stoff) oder das Denken selbst (Form). Die Präsenthaltung schließt er aus, weil die Vernunft als »Schlafende« ihre »Würde« verlöre;[38] das Denken, weil auch der denkt, »der das Schlechteste denkt«.[39] Ausgehend von der Prämisse, dass die Vernunft das Höchste, »die göttlichste aller Erscheinungen«[40] sei, dürfe sie also weder reine Präsenz noch bloßes Denken sein, sondern muss sich selbst denken, sodass »ihr Denken denken des Denkens ist«.[41] Stoff (Präsenzhaltung) und Form (Denken) sind so als kategoriale Bestimmungen der Substanz begriffen und ineinander übergehend gedacht. So kann die Substanz, das Zugrundeliegende, nämlich die Vernunft, als Denken selbst, als Formsubstanz begriffen werden. Hegel greift dies auf[42] und denkt dabei Metaphysik und Logik noch radikaler zusammen als Aristoteles. Für Hegel gilt: Reines Denken stößt »vermöge seiner Unbestimmtheit sich von sich selber ab und erzeugt in Gestalt seiner Negation sich eine Materie«.[43] In dieser Dynamisierung der Substanz als Subjekt wird das Problem gelöst, das Aristoteles in der »Metaphysik« im Verhältnis von Möglichkeit und Wirklichkeit auf den Punkt bringt, dass das Mögliche auch die Möglichkeit hätte, nicht Wirklichkeit zu werden.[44] Nur wenn das Zugrundeliegende selbst schon als sich notwendig formbestimmend gedacht wird, lösen sich diese Fragen rational auf.

Eng verwandt ist diesem Problem die Frage nach dem Verhältnis von

37 Hegel: Vorlesungen über die Geschichte der Philosophie III, Werke, Bd. 20, S. 353.

38 Vgl. Aristoteles: Metaphysik, S. 293, Z. 1074b18–19.

39 Ebd., Z. 1074b30 f.

40 Ebd., Z. 1074b16.

41 Ebd., Z. 1074b35.

42 Vgl. Hegel: Enzyklopädie (Teil 3). Philosophie des Geistes, Werke, Bd. 10, S. 394, § 577.

43 Haag: Der Fortschritt in der Philosophie, S. 95.

44 Aristoteles: Metaphysik, S. 284, Z. 1071b23–26.

Ursache und Wirkung. Um nicht in einen infiniten Regress von Grund und Begründetem zu geraten, stellte sich für Aristoteles die Frage nach dem ersten Beweger, und als dieser kam für Aristoteles nur »das Erstrebte und Gedachte« infrage, insofern »es bewegt, ohne selbst bewegt zu werden. Das erste Erstrebte und das erste Gedachte sind identisch. Denn das Verlangen geht auf das schön Erscheinende, und das erste Gewollte ist das schön Seiende.«[45] War bei Platon die Idee (des Guten) dieser letzte Zweck aller Dinge auf der Welt, so verschob Aristoteles mit diesen Überlegungen das *Gute*, *Wahre* und *Schöne* als Zweck aller Dinge in die Dinge selbst. Gespiegelt ist dies im Begriff *entelecheia* und die Formbestimmung der Dinge hing nun nicht mehr an einem jenseitigen transzendenten Prinzip, sondern die Einzeldinge tragen ihre eigene Formursache in sich. In der Lesart Hegels ist damit die Wirklichkeit als Tätigkeit bestimmt,[46] als Verwirklichung des Begriffs, wie es sich in Aristoteles' Lehre der Vernunft andeutete, dass das »Denken und das, was gedacht wird, eines sein [werde]«.[47] Für Hegel besteht diese Tätigkeit in der Realisierung des Zwecks der Sache selbst; dass sie für sich ihrem Begriff entspricht, den sie an sich hat, sodass in diesem Zweckbegriff zugleich der Begriff der Freiheit enthalten ist, eben weil der Zweck die innere Selbstbestimmung der Dinge spiegelt. Und weil die Sache so an-und-für-sich vernünftig ist, ist sie erkennbar, Denken und Sein sind identisch.

Die Problemstellung für Hegels Auffassung der Wirklichkeit aus der Tradition der Metaphysik ergibt sich aus dem Dargestellten wie folgt: Aristoteles hätte das Natürliche bzw. Seiende zwar richtigerweise »als Selbstzwecke in sich selbst«[48] betrachtet. Im Anschluss an Anaxagoras bestimmt nun Hegel aber diesen Zweck an sich selbst so, dass dieser als Tätigkeit »eine erste Bestimmung setzt als subjektiv, aber diese wird objektiv gemacht; dadurch wird sie anders, aber dieser Gegensatz wird immer wieder aufgehoben, so daß das Objektive nichts ist als Subjektives«.[49] Ausgedrückt in den hegelschen logischen Kategorien bedeutet dies: Das Sein ist nur das Scheinen des Wesens als dessen Grund. Damit ist die Wirklichkeit wesentlich Erscheinung und muss als vermittelt und daher als Verhältnis begriffen werden.[50]

45 Ebd., S. 286, Z. 1072a27–30.

46 Vgl. Hegel: Vorlesungen über die Geschichte der Philosophie II, Werke, Bd. 19, S. 154.

47 Aristoteles: Metaphysik, S. 294, Z. 1075a11.

48 Hegel: Vorlesungen über die Geschichte der Philosophie II, Werke, Bd. 19, S. 176.

49 Ebd., S. 384.

50 Diese Form, Dinge als Verhältnis zu denken, in denen die innere Bewegung der Sache selbst verdinglicht ist, ist die entscheidende Denkform für die Kritik der Verdinglichung, die Marx in seiner Kritik der politischen Ökonomie vollzieht. Dort bestimmt Marx als Mangel der Methode der politischen Ökonomen, dass diesen »bald als gesellschaftliches Verhältnis erscheint, was sie eben plump als Ding festzuhalten meinten, und dann wieder als Ding sie neckt, was sie kaum als gesellschaftliches Verhältnis fixiert hatten« (Marx: Das Kapital. Erster Band [1867], MEGA², Bd. II/5, S. 114).

Die Wirklichkeit

Der Ausgangspunkt für den Abschnitt zur Wirklichkeit ist nun wie folgt bestimmt: Die Kategorie der Wirklichkeit ist – Kraft des Inneren der Sache – ein ins Äußere gesetztes Verhältnis, welches in Form eines Dings erscheint. Oder in Hegels Worten: Es wird in der

> »Äußerung der Kraft [...] das Innere in Existenz *gesetzt*; dies *Setzen* ist das Vermitteln durch leere Abstraktionen; es verschwindet in sich selbst zur *Unmittelbarkeit*, in der das *Innere* und *Äußere an und für sich* identisch und deren Unterschied als nur Gesetztsein bestimmt ist. Diese Identität ist die Wirklichkeit.«[51]

Die Wirklichkeit geht so als Bewegungsform des Widerspruchs von Innen und Außen hervor. Dies zeigt, wie der Widerspruch zwischen Identität und Nichtidentität der Motor der Kategorienentfaltung ist: Da das Zugrundeliegende weder im Innen noch Außen zureichend bestimmt ist, löst sich dieser Widerspruch vorerst in der Wirklichkeit als einer Wechselwirkung von Innen und Außen.

Die Kategorie der Wirklichkeit ist somit durch fortschreitende Negation der Substanz als Subjekt bestimmt. Innen und Außen sind als Reflexionsbestimmungen in der Wirklichkeit als einer Identität aufgehoben, miteinander vermittelte Pole. Entsprechend bestimmt Hegel die Wirklichkeit als »die unmittelbar gewordene Einheit des Wesens und der Existenz oder des Inneren und des Äußeren«.[52] Im Gegensatz zur Kategorie der Erscheinung, die auf einen Grund (der Erscheinung) verweist, ist die Wirklichkeit also ein Verhältnis – die »unmittelbare Einheit des Seins und der Reflexion«, »als Gesetztsein jener Einheit, das mit sich identisch gewordene Verhältnis«.[53] Indem die Wirklichkeit derartig gesetzt ist, ist sie beständig, »dem Übergehen entnommen«.[54] Das, was sich so in der Wirklichkeit zeigt, ist eine zielgerichtete Bewegung und Verwirklichung von etwas in der Sache selbst Liegendem. Aus dieser Auffassung der Wirklichkeit ergibt sich eine spezifische Auffassung der Kategorie der Möglichkeit. Indem die Wirklichkeit ist, kann die Möglichkeit nicht mehr als Vorhergehendes schlechthin gedacht werden, sondern nur als das der Wirklichkeit Zugrundeliegende, sie Ermöglichende. Dies unterscheidet sich deutlich von der gewöhnlichen Vorstellung des Möglichen als unbestimmt zu Verwirklichendes. Die Möglichkeit geht damit nicht – und abermals folgt hier Hegel seiner antiempiristischen Aristotelesinterpretation – der Wirklichkeit voraus, sondern umgekehrt, die Wirklichkeit

51 Hegel: Enzyklopädie (Teil 1). Logik, Werke, Bd. 8, S. 279, § 141.

52 Ebd., S. 279, § 142.

53 Ebd.

54 Ebd.

geht der Möglichkeit voraus, sodass die Möglichkeit »das Wesentliche zur Wirklichkeit [ist], aber so, daß sie zugleich nur Möglichkeit sei«.[55]

Wirklichkeit und Möglichkeit

So zeigt sich, wie sich die Kategorien untereinander durch ihr Hervorgehen auseinander bestimmen und ihre Bedeutung aus dem Deduktionszusammenhang erhalten. Indem Hegel also die aus der Wirklichkeit stammende Abstraktion der Möglichkeit der Wirklichkeit unterordnet und nicht die Wirklichkeit als Ausdruck einer oder vieler Möglichkeiten begreift, ergibt sich für die Möglichkeit ein dynamisches Verhältnis im Sinne einer zielgerichteten Entwicklung. Gelöst wird so der Widerspruch der Metaphysik, dass das bloß Mögliche auch immer die Möglichkeit hätte, Möglichkeit zu bleiben, und so das Verhältnis zwischen Wirklichkeit und Möglichkeit als Notwendigkeit unbegreifbar bliebe: Denn wäre die Möglichkeit der Wirklichkeit vorgeordnet, gäbe es keine Notwendigkeit, dass ebendiese Wirklichkeit ist. In diesem Fall bliebe diese Wirklichkeit nur eine von vielen möglichen. Genau genommen ergibt sich nicht einmal die Notwendigkeit, dass überhaupt etwas existiert, denn die bloße Möglichkeit gibt noch keine Tat oder Tätigkeit und kommt aus sich heraus nicht zur Wirklichkeit. Die Wirklichkeit ist für Hegel daher schon immer realisierte Möglichkeit. Die so bestimmte Kategorie der Möglichkeit ist mehr als das *caput mortuum* der Abstraktion: Insofern die Wirklichkeit das Resultat der Möglichkeit ist, entsteht die Möglichkeit als rückwirkendes Resultat der Wirklichkeit. Dadurch wird die Notwendigkeit der Entwicklung des Möglichen zum Wirklichen erkennbar, weil Erkenntnis stets »post festum« beginnt und somit die Bedingungen reflektierbar sind, die zur Wirklichkeit der Möglichkeit führten.

Mit den Kategorien von Möglichkeit und Wirklichkeit, in denen sich das Innere nach außen in die Wirklichkeit gesetzt hat, entsteht zugleich der Umstand, dass die Bedingungen erschließbar sind, wann die Wirklichkeit der Möglichkeit Zufall und wann Notwendigkeit wäre. Diese Erkenntnis ergibt sich daraus, dass, wenn die Wirklichkeit die Einheit von Wesen und Existenz ist, hieraus die Bestimmung folgt, dass die Möglichkeit als die Abstraktion der Wirklichkeit gefasst wird, aus der diese aber nicht hervor-, sondern in die sie als Grund zurückgeht. Indem dieser Grund der Grund der Erscheinung, also das Wesen ist, ist die Möglichkeit nicht nur als eine von vielen Möglichkeiten bestimmt, sondern als das Innere des Äußeren, als das in einem dynamischen Sinne zugrunde liegende *hypokeímenon*. Dies hat weitreichende Konsequenzen für die Auffassung antiker Terminologie und Metaphysik, hier der *dynamei*.

55 Ebd., S. 281, § 143.

Diese würde von Hegel im entwickelten Sinn als Möglichkeit und Potenz aufgefasst und bezieht sich damit auf einen Substanzbegriff, der nicht mehr wie in der aristotelischen Metaphysik der Gefahr ausgesetzt ist, nur als Substrat gedacht zu werden. Der Substanz als dem Zugrundeliegenden ist bei Hegel vor allem die Formtätigkeit zugehörig, wie es dem Denken des Absoluten angemessen wäre. Indem die Bestimmungsfunktion in der Sache selbst liegt, fallen Denken und Gedachtes, Denken und Sein, Subjekt und Objekt zusammen, sind identisch, weil Formbestimmungen der Substanz. Damit wird von Hegel die *dynamei*, die bei Platon noch mit Kraft assoziiert war und von Aristoteles als Vermögen interpretiert wurde, nun auf das Wesen bezogen. Hierdurch wird deutlich, wie sehr Hegels Konzeption der Wirklichkeit Aristoteles' folgt, der Wirklichkeit als *Wirkendheit, energeia, actus,* und diese noch spezifischer als *entelecheia* fasste.[56] Inhärent ist den Wesensbestimmungen und dem Stoff so ein Bezug auf »ein solches hin, das wirklich werden soll, und näher ist die aristotelische *dynamis* auch *potentia*, Kraft und Macht«.[57] Das heißt, die Möglichkeit in Bezug auf die Wirklichkeit ist durch diesen Kategorienkreis bestimmt. Inneres und Äußeres gehen über in die Wirklichkeit vermittels der Kategorie der Kraft, als Äußerungsweise der im Stoff innerlich angelegten Form oder als Verhältnis von Innen und Außen, das sich in der Wirklichkeit zeigt. In dieser Form ist die wissenschaftliche Darstellung der Kategorien in der »Logik« nicht nur zugleich Metaphysik, weil sie die Grundbestimmungen des Seienden als dessen Denkbestimmungen reflektiert, sondern auch Kritik der tradierten Kategorien, indem die überlieferte Bedeutung transformiert wird.[58]

Anders die traditionelle Metaphysik, die die Kategorien als endliche Verstandesbestimmungen auffasste: Betrachtet man in diesem Sinne zum Beispiel nur die Möglichkeit an sich, so wird sie im Unterschied zur Wirklichkeit fixiert. Schlimmer noch: In dieser Verstandesbestimmung statt eines Reflexionsverhältnisses der Kategorien ist es auch möglich, die Wirklichkeit als nur eine der Möglichkeiten zu denken. Somit ist die Wirklichkeit ganz wie in der gewöhnlichen Vorstellung als »nur Mögliches bestimmt. In diesem Werte einer bloßen Möglichkeit ist das Wirkliche ein Zufälliges, und umgekehrt ist die Möglichkeit der bloße Zufall selbst.«[59] Entsprechend dieser Verstandesbestimmungen

56 Vgl. auch Hegel: Vorlesungen über die Geschichte der Philosophie II, Werke, Bd. 19, S. 154.

57 Hegel: Vorlesungen über die Philosophie der Geschichte, Werke, Bd. 12, S. 78.

58 Für Hegel ist dies »ein Beispiel der wahrhaften Widerlegung eines philosophischen Systems durch ein anderes, welche Widerlegung eben darin besteht, daß das Prinzip der widerlegten Philosophie in seiner Dialektik aufgezeigt und zum ideellen Moment einer höheren konkreten Form der Idee herabgesetzt wird« (Hegel: Enzyklopädie [Teil 1]. Logik, Werke, Bd. 8, S. 193, § 88 Zusatz).

59 Hegel: Enzyklopädie (Teil 1). Logik, Werke, Bd. 8, S. 284, § 144.

sind die Kategorien Möglichkeit, Wirklichkeit und Zufälligkeit nicht nur quasi identisch, sondern als äußere Formen gesetzt, die die Wirklichkeit haben kann.[60]

Anders Hegel, der die Wirklichkeit als Vermittlung und tätige Einheit denkt, spezifischer als »Formtätigkeit«.[61] Möglichkeit und Wirklichkeit sind bei Hegel also nicht entgegengesetzt, sondern identisch: Die Wirklichkeit ist die sich realisierende Möglichkeit. Sie ist daher nicht zufällig, denn es trete eine bestimmte Sache nur dann in die Wirklichkeit, »wenn alle Bedingungen vorhanden sind«.[62] Dieser Zusammenhang der Identität, in dem Wirklichkeit und Möglichkeit ineinander übergehen, lässt eine neue Kategorie entstehen, in der diese Identität erscheint: In der Notwendigkeit wird die Wirklichkeit als bestimmte Möglichkeit denkbar. Der Gedanke der Notwendigkeit ergibt sich, insofern die unmittelbar erste Auffassung der Einheit der Wirklichkeit und Möglichkeit unzureichend ist, da diese Einheit als bestimmte Einheit durch die dazugehörigen Bedingungen vermittelt sein muss und entsprechend aufzuzeigen wäre, worin die Notwendigkeit genau dieser Einheit liegt. Mit der Notwendigkeit entspringen so weitere Kategorien, da der Einfluss dieser Momente, die die Notwendigkeit ausmachen, genauer untersucht werden kann. Hieraus ergeben sich die Kategorien der Bedingung, der Sache und der Tätigkeit, die in der Formtätigkeit aufgehoben werden.

Notwendigkeit, Bedingung und Tätigkeit

Das Besondere an der Kategorie der Bedingung ist nun, dass Hegel diese als notwendige Bedingungen bestimmen muss, damit die durch sie bedingten Sachen nicht zufällig sind, da sie sonst der Kategorie der Notwendigkeit widersprechen würden. Dies gelingt und ergibt sich durch die Struktur der Sache selbst, dass die Wirklichkeit der Möglichkeit vorausgeht. Indem eine bestimmte Sache Wirklichkeit ist oder wird, sind die Bedingungen rückbezüglich als Voraussetzungen und nicht als zufällige Bedingungen bestimmbar, was letztlich der Notwendigkeit entspricht, da sie die Bedingungen enthält, die zur Wirklichkeit der Möglichkeit notwendig sind. Man sieht hieran sehr gut, wie die Kategorien aus dem Denken selbst und seiner fortlaufenden Bestimmung hervorgehen und sich durch diesen systematischen Zusammenhang als Denk- wie Grundbestimmungen dieser Substanz zeigen. Dabei verhält das Denken als Substanz sich sichselbstbestimmend und wirkt als Subjekt, sodass in »Rücksicht auf die Sache, welche die Totalität ist, dies Vorausgesetzte ein vollständiger Kreis von Bedingungen [ist]«.[63] Entsprechend kann Hegel

60 Ebd., § 145.

61 Ebd., S. 294, § 150.

62 Ebd., S. 288, § 147.

63 Ebd., S. 292, § 148.

hieran anschließend die Notwendigkeit der Sache selbst erläutern, insofern die Bedingungen als Grundlage der Wirklichkeit der Sache erscheinen und damit den sich in ihr formbestimmenden Inhalt derselben bilden. So wird das Innere und nur Mögliche der Sache selbst zu einer äußerlichen Existenz gebracht – nämlich vermittels der Bedingungen als »Realisieren ihrer Inhaltsbestimmungen«.[64]

Hiermit sind nun die Kategorien deduziert, die die Kategorie der Tätigkeit notwendig werden lassen. Mit der Kategorie der Tätigkeit wird die Form nicht nur als Äußeres, sondern als *die* (zweckbestimmte) Form des Inhalts gedacht. Tätigkeit ist in dieser Hinsicht nicht als Tätigkeit schlechthin bestimmt, sondern als wissenschaftliche Kategorie der Logik und Metaphysik, in der sie »ihre Möglichkeit allein an den Bedingungen und an der Sache« hat, wie sie ebenso gut die Bewegung ist, »die Bedingungen in die Sache, diese in jene als in die Seite der Existenz zu übersetzen«.[65] Damit ist auch die Kategorie der Notwendigkeit an Komplexität angereichert: Als Einheit von Möglichkeit und Wirklichkeit ist sie nicht einfach vorhanden, sondern »vermittelt durch einen Kreis von Umständen, – es ist so, weil die Umstände so sind; und in Einem ist es so: unvermittelt, – es ist so, weil es ist«.[66] So bestimmt sich das Seiende als das, was es ist, schlicht dadurch, dass es ist.

Die Identität, dass etwas so ist, wie es ist, weil es ist, ist daher nicht nur formale Identität, sondern nach Hegels Darstellung durch bestimmte Bedingungen gesetzt. Im solcherart Gesetztsein der unmittelbaren Wirklichkeit sind sie keine zufälligen Bedingungen mehr, sondern ebendiese durch die rückbezüglich, vermittels der Möglichkeit, gesetzten Bedingungen der Sache selbst. Was sich als Wirklichkeit konstituiert, konstituiert sich gewissermaßen aus dem Nichts, weil das Seiende als Seiendes erst rückbezüglich seine Möglichkeit erkennbar werden lässt und als *diese* Wirklichkeit die Bedingungen der Möglichkeit seiner Existenz offenbart. Als Beispiel können hier soziale Rebellionen oder Aufstände angeführt werden, die scheinbar aus dem Nichts kommen. In dem Moment jedoch, in welchem sie plötzlich ausbrechen, zeigen sie allein dadurch auf, dass sie sind, was sie sind, welches die Bedingungen der Möglichkeit ihrer Wirklichkeit waren. Wie der Wert sind diese Dinge eine Art »gesellschaftliche Hieroglyphe« und »[s]päter suchen die Menschen den Sinn der Hieroglyphe zu entziffern, hinter das Geheimniß ihres eignen gesellschaftlichen Produkts zu kommen«.[67]

64 Ebd., S. 293, § 148.
65 Ebd.
66 Ebd., S. 294, § 149.
67 Marx: Das Kapital. Erster Band (1890), MEGA², Bd. II/10, S. 73.

Substanz und Akzidenz

An dieser Stelle kann Hegel zur Deduktion der Kategorien von Substanzialität und Akzidentialität übergehen. Dabei vollzieht sich eine komplexe Weiterentwicklung der Kategorien des Inneren wie Äußeren. Besonders wichtig für das hier verfolgte Problem des Verhältnisses von »Begriff« und »Kategorie« ist dabei, dass Hegel die Substanzialität als »die Totalität der Akzidenzen [bestimmt], in denen sie sich als deren absolute Negativität, d. i. als absolute Macht und zugleich als den Reichtum alles Inhalts offenbart«.[68] Die Kategorie des Inneren wird in der Substanzialität so negiert, dass sie als die bekannte Bestimmungsbewegung der Substanz als Subjekt – oder auch als Negation – gefasst wird. Die Substanz zeichnet das Übergehen in ihr Anderes als Äußeres aus – die Akzidentien. Damit ist die Substanzialität eben »die absolute Formtätigkeit und die Macht der Notwendigkeit, und aller Inhalt nur Moment, das allein diesem Prozesse angehört, – das absolute Umschlagen der Form und des Inhalts ineinander«.[69] So ist die Substanz die innere Identität von Wirklichkeit und Möglichkeit, Innen und Außen, Form und Inhalt, Wesen und Erscheinung, Teil und Ganzem. Alle diese Kategorien sind nur verschiedene Weisen, das Wesen als Substanz, das zugleich Subjekt ist, zu denken, und daher sind auch alle diese Kategorien die Bestimmungen des Wesens bzw. wesenslogische Kategorien. In der Substanz als Subjekt ist damit eine Denkform gefunden, in der die vormaligen endlichen Verstandesbestimmungen des Wesens ineinanderfallen und auseinander hervorgehen. Als Substanz trägt sie sie als Manifestationen in sich und die Substanz als Subjekt muss diese entfalten, um sich selbst zu bestimmen. Indem die Substanz sich so in den Akzidentien bestimmt und damit einerseits alle Bedingungen in sich vereinigt, andererseits die Manifestation in den Akzidentien gleichbedeutend ist mit der Wirklichkeit, ist sie »eigentliches *Verhältnis* [...] – *Kausalitätsverhältnis*«.[70]

Aus dieser Bestimmung ergeben sich nun für Hegel die weiteren Kategorien der Kausalität und der Wechselwirkung. Da die Substanz dabei alle Bedingungen zu ihrem Inhalt hat, ist es ihr eigen, dass sie als Subjekt »eine Wirkung hervorbringt, eine Wirklichkeit, die so nur eine gesetzte, aber durch den Prozeß des Wirkens zugleich notwendige ist«.[71] Hieraus ergibt sich eine Neubestimmung der Kausalitätskategorien von Ursache und Wirkung, die zugleich eine Kritik der verständigen Vorstellungen der

68 Hegel: Enzyklopädie (Teil 1). Logik, Werke, Bd. 8, S. 294, § 151.

69 Ebd., S. 295, § 151. Auf die darin liegende Kritik an dem Substanzbegriff Spinozas (und auch Descartes') kann und muss an dieser Stelle noch nicht weiter eingegangen werden. Hegel betont, dass Gott nicht pantheistisch aufzufassen wäre, als etwas Endliches und Ruhendes, wie es bei Spinoza anklingt, sondern wesentlich Geist und damit Unendliches und Formtätigkeit sei (vgl. den Zusatz des § 151).

70 Ebd., S. 297, § 152.

71 Ebd., S. 298, § 153.

Kategorie der Kausalität ist – in ihr hat jede Ursache eine Wirkung und jede Wirkung eine Ursache. Ein Regress, in dem der alltägliche Verstand hin- und hergeworfen wird.

Ursache und Wirkung, Wechselwirkung

Das Besondere ist nun, dass in Hegels Ableitung der Kausalität aus der Substanz diese als Formtätigkeit des Inhalts bestimmt ist. Es ist also nicht das verständige Denken, in dem Ursache und Wirkung zu einem Urteil führen, sondern es ist die Sache selbst, die an sich eine begriffliche Struktur besitzt und begrifflich reproduziert wird. So verschwindet in der hier durch ihr Hervorgehen aus der Substanz bestimmten Kategorie der Kausalität die Ursache nicht in der Wirkung, sondern die Wirkung als Wirklichkeit enthält – wie schon in dem Verhältnis von Möglichkeit und Wirklichkeit – die Ursache als Abstraktion in sich. Die Kausalität ist als wirkendes, lebendiges Prinzip ihre eigene Ursache und so erst ist in der Wirklichkeit »die Ursache wirklich und Ursache. Die Ursache ist daher an und für sich causa sui.«[72] Als diese *causa sui*, als die Ursache ihrer selbst, ist sie gleichbedeutend mit dem Absoluten – der Substanz als Subjekt. Die schlechte Unendlichkeit von Ursache und Wirkung im Alltagsverstand – der sie in ihrer jeweiligen gegensätzlichen Bestimmung durch den Verstand festhält und für jede Wirkung wieder eine Ursache verlangt, die selbst wieder nur Wirkung einer anderen Ursache ist und so fort ins Unendliche – ist durchbrochen, indem mit der Kausalität die Wirkung als Ursache und die Ursache als Wirkung bestimmt ist.

Hieraus entwickelt sich durch die Negation der Negation, dass die Ursache Wirkung und Wirkung Ursache ist, eine neue Kategorie, in der diese Identität gedacht wird, nämlich das Kausalitätsverhältnis als Wechselwirkung, »indem das geradlinige Hinausgehen von Ursachen zu Wirkungen und von Wirkungen zu Ursachen in sich um- und zurückgebogen ist«.[73] Wie schon bei den vorhergehenden Kategorien zeigt sich, dass Ursache und Wirkung an sich dasselbe sind. Doch die Wechselwirkung ist für Hegel nicht nur *an sich* dasselbe, sondern auch *für sich*: Indem die Ursache die Wirkung zeitigt, setzt die Wirkung rückbezüglich die Ursache. Die Pole von Aktivität und Passivität, Aktion und Reaktion, Sein und Gesetztsein kommen sowohl der Ursache wie der Wirkung zu und die »Wechselwirkung ist selbst dies, jede der gesetzten Bestimmungen auch wieder aufzuheben und in die entgegengesetzte zu verkehren, also jene Nichtigkeit der Momente zu setzen, die an sich ist«.[74] So zeigt sich die Wechselwirkung als »die nächste Wahrheit des Verhältnisses von Ursache und Wirkung, und es steht dieselbe sozusagen an der Schwelle des

72 Ebd.

73 Ebd., S. 300, § 154.

74 Ebd., S. 301, § 156.

Begriffs«.[75] An dieser Stelle, an der erkannt wurde, dass Ursache und Wirkung an und für sich dasselbe, also identisch sind, kann es nicht genügen, in dieser wechselseitigen Beziehung stehenzubleiben, sondern die Bewegung des Denkens treibt darüber hinaus und es zeichnet sich in der Äquivalenzbeziehung der beiden wechselseitig ineinander übergehenden Pole die Denkform der Identität von Identität und Nichtidentität ab.

Vollendet wird an dieser Stelle die Kritik an Kant und eingelöst, was Hegel vermittels der aristotelischen Lehre der Vernunft als dessen spekulatives Prinzip erkannte: Dass die nur vermittels der Kategorien hergestellte Identität zwischen »denkende[m] Subjekt« und »existierende[m] Objekt«[76] nicht in einer punktuellen, durch die Kategorien vermittelten formalen Einheit besteht, sondern dass es das Denken, der Begriff selbst ist, der sich im spekulativen Satz des Urteils als eine ursprüngliche Teilung in Denken und Sein, Subjekt und Objekt, aufspaltet und diesem zugrunde liegt; dass im spekulativen Satz Subjekt und Objekt als Diremtion der Vernunft selbst immer schon identisch sind, Denken und Gedachtes zusammenfallen. Hegel ist somit auf eine gewisse Art noch radikaler als Kant: Außerhalb der begrifflichen Strukturen und ihrer gedanklichen Reproduktion gibt es nichts und deswegen können wir die Dinge an sich erkennen – eben weil sie ohnehin für uns nur denkend erscheinen können. Dadurch ist die Welt für uns an und für sich nur im Denken.

Dies ließe sich »materialistisch« auslegen: *Würden*[77] wir uns als *zoon logikon* verstehen, dann ist alles Außerbegriffliche für uns unerreichbar und Hegel reflektiert die Grundstrukturen der Wirklichkeit, wie sie für uns als denkende Wesen existiert: als Denkstrukturen, als *theoria*. Hegel scheint jedoch darüber hinaus einer theologischen Auslegung zuzuneigen: Bei ihm erscheint dies Denken, die Philosophie im Gewand der Religion. Hegel synthetisiert so auf sehr eigene Weise die ursprünglich auf Anaxagoras verweisende Einsicht, dass die Vernunft die Welt regiere, mit der aristotelischen Wissenschaft des Göttlichen, in der Gott als das sich selbst denkende Denken, als Vernunft, kurz *»der absolut gefasste reine Theoretiker [ist]«*.[78] In der Substanz als Subjekt löst Hegel damit das Problem der Genesis in der christlich-abendländischen Tradition und wie Gott als die unmittelbare Identität mit sich selbst aus sich selbst heraus die Schöpfung aus dem Nichts vollzieht. In ihr ist jede Wirklichkeit als Formbestimmung der Substanz eine Möglichkeit wie die Möglichkeit zugleich Wirklichkeit, weil die Substanz sich bestimmen muss – der Pro-

75 Ebd., S. 302, § 156 Zusatz.

76 Hegel: Verhältnis des Skeptizismus zur Philosophie, Werke, Bd. 2, S. 251.

77 Vgl. hierzu die Betonung der Leiblichkeit des Menschen gegenüber seiner Geistigkeit in Marx' »Ökonomisch-philosophischen Manuskripten« und in der feministischen Philosophie.

78 Seidel: Aristoteles und der Ausgang der antiken Philosophie, S. 48.

zess der Genesis, der *Schöpfung* als eines Entstehens aus dem Nichts, das dabei nur durch sich selbst bestimmt ist, ist damit gedanklich reproduziert. Durch diese Bewegung bestimmt sich das Subjekt, der Begriff der zugrunde liegenden Sache, selbst und verschafft sich über seine formale Identität mit sich selbst hinaus eine eigene Realität, die ihm als Absoluten angemessen ist, insofern das Andere nur das Andere seiner selbst sei. Diese in Aristoteles anklingende Gottesvorstellung, als der »absolut gefasste reine Theoretiker«, ist jedoch noch weit entfernt von der christlichen Gottesvorstellung. Er ist Ausdruck einer logisch-philosophischen Konstruktion, aber Hegel verbindet ihn mit dem geoffenbarten Gott der christlich-abendländischen Tradition und synthetisiert so Philosophie und Religion. In diesem Sinne sind – wie oben angedeutet – die in der »Wissenschaft der Logik« entwickelten Kategorien des Denkens zugleich die Darstellung Gottes, Einheit von Logik und Metaphysik, Denk- und Grundstrukturen des Seienden.

Die Einheit von Darstellung und Kritik am Beispiel der Substanz

So erfüllt sich hier, was schon in der »Phänomenologie« angetroffen wurde, dass die Kategorie(n) »jetzt Wesenheit oder einfache Einheit des Seienden nur als denkende[r] Wirklichkeit [sind]«.[79] Das heißt, nicht das »Ich denke« als transzendentales Subjekt ist es, was vermittels der Kategorien die Allgemeinheit und Notwendigkeit der Urteile gibt und die Identität von Denken und Sein herstellt, sondern es ist »vielmehr das Absolute, das Wahrhafte selbst. Es ist dann gleichsam die Güte des Absoluten, die Einzelheiten zu ihrem Selbstgenuß zu entlassen, und dieses selbst treibt sie in die absolute Einheit zurück.«[80] In der darstellungslogischen Entwicklung der Substanz findet sich so bei Hegel die Einsicht, dass darin »das Unterscheiden und Vermitteln zu einer Ursprünglichkeit gegeneinander selbstständiger Wirklichen wird; – unendliche Beziehung auf sich selbst, indem die Selbstständigkeit derselben eben nur als ihre Identität ist.«[81]

So ist es in letzter Instanz das Absolute, was das Innere der Dinge und die Wahrheit ausmacht. Die Kategorien, die damit aus der Bewegung der Sache selbst entspringen, sind so nicht mehr nur die Denkformen des Seienden wie bei Kant und Aristoteles, sondern deren Grundbestimmungen.

Hieran lässt sich nun noch genauer die Kritikfunktion der »Logik« erläutern, die die Vorlage für Marx' kategoriale Kritik bildet. Dazu möchte ich auf die im vorherigen Abschnitt enthaltene Kritik an dem Substanzbegriff Spinozas zurückkommen, weil sich an ihr auch außer-

79 Hegel: Phänomenologie, Werke, Bd. 3, S. 181.

80 Hegel: Enzyklopädie (Teil 1). Logik, Werke, Bd. 8, S. 118, § 42 Zusatz.

81 Ebd., S. 303, § 157.

halb theologischer Kontroversen über den Begriff Gottes zeigt, wie ausgehend von der Substanz in den Kategorien Darstellungslogik und Kritik miteinander vermittelt sind. War für Spinoza bezeichnend, dass alle Erkenntnis der Dinge qua Negation vollzogen wird (*omni determinatio est negatio*), also auch die Substanz als Bestimmung gedacht werden muss, so folgt hieraus, dass, wenn Gott als diese absolute Substanz anerkannt worden ist, der Zweck der Substanz darin besteht, sich als Welt zu bestimmen bzw. zu entfalten. Dieses Moment ist in Hegels Darstellung aufgehoben und zugleich überschritten, denn die in der Entwicklung der »Logik« liegende Kritik an der Kategorie der Substanz bedeutet, dass Spinoza trotz dieser Idee des Absoluten als Substanz dem cartesianischen Dualismus einer *res cogitans* und *res extensa* verhaftet bleibt, in der das Sein vornehmlich unter dem Aspekt der Ausdehnung gefasst wird. Im Gegensatz zu Hegel wird die Wirklichkeit so nur als das dem Inneren Äußerliche begriffen, aber nicht in einer zweiten Reflexion in sich zurückgebogen. Entsprechend zeigt sich bei Hegel die Substanz nicht nur als Ausdehnung, sondern holt den Rückgang aus der Totalität in sich, in den Grund, mit ein. Das heißt, auch die Kategorie der Totalität wird in Hegels Selbstverständnis gegenüber Spinoza transformiert; sie ist zwar noch immer gesetzte, aber bleibt nicht nur diese, sondern ist zugleich als Schein in ihren Grund, den Begriff, zurückgehende. Für Hegel ist daher die Bewegung der Negation bei Spinoza unabgeschlossen, sodass dieser

> »bei der *Negation* als *Bestimmtheit* oder Qualität stehen[bleibt]; er geht nicht zur Erkenntnis derselben als absoluter, d. h., *sich negierender Negation* fort; somit *enthält seine Substanz nicht selbst die absolute Form*, und das Erkennen derselben ist kein immanentes Erkennen. Zwar ist die Substanz absolute Einheit des *Denkens* und Seins oder der Ausdehnung; sie enthält also das Denken selbst, aber nur in seiner *Einheit* mit der Ausdehnung, d. h. nicht als sich von der Ausdehnung *trennend*, somit überhaupt nicht als Bestimmen und Formieren, noch auch als die zurückkehrende und aus sich selbst anfangende Bewegung.«[82]

So zeigt sich um ein Weiteres, wie Darstellung und Kritik von Logik und Metaphysik in der dialektischen Entfaltung der Kategorien als Denk- wie Grundbestimmungen der Substanz zusammenfallen. Denn in der »Logik« wird von Hegel das Denken als Absolutes bestimmt und damit zeichnet sich ein Gottesbegriff ab, der – an die Trinitätslehre angelehnt –

82 Hegel: Wissenschaft der Logik II, Werke, Bd. 6, S. 195.

wesentlich als Geist bestimmt ist.[83] Dies zeigt sich darin, dass Gott und das Absolute nur in der Bewegung der Negation der Negation begreifbar werden, wohingegen in der spinozistischen, einfachen Negation (Jesus) »*dies Anderssein Gottes erstirbt*«; in der Negation der Negation (Heiliger Geist) hingegen gehe »das Göttliche im Endlichen wieder für sich hervor. So wird das Weltliche als solches gewußt, *das das Göttliche an ihm habe*, und das Anderssein, welches zunächst nur die Bestimmung der Negation hat, wird wiederum negiert und ist *Negieren der Negation an ihm selbst.*«[84] Diese Denkform transformiert also die spinozistische Substanz als *causa sui*, das qua Negation Ursache seiner selbst ist, hin zu einem neuen Verständnis des Absoluten. Das Absolute wird nicht nur als Selbstbestimmung, sondern als fortlaufende Negation von Formbestimmung und Negation der Formbestimmung verstanden. Indem so das Andere des Denkens, »nämlich die Welt, das endliche Bewußtsein und die Knechtschaft und Akzidentalität desselben negiert wird, so liegt in dieser Vermittlung die Bestimmung der Freiheit«.[85] In und durch die Welt kommt so der Geist analog zur »Phänomelogie des Geistes« zu sich.

Die Wirklichkeit begreifen. Das Verhältnis von Kategorie und Begriff in der Darstellung

Darin liegt auch die Darstellungsstruktur der kategorialen Entfaltung des Begriffs der Logik selbst begründet: In und durch die Kategorien kommt der Begriff des Begriffs zu sich. Er kann daher nicht vorausgesetzt werden und hätte – wäre dies geschehen – als Anfang nur dem Namen nach oder was man sich landläufig oder historisch eben darunter vorzustellen hätte, bestimmt werden können. Anders bei Hegel: Hier bestimmt sich das Denken als die dem Begriff zugrunde liegende Substanz selbst, entfaltet sich als Subjekt in dem wissenschaftlichen System der Kategorien und das, was nur Name schien, wird darin zum Begriff der Sache.

Nun könnte man anmerken: Die Kategorie der Wirklichkeit scheint in diesem Sinne nicht nur Kategorie der Wesens(-logik) bzw. der »Logik« zu sein, sondern als übergeordnetes Moment der aufgezählten Kategorien selbst einen begrifflichen Status zu besitzen, insofern diese Kategorien die Wirklichkeit bestimmen. Dieses Problem soll hier nicht weiter ver-

83 Georg Wilhelm Friedrich Hegel: Vorlesungen über die Philosophie der Religion I, in: Werke, Bd. 17, S. 94, 222, 356.

84 Ebd., S. 94.

85 Ebd. Für Hegel ist daher die christliche Religion auch die Religion der Freiheit: »Gott ist Geist, aber er ist dies wesentlich nur, indem er so gewußt wird, daß er an ihm selber die Diremtion seiner ist, das ewige Erschaffen, so daß eben diese Erschaffung des Anderen eine Rückkehr zu sich ist, in das Wissen seiner selbst; so ist Gott ein Gott freier Menschen. Indem dies zur Bestimmung Gottes selbst gehört, daß er an ihm dies ist, das Andere seiner selbst zu sein, und daß dies Andere eine Bestimmung an ihm selbst ist, so daß er darin zu sich selbst zurückkehrt und dies Menschliche mit ihm versöhnt ist, so ist damit die Bestimmung gesetzt, daß die Menschlichkeit in Gott selbst ist, und so weiß der Mensch das Menschliche als ein Moment des Göttlichen selbst und ist nun in seinem Verhalten zu Gott frei.« (Ebd., S. 94 f.)

tieft werden; im Rahmen der Darstellungslogik des »Kapital« ist jedoch hierauf zurückzukommen.[86] Hier stand im Fokus, nachzuvollziehen, wie sich die Substanz als Zugrundeliegendes, das Denken des Denkens in fortlaufender Negation seiner Momente kategorial bestimmt. In den sich so entfaltenden Kategorien als seinen Bestimmungsmomenten bezieht sich das Denken im Anderen auf sich selbst. Vom Standpunkt der hegelschen Kantkritik ist also die Vernunft auf sich in den Begriffen des Verstandes bzw. der Kategorien und darin frei wie an und für sich bestimmt – oder in Hegels Worten:

> »Diese *Wahrheit* der *Notwendigkeit* ist somit die *Freiheit*, und die *Wahrheit* der *Substanz* ist der *Begriff*, – die Selbstständigkeit, welche das sich von sich Abstoßen in unterschiedene Selbstständige, als dies Abstoßen identisch mit sich, und diese *bei sich selbst* bleibende Wechselbewegung nur *mit sich* ist.«[87]

Ausgehend von den Bestimmungen der Wirklichkeit geht nun die Wesens- in die Begriffslogik über, und zwar – was Hegel an dieser Stelle aufgrund der Darstellungsstruktur noch nicht einführen kann – in der Form des Schlusses. Denn in der letzten Kategorie der Wirklichkeit und damit der Wesenslogik – der Wechselwirkung (von Ursache und Wirkung) – vollzieht sich eine innere Umwandlung der Urteilsform in den Schluss. Es zeigt sich deren Ineinanderfallen, weil das Urteil der Identität nicht mehr nur die Beziehung zweier gegensätzlicher Bestimmungen ist und so formal äußere, nur durch das verständige Denken gestiftete Einheit zweier entgegengesetzter wäre. In der Wechselwirkung als gegenseitiger Vermittlung der Extreme ist die Beziehung der Extreme selbst eine Notwendigkeit, weil ohne Beziehung keine Wechselwirkung ist, was der logischen Form des Schlusses ähnelt. Diese vollzieht sich in der Kopula »ist«, indem Subjekt und Objekt in ihrer begrifflichen Struktur aufeinander bezogen werden. Hegel spielt hier – mit der vom jungen Marx und Feuerbach übernommenen – Verkehrung von Subjekt und Prädikat. Der Satz »Anne ist ein Mensch« erhält seine Wahrheit erst durch die Reflexion dessen, was Anne zu einem Menschen macht. So geht die Seins- in die Wesenslogik über, indem Subjekt und Prädikat vertauscht werden: »Der Mensch ist Anne.« Erweist sich in der Reflexion und wechselseitigen Vertauschung von Subjekt und Prädikat (als Allgemeines und Besonderes) das Urteil als richtig, so ist es ein wahrer Schluss. In diesem zeigt sich, dass der Begriff der Sache, der Mensch, schon immer allem zugrunde lag und das Bestimmende, die Idee der Sache war. Wenn die beiden über die Kopula »ist« vermittelten Seiten also in diesem Sinne an und für sich

86 Vgl. vorliegende Arbeit ab S. 221.

87 Hegel: Enzyklopädie (Teil 1). Logik, Werke, Bd. 8, S. 303, § 158.

dasselbe sind, dann bedeutet dies, dass sie, »als Momente eines Dritten, Höheren, erkannt werden, welches dann eben der Begriff ist«.[88] So zeigt sich das Denken als das der Wirklichkeit Zugrundeliegende und damit die Vernunft sich als die Wirklichkeit durchziehender *nous*.[89] Noch deutlicher wird dies, wenn man sich Anne im Laufe der Zeit vorstellt, in der sich Anne (Allgemeines) und Anne (Einzelnes, Besonderes, Hier und Jetzt) voneinander unterscheiden. Dies scheint Hegel zu meinen, wenn er sagt, dass der Begriff eigentlich ein *Ur*-teil, eine ursprüngliche Teilung ist: Wenn ich Anne sage, habe ich immer schon Allgemeines und Besonderes vermittelt, denn Anne lässt sich nur als Anne aussprechen, das Einzelne nur als Allgemeines. Dieser Widerspruch ist es, der die dialektische Bewegung lostritt und auf den schon Aristoteles in der ersten und zweiten Substanz stieß. Hegel löst ihn nun in der Form einer beständigen Wechselwirkung auf, indem er die unbewussten, im »ist« liegenden Bestimmungsfunktionen als Kategorien ableitet. Was Hegel in seiner zitierten Kritik an Kant als Wesenszug des absoluten Idealismus martialisch ausdrückte, dass zum »Ende die Realität der Welt gleichsam zerquetscht, d. h. idealisiert werden [muß]«[90], ist genau dieses Verhältnis, das *für das Denken* alles Begriff ist.

Hegels Kategorienauffassung im Verhältnis zu Kant und Aristoteles

Der Begriff fasst damit das spekulative Prinzip in sich, welches Hegel in der kantschen transzendentalen Deduktion der Kategorien entdeckt hat: Dass das Urteil seine Allgemeinheit und Notwendigkeit »durch die ursprüngliche absolute Identität von Ungleichartigem [erhält], aus welcher als dem Unbedingten sie selbst, als in die Form eines Urteils getrennt erscheinendes Subjekt und Prädikat, Besonderes und Allgemeines erst sich sondert«.[91] Kant hätte in dieser Lesart die Logik als eine Theorie des Denkens revolutioniert, indem im Urteil nicht mehr Denken und Sein, Subjekt und Prädikat als äußere Gegensätze mittels der Kategorien synthetisiert werden, sondern er dieses äußere Verhältnis als eines von Form und Inhalt fassend in das »Ich denke« des erkennenden Subjekts als deren Identität verlegte. Die daraus resultierende Identität von Subjekt und Prädikat bleibt bei Kant für Hegel jedoch nur subjektiver Idealismus, weil die Identität des Urteils zwar einerseits durch die Kategorien und Denkbestimmung objektive Wahrheit erhält, aber eben diese Identität andererseits nicht an und für sich, sondern nur in der Erscheinungsweise

88 Ebd., S. 302, § 156 Zusatz.

89 Die Kritik an der hierin liegenden Herrschaft des Allgemeinen über das Besondere entwickeln Adorno und Horkheimer in der »Dialektik der Aufklärung« und Adorno noch einmal genauer im Abschnitt zur »Copula« in der »Negativen Dialektik«.

90 Hegel: Enzyklopädie (Teil 1). Logik, Werke, Bd. 8, S. 118, § 42 Zusatz 1.

91 Hegel: Glauben und Wissen, Werke, Bd. 2, S. 307.

des »Ich denke ...«, also subjektiv und zufällig, existiert, indem das »Ich« es ist, dem die Form (als Denken) und der Inhalt/Stoff (als Empfindung) zukommt.

Nichtsdestoweniger ist damit für Hegel Denken und Sein nicht mehr äußerlich in Übereinstimmung gebracht und die Kategorien sind neu begründet, somit nicht mehr nur als Entscheidungshilfen über Prädikationsformen des Seienden gedacht. Es hätte Aristoteles zwar für Hegel richtig erkannt, dass die Bedeutungsweisen der Kopula »ist« als Prädikationsformen des Seienden über den Wahrheitsgehalt eines Urteils entscheiden. Ebenso, dass in den über die Bedeutungen des »ist« vermittelten Bezugsweisen des Subjekts und Prädikats die Denk- wie Grundbestimmungen des Seienden als Kategorien verschlossen liegen. Aber erst anhand der Methode der »Logik« konnte gezeigt werden, wie Begriff und Sache sich in der gedanklichen Reproduktion der Wirklichkeit als identisch erweisen. In ihr wird der Widerspruch der bisherigen Logik und Metaphysik überwunden, dass das Denken den Gegenständen als deren Denkbestimmungen immer äußerlich blieb und sich damit die Frage dessen löst, was ein Begriff ist und wie sich durch die Kategorien die gedankliche Aneignung der Wirklichkeit vollzieht. Sie unterscheidet sich darin von Aristoteles und Kant, dass für Hegel das »ist« der Kopula in Bezug auf das Nachdenken über die Wirklichkeit – und nichts anderes ist Philosophie für Hegel – als Schluss zu begreifen ist, als die

> »Einheit des Begriffs und des Urteils; – es ist der Begriff als die einfache Identität, in welche die Formunterschiede des Urteils zurückgegangen sind, und Urteil, insofern er zugleich in Realität, nämlich in dem Unterschiede seiner Bestimmungen gesetzt ist. Der Schluß ist das *Vernünftige* und *alles* Vernünftige.«[92]

Der Schluss ist damit – genauso wie das darin aufgehende Urteil und der ihm zugrunde liegende Begriff – nicht etwas Subjektives, sondern in ihm als einer Wechselbeziehung sind Subjekt und Prädikat je das Andere und damit gesetzt als Bestimmung des Begriffs selbst. In dieser Denkform Hegels ist nun die gesamte Darstellung des Kategorienbegriffs aufgehoben: Das Verhältnis von Subjekt und Prädikat, welches durch die Kopula »ist« vermittelt ist, darf, um a priori gültig zu sein, nicht die Struktur eines Urteils besitzen bzw. als dieses aufgefasst werden, sondern zeigt sich im oben auseinandergelegten Sinn der Beziehung von Allgemeinem, Einzelnem und Besonderem als Schlussform. Und so gilt für Hegel: »*Alles ist ein Schluß*«,[93] selbst der Begriff. Hieraus ergibt sich auch, dass Hegel in dem sich an die Wesenslogik anschließenden Teil der (subjektiven)

92 Hegel: Enzyklopädie (Teil 1). Logik, Werke, Bd. 8, S. 331, § 181.

93 Ebd., S. 332, § 181.

Begriffslogik affirmativ die Schluss- und Urteilsformen aus der bisherigen Logik übernehmen kann, weil vermittels der Kritik der Kategorien in der Seins- und Wesenslogik das den Schlussformen zugrunde liegende Urteil die Form des spekulativen Satzes hat.

Der Begriff der hegelschen »Logik« steht also auf einem ganz anderen Grund als der Begriff in der formalen Logik und ist so »in Beziehung auf Sein und Wesen bestimmt, das zum *Sein* als *einfacher Unmittelbarkeit zurückgegangene Wesen* zu sein, dessen Scheinen dadurch Wirklichkeit hat und dessen Wirklichkeit zugleich *freies Scheinen in sich selbst* ist«.[94] Nachdenken über die Welt, Philosophie, ist damit zwar mit dem Anderen des äußeren Gegenstandes behaftet, aber dieser ist darin zugleich dem Schicksal und der Notwendigkeit des Denkens als seiner Bestimmung an und für sich unterworfen. Das, was gedacht wird, ist so zugleich das An-und-für-sich-sein; Denken und Gegenstand dazu bestimmt, »in das Gesetztsein überzugehen [...] und diese Unterwerfung ist vielmehr das Härteste«.[95] Indem das Denken nicht versucht, die Wirklichkeit in Abstraktionen für sich zu fixieren, sondern an den Dingen, deren eigene Notwendigkeit und innere Gesetzmäßigkeit sie in Form des Denkens erkennt, ist es durch Reflexion dem unmittelbar gegebenen Objektzusammenhang entkommen und aus den unmittelbaren Naturzwängen befreit, denen es in der Gegenüberstellung unveränderlich-unmittelbarer Dinge unterworfen ist. Denken ist damit nicht Reproduktion des Seienden vermittels abstrakter Vorstellungen, also bloßen gedanklichen Abbildern der Dinge, sondern

> »vielmehr die Auflösung jener Härte; denn es ist das Zusammengehen Seiner im Anderen mit *Sich selbst*, – die *Befreiung*, welche nicht die Flucht der Abstraktion ist, sondern in dem anderen Wirklichen, mit dem das Wirkliche durch die Macht der Notwendigkeit zusammengebunden ist, sich nicht als anderes, sondern sein eigenes Sein und Setzen zu haben. Als *für sich existierend* heißt diese Befreiung *Ich*, als zu ihrer Totalität entwickelt *freier Geist*, als Empfindung *Liebe*, als Genuß *Seligkeit*. – Die große Anschauung der spinozistischen Substanz *ist* nur *an sich* die *Befreiung* von endlichem Fürsichsein; aber der Begriff selbst ist *für sich* die Macht der Notwendigkeit und die *wirkliche* Freiheit.«[96]

Und nicht ohne Grund kommt Marx im »Kapital« auf diese Überlegungen Hegels zurück. Anhand der Schwierigkeit der Transsubstantiation der Ware in Geld, in der beide Seiten trotz ihrer leibhaftig unterschiedenen

94 Ebd., S. 305, § 159.
95 Ebd.
96 Ebd.

gegenständlichen Form ihre Identität als Wertausdrücke anerkennen, vollziehe sie sich unerbittlich, obgleich sie der Ware »›saurer‹ ankommen mag als dem Hegel'schen Begriff der Uebergang aus der Nothwendigkeit in die Freiheit«.[97] Gegeben also, es gibt diese Entsprechungen zwischen Begriff und Wirklichkeit, so stellt sich die für Marx entscheidende Frage, wie die begriffliche Aneignung der Wirklichkeit zu fassen ist. Und zwar so, dass der Übergang von der Notwendigkeit in Freiheit nicht nur begrifflich, sondern real vollzogen wird. Ist es der Begriff, der die Wirklichkeit konstituiert und bestimmt oder bestimmt die Wirklichkeit den Begriff als gedankliche Reproduktion derselben? Eine Frage, die sich für Marx wie Hegel an der Französischen Revolution und der bürgerlichen Gesellschaft ent- wie beide darin unterscheidet. Die für die Dialektik entscheidende Frage ist dabei: Wie erscheint das Ganze der Wirklichkeit »im Kopf als Gedankenganzes«, das eben darin ein »Product des denkenden Kopfes, der sich die Welt in der ihm einzig möglichen Weise aneignet«?[98]

97 Marx: Das Kapital. Erster Band (1890), MEGA², Bd. II/10, S. 97.
98 Marx: Ökonomische Manuskripte 1857–58, Teil 1, MEGA², Bd. II/1.1, S. 37.

Dritter Teil

Marx' Verständnis der Kategorien

Denken und empirische Wirklichkeit – Marx' frühe Hegelkritik und Hegels »Rechtsphilosophie«

Die »Grundlinien der Philosophie des Rechts« reagieren auf eine ähnliche Problematik wie schon die »Wissenschaft der Logik«. Sie antworten aber auch auf eine spezifische politische Konstellation der gesellschaftlichen Wirklichkeit: Einerseits versucht Hegel in den defizitären und verworrenen Zuständen der Zeit[1] und herrschenden revolutionären Leidenschaften das Vernünftige und die sich geschichtlich realisierende Idee der Freiheit zu erkennen und beides miteinander zu versöhnen. Andererseits liegt darin auch eine Kritik der damaligen Rechts- und Staatswissenschaften, insofern diese nach Hegels Einschätzung kein Prinzip besitzen, um eine Deduktion der Rechtsbestimmungen vorzunehmen, und sie so nur als endliche Bestimmungen aufgreifen.[2] Es stellt sich also das bekannte Problem: Wie lassen sich, erstens, die Kategorien ableiten, sodass diese zugleich die Wissenschaft begründen als auch Kritik sind, und zweitens, wie stehen Begriff (Freiheit) und Wirklichkeit (positives) Recht) zueinander im Verhältnis? Insbesondere die Frage der Systematik reicht dabei zurück bis in Hegels frühestе Schriften, in denen er bemängelt, das deutsche Staatsrecht sei kein »System von Rechten, sondern eine Sammlung ohne Prinzip«,[3] mehr noch, es sei »das deutsche Staatsrecht [...] ein Urbarium von den verschiedensten der nach Art des Privatrechts erworbenen Staatsrechte«.[4]

Hegel stellt dieser bloßen Ansammlung von Gesetzen eine Ableitung und systematische Darstellung gegenüber, wie er es auch schon in der »Wissenschaft der Logik« und den Kategorien als Sammlung von Denk*gesetzen* kritisierte. Entsprechend muss Hegels Rechtsbegriff – wie schon der Begriff des Begriffs – eine Substanz als Subjekt zugrunde liegen: Dies

1 Vgl. Georg Wilhelm Friedrich Hegel: Grundlinien der Philosophie des Rechts oder Naturrecht und Staatswissenschaft im Grundrisse. Mit Hegels eigenhändigen Notizen und den mündlichen Zusätzen, in: Werke [in 20 Bänden], Bd. 7, Frankfurt a. M. 1986, S. 18–27.

2 Vgl. ebd., S. 17 (Zusatz 2).

3 Georg Wilhelm Friedrich Hegel: Die Verfassung Deutschlands (1800–1802), in: Werke, Bd. 1, S. 451–610, hier S. 467.

4 Ebd.

ist der Wille. Er wird als Handeln, somit als eine besondere Weise des Denkens und *Ichs* betrachtet, als »das Denken als sich übersetzend ins Dasein, als Trieb, sich Dasein zu geben«.[5] Aus ihm als einer sich selbst bestimmenden Substanz als Subjekt – denn was soll der Wille sein, wenn er nicht Wille zu etwas ist – wären die Rechtsbestimmungen als die Bestimmungen des Begriffes der Freiheit darzustellen. Hegel betont dabei, dass im Gegensatz zu den Gesetzen der Natur die »Rechtsgesetze *Gesetztes* [sind], von Menschen *Herkommendes*«,[6] und als diese hätten sie Ausdruck des Prinzips der Moderne, des freien Individuums zu sein und der »Freiheit des Gewissens; jedes Individuum kann fordern, für seine Interessen sich ergehen zu können«.[7]

In dieser Freiheit des Gewissens liegt aber zugleich ein problematischer Zug, insofern das dem Subjekt eigene moralische Gewissen seine Urteile über »Staat, Regierung und Verfassung, sich *aus seinem Herzen, Gemüt und Begeisterung aufsteigen* lasse«.[8] Zumeist bar jeder wissenschaftlichen Bestimmung und der subjektiven Willkür des Einzelnen ausgeliefert, erinnert die geschilderte Situation an den Ausgangspunkt der Kategorien in der Antike, in der die Sophisten historischer Ausdruck dieses subjektiven Moments der Freiheit – in Form von Skeptizismus und Relativismus – waren. Demgegenüber trat die aristotelische Philosophie als Herrschaftswissen auf und sicherte vermittels der Kategorien den Anspruch des Allgemeinen gegenüber dem Einzelnen ab, und zwar in einer Zeit der Krise des politischen Gemeinwesens. Für Hegel ist daher auch die im Bewusstsein liegende subjektive Freiheit des Gewissens, dieses innerste Prinzip der Moderne, in die *polis* »als Prinzip des Verderbens der griechischen Staaten, des griechischen Lebens«[9] gekommen, weil es ganz außerhalb der auf das Allgemeine und das Gute konstruierten Verfassung der platonischen Republik stand. In dessen System, in dem das Einzelne als Abbild des Allgemeinen aufgefasst war, sei es unmöglich, dass diesem Einzelnen ein Moment der Willkür zukommen könnte, sodass folglich auch »der griechische Geist, Staatsverfassung, Gesetze nicht berechnet waren und darauf nicht berechnet sein konnten«.[10]

Angesichts der Frage nach der Vermittlung des Einzelnen, Besonderen und Allgemeinen kommt für Hegel in den neueren politischen Bewegungen also ein Strukturproblem zum Ausdruck: Wie ist der moderne, subjektive Begriff der Freiheit mit dem Staat zu vermitteln? Die Lösung

5 Hegel: Rechtsphilosophie, Werke, Bd. 7, S. 47, § 4 Zusatz.
6 Ebd., S. 16 (Zusatz 2).
7 Hegel: Vorlesungen über die Geschichte der Philosophie II, Werke, Bd. 19, S. 114.
8 Hegel: Rechtsphilosophie, Werke, Bd. 7, S. 18.
9 Hegel: Vorlesungen über die Geschichte der Philosophie II, Werke, Bd. 19, S. 113.
10 Ebd., S. 114.

liegt seit Hegels frühen politischen Schriften in der Auffassung der Staatsverfassung als notwendig in einem Zustand des andauernden Werdens befindlich. Für Hegel ist das Staatsrecht und die wahre Verfassung kein positives Recht und er geht in seiner »Geschichte der Philosophie« sogar so weit, zu sagen, dass die Verfassung »abgeschafft werden muß, liegt in der Idee der Konstitution«.[11]

Zugleich wendet sich Hegel aber tendenziell gegen die revolutionären Bestrebungen seiner Zeit, gegen das »Freiheitsgeschrei«[12] im Zuge der Französischen Revolution, und machte darüber hinaus als Grund der politisch-rechtlichen Zersplitterung des Deutschen Reichs einen vermeintlichen deutschen »Trieb zur Freiheit«[13] aus. In diesen Bestrebungen beweise sich »die Freiheit des Denkens und des Geistes [...] nur durch die Abweichung, ja Feindschaft gegen das öffentlich Anerkannte [...]«,[14] und so seien in dieser Feindschaft gegen das Allgemeine die Wirklichkeit, »die *sittliche Welt*« und »das geistige Universum« letztlich »der Willkür preisgegeben«.[15] Doch auch der umgekehrte Weg ist versperrt: Das Allgemeine setzte sich, wie Hegel mittels der Französischen Revolution erkennt, als Allgemeines nur *gegen* die Einzelnen durch. Ihre Schrecken vor Augen, den *Terreur*,[16] welcher die abstrakte Idee der Freiheit und Gleichheit als »Furie des Zerstörens«[17] in die Außenwelt setzte, verunmöglicht für Hegel eine unmittelbare Revolutionierung der Wirklichkeit aus dem praktisch werdenden Denken heraus. Damit ist der Weg einer weltabgewandten Reflexion der Freiheit als Sollen für Hegel versperrt, da sie als Abstraktion nicht wirklich würde, sondern Wirklichkeit zerstöre. Eine aufs *Sollen* gerichtete Praxis der Philosophie, ein »*Belehren*, wie die Welt sein soll«, ist damit nicht mehr ihr Gegenstand; sie erteile keine Ratschläge, denn dafür komme »ohnehin die Philosophie immer zu spät«.[18] Wenn Hegel jedoch zugleich den Anspruch erhebt, die Philosophie sei »*ihre Zeit in Gedanken erfaßt*«,[19] so kann sie nicht umhin, anzuerkennen, dass es die Idee der Freiheit ist, die in dieser Zeit geschichtsmächtig wird und von der nicht abgelassen werden kann, ehe sie verwirklicht ist.[20] Die Lösung einer Transformation ist aufgehoben im obigen Begriff der Verfassung als eines stetigen Wandels und läuft so auf Hegels Staatskonzeption zu, als Allgemeinem der bürgerlichen Gesellschaft.

11 Ebd., S. 113.
12 Hegel: Die Verfassung Deutschlands, Werke, Bd. 1, S. 572.
13 Ebd., S. 465.
14 Hegel: Rechtsphilosophie, Werke, Bd. 7, S. 15.
15 Ebd., S. 15 f.
16 Vgl. hierzu auch Hegel: Vorlesungen über die Philosophie der Geschichte, Werke, Bd. 12, S. 431.
17 Hegel: Rechtsphilosophie, Werke, Bd. 7, S. 50, § 5.
18 Ebd., S. 28.
19 Ebd., S. 26.
20 Vgl. Heilgendorff/Kleber: Das Recht der Ökonomie.

Eine Befriedigung dieser Leidenschaft, dieses Triebes zur Freiheit darf also *nicht allein* ausgehend vom besonderen Willen und Individuum entwickelt werden,[21] sondern muss zugleich im Staat als Vermittlung von Vernunft und Wirklichkeit gedacht werden, das heißt zugleich als Besonderung des Allgemeinen, welches sich in den Handlungen der Menschen realisiert. Seine »Rechtsphilosophie« und die dortige Arbeit am Begriff versteht Hegel also als Gegenentwurf zur Unmittelbarkeit der revolutionären Leidenschaften seiner Zeit. Es ist der »Versuch, den Staat *als ein in sich Vernünftiges zu begreifen und darzustellen*«, wobei gelte, dass dieser als Rechts*philosophie* »am entferntesten davon sein [muß], einen Staat, *wie er sein soll*, konstruieren zu sollen«.[22] Hegel geht es somit um die Frage, wie der in der Wirklichkeit liegende Staat erkannt werden kann, und dafür sei »die *Notwendigkeit* eines Begriffs die Hauptsache, und der Gang, als *Resultat*, geworden zu sein, sein Beweis und Deduktion«.[23] Anstelle der Vorstellung eines abstrakten Begriffs der Freiheit, der der Wirklichkeit als Maßstab gegenübergestellt wird, müsse, so Hegel, seine Notwendigkeit dargelegt werden, und diese resultiert aus der bekannten Darstellungsform der Substanz als Subjekt.

Der Freiheit zugrunde liegt der Wille als die praktische Verwirklichung der Freiheit, »denn das Freie ist der Wille. Wille ohne Freiheit ist ein leeres Wort, so wie die Freiheit nur als Wille, als Subjekt wirklich ist.«[24] Was jedoch Wille und Freiheit im ganzen Umfang des Begriffes sind, kann – ebenso wenig wie die Logik den Begriff derselben vorwegnehmen konnte – nicht als Definition der »Rechtsphilosophie« vorangestellt werden. Sie sind der philosophische Gegenstand und zeigen sich als Bewegung, als Entfaltung einer Totalität von Rechts*kategorien*. Wie auch schon in der Logik der Begriff, würde ohne diese Deduktion der Kategorien die Idee der Freiheit die des Alltagsverstandes bleiben, wie sie Hegel in der »Enzyklopädie« kritisiert: »Über keine Idee weiß man es so allgemein, daß sie unbestimmt, vieldeutig und der größten Mißverständnisse fähig und ihnen deswegen wirklich unterworfen ist als die Idee der *Freiheit*, und keine ist mit so wenigem Bewußtsein geläufig.«[25] Die wissenschaftliche Betrachtung des Rechts ist also als Rechts*philosophie* bestimmt, indem sie die allgemeinen Vorstellungen in einen kategorialen Zusammenhang bringt, wo sie als Kategorien Denk- wie Grundbestimmungen der Substanz sind.

Doch was bedeutet das genau? Wie verhält sich dabei die Deduktion des Begriffs der Freiheit zur empirischen Wirklichkeit? Die »Rechtsphilo-

21 Vgl. Hegel: Rechtsphilosophie, Werke, Bd. 7, S. 80 f., § 29.

22 Ebd., S. 26.

23 Ebd., S. 31 f., § 2.

24 Ebd., S. 46, § 4 Zusatz.

25 Hegel: Enzyklopädie (Teil 3). Philosophie des Geistes, Werke, Bd. 10, S. 310, § 482.

sophie« hat zu ihrem Ausgangspunkt, dass der Begriff als Begriff, wie in der »Logik« dargelegt, ausgehend von der Substanz als Subjekt seine eigene Notwendigkeit besitzt und so der Philosophie nur die Aufgabe zufällt, »der eigenen immanenten Entwicklung der Sache selbst zuzusehen«,[26] aus der die Kategorien hervorgehen. Das umstrittene Verhältnis von Hegels Logik und Realphilosophie stellt sich nun wie folgt dar: Wenn der Begriff als Begriff in der Ableitung der Kategorien als seinen Bestimmungen zugleich die Grundstruktur jeden Begriffes ist, also auch des Rechts, dann hat der *Rechtsphilosoph* das Recht, die empirischen, positiven Rechtsbestimmungen als Bestimmungen des Begriffs des Rechts zu entwickeln, kurzum »sich umzusehen, was in den Vorstellungen und in der Sprache demselben entspricht«.[27] Voraussetzung zu der Erkenntnis, dass das, was vernünftig ist, wirklich sei, und was wirklich ist, vernünftig wäre,[28] ist also, dass in den Rechtsvorstellungen der Wirklichkeit »der Begriff als in ihr enthalten und seinem Wesen nach in ihr vorhanden aufgezeigt, d. h., die Vorstellung zur Form des Begriffs erhoben werden« kann.[29] Die vorherigen Rechtsvorstellungen, als unkritische Kategorien des Rechts, müssten so ausgehend von der Bewegung der Substanz zu entfalten sein, damit die »Rechtsphilosophie« in ihrer Darstellung zugleich Wissenschaft wie Kritik des Rechts ist. Die Struktur ist aus der »Logik« bekannt: Das Zugrundeliegende, die allgemeine flüssige Substanz bestimmt sich in den Kategorien, die sie in ihrem Selbstbezug entfaltet, nur hier nicht theoretisch als Begriff des Begriffs (der Logik), sondern praktisch als Begriff der Freiheit. In der dieser Denkform folgenden Vermittlungsleistung der hegelschen Darstellung, die den Begriff der Freiheit in den rechtlichen, politischen und ökonomischen Vorstellungen der Zeit sich manifestieren lässt, liegt somit aber die Gefahr einer Apologie des sich in diesen Kategorien ebenso widerspiegelnden preußischen Staates (Familie, Wert, Eigentum, bürgerliche Gesellschaft, Staat, Fürst, ...). Damit stellt sich eine alles entscheidende Frage, die auch Marx umtreibt: Sind die Kategorien des positiven Rechts tatsächlich die Bestimmungen des abstrakten Begriffs der Freiheit? Oder ist der Begriff der Freiheit nur fälschlicherweise in den Kategorien des positiven Rechts entwickelt? Wie stehen also Begriff und Sache, Denken und Sein zueinander? Ist der Begriff und das ihm Zugrundeliegende tatsächlich das der Wirklichkeit Zugrundeliegende und die Kategorien Bestimmende, oder aber ist die Wirklichkeit durch diese Kategorien und ihre Ordnung mangelhaft reproduziert, insofern die Kategorien nicht die Bestimmungen der Sache selbst sind, sondern die des (hegelschen) Denkens der Wirklichkeit als Realisierung der Freiheit?

26 Ebd., S. 30, § 2.

27 Ebd., S. 32, § 2; Hegel: Wissenschaft der Logik II, S. 406.

28 Vgl. Hegel: Rechtsphilosophie, Werke, Bd. 7, S. 24.

29 Ebd., S. 32, § 2.

Marx' Hegelkritik und die Beziehung von Logik und Realphilosophie

Dies bildet den Übergang zu Marx. Denn kaum einer hat diese schwierige Gratwanderung der Vermittlung von Philosophie und Wirklichkeit wirkmächtiger kritisiert. Er verfestigte damit das Vorurteil gegenüber Hegel als eines preußischen Staatsphilosophen.[30] Marx prangerte an, es sei für Hegel »[n]icht die Logik der Sache, sondern die Sache der Logik [...] das philosophische Moment. Die Logik dient nicht zum Beweis des Staats, sondern der Staat dient zum Beweis der Logik.«[31] Was Marx an Hegel rügt, ist, dass die »Rechtsphilosophie« in ihrer vorliegenden Form einzig »*spekulative Rechtsphilosophie*«[32] sei. Ihre genauere Bestimmung sei angesichts der Zustände der deutschen Staatlichkeit nur das »*Denken* des modernen Staats, dessen Wirklichkeit ein Jenseits bleibt«, welches zudem vom »*wirklichen Menschen*«[33] abstrahiere, ihn nur als »das begreifende Denken«[34] kenne und so auch »den *ganzen* Menschen, auf eine nur imaginäre Weise befriedigt«.[35] Trotz allem liefere Hegel jedoch eine »kritische Analyse des modernen Staats«, die als die »entschiedene Verneinung der ganzen bisherigen *Weise* des *deutschen politischen und rechtlichen Bewußtseins*«[36] begriffen werden müsste; andererseits ergreife die hegelsche Staatskritik und die progressive Ableitung desselben aus der Vernunft den Menschen nicht, insofern nicht am Menschen, sondern am Denken demonstriert werde – radikal und dadurch zur materiellen Macht werde die Theorie erst, wenn sie »die Sache an der Wurzel fass[t]« und diese sei der (tätige) Mensch selbst.[37]

Gerade in Bezug auf die politischen Implikationen der »Rechtsphilosophie« merkt Marx kritisch an, ob die Wirklichkeit tatsächlich dem Begriff identisch oder nicht vielmehr die Wirklichkeit ihre eigene Logik besitzen würde, sodass sich angesichts der über Hegels Tod hinaus andauernden fatalen deutschen Zustände und der sich nur schleppend herausbildenden bürgerlichen Gesellschaft feststellt: »Werden die theoretischen Bedürfnisse unmittelbar praktische Bedürfnisse sein? Es genügt nicht, dass der Gedanke zur Verwirklichung drängt, die Wirklichkeit muß sich selbst zum Gedanken drängen.«[38]

Ihren Dreh- und Angelpunkt hat diese frühe Kritik von Marx in der Hegel vorgeworfenen »philosophischen Auflösung und Wiederherstel-

30 Vgl. z. B. Herbert Schnädelbach: Hegels Praktische Philosophie. Ein Kommentar der Texte in der Reihenfolge ihrer Entstehung, Frankfurt a. M. 2000, S. 171.

31 Karl Marx: Zur Kritik der hegelschen Rechtsphilosophie, in: MEW, Bd. 1, S.201–336, hier S. 216.

32 Marx: Zur Kritik der hegelschen Rechtsphilosophie. Einleitung, MEW, Bd. 1, S. 384.

33 Ebd.

34 Marx: Ökonomische Manuskripte 1857–58, Teil 1, MEGA^2, Bd. II/1.1, S. 37.

35 Marx: Zur Kritik der hegelschen Rechtsphilosophie. Einleitung, MEW, Bd. 1, S. 385.

36 Ebd., S. 384.

37 Ebd., S. 385.

38 Marx: Zur Kritik der hegelschen Rechtsphilosophie, MEW, Bd. 1, S. 326. Vgl. auch Heilgendorff/Kleber: Das Recht der Ökonomie, S. 270.

lung der vorhandnen Empirie«[39] und trotz der Ambivalenzen und Hochschätzung der hegelschen Ableitung des Staates aus der Vernunft[40] lautet der Vorwurf an die »Rechtsphilosophie«: »Die gewöhnliche Empirie hat nicht ihren eigenen Geist, sondern einen fremden zum Gesetz, wogegen die wirkliche Idee nicht eine aus ihr selbst entwickelte Wirklichkeit, sondern die gewöhnliche Empirie zum Dasein hat.«[41]

Einerseits ist die »Rechtsphilosophie« so in Marx' Augen die vernünftige Deduktion des Begriffs der Freiheit, andererseits besäße sie aber den Mangel, diese Deduktion vermittels der empirischen Kategorien des Rechts darzustellen.[42] Hierin identifiziert Marx den apologetischen Zug der hegelschen Methode: So würden die Vorstellungen bzw. Kategorien nicht aus dem wirklich zugrunde liegenden entwickelt, sondern aus dem von Hegel zugrunde gelegten: der Freiheit bzw. dem Willen.

Dies ist es, was Marx als Mystizismus auffasst und auch der politischen Ökonomie zum Vorwurf machen wird, wenn diese aus den abstrakten Bestimmungen der Produktion, sie bestünde vermittels eines Produktionsinstrumentes in der Wechselwirkung zwischen Mensch und Natur, die ewige Notwendigkeit des Kapitals schlussfolgert, nur weil die Produktionsmittel in der bürgerlichen Gesellschaft die Form des Kapitals besitzen. Man denke hier nur an die von Marx angeführten Urfischer Ricardos, die ihre Produkte als Tauschwerte und Produktionsmittel als Kapital betrachten. Diese allgemeine Bestimmung der Produktion, also ihre Bestimmung in der Idee, so könnte man im Anschluss an die frühe Hegelkritik ausführen, wird durch die politische Ökonomie in diesem Sinne vermengt mit der »gewöhnlichen Empirie«, das heißt den Vorstellungen und der Sprache der empirischen Wirklichkeit. Im Kapital als Produktionsmittel wird zwar richtig das Identitätsmoment der Wechselwirkung zwischen Mensch und Natur erblickt, aber es bleibt dabei verborgen, dass das Kapital nur ein historisch-spezifisches gesellschaftliches Produktionsverhältnis abbildet. Die Eigenschaftsbestimmung der Produktionsmittel, Kapital zu sein, wird als geschichtlich sekundäre Form unmittelbar mit dem Allgemeinen identifiziert ausgesprochen. So wird das Kapital unter der Hand zur Bedingung der Möglichkeit der Produktion schlechthin, folglich apologetisch gewendet, naturalisiert oder, wie Marx meint, »verdolmetscht«. Marx' Programm seiner Kritik der politischen Ökonomie und die Kritik an Hegel überschneiden sich darin, dass allgemeine begriffliche Bestimmungen und Abstrakta mit einer historisch-spezifischen Formbestimmung identifiziert werden. Es

39 Karl Marx: Ökonomisch-philosophische Manuskripte (Erste Wiedergabe), in: MEGA², Bd. I/2, S. 187–322, hier S. 285.

40 Karl Marx: Der leitende Artikel in Nr. 179 in der »Kölnischen Zeitung«, in: MEW, Bd. 1, S. 86–104, hier S. 103.

41 Marx: Zur Kritik der hegelschen Rechtsphilosophie, MEW, Bd. 1, S. 206.

42 Vgl. dazu Hegels Ausführungen in Hegel: Rechtsphilosophie, Werke, Bd. 7, S. 32.

ist die bereits zuvor zitierte und in der »Erstauflage« des »Kapital« kritisierte Eigentümlichkeit, das Einzelne und Besondere (römisches, deutsches usw. Recht) nur als Verkörperung des Allgemeinen (des Rechts) zu begreifen.[43] Konkret bedeutet dieser Zusammenhang für die »Rechtsphilosophie«: Hegels vernünftige Bestimmung des Begriffs der Freiheit drückt sich in den empirischen Kategorien der bürgerlichen Gesellschaft aus, als »Rose im Kreuze der Gegenwart«.[44] So wird die Idee der Freiheit bei Hegel nicht als solche, als philosophische Idee in ihren eigenen philosophischen Begriffen und Kategorien deduziert, sondern als das Vernünftige an der empirischen Wirklichkeit entwickelt. Die historisch-spezifische Form der bürgerlichen Gesellschaft scheint so Verkörperung der Freiheit schlechthin.

Die Hegelkritik der »Frühschriften« und die »Kritik der politischen Ökonomie« haben hierin ihren Berührungspunkt, denn Marx betont, dass in der »Rechtsphilosophie« »[d]ie Wirklichkeit nicht als sie selbst, sondern als eine andere Wirklichkeit ausgesprochen [wird]«.[45] Anders als die unmittelbar an Hegel anschließende politische Bewegung der Junghegelianer, die »der Philosophie den Rücken kehrt und abgewandten Hauptes [...] einige ärgerliche und banale Phrasen über sie hermurmelt«,[46] versucht Marx, an »den rationellen Kern in der mystischen Hülle«[47] anzuknüpfen. Der Mystizismus besteht für Marx darin, dass die gewöhnliche empirische Wirklichkeit einen ihr fremden Geist, nämlich das Denken des jeweiligen Wissenschaftlers, zugrunde liegen hat, weswegen die so systematisierten Kategorien eben nur die Denk- aber nicht die Grundbestimmungen der Sache sind. An und für sich ist also die Form des spekulativen Begriffs mitnichten ein »Mystizismus«, den man Hegel vorwerfen könne, sondern die Erkenntnis der bürgerlichen Gesellschaft *durch* Hegel ist mangelhaft, da sie durch *sein* Denken und nicht durch die Sache bestimmt ist. So werde »das Allgemeine als solches verselbstständigt« und als Allgemeines »unmittelbar mit der empirischen Existenz konfundiert«.[48] Daher auch Marx' (und Engels') radikale Kritik an der Verselbstständigung der Ideen.[49] Für die Kritik an Hegel bedeutet dies: Der Begriff der Freiheit ist zwar eine Gedankentotalität, aber diese Gedankentotalität wird eben nicht in der der Gedankentotalität eigentümlichen Sprache der Philosophie ausgesprochen, sondern in den Vorstellungen des empirischen Daseins, womit die empirische Wirklichkeit als Produkt der begrifflichen Bewegung der Freiheit erscheint. Die vernünftige

43 Marx: Das Kapital. Erster Band (1867), MEGA², Bd. II/5, S. 634.
44 Hegel: Rechtsphilosophie, Werke, Bd. 7, S. 26.
45 Marx: Zur Kritik der hegelschen Rechtsphilosophie, MEW, Bd. 1, S. 206.
46 Marx: Zur Kritik der hegelschen Rechtsphilosophie. Einleitung, MEW, Bd. 1, S. 384.
47 Marx: Das Kapital. Erster Band (1890), MEGA², Bd. II/10, S. 17.
48 Marx: Zur Kritik der hegelschen Rechtsphilosophie, MEW, Bd. 1, S. 244.
49 Vgl. Engels/Marx: Die deutsche Ideologie, MEW, Bd. 3, S. 13.

Struktur des Gegenstandes folgt hier nicht der Logik der Sache, sondern der Sache der Logik.[50] Daher tendiere Hegel zur Affirmation der bürgerlichen Gesellschaft.[51] Entsprechend polemisiert Marx gegen Hegels »Anwendung dieser logischen Ideen«,[52] wie er sie beispielsweise anhand des § 270 der »Rechtsphilosophie« nachweist.[53] Der Hegel vorgeworfene Mystizismus besteht also darin, dass der Staat und die dazugehörigen Kategorien als Gedankentotalität zum Ausdruck der logischen Entwicklung der *reinen* Idee werden – »Es ist dies der Dualismus, daß Hegel das Allgemeine nicht als das wirkliche Wesen des Wirklich-Endlichen, d. i. Existierenden, Bestimmten betrachtet oder das wirkliche Ens nicht als das *wahre Subjekt* des Unendlichen.«[54]

Denken und Wirklichkeit. Vermittlung von Begriff und Geschichte

Hegels Forderung, sich in den Vorstellungen danach umzusehen, was den Bestimmungen des Begriffs am nächsten kommt,[55] ist also der Schlüssel zum Verständnis von Marx' Kritik: Es geht dabei um die Denkform, dass sich das Allgemeine oder Abstrakte tatsächlich als das über das Einzelne und Besondere Herrschende und Bestimmende verhält, wie diese vermittels ihrer Besonderheit dies Allgemeine (re)produzieren. In diesem Sinne transformiert Marx Hegels spekulativen Begriff im »Kapital«: Er zeichnet die Konstitution der abstrakt menschlichen Arbeit zum Subjekt und damit den die Wirklichkeit beherrschenden Begriff des Kapitals nach. So legt Marx im Wert das Konstitutionsprinzip der Gesellschaft als eines den Einzelnen fremd gegenüberstehenden und sie beherrschenden Abstraktums frei. An dieser Stelle wird ersichtlich, was das bisher nur der Metaphysik verhaftet bleibende spekulative Moment der hegelschen Methode in der Betrachtung der Wirklichkeit bedeutet und wie diese spekulative Methode bei Marx weiterlebt. Nachzuvollziehen ist daher, was Abstraktion und das Verhältnis des Abstrakten und Konkreten bei Hegel

50 Schief wird die Interpretation von Marx dann, wenn er diese Trennung aufhebt und nur noch von einer »Anwendung dieser logischen Ideen« (Marx: Zur Kritik der hegelschen Rechtsphilosophie, MEW, Bd. 1, S. 214) spricht, so, als würde eine unmittelbare »Bekleidung« der Kategorien der »Logik« mit dem empirischen Inhalt der Gesellschaft vorgenommen, die »Logik« in ihrer kategorialen Struktur also das Skelett der »Rechtsphilosophie« bilde. Diese Ansicht ist m. E. nicht haltbar.

51 Eine Kritik, die sich so auch beim jungen Engels findet, der meint, es »wäre die Religions- und Rechtsphilosophie unbedingt ganz anders ausgefallen, wenn er mehr von den positiven Elementen, die nach der Bildung seiner Zeit in ihm lagen, abstrahiert und dafür aus dem reinen Gedanken entwickelt hätte« (Friedrich Engels: Anti-Schelling, in: MEW, Bd. 41, S. 161–245, hier S. 176). Mehr noch, auf dieses Faktum ließen sich »alle Inkonsequenzen, alle Widersprüche in Hegel reduzieren« (ebd.).

52 Marx: Zur Kritik der hegelschen Rechtsphilosophie, MEW, Bd. 1, S. 214.

53 Ebd., S. 213–239.

54 Marx: Zur Kritik der hegelschen Rechtsphilosophie, MEW, Bd. 1, S. 224.

55 Vgl. Hegel: Rechtsphilosophie, Werke, Bd. 7, S. 32, § 2, und Hegel: Wissenschaft der Logik II, Werke, Bd. 6, S. 406.

und Marx bedeuten: Wenn Hegel im Vorwort zu den »Grundlinien der Philosophie des Rechts« ausführt, »daß erst in der Reife der Wirklichkeit das Ideale dem Realen gegenüber erscheint und jenes sich dieselbe Welt, in ihrer Substanz erfaßt«,[56] so paraphrasiert Marx dies – auf die abstrakt menschliche Arbeit übertragen – im »Methodenkapitel« der »Grundrisse«, dass »die allgemeinsten Abstraktionen überhaupt nur bei der reichsten konkreten Entwicklung [entstehen], wo eines vielen gemeinsam erscheint, allen gemein«.[57]

Diese von beiden genutzte Referenz auf die realhistorische Entwicklung entpuppt sich als die empirische Entsprechung der von Hegel geforderten Gedankenbewegung des Begriffs, die Substanz als sich bestimmendes Subjekt. Auffindbar ist dieser Zusammenhang in dem privat-arbeitsteiligen Produktionszusammenhang oder im Verhältnis der Bürger gegenüber dem Staat, in welchem Allgemeines, Besonderes und Einzelnes wechselseitig vermittelt sind – oder wie es in den »Grundlinien« heißt: »Meinen Zweck befördernd, befördere ich das Allgemeine, und dieses befördert wiederum meinen Zweck.«[58] Die geschichtliche Situation der bürgerlichen Gesellschaft und die sich aus der Wirklichkeit bildenden Vorstellungen besitzen somit bereits an sich eine begriffliche Form. Dies bildet die Voraussetzung, dass mit der entstehenden bürgerlichen Gesellschaft erstmalig die gesellschaftliche Wirklichkeit – als formbestimmte Totalität – der spekulativen Erkenntnis zugänglich und bei Marx mittels eines solidarischen Sturzes Metaphysik darstellbar wird. Noch mehr gilt dies für den Tauschprozess, in dem sich real eine Abstraktion von unterschiedlichen Gebrauchswerten auf ihren Wert vollzieht,[59] sodass – wie Backhaus in einem Seminarprotokoll betont – eben die »Begrifflichkeit nicht nur in den Köpfen der Philosophen, sondern in der Wirklichkeit der Sache selbst steckt«.[60] Hiermit wird verständlich, warum die hegelsche spekulative Methode und ihre Kernbegriffe der Freiheit und Vernunft eine kritische Theorie der Moderne begründen können, in der die Kategorien als Denk- und Grundbestimmungen der Sache selbst aufzufassen sind. An die Stelle der bloßen Kenntnis der Dinge und Vorkommnisse der Welt tritt ihr Begreifen als gedankliche Reproduktion der Wirklichkeit im Begriff, weil sie in sich begrifflich strukturiert ist.

Mit dieser spekulativen Betrachtung der Wirklichkeit setzt sich zugleich ein neuer Begriff von Abstraktion in der Philosophie durch, der – wie es sich bereits andeutete – mit der aristotelischen Tradition von

56 Hegel: Rechtsphilosophie, Werke, Bd. 7, S. 28.

57 Marx: Ökonomische Manuskripte 1857–58, Teil 1, MEGA², Bd. II/1.1, S. 39; Vgl. auch ebd., S. 41.

58 Hegel: Rechtsphilosophie, Werke, Bd. 7, S. 341, § 184 Zusatz.

59 Alfred Sohn-Rethel: Geistige und körperliche Arbeit. Zur Epistemologie der abendländischen Geschichte. Revidierte und ergänzte Neuauflage, Weinheim 1989, S. 12.

60 Hans-Georg Backhaus: Theodor W. Adorno über Marx und die Grundbegriffe der soziologischen Theorie, in: ders.: Dialektik der Wertform, S. 501–513, hier S. 503.

Erkenntnistheorie bricht, die durch immer weitere Abstraktion von dem Subjekt zukommenden Prädikaten sein Wesen erschließt.[61] Hegel schwebt eine Akzentverschiebung in der Bestimmung des Wesens der Dinge vor,[62] in der der Begriff zugleich Ausgangs- und Endpunkt des Denkens ist, wie zuvor bereits dargestellt wurde.[63] Entsprechend ist der Begriff, ausgehend von der Substanz als Subjekt als dem Zugrundeliegenden, »nicht ein ruhendes Subjekt, das unbewegt die Akzidenzen trägt, sondern der sich bewegende und seine Bestimmungen in sich zurücknehmende Begriff«.[64] Hierin besteht der rationale Kern der hegelschen Methode und in ihm spiegelt sich die historische Entwicklung der bürgerlichen Gesellschaft. So zeigt sich, wie die Bestimmungen des Absoluten bei Hegel in ihrer Analyse »nicht positivistisch der Sinnlosigkeit überführt, wohl aber in die geschichtliche Endlichkeit aufgehoben [werden können]«.[65] Der Schlüssel hierzu ist die besagte Realgeschichte, auf die sowohl Hegel als auch Marx referieren: In der bürgerlichen Gesellschaft sind Vernunft und Freiheit nicht mehr wie in der Antike nur ausgewählten Personen angehörig, die Mehrheit gar ganz ausgeschlossen von ihnen. Zu dieser Erkenntnis bedarf es der historischen Herausbildung dieses Allgemeinen in der »Festigkeit eines Volksvorurtheils«,[66] wie es sich erst mit der bürgerlichen Gesellschaft realisierte, in der das »Verhältniß der Menschen zueinander als Waarenbesitzer das herrschende gesellschaftliche Verhältniß ist« und sich damit der »Begriff der menschlichen Gleichheit« und »der gleichen Gültigkeit aller Arbeiten« im Gegensatz zur Antike real durchgesetzt hat – wohingegen diese auf »der Sklavenarbeit beruhte, daher die Ungleichheit der Menschen und ihrer Arbeitskräfte zur Naturbasis hatte«.[67] In ihr schien es daher, als würde die Bestimmung der Freiheit den Menschen von außen zukommen, als Geburtsrecht oder einer Art Aufkleber, verliehen durch gesellschaftliche oder religiöse Instanzen – sodass es »Reihen verschlossener Büchsen mit ihren aufgehefteten Etiketten in einer Gewürzkrämerbude gleicht«.[68] Anders in der bürgerlichen Gesellschaft: In ihr verallgemeinern sich Freiheit, Gleichheit und Vernunft in der Sphäre der Warenzirkulation zu einer gesellschaftlich konstituierten Grundeigenschaft des Menschen. Indem in ihr die Menschen nicht mehr durch Geburt oder Traditionen bestimmt sind, sondern auf dem Markt als freie und gleiche Rechtssubjekte miteinander agieren, sind ihnen die Menschenrechte wesentlich geworden, sodass »[i]m Geldverhältnisse, im

61 Vgl. Hegel: Phänomenologie, Werke, Bd. 3, S. 50 f.

62 Vgl. ebd., S. 59.

63 Vgl. die vorliegende Arbeit, S. 113 f.

64 Hegel: Phänomenologie, Werke, Bd. 3, S. 57.

65 Krahl: Erfahrung des Bewusstseins, S. 9.

66 Marx: Das Kapital. Erster Band (1890), MEGA^2, Bd. II/10, S. 60.

67 Ebd.

68 Hegel: Phänomenologie, Werke, Bd. 3, S. 50 f.

entwickelten Austauschsystem (und dieser Schein verführt die Democratie) in der That die Bande der persönlichen Abhängigkeit gesprengt, zerrissen [sind], Blutsunterschiede, Bildungsunterschiede etc. [...]; und die Individuen *scheinen* unabhängig«.[69] Auch Hegel besitzt diesen historischen Sinn, die Idee der Freiheit mit der Geschichte zu verknüpfen und als das in ihr herrschende Element auszusprechen.[70] Zum Beispiel resultiert Hegels Ablehnung der Sklaverei und die Begründung der Freiheit der Person aus dem Begriff des freien Willens selbst: Durch ihn wird der Leib in Besitz genommen und das erste Dasein der Freiheit, die in ihm zur Existenz kommt, ist, dass der Körper keiner anderen Gewalt als meinem freien Willen unterworfen sein dürfe.[71] Im Körper drücke sich so, Hegel zufolge, die eigene Persönlichkeit aus und es liegt damit die Freiheit der Person nicht in Sollensbestimmungen, dass der Mensch kein Sklave sein solle oder dem kategorischen Imperativ zufolge nur mehr als Zwecke statt Mittel anzusehen sei. Frei und selbstbestimmt ist der Mensch so für Hegel »überhaupt im Besitze seiner selbst, nur durch Bildung«,[72] das heißt in dem Prozess des Werdens, seinem Begriff zu entsprechen und damit dem bewussten Verhalten zu sich als seinem Eigentum. Der freie Wille vergegenständlicht sich jedoch nicht nur im Leib zur Person, sondern auch in den zu diesem gehörenden Sachen, die einmal ergriffen und formiert als Zeichen meines Willens auch veräußerbar sind, insofern sich der Wille anderer auf diese Dinge beziehen kann. So treten die Menschen als Personen in einen anerkennungstheoretischen Tauschzusammenhang ein, wie er sich in »Phänomenologie« bereits angedeutet hatte. Als Garant des Privateigentums wie der freien Person steht so im Recht als übergreifendes Allgemeines der Staat und Hegel erwartet die »Vollendung der Freiheit in der Geschichte [...] auf dem Feld der rechtlichen und politischen Praxis«.[73]

Durch die damit zusammenhängende Reduktion der wirklichen Menschen auf abstrakte Personen, die im Austausch der Dinge miteinander interagieren, hebt diese gesellschaftliche Verallgemeinerung der Individuen zu einem Rechtssubjekt die natürlichen Beschränkungen und Eigenheiten der Menschen in die abstrakte Persönlichkeit des Pri-

69 Marx: Ökonomische Manuskripte 1857–58, Teil 1, MEGA², Bd. II/1.1, S. 96. Dies findet sich bereits in den frühesten ökonomischen Studien von Engels angedeutet: »Aber der Ökonom weiß selbst nicht, welcher Sache er dient. Er weiß nicht, daß er mit all seinem egoistischen Räsonnement doch nur ein Glied in der Kette des allgemeinen Fortschrittes der Menschheit bildet. Er weiß nicht, daß er mit seiner Auflösung aller Sonderinteressen nur den Weg bahnt für den großen Umschwung, dem das Jahrhundert entgegengeht, der Versöhnung der Menschheit mit der Natur und mit sich selbst.« (Friedrich Engels: Umrisse zu einer Kritik der Nationalökonomie, in: MEW, Bd. 1, S. 499–524, hier S. 505)

70 Vgl. Hegel: Enzyklopädie (Teil 3). Philosophie des Geistes, Werke, Bd. 10, S. 301, § 482.

71 Vgl. Hegel: Rechtsphilosophie, Werke, Bd. 7, S. 11 f., § 58.

72 Ebd., S. 125, § 57 Anmerkung.

73 Johannes Rohbeck: Integrative Geschichtsphilosophie in Zeiten der Globalisierung, Berlin/Boston 2020, S. 118.

vateigentümers auf, in deren Charaktermaske sich die Menschen auf dem Markt bewegen. Marx betont angesichts dieses Zusammenhanges bei Hegel, dass erst so Freiheit, Gleichheit und Eigentum aufhörten, »nur in besondrer Form gedacht werden zu können«.[74] Mehr noch, Freiheit und Vernunft hätten aufgehört, »als Bestimmung mit den Individuen in einer Besonderheit verwachsen zu sein«.[75] Hier ist nun in der bürgerlichen Gesellschaft und in ihren Vorstellungen eine Entsprechung der philosophischen Erkenntnismethode Hegels und der Wirklichkeit vorzufinden: Das Subjekt, das *Ich*, ist nicht mehr der feste Punkt, von dem die Freiheit prädiziert wird, sondern es bestimmt sich selbst und dadurch zur Freiheit, sodass das Subjekt als Wirklichkeit der Freiheit, als Wirklichkeit eines allgemeinen Prinzips denkbar wird – und damit der Begriff die Existenz voraussetzt.

Das Verhältnis von Geschichte und Darstellung

Marx' Kritik der »Rechtsphilosophie« als Folie einer Kritik der politischen Ökonomie

Ausgehend vom entwickelten Verhältnis von Begriff und Geschichte ist in der systematischen Deduktion der Kategorien in der »Rechtsphilosophie« nicht das »*in der Zeit erscheinende* Hervortreten und Entwickeln von Rechtsbestimmungen«[76] entscheidend, sondern die logische Struktur der Darstellung reproduziert die Bestimmungen der Freiheit als Prinzip der bürgerlichen Gesellschaft – nicht in ihrem Werden, sondern ausgehend vom Dasein.[77] Ein Problem, welches sich auch am »Kapital« wiederholt, wenn sich an der Ware wie an der hegelschen Person die Frage stellt, ob die Warenabstraktion der »contemporären Geschichte« entnommen ist oder eine realhistorische Vergangenheit bezeichnet.[78] Für Hegel ist der Anfang wie für Marx keine historische Situation, sondern durch die Abstraktionskraft bestimmt. Bei Hegel ist der abstrakteste Ausdruck des Rechts die Person. Sie beginnt zu existieren, sobald sie sich im Eigentum »eine äußere *Sphäre ihrer Freiheit*«[79] gibt, und dies drücke sich aus in der Relation des Willens zu einer Sache. Dies zeigt, dass sie Abstraktion ist, denn die dafür nötige Kategorie des Eigentums setzt schon immer den Staat als Seiend voraus, insofern er Garant des Eigentums ist.[80]

74 Marx: Ökonomische Manuskripte 1857–58, Teil 1, MEGA², Bd. II/1.1, S. 39.

75 Ebd.

76 Hegel: Rechtsphilosophie, Werke, Bd. 7, S. 35.

77 Vgl. auch die analogen Überlegungen von Marx zum Begriff des Kapitals in: Marx: Ökonomische Manuskripte 1857–58, Teil 2, MEGA², Bd. II/1.2, S. 368.

78 Vgl. die vorliegende Arbeit ab S. 156.

79 Hegel: Rechtsphilosophie, Werke, Bd. 7, S. 102, § 41.

80 Vgl. auch hier wieder die analogen und teils direkt auf diese Frage bezogenen Überlegungen von Marx in den »Grundrissen« (Marx: Ökonomische Manuskripte 1857–58, Teil 1, MEGA², Bd. II/1.1, S. 37, und ders: Ökonomische Manuskripte 1857–58, Teil 2, MEGA², Bd. II/1.2, S. 368, 407, 434).

Der Wille liegt also der Freiheit zugrunde und entfaltet sich theoretisch wie praktisch in dieser Reflexionsform einer Subjektkonstitution qua Handlung. Die Substanz als Subjekt bzw. der selbstbestimmte Wille kann sich vermittels verschiedener Arten auf die Sache beziehen: erstens als *körperliche Ergreifung*, *Formierung* und *Bezeichnung* der Sache als die »meinige«.[81] Hier tritt jedoch der Widerspruch zutage, dass die Sache nur in diesem Moment die meinige ist, sodass die Freiheit sich erst als das Beständige in der Kategorie des *Gebrauchs* der Sache zeigt.[82] Aus dem Mangel, dass der Gebrauch nicht dauernd ist, geht sie notwendig über zur *Entäußerung* des Eigentums,[83] in der der Wille sich vermittels des wechselseitigen Aktes der Anerkennung eine dauerhafte Erscheinungsform auch außerhalb des Gebrauchs verschafft, denn der Bezug der an-und-für-sich-selbst bestimmten Dinge verweist auf ihr im Denken liegendes Moment der Identität wie Bestimmung. Durch diese wechselseitige Vermittlung bezieht sich nicht nur der Wille vereinzelt auf die Sache als Begehren, sondern an den sich gegenseitig zueinander anerkennend als Willensausdrücke verhaltenen Sachen drückt sich der abstrakt-allgemeine Wille aus.

Zugleich können sich die Menschen als Personen vermittels des in den Sachen erscheinenden Willens aufeinander beziehen, eben weil diese Sachen als Vergegenständlichung des Willens in wechselseitiger Anerkennung austauschbar und damit veräußerbar sind. Dieser Austausch, der auf den ersten Blick nur subjektive Vermittlung zweier Willen ist, geht in der bürgerlichen Gesellschaft wie ihrer gedanklichen Reproduktion in der »Rechtsphilosophie« über in die Kategorie des Vertrags.[84] Vermittels dieser Form der Anerkennung des jeweiligen Willens realisiert sich das bereits in der »Phänomenologie« angebahnte Verhältnis zweier Selbstbewusstseine zueinander, die sich als gegenseitig anerkennend frei zueinander verhalten, sodass in dieser »Beziehung von Willen auf Willen der eigentümliche und wahrhafte Boden [ist], in welchem die Freiheit *Dasein* hat«.[85] Erst mittels der so entspringenden Kategorie des Vertrages, die als zur Kategorie umgeformte, empirische Rechtsvorstellung der bürgerlichen Gesellschaft dem Begriff der Freiheit äußerst nahekommt, realisiert sich die (Rechts-)Person und das Eigentum als ein zwischen diesen Personen bestehendes Anerkennungsverhältnis freier, selbstbestimmter Subjekte. Es ist damit der Vertrag, in dem das *Allgemeine* des Menschen – seine Existenz als Person und damit die Freiheit – in Bezug auf die bürgerliche Gesellschaft durch den Austausch der Sachen vergegenständlicht wird. Oder in Marx' Worten:

81 Vgl. Hegel: Rechtsphilosophie, Werke, Bd. 7, S. 119, § 54.

82 Ebd., S. 128–140, §§ 59–64.

83 Ebd., S. 140–152, §§ 65–70.

84 Ebd., S. 152 f., § 71.

85 Ebd.

> »Obgleich das Individuum A Bedürfnis fühlt nach der Ware des Individuums B, bemächtigt es sich derselben nicht mit Gewalt, [...], sondern sie erkennen sich wechselseitig an als Eigentümer, als Personen, deren Willen ihre Waren durchdringt. Danach kommt hier zunächst das juristische Moment der Person herein und der Freiheit, soweit sie darin enthalten ist.«[86]

Die Verschiedenheit der Sachen als verschiedener Vergegenständlichungen des Willens, die wiederum bestimmter Ausdruck des Selbstbewusstseins des Subjekts sind und damit bereits vollzogene Negation am auszutauschenden Gegenstande, führt dazu, dass sich in den Gegenständen nicht nur selbstständig für sich bestehende Dinge zeigen, sondern zweckbestimmte Momente eines Allgemeinen, des Selbstbewusstseins bzw. des Willens als solchem. Der Tausch, indem er in der bürgerlichen Gesellschaft nicht mehr nur eine Randerscheinung, sondern die allgemeine Form des gesellschaftlichen Verkehrs ist, drückt so eine *gesellschaftliche* Beziehung von Bedürfnissen und damit Willen aus. Das heißt, dass das die abstrakte Person betreffende Recht nicht historische Realität erlangen würde, wenn sich dieses Verhältnis zwischen Personen lediglich zufällig zwischen zwei Menschen abspielen würde, welche sich wechselseitig anerkennen, indem sie ihre Sachen aufeinander beziehen. In diesem Falle wäre das Eigentumsverhältnis entgegen der bürgerlichen Gesellschaft auf eine bloße Dezision dieser einzelnen Akteure reduzierbar und das sich im Austausch realisierende Gesellschaftlich-Allgemeine als Identitätsmoment der verschiedenen Dinge qualitativ völlig beliebig bestimmbar – je nachdem, was die Tauschabsicht und damit das sich realisierende Identitätsmoment der zwei beteiligten Einzelnen war, welche die Gleichsetzung der Dinge als Sachen anbahnten. In diesem Sinne geht die gegenwärtige Geschichte in die Darstellung der Kategorien ein. Sie kann kein »prähistorisches« oder »vorbürgerliches« Tauschverhältnis sein, da das Allgemeine als Identität nicht durch das Denken, sondern die im Begriff reproduzierte Sache selbst bestimmt sein sollte.

Eben weil es sich daher um ein allgemeines Verhältnis handelt, identifiziert Hegel das Allgemeine mit einer Vorstellung der empirischen Wirklichkeit, die als weitere kategoriale Bestimmung nun folgt: dem Wert. Er ist es, »in welchem die Vertragsgegenstände bei aller qualitativen äußern Verschiedenheit der Sachen einander *gleich* sind, das *Allgemeine* derselben«.[87] Der Wert der Sache ist demnach abstrakt oder formal bestimmt, als eine, wie es Marx ausdrückt, »übernatürliche Eigenschaft beider Dinge« und somit als »etwas rein Gesellschaftliches«,[88] nämlich

86 Marx: Ökonomische Manuskripte 1857–58, Teil 1, MEGA², Bd. II/1.1, S. 167.

87 Hegel: Rechtsphilosophie, Werke, Bd. 7, S. 160, § 77.

88 Marx: Das Kapital. Erster Band (1890), MEGA², Bd. II/10, S. 58.

ein abstraktes interpersonelles Anerkennungs- und damit auch Produktionsverhältnis. So besteht es nicht allein im Denken, sondern ist als Denkbestimmung der wissenschaftlichen Systematik zugleich die gedankliche Reproduktion der Wirklichkeit, also Grundbestimmung, und als diese Einheit: Kategorie.

Die gedankliche Reproduktion der Wirklichkeit. Mit und gegen Hegel am Beispiel des Wertbegriffs

Entsprechend wird der Wert bei Hegel auch in seiner Rechtsbestimmung und nicht in der Bedeutung der politischen Ökonomie gefasst. Hegels und Marx' Theorien der bürgerlichen Gesellschaft stehen darin in einem spiegelbildlichen Verhältnis, wie sich zeigen wird. Gemeinsam ist ihnen, dass der Wert nicht nur als etwas den Dingen äußerliches Drittes begriffen, sondern das im Wert liegende Identitätsmoment als ein Allgemeines bestimmt wird, das die Eigenschaftsbestimmung und damit die gesellschaftliche Formbestimmung der darunter befassten Sache bedingt. Dies Allgemeine nicht nur als *caput mortuum*, sondern als lebendiges Allgemeines erscheint jedoch erst, wie zuvor[89] anhand Hegels neuen Abstraktionsbegriffs entwickelt, wenn die Identität auf den ersten Blick inkommensurabler Dinge nicht nur im Denken hergestellt wird, sondern real gesetzt ist. Mehr noch, sie muss als *historisches Vorurteil* gelten, das heißt *wirklich* allgemein sein und sich in der gesellschaftlichen Praxis durchgesetzt haben – es müssen also tatsächlich alle Dinge als Waren für austauschbar gelten. Ihre Austauschbarkeit sowie ihre Gleichheit dürfen nicht das Produkt zweier wechselseitiger Willen, das heißt zufällig und damit durch das Denken bzw. den einzeln zugrunde liegenden Willen bestimmt sein, sondern müssen ein gesamtgesellschaftliches Verhältnis ausdrücken, das es zum Allgemeinen macht. Hegel wie Marx greifen somit die Vorstellung auf, dass diese im Seienden sich offenbarende allgemeine Gleichheit der Waren nicht nur im Denken vermittels des Wortes Wert ausgedrückt wird, sondern darin gedanklich die Grundbestimmung des Seienden reproduziert wird – bei Hegel also die Dinge Ausdruck des Willens und damit »vernünftig« sind.

Um, spekulativ gesprochen, also nicht nur dem Wort, sondern dem Begriff nach die Sache zu bestimmen und damit sozusagen das Wort zum Begriff zu befreien, müsste eine systematische Darstellung des Wertbegriffes gelingen, in der die Bestimmungen des Wertes zum Ausdruck der Wertsubstanz als einer zugrunde liegenden flüssigen allgemeinen Substanz werden. Wert in dieser substanzialistischen Auffassung wäre zu bestimmen als das qualitativ Gleiche der – trotz ihrer körperlichen Verschiedenheit –Arbeitsprodukte als Waren (Marx) bzw. Sachen als Eigen-

89 Vgl. die vorliegende Arbeit, S. 130 f.

tum (Hegel). Soll dies Verhältnis allgemein und gesellschaftlich bestimmt sein, so bleiben nur zwei Möglichkeiten dieser allgemeinen Substanz: Zum einen, die ausgetauschten Dinge als Teil eines vielschichtig in sich gegliederten Systems der Arbeiten aufzufassen, das sich vermittels des Tauschs der Arbeitsprodukte als Waren realisiert und auf die verausgabte abstrakt menschliche Arbeit, als Identitätsmoment verweist (dies wäre Marx' Fassung). Zum anderen als ein in sich vielschichtiges System der Bedürfnisse[90] und damit in den Dingen (als Eigentum) vergegenständlichter Ausdrücke des Willens (dies wäre Hegels Fassung). Wie der Wert also jeweils substanziell und nicht nur formal (als Gleiches) bestimmt wird, hängt sowohl bei Hegel als auch Marx vom betrachteten Gesamtsystem, das heißt seiner Stellung darin und dem Zugrundegelegten (*hypokeímenon*) ab.

Dies wird wie angedeutet insbesondere am hegelschen Wertbegriff in der »Rechtsphilosophie« deutlich, der das Problem der Freiheit in der Moderne nach der inhaltlichen Seite systematisch-kohärent mit dem Begriff des Eigentums beginnen lässt und die sich darin ausdrückende Struktur von Willens- und Zweckbeziehungen in einem System von Bedürfnissen gipfeln lässt. Dadurch, dass die allgemeine flüssige Substanz die praktische Seite der Vernunft ist, wird der Wertbegriff jedoch mit dem Begriff der Freiheit identifiziert. Was sich so im Wert spiegelt, ist kein ökonomisches Verhältnis, sondern eine gesellschaftliche Beziehung von Bedürfnissen und damit von Willen. Der Wertbegriff ist so substanziell bestimmt als abstraktes interpersonelles Anerkennungsverhältnis freier Subjekte.

Das Selbstbewusstsein – was nur ein anderer Ausdruck für die Selbstbestimmung, das heißt die Freiheit des *Ich* ist[91] – kann sich darin nur als beständig erweisen, wenn (wie aus der »Phänomenologie« bekannt) die im Tausch vollzogene Negation des Anderen nicht durch die Zerstörung der Begierde bewirkt wird, wie beispielsweise im Raub. Sonst würde dem Selbst nur eine punktuelle Gewissheit verschafft werden. Beständigkeit entstünde nur, wenn die Negation selbstständig im Anderen vollzogen wird und damit zwei Selbstbewusstseine sich als wechselseitig anerkennend verhalten, wie es in der Kategorie des Eigentums postuliert ist. So wäre »jedes Extrem [...] diese Austauschung seiner Bestimmtheit und absoluter Übergang in das entgegengesetzte«,[92] womit die Extreme als Einheit wechselseitig aufeinander bezogener Momente gedacht werden. Als diese sind sie die schon bekannte Substanz als Subjekt, die Substanz als freies Verhalten zu sich selbst und durch Negation Selbstbestimmung im Anderen, also Wechselwirkung. In der »Logik« war in der Wechselwir-

90 Vgl. hierzu Johannes Rohbeck: Hegels »System der Bedürfnisse« und das Problem ihrer Entwicklung, in: Hegel-Jahrbuch 1984/85, S. 155–164.

91 Vgl. Hegel: Phänomenologie, Werke, Bd. 3, S.144–155.

92 Ebd., S. 147.

kung die Beziehung selbst als eine Notwendigkeit bestimmt, da ohne Verhältnis keine Wechselwirkung ist. Beide Seiten zeigten sich darin als an und für sich dasselbe, da sie Verkörperung des Wertes sind, das heißt »als Momente eines Dritten, Höheren, erkannt werden, welches dann eben der Begriff ist«.[93] Diese Figur begegnete uns schon in der »Phänomenologie«. Auch dort ging das Verhältnis der gegenseitigen Anerkennung über in ein Drittes, Höheres: die Vernunft. Die Wechselwirkung besteht also in einem Medium, das in der »Logik« als Begriff, in der »Phänomenologie« als Selbstbewusstsein und in der »Rechtsphilosophie« als Freiheit ausgesprochen wird. In letzter Instanz löse Hegel so die Wirklichkeit in die immer gleichen Denkbestimmungen auf und was im Begriff reproduziert werde, seien nicht die Grundbestimmungen des Seienden, sondern die logischen Kategorien – so Marx' Vorwurf.

Marx zeigt hingegen im »Kapital«, dass die Dinge auch unabhängig von den sich darin eigentümlich verwirklichenden Willen Reflexionsbestimmungen besitzen können: Die Sachen sind nicht nur Ausdruck des Willens, sondern als formbestimmte Einheit von Naturstoff und Gedanke ebenso Arbeitsprodukte. In Abstraktion von den Bedürfnissen bleibt bei Marx so als Identitätsmoment nur die eine Eigenschaft übrig, Arbeitsprodukt schlechthin zu sein. Wenn also im Austausch die Dinge als Arbeitsprodukte aufeinander bezogen werden, ist nicht der Wille, sondern die abstrakt menschliche Arbeit das Zugrundeliegende. Diese bestimmt sich an und für sich als Wert der Sache vermittels eines anderen Arbeitsproduktes, sodass die Arbeitsprodukte in diesem wechselseitigen Verhältnis die Warenform annehmen. So wird aus einem Gegenstand, der an sich eigentlich keine Reflexionsbestimmungen besitzen kann, weil er als prozessierter Naturstoff tote Materie ist, eine Ware, die »ein sehr vertracktes Ding ist, voll metaphysischer Spitzfindigkeit und theologischer Mucken«.[94] Indem sie in diese gesellschaftlichen Verhältnisse gesetzt wird, erhält sie die »übernatürliche« und »gespenstige« Gegenständlichkeitsform einer mit Willen und Bewusstsein begabten Materie.

Das heißt, in den sich zueinander verhaltenden Arbeitsprodukten als Tauschwerten werden jene als Wert einander gleichgesetzt und realisieren – wie noch zu zeigen wäre – damit die abstrakt menschliche Arbeit als Wertsubstanz wie Herrschaftsprinzip der bürgerlichen Gesellschaft und es vollzieht sich die Konstitution des Kapitals als sich selbst verwertender Wert zum die Wirklichkeit bestimmenden Begriff. Der Wert ist daher bei Marx in Abstraktion von den Personen als ein Verhältnis der Dinge untereinander begriffen und damit *rein ökonomisch*. Spekulativ betrachtet können also sowohl das *Bedürfnis* wie auch die *abstrakt menschliche Arbeit* die sich in den Extremen erhaltene gesellschaftliche Substanz der

93 Hegel: Enzyklopädie (Teil 1). Logik, Werke, Bd. 8, S. 302, § 156 Zusatz.

94 Marx: Das Kapital. Erster Band (1890), MEGA², Bd. II/10, S. 70.

Sache sein, je nachdem, durch welchen kategorialen Gesamtzusammenhang sich der Wert bestimmt.

Das Bedürfnis als *hypokeímenon* des hegelschen Wertbegriffs ist jedoch tendenziell überhistorisch und für alle Epochen gültig, insofern darin allgemeine Bestimmungen eines Reflexionsverhältnisses zweier für sich freier, das heißt selbstbewusster Subjekte ausgedrückt sind, die sich aufeinander beziehen. Zusammengeschlossen werden so aber wie in der politischen Ökonomie historisch formbestimmte sekundäre Erscheinungsform (Wert- und Warenform des Arbeitsproduktes) und transhistorische Substanz (Wille). Es wird von Hegel der Aspekt einer allgemeinen philosophischen Theorie der Freiheit also mit dem Wertbegriff der empirischen Realität der bürgerlichen Gesellschaft vermengt und diese folglich zum Ausdruck eines abstrakten philosophischen Prinzips. Während Hegel so ausgehend von der Freiheit des *Ichs* die moderne Ökonomie als ein System der Bedürfnisse begreift, wird sich zeigen, dass Marx diese als ein System unabhängig voneinander betriebener Privatarbeiten auffasst und darin die Bedingungen der Möglichkeit der Freiheit überhaupt erst entdeckt: als Zurücknahme der im Wertbegriff liegenden und im Kapital verselbstständigten Gesellschaftlichkeit der Menschen. Sie erscheint fetischistisch in Form des Wertes, als mit »Willen und Bewusstsein« begabte, uns beherrschende Dinge. Das heißt, die auch von Hegel im Begriff der Freiheit kritisierte Herrschaft der Abstraktion wird erst aufgelöst durch die Kritik der politischen Ökonomie und den marxschen Begriff des Kapitals. Ideengeschichtlich ausgedrückt: Hegel kritisierte an der Französischen Revolution und dem »Freiheitsgeschrei« der Zeit, Abstraktionen in der Wirklichkeit geltend zu machen, hieße, Wirklichkeit zu zerstören. Seine Lösung war der Nachweis der Identität von Vernunft und Wirklichkeit,[95] dass die Idee der Freiheit schon als das Vernünftige an der Wirklichkeit besteht. Marx kritisiert dies und weist nach, dass selbst diese Vorstellung noch eine Abstraktion ist, weil sie der empirischen Wirklichkeit die Idee der Freiheit unterstellt. Was ihr wirklich zugrunde liegt, ist die aus der privat-arbeitsteiligen Produktion hervorgehende Abstraktion der abstrakt menschlichen Arbeit als gesellschaftlicher Wertsubstanz, die die menschliche Wirklichkeit auf fatale Weise formbestimmt und das gerade Gegenteil der menschlichen Freiheit ist.

Nichtsdestoweniger vollzieht sich für Marx in der bürgerlichen Gesellschaft durchaus ein Fortschritt, insofern »die Individuen nun von *Abstraktionen* beherrscht werden, während sie früher voneinander abhingen«.[96] An die Stelle persönlicher Abhängigkeit tritt so in der Charaktermaske der Person die Freiheit und Gleichheit des Menschen, wie sich andererseits in der Wertabstraktion – freilich in verkehrter

95 Vgl. Hegel: Rechtsphilosophie, Werke, Bd. 7, S. 24–27.

96 Marx: Ökonomische Manuskripte 1857–58, Teil 1, MEGA², Bd. II/1.1, S. 96.

Form – die abstrakt menschliche Arbeit ein weiteres Gattungswesen des Menschen abzeichnet. Die menschliche Freiheit ist so im Sinne einer bestimmten Negation skizziert: Frei sich aus sich selbst bestimmend und die Bedingungen dafür in der Wirklichkeit findend, formt das leibliche Wesen Mensch die Natur um. So entsteht die Utopie einer Naturalisierung des Menschen in Form einer Humanisierung der Natur,[97] in deren Horizont die Eigenschaftsbestimmungen der Wirklichkeit durch die selbstbewusste Tätigkeit der Menschen vermittelt sind. Hierin liegt die in den »Feuerbachthesen«[98] angemahnte Negation der Philosophie, indem die Gegenstandskonstitution und das in der Wahrnehmung erscheinende Verhältnis von Ding und Eigenschaften nun durch die menschliche Arbeit anstelle des reinen Denkens vermittelt sind. Im Kapital jedoch erscheint dies verkehrt, nicht als planvolle Produktion eines Vereins freier Menschen, sondern als die Fremdherrschaft und Not einer gegenüber den Menschen verselbstständigten kapitalistischen Ökonomie.

In dieser Differenz der substanziellen Bestimmung des dem Begriff Zugrundeliegenden – bei Hegel als Denken bzw. Willen, bei Marx als abstrakt menschliche Arbeit – lässt sich ein spiegelbildliches Verständnis von Freiheit und der dialektischen Denkformen bzw. ihrer Operationalisierung nachweisen.[99] Marx geht es im spekulativen Denken der Moderne nicht um die Realisierung eines abstrakt-philosophischen Prinzips, sondern um das historisch-spezifische Formprinzip der bürgerlichen Gesellschaft, das den Zusammenhang wie die Formbestimmung der Einzeldinge gibt und »für die nach Klassen departementalisierte Reproduktion des gesellschaftlichen Abstraktionszusammenhangs [sorgt], hinter dem sich die Herrschaft von Menschen über Menschen verdinglicht verbirgt«.[100] Marx' Kritik der Philosophie (und mit ihr der Religion) endet in diesem Sinne »mit der Lehre, daß der *Mensch das höchste Wesen für den Menschen sei, also mit dem kategorischen Imperativ, alle Verhältnisse umzuwerfen*, in denen der Mensch ein erniedrigtes, ein geknechtetes, ein verlassenes, ein verächtliches Wesen ist«,[101] weswegen die kapitalistische Gesellschaftsformation ob dieser Fremdbestimmung und der Herrschaft der Abstraktionen gegenüber den Menschen aufzuheben sei. So zeichnet sich ab, dass »materialistische« Dialektik mitnichten ein Verzicht auf spekulatives Denken ist, sondern Metaphysik im Moment ihres Sturzes zur Methode rationaler Weltauffassung wird.

97 Vgl. Marx: Ökonomisch-philosophische Manuskripte, MEGA², Bd. I/2, S. 389–391.

98 Marx: 1) ad Feuerbach, MEGA IV/3, S. 19–21.

99 Vgl. Heilgendorff/Kleber: Das Recht der Ökonomie.

100 Krahl: Anhang. Zur Geschichtsphilosophie des autoritären Staates (2. Fassung), in: ders.: Konstitution und Klassenkampf, Frankfurt a. M. 2008, S. 227–246, hier S. 232.

101 Marx: Zur Kritik der hegelschen Rechtsphilosophie, MEW, Bd. 1, S. 385.

Der Begriff der Kategorie bei Marx

Ausgehend von Marx' Kritik an der hegelschen »Rechtsphilosophie« und den bisher entwickelten Zusammenhängen ergibt sich eine vorläufige Bestimmung dessen, was Kategorien sind: Sie sind als Denk- und Grundbestimmungen die formbestimmten Momente einer wissenschaftlichen Systematik. »Begriff« und »Kategorie« stehen dabei in einem Wechselverhältnis: Der Begriff existiert nur in den Kategorien, wie diese nur durch ihren Begriff zur Einheit gebracht werden. Dieser Produktionsakt der Kategorien vollzieht sich als Negation der Negation vermittels der dem Begriff zugrunde liegenden Substanz. Das System selbst ist damit nicht nur eine Systematisierung empirischer Fakten und Vorstellungen, sondern bildet diese um, zu einer der Substanz als Subjekt entspringenden Totalität von Kategorien, die so das jeweilige Zugrundeliegende (*hypokeímenon*) auf den Begriff bringen. Diese von den Kategorien getragene Form des spekulativen Begriffs erstreckt sich dabei bis auf die positiven Wissenschaften, in denen »bloß die *Form der wissenschaftlichen Darstellung* empirisch ist, aber die sinnvolle Anschauung das, was nur Erscheinungen sind, so ordnet, wie die innere Folge des Begriffes ist«.[1]

Diese Art spekulativer Wirklichkeitserkenntnis ist auf zwei Arten möglich: Entweder wird ein Begriff vorausgesetzt, dessen Zugrundeliegendem die empirischen Vorstellungen und Kategorien untergeordnet werden und sich so die Kategorien vermittels dieses Allgemeinen »in einem äußerlichen, den Begriff abspiegelnden Bilde darstellen«.[2] Oder aber es wird das wirklich den Kategorien Zugrundeliegende und damit der Begriff der Sache selbst entwickelt. In beiden Fällen wird vermittels der Kategorien der Versuch unternommen, die außerhalb des Denkens stehende Wirklichkeit gedanklich zu reproduzieren, sodass der Begriff den Inhalt »anerkennt und gebraucht«, dabei die Kategorien der Wissenschaften einerseits »zu ihrem eigenen Inhalte verwendet, daß sie aber auch ferner in diese Kategorien andere einführt und geltend macht«.[3]

1 Hegel: Enzyklopädie (Teil 1). Logik, Werke, Bd. 8, S. 62, § 16.
2 Ebd.
3 Ebd., S. 52, § 9.

Philosophiehistorisch gesprochen, löste sich darin die schon bei Aristoteles aufgeworfene Frage der Begriffsbestimmung und des Zusammenhanges zwischen Denken und Sein, Begriff und Sache: Der philosophische Begriff trägt den Anspruch in sich, nicht etwas von außen Hinzukommendes, sondern das den Dingen eigene Wesen, das tatsächlich gemeinsame Lebensprinzip zu sein. Die jedem Begriff eigene Abstraktionsleistung, die das empirisch Zufällige eint, ist in der Form des hegelschen spekulativen Begriffes dabei nicht nur ein Produkt des Denkens. Er folgt dem Anspruch, das Wesen nicht nur durch Abstraktion zu fixieren, sondern dynamisch zu fassen, also vermittels der Entfaltung des Wesens als dem Zugrundeliegenden mehr zu sein als das *caput mortuum* der Abstraktion. Dafür ist das Zugrundeliegende als Subjekt wie als Substanz zu begreifen, sodass in den Kategorien als Bestimmungsmomenten der Substanz Denken und Sein, Subjekt und Objekt, Verstand und Vernunft ineinander übergehen.

Die Spezifik der marxschen Kategorienauffassung

Für die Kritik der politischen Ökonomie lässt sich nun ein ähnliches Verhältnis konstatieren. Wenn Marx in Analogie zur hegelschen Kritik der kantschen Deduktion der Kategorien betont, dass das Verdienst von Adam Smith und David Ricardo gewesen wäre, für die Erscheinungen der gesellschaftlichen Praxis der Menschen in der bürgerlichen Gesellschaft die »Nomenclatur zu finden« und »entsprechende Verstandesbegriffe; sie also zum Theil erst in der Sprache und Denkproceß zu reproduciren«.[4] An Hegels Kantkritik anschließend ließe sich so für Marx sagen, dass es Ricardo war, der verstand, dass Adam Smith' System der Kategorien der politischen Ökonomie vom Begriff des Wertes über die Taufe gehalten wurde. Er begriff den »innren organischen Zusammenhang[ ] und Lebensprocess[ ]« in der »Bestimmung des *Werths durch die Arbeitszeit*«, drang damit in die »innre Physiologie der bürgerlichen Gesellschaft« vor und fand die »Grundlage, de[n] Ausgangspunkt der Physiologie des bürgerlichen Systems«.[5] Jedoch ist dieser Zusammenhang in Marx' Augen – genauso wie die kantsche Deduktion der Verstandesbegriffe in Hegels Augen – unzureichend, getragen von »fehlerhafter Architektonik«,[6] die das »wissenschaftlich Ungenügende dieser Untersuchungsweise selbst aus[drückt]«.[7]

Die sich bereits abgezeichnete These ist nun, dass die Lösung für das Ungenügende der bisherigen Systeme der politischen Ökonomie durch Marx in der gleichen Form erfolgte wie die Lösung der Widersprüche der

4 Karl Marx: Zur Kritik der politischen Ökonomie (Manuskript 1861–63), Teil 3, in: MEGA², Bd. II/3.3, S. 817. Vgl. auch Karl Marx: Zur Kritik der politischen Ökonomie (Manuskript 1861–63), Teil 1, in: MEGA², Bd. II/3.1, S. 42.

5 Marx: Manuskript 1861–63. Teil 3, MEGA², Bd. II/3.3, S. 817.

6 Ebd., S. 819.

7 Ebd.

Logik und Metaphysik durch Hegel: Auszuführen wäre die Analogie, die in den Verstandesbegriffen als den Kategorien der Vernunft zu den Kategorien der politischen Ökonomie zum Kapital besteht. Vermittels dieser Überschneidung in der Werksarchitektur ist nun der von Marx behauptete Unterschied zur dialektischen Darstellungsweise Hegels zu entfalten, den er selbst nicht darlegte.[8] Denn diese komplexe Form des Begriffs, die sich in der darstellungslogischen Funktion der Kategorien spiegelt, wird in der vorliegenden Arbeit als das aufgefasst, was Marx als den »rationellen Kern in der mystischen Hülle« beschrieb, der darüber hinaus noch seinem »Wesen nach kritisch und revolutionär ist«.[9] Herausgearbeitet wurde im vorhergehenden Kapitel, dass für Marx der Mystizismus Hegels darin bestünde, dass »das Allgemeine als solches verselbstständigt« und als Allgemeines »unmittelbar mit der empirischen Existenz konfundiert«[10] werde, also nicht das den Dingen wirklich Gemeinschaftliche ist, sondern ihr Gemeinsames in der philosophischen Idee. Entsprechend blieben die Kategorien nur die Denkbestimmungen der Sache. Marx wendet so den der Sache nach sich in den Kategorien ausdrückenden Systemgedanken gegen Hegel selbst: Ist das den Kategorien der bürgerlichen Gesellschaft und der Politik als Rechtskategorien Zugrundeliegende wirklich die philosophische Idee der Freiheit? Oder ist es der Mensch selbst, der in den Rechtskategorien und der Politik seine entfremdete, theologische Erscheinungsform hätte und daher auch die Freiheit nur in entfremdeter Form verwirklicht wäre?[11]

Der Begriff des Menschen[12] als freies Wesen, so Marx, realisiere sich in Recht und Staat nur in abstrakter Gestalt – als *animal rationale*. Marx hat einen anderen Begriff des Menschen: Betont er im »Kapital« die Seite

8 Karl Marx: Das Kapital. Kritik der politischen Ökonomie. Erster Band (1872), in: MEGA², Bd. II/6, S. 709.

9 Ebd., S. 709.

10 Marx: Zur Kritik der hegelschen Rechtsphilosophie, MEW, Bd. 1, S. 244.

11 Vgl. ebd., S. 325, und Karl Marx: Zur Judenfrage, in: MEGA², Bd. I/2, S. 141–169, hier S. 161 f.

12 Dass der Mensch als solcher eine derart prominente Rolle erfährt, liegt an dem an Feuerbach anschließenden junghegelianischen Diskurs, in dem sich Marx bewegt. Es sei dabei aber, wie in diesem typisch, zu vermeiden, den Menschen zu hypostasieren, so Marx. D. h., es wäre grundfalsch, wenn von Feuerbach ausgehend »der Mensch einmal als das Wesen, als die Basis aller menschlichen Tätigkeit und Zustände erkannt ist«, diesen in ein neues absolutes Subjekt zu verwandeln – von diesem abstrakt-metaphysischen Begriff des Menschen ausgehend, könne es den Junghegelianern nur darum gehen, »neue Kategorien [zu] erfinden und den Menschen selbst, wie sie es eben tut, wieder in eine Kategorie und in das Prinzip einer ganzen Kategorienreihe verwandeln« (Friedrich Engels/Karl Marx: Die heilige Familie oder Kritik der kritischen Kritik, in: MEW, Bd. 2, S. 3–224, hier S. 98). Ganz im Sinne von Kants »Kritik der reinen Vernunft« wäre dies ein Rückfall in dogmatische Metaphysik aus einem abstrakten Prinzip, einzig dem Satz des ausgeschlossenen Widerspruchs folgend, eine Totalität von Bestimmungen zu entwickeln. Anhand der Hegelkritik wurde vielmehr deutlich, dass, wenn überhaupt, an die der Metaphysik eigene Form eines spekulativen Begriffs angeschlossen werden kann, dieser als das einer spezifischen Wirklichkeit Zugrundeliegende zu entwickeln wäre. Anstelle solcherart überhistorischer Subjekte sei es »vielmehr *der Mensch*, der wirkliche, lebendige Mensch, der das alles tut, besitzt und kämpft« (ebd.) und die dem Begriff entsprechende Totalität der Bestimmungen ist dabei nicht abstrakt, sondern im hegelschen Sinne als unter spezifischen Bedingungen verwirklicht zu begreifen, die die Sache selbst zu einer historisch spezifischen bestimmten Erscheinungsform bringt.

des »toolmaking animal«,[13] so in den »Frühschriften« des Menschens bedürftige, leidenschaftlich-leibliche Seite[14] und die gesellschaftliche Konstitution seines Wesens.[15] Diese Seite wird in den abstrakten Rechtsbestimmungen der Person, in der Trennung von *bourgeois* und *citoyen*, tendenziell abgespalten.[16] Dem sei, Backhaus folgend, der Widerspruch eigen, dass im Kapitalismus »die Arbeit als gesellschaftliche von privaten Produzenten geleistet wird«, aber sich zugleich der marktvermittelte Austausch vom Standpunkt des Allgemeinen »als eine kommunistische Einheit, als Gemeinschaft enthüllt«.[17] Die Gattungskräfte des Menschen als gesellschaftliches Wesen würden daher nicht unmittelbar wirklich, sondern abgespalten und getrennt von ihm im Staat erscheinen, in den »Begriffen ›Polis‹ und ›Nation‹«.[18] So wäre der Mensch als Mensch nur dann anerkannt, wenn der Mensch sich als Rechtsperson zu anderen verhält. Damit ist das leibliche Dasein, welches Marx in den Blick nimmt, von Hegel eigentlich ausgeschlossen und Teil der unpolitischen, marktvermittelten bürgerlichen Gesellschaft.[19] Hegel qualifiziert diesen konkreten Menschen und sein Handeln ab, als Sphäre, »wo der Verstand der subjektiven Zwecke und moralischen Meinungen seine Unzufriedenheit und moralische Verdrießlichkeit ausläßt«.[20] Marx kritisiert daher, dass der hegelsche Begriff des Menschen als denkendes Wesen, gleich dem *citoyen*, den Menschen nur in entfremdeter Form erfasst.

Um den *wirklichen* Begriff des Menschen verwirklicht zu sehen, sei jedoch keine Flucht in die Politik nötig, so Marx, sondern er zeige sich unmittelbar im Lebensprozess der bürgerlichen Gesellschaft selbst, nur eben in unvernünftiger, verkehrter Form, was auch Hegel durchaus als »Scheinen der Vernünftigkeit«[21] anzuerkennen gewillt ist. So kann sich für den jungen Marx dieses Potenzial erst durch die Aufhebung des Privateigentums realisieren, wie er eng an die »Phänomenologie« und den Wertbegriff der »Rechtsphilosophie« angelehnt argumentiert. Denn durch den mit dem Privateigentum an Produktionsmitteln verbundenen Austauschprozess fließt bereits in die durch die Arbeit vermittelte Gegenstandskonstitution ein, dass ein fremdes Bedürfnis bedient werden soll – da die Gegenstände Arbeitsprodukte zum Tausch sind, also Waren. Auf die Austauschbarkeit schielend, sind es die fremden, zumeist unmittelbaren Bedürfnisse, die anstelle des menschlichen Wesens Ding und Eigen-

13 Marx: Das Kapital. Erster Band (1890), MEGA², Bd. II/10, S. 164.

14 Vgl. Marx: Ökonomisch-philosophische Manuskripte, MEGA², Bd. I/2, S. 248, 270, 273, 295–297.

15 Vgl. Marx: 1) ad Feuerbach, MEGA², Bd. IV/3, S. 21.

16 Vgl. Marx: Zur Judenfrage, MEGA², Bd. I/2, S. 149, 156–159, 162.

17 Backhaus: Über den Doppelsinn, S. 174.

18 Ebd.

19 Hegel: Rechtsphilosophie, Werke, Bd. 7, S. 348, § 190.

20 Ebd., S. 347, § 189.

21 Ebd.

schaften vermitteln und so die Wahrnehmung wie Realität der aus diesen Gegenständen zusammengesetzten gesellschaftlichen Wirklichkeit strukturieren.[22] Verpasst wird dabei, das Wahre, Schöne und Gute in die Gegenstandskonstitution einfließen zu lassen, dass der Mensch »nach dem Maaß jeder species zu producieren weiß und überall das inhärente Maaß dem Gegenstand anzulegen weiß; der Mensch formirt daher auch nach den Gesetzen der Schönheit«.[23] Anstelle der menschlichen Sinne in ihrer Beziehung aufeinander tritt also durch den Austauschprozess nur der eine Sinn, der Sinn des Habens, der aus der Not resultiert, die eigenen Bedürfnisse nur durch den Austausch der Arbeitsprodukte stillen zu können.[24] Dies führt zur Verkehrung, dass das Menschliche, das heißt die Gesellschaftlichkeit, nicht ins Bewusstsein treten kann. Der sich im Austausch herstellende Genuss besteht nicht in der bewussten Realisierung der Gesellschaftlichkeit des Menschen, sondern ist über die Not und unmittelbaren Bedürfnisse vermittelt. Nicht erst Marx,[25] sondern schon Hegel beschreibt die bürgerliche Gesellschaft daher als Verwicklung von Widersprüchen, die sich in der Form eines Schauspiels darstelle, »ebenso der Ausschweifung, des Elends und des beiden gemeinschaftlichen physischen und sittlichen Verderbens«.[26] Was Hegel hiergegen anführt, ist der Begriff der Bildung, Kants Idee eines Ausgangs aus der selbst verschuldeten Unmündigkeit. Sie scheitert nach Marx jedoch in dem Maße, wie der sich im Warenkonsum spiegelnde Selbstgenuss das Allgemeine strukturell untergräbt, denn wie in der hegelschen Begierde erzeugt sich der Gegenstand im Genuss der Ware erneut, sodass ein Ausgang aus der Selbstverschuldung schwerlich denkbar ist.[27] Erst wenn das Privateigentum überwunden und damit die Charaktermaske des Privatproduzenten verschwunden ist, verwirklicht sich in dem durch die Arbeit vermittelten Stoffwechsel mit der Natur die Wirklichkeit des menschlichen Gattungswesens, sodass Marx schreibt: »Gesetzt wir hätten als Menschen producirt: [...] Unsere Productionen wären eben so viele Spiegel, woraus unser Wesen sich entgegen leuchtete.«[28]

So verlagert sich Marx' Fokus von einer Kritik des Rechts auf eine Kritik der politischen Ökonomie: Nicht erst in der Person und der Politik wäre der Mensch als Mensch in der Abstraktion des *citoyen* verwirklicht,

22 Vgl. Marx: Ökonomisch-philosophische Manuskripte, MEGA², Bd. I/2, S. 270.

23 Ebd., S. 241.

24 Zur erkenntnistheoretischen Bedeutung: Györgi Márkus: Über die erkenntnistheoretischen Ansichten des jungen Marx, in: Alfred Schmidt (Hrsg.): Beiträge zur marxistischen Erkenntnistheorie, Frankfurt a. M. 1970, S. 18–72.

25 Marx: Ökonomisch-philosophische Manuskripte, MEGA², Bd. I/2, S. 239, 280.

26 Hegel: Rechtsphilosophie, Werke, Bd. 7, S. 341, § 185.

27 Vgl. Marx: Ökonomisch-philosophische Manuskripte (Erste Wiedergabe), MEGA², Bd. I/2, S. 279 f.; Karl Marx: Exzerpte aus James Mill: Élémens d'économie politique, in: MEGA², Bd. IV/2, S. 428–471, hier S. 447–456, 461–466.

28 Ebd., S. 465.

sondern schon im System der Bedürfnisse, dem marktvermittelten Austausch, betätige er sich der Möglichkeit nach als Teil der Gattung. So sei nicht die Person, sondern bereits »der Schuster, insofern er ein soziales Bedürfnis verrichtet, mein Repräsentant [...], wie jede bestimmte soziale Tätigkeit als Gattungstätigkeit nur die Gattung, d. h. eine Bestimmung meines eignen Wesens repräsentiert, wie jeder Mensch der Repräsentant des anderen ist«.[29] Das Proletariat wird also nicht nur aus seiner sozialen Lage heraus zum Träger der Revolution, sondern weil durch eine Reorganisation der Arbeit eine Gegenproduktion von Wirklichkeit möglich wird. Die aus ihr hervorgehende Wirklichkeit hat dann zu ihrem Konstitutionsgrund – im Idealfall – einen emanzipatorischen Begriff des Menschen, in dessen Horizont die Eigenschaftsbestimmungen der Gegenstände durch die selbstbewusste Tätigkeit der Menschen vermittelt wird. Dies ist der tiefere Sinn, wenn Marx über die kommende Revolution sinnierend ausführt, dass die Philosophie der »*Kopf* dieser Emancipation ist [...], ihr *Herz* das *Proletariat*. Die Philosophie kann sich nicht verwirklichen ohne die Aufhebung des Proletariats, das Proletariat kann sich nicht aufheben ohne die Verwirklichung der Philosophie.«[30] In diesen Überlegungen wird die in den vorigen Kapiteln entwickelte Konstitutionstheorie des deutschen Idealismus und der Metaphysik praktisch.

Was sich für Marx also durch die Arbeitsteilung in der bürgerlichen Gesellschaft als unbewusst Allgemeines realisiert, ist nichts weniger als das in die Politik abgespaltene und daher den Menschen entfremdete Gattungswesen. Wo sich im marktvermittelten Austausch für Hegel im »Verstand der subjektiven Zwecke«[31] das Allgemeine der Vernunft verbirgt, ist für Marx die Gattungstätigkeit in entfremdeter Form realisiert, so »daß der Mensch eben, weil er ein bewußtes Wesen ist, seine Lebenstätigkeit, sein *Wesen* nur zu einem Mittel für seine *Existenz* macht«.[32] Als Teil eines Ganzen, als Moment der Gattung, erfahre er sich nur in Abstraktion von seiner praktisch-tätigen Existenzform in Politik und Religion. In Bezug auf die Kategorienfrage bedeutet dies, dass es nicht der Widerspruch von Verstand und Vernunft sein kann, wie in Hegels philosophischer Theorie der bürgerlichen Gesellschaft, der sich in den Kategorien der politischen Ökonomie ausdrückt[33] und ihren Begriff ausmacht.

29 Marx: Zur Kritik der hegelschen Rechtsphilosophie, MEW, Bd. 1, S. 325.

30 Marx: Zur Kritik der hegelschen Rechtsphilosophie. Einleitung, MEW, Bd. 1, S. 391.

31 Hegel: Rechtsphilosophie, Werke, Bd. 7, S. 347, § 189.

32 Marx: Ökonomisch-philosophische Manuskripte, MEGA², Bd. I/2, S. 241.

33 So ist es dann bei Hegel auch der »selbstsüchtige Zweck in seiner Verwirklichung, [der] so durch die Allgemeinheit bedingt, ein System allseitiger Abhängigkeit« darstellt und in welchem »die Subsistenz und das Wohl des Einzelnen und sein rechtliches Dasein in die Subsistenz, das Wohl und Recht aller verflochten, darauf gegründet und nur in diesem Zusammenhange wirklich und gesichert ist« (Hegel: Rechtsphilosophie, Werke, Bd. 7, S. 340, § 183).

Marx kritisiert also diese Hereinnahme der Kategorien der politischen Ökonomie in die Rechtsphilosophie,[34] da so nicht die ihnen eigene Substanzialität ausgedrückt wird. Entgegen Hegel, der so in letzter Konsequenz aus den sich in den Bedürfnissen wechselseitig vermittelnden Willen den Staat und das Gemeinwesen entwickelt, insistiert Marx darauf, dass in einem solcherart nationalökonomisch gestifteten Gemeinwesen ein Widerspruch zwischen den kategorialen Bestimmungen und der Sache selbst bestünde und daher auch die Kategorien der politischen Ökonomie bei Hegel als philosophische bzw. Rechtskategorien und nicht als ökonomische Kategorien begriffen sind – sie spiegeln bei Hegel den Begriff des Rechts und nicht den des Kapitals[35] wider. Entsprechend vollzieht sich auch die Anerkennung des menschlichen Wesens nicht im System der Bedürfnisse selbst, sondern nur in seinen abstrakten, rechtlichen und politischen Formen.[36] Demgegenüber tritt Marx dafür an, dass die Emanzipation des Menschen sich nicht durch den Freiheitsgedanken der Französischen Revolution und die Einführung der allgemeinen Menschenrechte realisiert, worin im *citoyen* der Mensch als Mensch anerkannt wird, sondern erst in dem Moment, »wenn der Mensch seine ›forces propres‹ als *gesellschaftliche* Kräfte erkannt und organisirt hat und daher die gesellschaftliche Kraft nicht mehr in der Gestalt der *politischen* Kraft von sich trennt, erst dann ist die menschliche Emancipation vollbracht«.[37] Solange sich dies nicht realisiert und der Begriff des Menschen sich nur im Menschenrecht und der abstrakten Person als eines Rechtssubjekts verwirklicht, verkehrt sich auch die Rechtsauffassung Hegels als Realisierung der Freiheit in ihr Gegenteil.[38] Denn die Arbeit als Gattungstätigkeit des Menschen in Form des Kapitals führe dazu, dass »[d]er Gegenstand, den die Arbeit producirt, ihr Product, ihr als *fremdes Wesen*, als eine, von dem Producenten *unabhängige Macht* gegenüber[tritt]«.[39]

34 Vgl. Hegel: Enzyklopädie (Teil 1). Logik, Werke, Bd. 8, S. 52 f., § 9.

35 Man sieht an dieser Stelle bei Hegel auch sehr gut, dass die Kategorien der politischen Ökonomie dabei unterschiedlich begriffen werden. Das Kapital z. B. wird von Hegel nicht als der herrschende Begriff der bürgerlichen Gesellschaft, sondern als Vermögen der Bildung und Familieneigentum aufgefasst. Die Kategorie des Vermögens, zu der das Kapital umgebildet wurde und damit als Rechtskategorie schief aufgefasst wird, bildet dann in der Sorge des Familienvaters den Übergang in die Sittlichkeit, weil in Bezug auf das Vermögen sein Handeln nicht durch ihn, d. h. die Moral, sondern die Interessen der Familie und damit vom Allgemeinen bestimmt ist (vgl. Hegel: Rechtsphilosophie, Werke, Bd. 7, S. 323 f., § 169 f.).

36 Marx zieht hieraus die Konsequenz, dass die Nation nicht als Ausdruck dieser Bedürfnisse und als allgemeiner Wille erscheint, sondern der Austausch »das Gegentheil des gesellschaftlichen Verhältnisses« (Marx: Exzerpte aus James Mill: Élémens d'économie politique, S. 454) sei, eben weil das dem Wert Zugrundeliegende nicht ein philosophischer Begriff, sondern die unbewusste Vergesellschaftung der abstrakt menschlichen Arbeit sei.

37 Marx: Zur Judenfrage, MEGA², Bd. I/2, S. 162 f. Vgl. auch ders.: Ökonomisch-philosophische Manuskripte, S. 240 f.

38 Die so kritisierten Rechtsbestimmungen Hegels tauchen dann auch im »Kapital« wieder auf, vgl. die vorliegende Arbeit, S. 203.

39 Marx: Ökonomisch-philosophische Manuskripte, MEGA², Bd. I/2, S. 236.

Aus Marx' Kritik der hegelschen »Rechtsphilosophie«, seinen Vorstellungen zur menschlichen Emanzipation und dem hier rekonstruierten Kategorienbegriff ergibt sich so eine folgenschwere, in den Kategorien spiegelnde Verknüpfung von Metaphysik und Gesellschaftstheorie, die den Schlüssel zu Marx' Methode dialektischer Gesellschaftskritik enthält und bestimmend ist für den hier zu entwickelnden Begriff der Kategorie. Hegels Form spekulativen Denkens findet für Marx seine reale Entsprechung in der dem Wert zugrunde liegenden Substanz, der abstrakt menschlichen Arbeit.

Im Kapital wird so in einer kritischen Wendung der hegelsche Begriff des Begriffs zum formierenden Moment der Eigenschaftsbestimmungen der Gegenstände und der darunter formbestimmten Wirklichkeit. In ihr erhalten die Arbeitsprodukte wie die Menschen vermittels der sich in ihnen ausdrückenden Bestimmungen der abstrakt menschlichen Arbeit als gesellschaftlicher Wertsubstanz eine gesellschaftlich bestimmte Form – die Wert- und Warenform. Diese Ersetzung der Formsubstanz des Denkens ist die Konsequenz einer geänderten Wesensbestimmung der menschlichen Wirklichkeit vom *animal rationale* zum *animal laborans*. Dessen Wirklichkeit ist nicht durch das begriffliche Denken, sondern vermittels der Arbeit als Stoffwechsel von Mensch und Natur konstituiert – sodass es nicht wie in der Philosophie das Denken ist, das sich zu einer zweiten Natur vergegenständlicht, sondern die abstrakt menschliche Arbeit. Diese Formbestimmung enthält darüber hinaus durch die privat-arbeitsteilige Vergesellschaftung der Arbeit ein Moment abstrakter Herrschaft, das die hegelsche Herrschaft des Begriffs über das Besondere wirklich durchsetzt: Der Wertform des Arbeitsproduktes als der Form, in der der Mensch mittels des Austauschs von Produkten sein von Bedürftigkeit und Leidenschaften getriebenes Leben reproduziert, ist eigen, dass die Befriedung dieser Bedürfnisse nicht mehr unmittelbar von der Arbeit als natürlichem Stoffwechsel, sondern vom im Preis der Ware erscheinenden gesellschaftlichen Stoffwechsel abhängt. In dieser Form wird »immer mehr von den Menschen abstrahiert, immer mehr das wirkliche Leben bei Seite gesetzt«,[40] sodass die in Wert und Preis sich ausdrückenden und den Austausch regulierenden »*Durchschnittszahlen* förmliche Beschimpfungen/Injurien der einzelnen wirklichen Individuen [sind]«.[41] Marx stellt damit den Standpunkt des besonderen, einzelnen Menschen. Demgegenüber sei es den Nationalökonomen, insbesondere den Ricardianern, »nur um das *allgemeine* Gesetz zu tun. Wie das sich durchsetzt, ob Tausende darüber ruiniert werden, ist dem

40 Karl Marx: Exzerpte aus Guillaume Prévost: Réflexions du traducteur sur le système de Ricardo, in: MEGA², Bd. IV/2, S. 480–484, hier S. 480.

41 Ebd.

Gesetz und den Nationalökonomen vollständig gleichgültig.«[42] Im Wert erscheint so ein zum Begriff analoges Moment von Herrschaft, das sich als ein durchsetzendes Moment der Formbestimmung der Wirklichkeit des Menschen zeigt. Die »Dialektik der Aufklärung« und die »Negative Dialektik« vorwegnehmend kritisiert Marx diese der Herrschaft des Begriffs eigene Abstraktionsleistung, die das Besondere im Allgemeinen nur bedingt zu seinem Recht kommen lässt.

Damit ist der Wert nicht nur in der Theorie das abstrakte Herrschaftsmoment der begrifflichen Abstraktion, sondern die Konstitution der Wirklichkeit selbst besitzt in den kapitalistischen Produktionsverhältnissen die Form des Begriffs als Herrschaft der Abstraktion. Das Kapital als der sich selbst verwertende Wert ist der wirkliche Begriff, der nicht nur im Denken alles kommensurabel macht und damit eine abstrakte Form der Herrschaft über das unter ihm Subsumierte ausübt, sondern, wie Krahl betont, tatsächlich die ihm zugrunde liegende Wirklichkeit bestimmt: »Der Wert reduziert im gesellschaftlichen Verkehr die konkreten Dinge auf die bloße Abstraktion des Werts. Wert ist die Abstraktion von den konkreten Gebrauchswerten, Individuen, Bedürfnissen und Interessen; Wert ist also Repression.«[43] Aufgrund dieser Dynamik, dass die so formbestimmten Dinge nicht an und für sich selbst bestimmt, sondern als Kategorien des Systems der politischen Ökonomie durch die sich darin entfaltenden Substanz als Subjekt bestimmt sind, sind sie fremdbestimmt. Dadurch werden sie zugleich der Form der hegelschen Darstellungsform zugänglich: Nämlich als Kategorien Denk- wie Grundbestimmungen einer allgemeinen flüssigen Substanz zu sein, in der sich der Begriff realisiert.

In den herrschenden Produktionsverhältnissen und den diese abspiegelnden Kategorien, in denen sich das Allgemeine bzw. ihr Begriff verwirklicht, existiert die so im Wert als Substanz fungierende abstrakt menschliche Arbeit – die eigentlich die Gattungstätigkeit des Menschen sein könnte – »in der Wirklichkeit als gegenseitige Abhängigkeit der Individuen, unter denen die Arbeit geteilt ist«.[44] So zeige sich, dass, »solange die Tätigkeit [...] nicht freiwillig, sondern naturwüchsig geteilt ist, die eigne Tat des Menschen ihm zu einer fremden, gegenüberstehenden Macht wird, die ihn unterjocht, statt daß er sie beherrscht«.[45] Die Gattungstätigkeit als die Gesellschaftlichkeit der Menschen realisiert sich so in ihrer humansten Form als von den Marktgesetzen dominierter Zwangszusammenhang der Warenproduzenten. Fataler zeigt es sich in der durch das Kapital vermittelten Reduktion des Menschen auf einen

42 Ebd., S. 482.

43 Krahl: Beiträge aus den Schulungsprotokollen, S. 385.

44 Engels/Marx: Die deutsche Ideologie, MEW, Bd. 3, S. 33.

45 Ebd.

»unerschöpflichen Behälter disponibler Arbeitskraft«,[46] der sich nur dadurch von dem anderen »Warenpöbel« unterscheidet, dass der Mensch in seiner Leiblichkeit als »personificierte Arbeitszeit«[47] zwar nicht an den Menschenrechten, dafür aber an der Magna Charta der Arbeitszeitbeschränkung partizipiert, die seine menschliche Existenz zumindest insoweit anerkennt, als sie »klarmacht[,] wann die Zeit[,] die der Arbeiter verkauft[,] endet und wann die ihm selbst gehörige Zeit beginnt«.[48]

Nachzuvollziehen in einer Kritik der Kategorien der politischen Ökonomie wäre also das sachliche Moment, wie sich die abstrakt menschliche Arbeit als Wertsubstanz in den Kategorien der politischen Ökonomie bestimmt. In dieser Form sind die Kategorien nicht nur die Denkbestimmungen der politischen Ökonomie, sondern zugleich die Grundbestimmungen des gesellschaftlichen Seins, sodass sich vermittels der Kategorien ein systematischer Gesamtzusammenhang konstituiert, der auf den Begriff des Kapitals gebracht, einen über die einzelnen Menschen herrschenden und sich vermittels ihrer eigenen verständigen Interessen gegen sie durchsetzenden Zwangszusammenhang darstellt. Der Begriff realisiert sich so nicht als spekulativ-metaphysischer Gesamtzusammenhang der Wirklichkeit, sondern ist der Darstellung in der historisch-spezifischen Form der bürgerlichen Gesellschaft als zweiter Natur vorausgesetzt; einer Form der Herrschaft, in der sich das ökonomische Wertgesetz zum herrschenden Prinzip der Gesellschaft aufschwingt. Erst durch diese Vielzahl von im Kategorienbegriff sedimentierten Zusammenhänge wird klar, wie die von Marx geschaffene Systematik der Kategorien der politischen Ökonomie nicht nur eine Kritik der bisherigen Vorstellungen der Nationalökonomie ist, sondern zugleich Kritik des realen Gegenstandes. Hiermit sind die Bestimmungen abgesteckt, die es ermöglichen, die Herausbildung der dialektischen Darstellung der Kategorien der politischen Ökonomie zu rekonstruieren und so eine Interpretation des »Kapital« auszuarbeiten, die den Anspruch erheben kann, einen Lösungsansatz für das bisher ungelöste »Problem der ›Kategorie‹ und ihrer ›Kritik‹«[49] vorzustellen. Erst im zurückgelegten Weg ergibt sich so ein Haltepunkt, der die verstreuten Bemerkungen von Marx zur Methode organisieren und einen Begriff der Kategorie wie ihren Produktionsakt fixieren lässt. Aufgeklärt wird damit ein bisher fatalerweise verdrängtes Moment der marxschen Methode, das Verhältnis von »Begriff« und »Kategorie« als Springpunkt der Architektonik der Kritik der politischen Ökonomie.

46 Marx: Das Kapital. Erster Band (1890), MEGA², Bd. II/10, S. 577.

47 Ebd., S. 218.

48 Ebd., S. 272. Entsprechendes gilt für die Natur als unerschöpflichen Behälter disponibler Materie.

49 Backhaus: Über den Doppelsinn, S. 197.

Die Herausbildung des spezifischen Verständnisses der Kategorie bei Marx

Die Tatsache, dass Marx der hegelschen Darstellungsform des spekulativen Begriffs und der Funktion der Kategorien in ihr ambivalent und damit eigenständig gegenübersteht, zeichnet sich bereits in seinen frühesten Schriften ab. Das zuvor entwickelte Moment, dass in den Kategorien Denkbestimmung und Grundbestimmung des Seienden kulminieren, tritt bei Marx selbst jedoch kaum hervor und ist die interpretatorische Leistung der vorliegenden Arbeit. In den Schriften selbst zeigt sich eher ein kontinuierliches Ringen um eine wissenschaftliche Form der Darstellung, die die Lebendigkeit der Sache selbst zum Ausdruck bringen mag und hier auf den Begriff *kategoriale Kritik* gebracht wird.

Gerade dieses Ringen führt zu einer beständigen Reflexion des Verhältnisses zu Hegel. Einerseits seien vor allem die kategorialen Übergänge der »Rechtsphilosophie« dem konkreten Inhalt äußerlich und nur durch die »*abstraktlogischen* Kategorien«[50] bewerkstelligt, sodass Marx kritisiert: »Es sind immer dieselben Kategorien, die bald die Seele für diese, bald für jene Sphäre hergeben. Es komme Hegel nur darauf an, für die einzelnen konkreten Bestimmungen die entsprechenden abstrakten aufzufinden.«[51] Andererseits gesteht er durchaus zu, dass Hegel in der Denkform der Substanz als Subjekt »sehr oft innerhalb der *spekulativen* Darstellung eine *wirkliche*, die *Sache* selbst ergreifende Darstellung [gibt]«.[52]

Bereits im »Brief an den Vater« zeichnet sich aus diesem Widerspruch ein erster Leitfaden für den Aufbau einer wissenschaftlichen Systematik ab, an dem sich ein Begriff der Kategorie zu orientieren hätte. Mangelhaft und hinderlich, das »Wahre zu begreifen«, so schreibt Marx dort, sei insbesondere die »unwissenschaftliche Form des mathematischen Dogmatismus, wo das Subjekt an der Sache umherläuft, hin und her räsoniert, ohne daß die Sache selbst als reich Entfaltendes, Lebendiges sich gestalte«.[53] Marx' dem Vater mitgeteilte Überlegung, es müsse »das Objekt selbst in seiner Entwicklung belauscht [werden]«, es dürften keine »willkürlichen Einteilungen« hineingelegt werden, das heißt »die Vernunft des Dinges selbst muß als in sich Widerstreitendes fortrollen und in sich seine Einheit finden«,[54] reproduziert nicht nur die Einleitung der »Wissenschaft der Logik«, sondern ist auch angelehnt an Hegels Kritik der mathematischen Erkenntnisweise.

50 Marx: Zur Kritik der hegelschen Rechtsphilosophie, MEW, Bd. 1, S. 215.

51 Ebd., S. 209.

52 Engels/Marx: Die heilige Familie, MEW, Bd. 2, S. 63.

53 Karl Marx: Brief an den Vater (10.11.1837), in: MEW, Bd. 40, S. 3–12, hier S. 5.

54 Ebd. In der Einleitung zur »Phänomenologie des Geistes« heißt es, dass der mathematische Beweis nur ein »der Sache äußerliches Tun« (Hegel: Phänomenologie, Werke, Bd. 3, S. 42) sei, dass zwar das Allgemeine heraushebt, aber nur als abstrakt allgemeines Abbild. Nur durch äußere Konstruktion könnte dieses dann wiederum gegenstandskonstitutiv sein, was es vom philosophischen Begriff des Wesens unterscheide, das aus sich selbst heraus eine Formbestimmung erzeugt.

So deutlich diese Anleihen bei Hegel sind, so zerrissen stellt sich zugleich Marx' Verhältnis zu ihm dar, wenn er schreibt: »[I]mmer fester kettete ich mich selbst an die jetzige Weltphilosophie, der ich zu entrinnen dachte«.[55] Einerseits folgt er in seinen methodischen Grundeinsichten Hegel und kommt in Bezug auf seine eigenen Versuche in der Rechtsphilosophie zum Schluss, dass die »notwendige Architektonik der Gestaltungen des Begriffs« nicht die Form eines Sekretärs annehmen dürfe, »mit Schubfächern [...], in die ich nachher Sand streue«;[56] vielmehr dürfe die Darstellungsform »nur der Fortgang des Inhalts sein«.[57] So endet Marx mit der Einschätzung, er hätte in seinen eigenen rechtsphilosophischen Studien eine fatale formale Einteilung des Rechts getroffen, kurz, »die römischen Vorstellungen [des Rechts, F. H.] auf das barbarischste mißbraucht, um sie in mein System zu zwängen«.[58]

Trotz des Unbehagens mit der »grotesken Felsenmelodie«[59] Hegels durchzieht Marx' Selbstkritik eine Hochachtung vor dessen idealistischer Philosophie, die jedoch umgeschlagen sei in »reine Formkunst, meistenteils ohne begeisternde Objekte, ohne schwunghaften Ideengang«.[60] Auf der Strecke bliebe so, was Hegel als das Wahre der Philosophie, des Idealismus bestimmte: der »bacchantische[n] Taumel, an dem kein Glied nicht trunken ist«.[61] Dieser ist die Einsicht, dass die Darstellung der Bewegung der Substanz die Form der Wissenschaft selbst sei und »das Wissen [...] nur als *System* wirklich ist und dargestellt werden kann«[62] – dass also »das Wahre nur als System wirklich oder daß die Substanz wesentlich Subjekt ist«.[63] Auf diese Substanz als Subjekt zielt in letzter Instanz Marx' Kritik und macht damit zum Kriterium der Darstellungsform, ob die entwickelten Bestimmungen als Kategorien die Bestimmungen der Sache selbst sind oder äußere durch logische Konstruktion verbundene oder hereingenommene Vorstellungen und Kategorien darstellen.

Diese Frage ist auch entscheidend für Marx' (und Engels') Abwendung vom junghegelianischen Diskurs: Sie kritisieren diesen als falsch verstandene Anwendung eines »*Hegelschen* Wunderapparats«, aus welchem »die ›*metaphysischen Kategorien*‹ [...] herausspringen und ›eine bestimmte Form‹ der physischen oder menschlichen Existenz annehmen, sich inkar-

55 Marx: Brief an den Vater, MEW, Bd. 40, S. 10.
56 Ebd., S. 5.
57 Ebd., S. 6.
58 Ebd., S. 7.
59 Ebd., S. 8.
60 Ebd.
61 Hegel: Phänomenologie, Werke, Bd. 3, S. 46.
62 Ebd., S. 27.
63 Ebd., S. 28.

nieren läßt«.[64] Dieser Art, die spekulative Methode Hegels aufgefasst, lieferten »Herr Bruno und Konsorten« nur eine Karikatur Hegels,

> »die sich damit begnügt, irgendeine Bestimmtheit aus einem geistigen Produkt oder auch aus realen Verhältnissen und Bewegungen herauszunehmen, [...], in eine *Kategorie* zu verwandeln und [...] um nun mit altkluger Weisheit vom Standpunkt der Abstraktion, der allgemeinen Kategorie, des allgemeinen Selbstbewußtseins auf diese Bestimmtheit triumphierend herabsehen zu können«.[65]

Die Schärfung des Kategorienbegriffs in der Auseinandersetzung mit Proudhon

Die wissenschaftliche Systematik eines Gegenstandes aus der Anwendung der Kategorien der Metaphysik entspringen zu lassen und so eine sich in den Kategorien vollziehende Bewegung einer Substanz mehr zu simulieren als real zu entwickeln, ist ein Fehler, den Marx auch an Proudhon kritisiert, dem »Mann auf der Jagd nach Formeln«.[66] Der Kritik eines Anwendungsschematismus folgend wirft er Proudhon vor, dass die »*ökonomischen Kategorien, statt als theoretische Ausdrücke historischer, einer bestimmten Entwicklungsstufe der materiellen Produktion entsprechender Produktionsverhältnisse* zu begreifen, sie in präexistierende, *ewige Ideen* verfaselt«.[67] Die polemische Auseinandersetzung mit Proudhons wortwörtlichem »System der ökonomischen Widersprüche« wird richtungsweisend bleiben und auf andere übertragen, wenn er zum Beispiel über Lassalle spottet, dieser werde noch »zu seinem Schaden kennenlernen, daß es ein ganz andres Ding ist, durch Kritik eine Wissenschaft erst auf den Punkt bringen, um sie dialektisch darstellen zu können, [als] ein abstraktes, fertiges System der Logik auf Ahnungen eben eines solchen Systems anzuwenden«.[68]

Marx kritisiert insbesondere, dass Proudhon das Material, in anderen Worten die Kategorien der politischen Ökonomie, vor sich habe, aber daran scheitere, die Kategorien in eine der Sache selbst entsprechende systematische Ordnung zu bringen. Sie seien nur durch das Denken, aber weniger durch die Sache bestimmt und die Kategorien blieben so reine Denkbestimmungen. Es wird Marx mittels der Kritik von Proudhons »Elend der Philosophie« ebenso klar, dass es nicht nur gelte, zu vermeiden, den Kategorien eine ihnen fremde philosophische Idee zu unter-

64 Engels/Marx: Die heilige Familie, MEW, Bd. 2, S. 145.
65 Ebd., S. 205.
66 Karl Marx: Über P.-J. Proudhon. Brief an J. B. v. Schweitzer, in: MEW, Bd. 16, S. 25–32, hier S. 29.
67 Ebd., S. 28.
68 Marx an Engels, 1.2.1858, in: MEW, Bd. 29, S. 273–275, hier S. 275.

stellen, die sie systematisiert, sondern dass die einzige Möglichkeit, zur Wahrheit über die ökonomischen Kategorien zu kommen, sei, »sich über die ersten Grundbegriffe [sic!] klarzuwerden«.[69]

In dieser Klärung drückt sich die Suche nach einer den Kategorien und Gesetzmäßigkeiten eigenen zugrunde liegenden Bewegung, in hegelscher Terminologie einer allgemeinen flüssigen Substanz aus, die sich in den Kategorien bestimmt. Zugleich zeigt sich, dass die Gleichsetzung von »Kategorie« und »(Grund-)Begriff« philologisch durchaus gerechtfertigt scheint, wenn Marx selbst die Kategorien als Grundbegriffe bezeichnet, die die abstraktesten, grundlegendsten Kategorien der politischen Ökonomie darstellen.[70] Entsprechend ist die Analyse der »Grundbegriffe« (lies: ihrer abstraktesten Kategorien) in Bezug auf die Substanz als Subjekt im »Elend der Philosophie« noch verstreut und unsystematisch; Marx behandelt gleichberechtigt und sprunghaft Probleme der Wertbestimmung, des Tauschwerts, des Geldes, des Arbeitslohnes und einer Vielzahl anderer Kategorien, ohne eine grundlegende Klärung herbeizuführen.[71]

So erschöpft sich die Kritik an der proudhonschen Darstellungsmethode, dass dieser die ökonomischen Kategorien »hegelisch« fasse, nicht vordringe in die den Kategorien eigene Bewegung und damit der ihnen zugrunde liegenden Substanz. Als lebendiges Moment der Entfaltung der Kategorien behält er so »nur noch die logischen Kategorien als Substanz übrig«,[72] um einem derart »den Akt der Bildung und Erzeugung dieser Kategorien, Prinzipien, Gesetze, Ideen, Gedanken [zu] explizieren«.[73] Für Marx geht es aber nicht nur um eine formal-logische Ordnung der Kategorien, wie sie dem Denken entspringen und wie er es Proudhon vorwirft. Noch geht es ihm um die in der Nationalökonomie verhandelte Frage, wie man unter den gegebenen Verhältnissen produziert. Es sei vielmehr auf das den Kategorien Zugrundeliegende zu stoßen, damit diese aus der zugrunde liegenden Substanz deduziert werden können. Nur so kommt zu Bewusstsein, wie die in den Kategorien ausgedrückten »Verhältnisse selbst produziert werden, d. h. die historische Bewegung, die sie ins Leben ruft«.[74]

Aufgrund mangelnder Bewältigung der Sache selbst bleibt Marx hier noch bei dieser Kritik stehen. Angebahnt wird so jedoch die sich im Kategorienbegriff vollziehende Verschränkung von wissenschaftlicher Systematik und Formbestimmung der Wirklichkeit, sodass Marx zum Schluss

69 Marx: Das Elend der Philosophie, MEW, Bd. 4, S. 95.

70 So findet sich diese Konfusion auch in der an Marx anschließenden Literatur und teils wird diese Gleichsetzung von Grundbegriffen und Kategorien zur Definition der Kategorie erhoben (vgl. Lassow: Das Verhältnis von Gesetzen und Kategorien).

71 Vgl. z. B. Marx: Das Elend der Philosophie, MEW, Bd. 4, S. 72.

72 Ebd., S. 127.

73 Ebd., S. 126.

74 Ebd.

kommt, dass die ökonomischen Kategorien nur der theoretische Ausdruck der »historischen Entwicklung der Produktionsverhältnisse« seien.[75] Wegen dieser Verschränkung von Form- und Inhaltsbestimmungen in den Kategorien kritisiert er aufs Schärfste die Vorstellung einer »magischen Formel«,[76] in der man äußerlich mittels logischer Konstruktion die Kategorien aufeinanderfolgen lassen könne.[77] Entsprechend kritisiert Marx Proudhon dafür, dass dieser, die hegelsche Methode missverstehend und die logischen Kategorien als Gerüst des Seienden nehmend, eine Logik oder Metaphysik der politischen Ökonomie ausgearbeitet habe

> »oder mit anderen Worten: Man hat die aller Welt bekannten ökonomischen Kategorien in eine wenig bekannte Sprache übersetzt, in der sie aussehen, als seien sie soeben funkelneu einem reinen Vernunftskopf entsprungen; dergestalt scheinen diese Kategorien einander zu erzeugen, sich zu verketten und aneinanderzugliedern, vermittelst der bloßen Tätigkeit der dialektischen Bewegung.«[78]

In einem System der Ökonomie kann es Marx zufolge daher nicht allein darum gehen, zu meinen, »die Welt mittelst der Bewegung des Gedankens konstruieren zu können«,[79] sondern ihm geht es um das sich in den Kategorien realisierende *hypokeímenon*, die zugrunde liegende Praxis der Menschen, die diese Vorstellung als gleichzeitige Gedanken- und Grundformen der gesellschaftlichen Tätigkeit der Menschen erst hervorbringt. So wäre das, was in den Kategorien Produkt des Denkens ist, die systematische Rekonstruktion der Bestimmungen des der Wirklichkeit Zugrundeliegenden und die der Sache selbst eigenen Grundbestimmungen. Damit referiert der Produktionsakt der Kategorien, als eine gedankliche Reproduktion der Wirklichkeit, auf die Bedingungen der realhistorischen Außenwelt, womit die Begriffsbestimmung der Sache selbst zugleich die gedankliche Aneignung dieser Wirklichkeit ist. Diese Form der Rekonstruktion dürfe, betont Marx zugleich, dabei nicht mit dem historischen Hervorgehen des Ganzen verwechselt werden, da die ökonomischen Kategorien in dieser Systematik eben »nur die theoretischen Ausdrücke, die Abstraktionen der gesellschaftlichen Produktionsverhältnisse [sind]«.[80]

Für Marx sind also die der Substanz entspringenden Kategorien keine außerhalb der menschlichen Verhältnisse stehenden abstrakten Bestim-

75 Ebd.
76 Marx: Über P.-J. Proudhon. Brief an J. B. v. Schweitzer, S. 29.
77 Marx: Das Elend der Philosophie, MEW, Bd. 4, S. 128.
78 Ebd., S. 129.
79 Marx: Hefte zur epikureischen, stoischen und skeptischen Philosophie, MEW, Bd. 40, S. 130.
80 Marx: Das Elend der Philosophie, MEW, Bd. 4, S. 130.

mungen, sondern indem die Substanz die historisch-gesellschaftliche Praxis der Menschen ist, sind sie Ausdruck historisch-spezifischer Produktionsverhältnisse, und daher gestaltet sich auch das Denken wie ihre Bestimmung – bewusst wie unbewusst – »gemäß ihren gesellschaftlichen Verhältnissen«.[81] Weil das Bewusstsein dieser gesellschaftlichen Verhältnisse durch die Stellung des Individuums in ihr bestimmt ist,[82] müssten dabei die Kategorien, um die gesellschaftlichen Verhältnisse auf ihren Begriff zu bringen, erst in die Ordnung einer systematischen Darstellung gebracht, also abgeleitet werden. Hieran scheitere aber Proudhon mit seiner versuchten Anwendung »magischer Formeln«, sodass die Kategorien weniger die Wirklichkeit gedanklich reproduzieren, als die Ordnung zeigen, »in der die ökonomischen Kategorien im Innern seines Kopfes rangieren«. Und, fügt Marx in dem »Brief an P. W. Annenkow«, dem diese Aussage entstammt, hinzu, es würde »mich nicht viel Mühe kosten, Ihnen zu beweisen, daß dieses Arrangement das Arrangement eines sehr ungeordneten Kopfes ist«.[83] Erneut kommt Marx dabei auf die Kritik an Hegels Mystizismus (der Vertauschung des Allgemeinen und Besonderen) zurück, wenn er betont: Es sind

> »die *ökonomischen Kategorien* nur *Abstraktionen* dieser realen Verhältnisse, daß sie nur so lange Wahrheiten sind, wie diese Verhältnisse bestehen. So verfällt er in den Irrtum der bürgerlichen Ökonomen, die in diesen ökonomischen Kategorien ewige Gesetze sehen und nicht historische Gesetze, die nur für eine bestimmte historische Entwicklung, für eine bestimmte Entwicklung der Produktivkräfte gelten. Statt daher die politisch-ökonomischen Kategorien als Abstraktionen von den wirklichen, vorübergehenden, historischen gesellschaftlichen Beziehungen anzusehen, sieht Herr Proudhon, infolge einer mystischen Umkehrung, in den wirklichen Verhältnissen nur Verkörperungen dieser Abstraktionen. Diese Abstraktionen selbst sind Formeln, die seit Anbeginn der Welt im Schoße Gottvaters geschlummert haben.«[84]

Kategorien als Ausdruck und gedankliche Reproduktion der Produktionsverhältnisse

Wie das Arrangement eines geordneteren Kopfes auszusehen hätte, wird anhand der nochmaligen Auseinandersetzung mit Hegel in den »Grundrissen« deutlich, wenn Marx erneut über die Eigenheiten der Kategorien in einer dialektischen Darstellung der politischen Ökonomie reflektiert.

81 Ebd.

82 Vgl. Marx: Das Kapital (1872), MEGA², II/2, S. 100 f.

83 Marx an P. W. Annenkow, 28.12.1846, in: MEW, Bd. 4, S. 547–557, hier S. 550.

84 Ebd., S. 552.

Gegenstand ist auch dort die Frage, wie die Aneignung der gesellschaftlichen Wirklichkeit durch den Kopf des Theoretikers eine gedankliche Reproduktion des lebendigen, außerhalb des Theoretikers existierenden Gegenstandes und dabei zugleich Kritik an dessen Wirklichkeit ist.

Marx entwickelt hier die Einsicht, dass die darstellungslogische Entfaltung der Kategorien keinesfalls verwechselt werden dürfe mit »dem Entstehungsprocess des Concreten selbst«.[85] Sonst droht, dass in der hier vorgeschlagenen Bestimmungsbewegung der Substanz als Subjekt das die logisch-historische Methode fundierende Missverständnis entsteht, die logische Darstellungsform sei nichts anderes als »die historische, nur entkleidet der historischen Form und der störenden Zufälligkeiten«.[86]

Wie dieser Widerspruch aufzulösen ist, dass die Darstellung die Form des spekulativen Begriffs besitzt, aber zugleich nicht spekulative Metaphysik eines sich in der Geschichte entfaltenden und ihr vorgeordneten Begriffs sein dürfe, zeigt sich in einer erneuten Hinwendung Marxens zur »Rechtsphilosophie«. Marx betont, es sei die Schwierigkeit in der Auffassung der Rechtskategorien, dass diese der Ordnung des Begriffs folgend mit den Kategorien des Besitzes und Eigentums einzusetzen hätte, was aber dazu führe, dass die Kategorien als in historischer Ordnung befindlich missinterpretiert werden könnten.[87] Hegel führt diese Kategorien zwar systematisch, vermittels des Willens ein, aber nichtsdestoweniger erzeugt die so entstehende Abstraktion des Eigentums die Vorstellung eines in der Natur vereinzelten Menschen, der etwas in Besitz nimmt, also das Phantasma eines Naturzustandes wie im Naturrechtsdiskurs. Verloren geht in dieser *historisierenden* Auffassung, dass man sich zwar einen einzelnen Menschen als besitzend vorstellen könne, aber diese Vorstellung selbst schon entwickeltere Verhältnisse impliziere. Es könne, so Marx, zwar der Besitz mittels des Einzelnen und seinem gegenständlichen Bezug bzw. in Bezug auf seine Leiblichkeit eingeführt werden, aber in dieser Vorstellung sind schon immer gesellschaftliche Verhältnisse impliziert, insofern von Besitz schwerlich ohne Anerkennung durch andere gesprochen werden könne, das heißt ohne gesellschaftliche Verhältnisse die Kategorie des Besitzes und Eigentums »kein Rechtsverhältniß [ist]«.[88]

Dies bedeutet, dass der Besitz als abstrakteste und einfachste Kategorie nur dann als Rechtskategorie fungieren kann, wenn er die abstrakte Erscheinungsform eines schon immer als existierend vorauszusetzenden gesellschaftlichen Ganzen ist, das die Wirklichkeit des Rechts ausmacht und vermittels dieser Kategorien auf den Begriff gebracht wird. So wird der Begriff des Rechts nicht vorausgesetzt, sondern in der Wirklichkeit

85 Marx: Ökonomische Manuskripte 1857–58, Teil 1, MEGA², Bd. II/1.1, S. 36.

86 Engels: Karl Marx, »Zur Kritik der Politischen Ökonomie«, MEW, Bd. 13, S. 475.

87 Marx: Ökonomische Manuskripte 1857–58, Teil 1, MEGA², Bd. II/1.1, S. 37 f.

88 Ebd., S. 37.

selbst angetroffen und durch die Kategorien entwickelt, wie bestimmt; entsprechend kann nur aufgrund einer von außen an die Kategorien herangetragenen Vorstellung eine Analogie von Realgeschichte und der begrifflichen Form der Darstellung entstehen, die die Fehlinterpretation einer Entfaltung der Begriffsbestimmung als Movens der Geschichte erzeugt. Da dies in der Sache der Abstraktion liegt, sei dies aber nur schwer zu vermeiden, so Marx.[89]

Hieraus ergibt sich eine wichtige Bestimmung für die Kategorien in einer dialektischen Darstellung, denn wird dies missachtet und die logische Ordnung der Kategorien mit einer historischen verwechselt, vollzieht sich ein Sprung aus der wissenschaftlichen Systematik. So wäre der Besitz nicht als Kategorie des Rechts betrachtet, sondern an und für sich selbst, als eine mit dem Recht zu verbindende Vorstellung und dem Recht nur definitorisch zugeordnet, als Denkbestimmung des Wissenschaftlers. Je näher dies der so gedanklich reproduzierten Wirklichkeit kommt, das heißt der Erfahrung, desto plausibler erscheint dann die Theorie, auch wenn sie nur eine äußerliche Beziehung herstellt. Die Wissenschaftlichkeit resultiert hier im kantschen Sinne einzig aus der korrekten Nutzung der Kategorien in Bezug auf einen Gegenstand der Erfahrung. Diese Form des Denkens wurde von Hegel jedoch – aufgrund der nur äußerlich vermittelten Identität – als mangelhaft bestimmt. Und so würde der Besitz als reine Denkbestimmung des Rechts nur ungefähr das bezeichnen, was sich eben allgemein unter Besitz in Bezug auf das Recht im Denken vorgestellt werden kann – darin wäre aber kein im hegelschen Sinne wahres, das heißt vernünftiges Urteil zu finden. So würde die Eigenheit verpasst, den Besitz als Rechtskategorie zu entwickeln, weil er nur Denkbestimmung, aber nicht als aus der Substanz entwickelte Kategorie zugleich Grundbestimmung des Seienden wäre.

Anders in den »Grundlinien der Philosophie des Rechts«: Dort hat der Besitz als Rechtskategorie nur seine Gültigkeit, weil er abstrakter Ausdruck einer gesellschaftlichen Totalität von Beziehungen ist und aus der Substanz mittels Negation hervorgeht.[90] Damit ist darstellungslogisch die Kategorie des Besitzes nicht nur eine der formalen Handhabung der Kategorien entspringende Prädikationsform des Rechts, also eine definitorische Einteilung getroffen, sondern diese Denkbestimmung ist vermittels des Zugrundeliegenden zugleich die substanzielle Grundbestimmung des Rechts selbst, das sich darin als Begriff bestimmt.

Dies wiederum bedeutet, dass der dem Begriff eigene, scheinbar unmittelbare Beginn mit einer so einfachen und abstrakten Kategorie

89 Vgl. ebd., S. 85. Wie wirkmächtig diese Fehlauffassung der auf dem Begriff beruhenden Darstellung der Kategorien ist, zeigt sich in der endlosen Geschichte des Streits um den Anteil des Logischen und Historischen im »Kapital« (vgl. Haug: Historisches/Logisches).

90 Marx: Ökonomische Manuskripte 1857–58, Teil 1, MEGA², Bd. II/1.1, S. 37.

wie der des Besitzes selbst schon immer durch die Totalität weiterer Bestimmungen vermittelt ist und nur als System, als Ganzes, das Wahre ist. Diese Abhängigkeit der abstrakten von konkrete(re)n Kategorien zeigt sich auch darin, dass der schon immer vorausgesetzte gesellschaftliche Zusammenhang der Menschen im Laufe der Darstellung Stück für Stück eingeführt wird, aus denen der Einzelne als Besitzender herausabstrahiert wurde. Nur so kann dann auch bei Hegel der Besitz als solcher zur *Entäußerung* übergehen und das gesellschaftliche Anerkennungsverhältnis der Rechtspersonen konstituieren,[91] welches den Besitz des Einzelnen schon immer zu einer Rechtskategorie machte. Die Entfaltung der Kategorien beruht für Marx also auf einer begrifflichen Systemarchitektur, in der sich eine dem Ganzen zugrunde liegende Substanz vom Abstrakten zum Konkreten fortbestimmt, sodass die der Kategoriendeduktion eigene »Methode[,] vom Abstrakten zum Concreten aufzusteigen, nur die Art für das Denken ist, sich das Concrete anzueignen, es als ein geistig Concretes zu reproduciren«.[92]

Wenn also wie in der »Rechtsphilosophie« die Kategorie des Besitzes am vereinzelten Einzelnen entwickelt wird, gibt dies die begriffliche Ordnung wieder und nicht eine Ordnung der Zeit oder die Ordnung des historischen Hervortretens des Begriffs des Rechts in der Wirklichkeit menschlichen Handelns. Die kategoriale Darstellung des Begriffs des Rechts in seinen Kategorien wäre so eine »konkrete Totalität als Gedankentotalität, als Gedankenconcretum, in fact ein Product des Denkens, des Begreifens« und so das resultierende System der Darstellung der Kategorien ein »Product des denkenden Kopfes, der sich die Welt in der ihm einzig möglichen Weise aneignet, einer Weise, die verschieden ist von der künstlerisch-, religiös-, praktisch-geistigen Aneignung dieser Welt«.[93]

Dabei kann es dazu kommen, »daß die einfachre Categorie herrschende Verhältnisse eines unentwickeltern Ganzen oder untergeordnete Verhältnisse eines entwickeltern Ganzen ausdrücken kann, die historisch schon Existenz hatten, eh das Ganze sich nach der Seite entwickelte, die in einer concretern Categorie ausgedrückt ist«.[94] Und so gesehen scheint erneut der spekulative Begriff in der kategorialen Darstellung nicht nur die logische Form der gedanklichen Reproduktion des Ganzen zu konstituieren, sondern auch die Genesis der Sache selbst in der Geschichte darzustellen und damit der Darstellung wie der Geschichte metaphysisch vorausgesetzt zu sein – ganz so, als ob die Entwicklung der Kategorien im »Gang des abstrakten Denkens, das vom Einfachsten zum Combinierten

91 Hegel: Rechtsphilosophie, Werke, Bd. 7, S. 145–152, §§ 65–70.

92 Ebd., S. 36.

93 Ebd.

94 Marx: Ökonomische Manuskripte 1857–58, Teil 1, MEGA², Bd. II/1.1, S. 38.

aufsteigt, dem wirklichen historischen Prozeß [entspräche]«[95] und daher drohe, dass – wie Marx schon früh an der Begründungsfunktion der »Logik« für die positiven Wissenschaften kritisierte[96] – »die Bewegung der Categorien als der wirkliche Produktionsakt [erscheint]«.[97]

Marx diskutiert dieses Problem noch an weiteren Beispielen und kommt zum Schluss, dass in jedem Fall »selbst die abstraktesten Categorien trotz ihrer Gültigkeit – eben wegen ihrer Abstraktion – für alle Epochen doch in der Bestimmtheit dieser Abstraktion selbst ebensosehr das Product historischer Verhältnisse sind und ihre Vollgültigkeit nur für und innerhalb dieser Verhältnisse besitzen«.[98] Der entscheidende Punkt, den Marx hier für die kategoriale Darstellung herausarbeitet, ist also, dass die Reihenfolge und Ableitung der Kategorien als Bestimmungen der Sache weder einer historischen Reihenfolge noch einer Ableitung aus dem reinen Denken folgen dürften, das heißt »metaphysisch-dogmatisch« vollzogen werden, sondern durch den der Wirklichkeit zugrunde liegenden Begriff bestimmt sind und verschiedene Abstraktionsstufen desselben darstellen. So sind sie »durch die Beziehung [bestimmt], die sie in der modernen bürgerlichen Gesellschaft aufeinander haben und die gerade das umgekehrte von dem ist, was als ihre naturgemäße erscheint oder der Reihe der historischen Entwicklung entspricht«.[99]

Am Beginn dürfe daher nicht der Begriff als solcher stehen, wie der der Produktion oder der Arbeit schlechthin in den Systemen der politischen Ökonomie,[100] von dem ausgehend die Kategorien entwickelt würden, sondern die durch Abstraktionskraft erschlossene Substanz als Subjekt, aus der die Kategorien folgen. Wird dies missachtet, käme es nicht nur zu einer »chaotischen Vorstellung des Ganzen«,[101] sondern auch zu einer fatalen Naturalisierung der gesellschaftlichen Verhältnisse, da ein allgemeiner Begriff in einer historisch-sekundären Form seiner Wirklichkeit entwickelt wird.

Marx greift dieses Problem unmittelbar im Anschluss an die »Grundrisse« in »Zur Kritik der politischen Ökonomie« auf und zeigt die wissenschaftlichen Irrtümer, die aus dieser fälschlichen Darstellung der Kategorien der politischen Ökonomie entstehen. Wenn also von der klassischen politischen Ökonomie die Produktion im Allgemeinen unter den Begriffsbestimmungen der kapitalistischen Produktionsweise gefasst wird, dann kulminieren abstrakt-begriffliche Bestimmungen und historisch-spezifische Daseinsform zu einem ideologischen Amalgam, in

95 Ebd.

96 Marx: Zur Kritik der hegelschen Rechtsphilosophie, MEW, Bd. 1, S. 209.

97 Marx: Ökonomische Manuskripte 1857–58, Teil 1, MEGA², Bd. II/1.1, S. 37.

98 Ebd., S. 40.

99 Ebd., S. 42.

100 Vgl. ebd., S. 21–26.

101 Ebd., S. 36.

dem die »bürgerliche Form der Arbeit als die ewige Naturform der gesellschaftlichen Arbeit«[102] aufgefasst würde. So wird die stoffliche Formbestimmung, die Bestimmungen der Sache selbst, dass der Mensch nur vermittels des durch Arbeit vermittelten Stoffwechsels mit der Natur als Mensch existiert, durch die gesellschaftlichen Beziehungen, in denen die Arbeit sich gegenwärtig vollzieht, als die einzig denkbare Bestimmung aufgefasst und das Kapital als transhistorisches Produktionsverhältnis verewigt. Hieraus resultieren wissenschaftliche Fehler – zum Beispiel dass Ricardo einen imaginären

> »Urfischer und den Urjäger [...] sofort als Waarenbesitzer Fisch und Wild austauschen [läßt], im Verhältniß der in diesen Tauschwerthen vergegenständlichten Arbeitszeit. Bei dieser Gelegenheit fällt er in den Anachronismus, [...] die 1817 auf der Londoner Börse gangbaren Annuitätentabellen zu Rathe [zu] ziehen.«[103]

Angesichts dessen ist es die Aufgabe der Kritik der politischen Ökonomie, die stofflichen von den gesellschaftlichen Bedingungen zu scheiden und kritisch das Zusammenwachsen von stofflichen und gesellschaftlichen Bestimmungen zu entwickeln.

Die dem entsprechende dialektische Entfaltung des Wesens vermochte die Nationalökonomie unter anderem deswegen nicht zu leisten, weil sich in ihr »die abstrakten Kategorien der politischen Ökonomie noch im Proceß der Scheidung von ihrem stofflichen Inhalt [befinden] und daher verfließend und schwankend [sind]«.[104] Dies zeigt sich daran, dass dic poli tische Ökonomie die Produktion im Allgemeinen gleichsetzte mit der aus dem Tauschwert abgeleiteten abstrakt menschlichen Arbeit, die als solche aber eine auf der bürgerlichen Gesellschaft beruhende Abstraktion darstellt. Entsprechend wurde daher auch die Arbeit als Kategorie der politischen Ökonomie nicht richtig begriffen.[105] Marx kritisierte dies schon in den »Grundrissen«, indem er betont, es wäre die »Abstraction der Categorie ›Arbeit‹, ›Arbeit überhaupt‹, Arbeit sans phrase, der Ausgangspunkt der modernen Oekonomie, [...] die eine uralte und für alle Gesellschaftsformen gültige Beziehung ausdrückt [...] doch nur in dieser Abstraction praktisch wahr als Categorie der modernsten Gesellschaft«.[106]

102 Marx: Zur Kritik der politischen Ökonomie. Erstes Heft, MEGA², Bd. II/2, S. 137.

103 Ebd.

104 Ebd. S. 135.

105 Vgl. hierzu ausführlich die vorliegende Arbeit ab S. 237.

106 Marx: Ökonomische Manuskripte 1857–58, Teil 1, MEGA², Bd. II/1.1, S. 39 f. Dass Marx hier Kategorie schreibt und nicht Substanz, drückt seinen eigenen Mangel in der Bewältigung der Zusammenhänge der bürgerlichen Gesellschaft aus. Der Doppelcharakter der Arbeit und weitere Erkenntnisse finden sich in den »Grundrissen« noch nicht (vgl. Frigga Haug: Doppelcharakter der Arbeit, in: Historisch-kritisches Wörterbuch des Marxismus, Bd. 2, Hamburg 1995, Sp. 812–819).

Hieraus ergibt sich eine weitere Eigenheit für die Ordnung der Kategorien: In ihr muss zwischen abstrakten Kategorien[107] bzw. einfachen Kategorien[108] und konkreteren Kategorien[109] unterschieden werden. Die einfachen bzw. abstraktesten Kategorien sind nicht nur die abstrakteste Bestimmung der Sache selbst, sondern aufgrund ihrer Abstraktheit scheinen sie eine Gültigkeit für verschiedene Gesellschaftsepochen zu besitzen, wie die Kategorien »›Arbeit‹, ›Arbeit überhaupt‹, Arbeit sans phrase«,[110] Markt[111] oder auch »Nachfrage und Zufuhr«[112] und »Tauschwerth«.[113] Als einfachste Bestimmungen des Ganzen sind sie weniger komplex als die konkreteren Kategorien, die weitere Verhältnisse implizieren. Es ist in dieser Darstellungsform also unvermeidbar, dass, je abstrakter die Kategorien sind, sie scheinbar desto mehr den »verschiedensten Produktionsweisen angehören, wenn auch in verschiednem Umfang und Tragweite«.[114] In diesem Moment würden sie aber an und für sich selbst betrachtet werden und damit von der sich in ihnen bestimmenden zugrunde liegenden Substanz abgetrennt, also nicht mehr als Kategorien des Systems der politischen Ökonomie aufgefasst werden. Das heißt, als Kategorien der politischen Ökonomie existieren sie ebenso wie die hegelsche Kategorie des Besitzes als Rechtskategorie (oder die Kategorie der Wirklichkeit als Kategorie des Wesens in der »Logik«) nur »als abstrakte, einseitige Beziehung eines schon gegebnen concreten, lebendigen Ganzen«.[115]

Kategorien und gesellschaftliche Praxis

Nachdem so die systematischen Aspekte und die Wissenschaftskritik der kategorialen Kritik einigermaßen abgesteckt sind, bleibt das Moment der praktisch-kritischen Tätigkeit noch offen, denn in der skizzierten Form gedanklicher Reproduktion der Wirklichkeit bleibt »[d]as reale Subject nach wie vor ausserhalb des Kopfes in seiner Selbstständigkeit bestehn; solange sich der Kopf nur nämlich spekulativ verhält, nur theoretisch«.[116] Der Bezug auf das Realobjekt scheint also noch nicht die von Marx ins Auge gefasste Revolutionierung der Verhältnisse zu ermöglichen, in denen es trotz der richtigen Auffassung derselben bei dem historischen

107 Vgl. z. B. Marx: Ökonomische Manuskripte 1857–58.,Teil 1, MEGA², Bd. II/1.1, S. 40; ders.: Ökonomische Manuskripte 1857–58, Teil 2, MEGA², Bd. II/1.2, S. 320.

108 Vgl. z. B. Marx: Ökonomische Manuskripte 1857–58, Teil 1, MEGA², Bd. II/1.1, S. 38.

109 Ebd.

110 Ebd., S. 39.

111 Ebd., S. 204.

112 Marx: Ökonomische Manuskripte 1857–58, Teil 2, MEGA², Bd. II/1.2, S. 320.

113 Marx: Ökonomische Manuskripte 1857–58, Teil 1, MEGA², Bd. II/1.1, S. 36.

114 Marx: Das Kapital (1867), MEGA², Bd. II/5, S. 74; ders.: Das Kapital. Erster Band (1890), MEGA², Bd. II/10, S. 107.

115 Marx: Ökonomische Manuskripte 1857–58, Teil 1, MEGA², Bd. II/1.1, S. 37.

116 Ebd.

Faktum bleibt, dass der Mensch »ein geknechtetes, ein verlassenes, ein verächtliches Wesen ist«[117] – oder wie es später in Bezug auf die Verselbstständigung der abstrakt menschlichen Arbeit im »Kapital« heißen wird:

> »Die Bestimmung der Werthgröße durch die Arbeitszeit ist daher ein unter den erscheinenden Bewegungen der relativen Waarenwerthe verstecktes Geheimniß. Seine Entdeckung hebt den Schein der bloß zufälligen Bestimmung der Werthgrößen der Arbeitsprodukte auf, aber keineswegs ihre sachliche Form.«[118]

Der Übergang in die Praxis liegt dabei in der Theorie selbst: Indem die Kategorien Denk- wie Grundbestimmungen der gesellschaftlichen Wertsubstanz sind und über die privat-arbeitsteilige Produktion auf die bürgerlichen Eigentumsverhältnisse verweisen, werden die Konstitutionsbedingungen der Wirklichkeit gedanklich reproduziert. Aufgehoben werden die Kategorien also dann, wenn das Privateigentum an Produktionsmitteln abgeschafft wird und daher »die Verhältnisse des praktischen Werkeltagslebens den Menschen tagtäglich durchsichtig vernünftige Beziehungen zu einander und zur Natur darstellen«.[119] Erst dann werde der Mensch das Subjekt seiner eigenen Geschichte und projiziere sein Gattungswesen nicht mehr in abstrakte Vorstellungen wie die Kunst, Religion, Politik oder die politische Ökonomie, sodass die »Gestalt des gesellschaftlichen Lebensprocesses, d. h. des materiellen Produktionsprocesses, nur ihren mystischen Nebelschleier ab[streift], sobald sie als Produkt frei vergesellschafteter Menschen unter deren bewußter planmäßiger Kontrolle steht«.[120] So ist der Theorie die Möglichkeit einer transformativen gesellschaftlichen Praxis inhärent, da nicht nur formal dem aristotelischen *ti esti* nachfolgend erkannt ist, *was* die Verhältnisse sind, sondern auch das den seit Anbeginn der Kategorien innewohnende metaphysische spekulative Moment der Wesensbestimmung (*ousía*) eingeholt wurde, also *warum* die Verhältnisse so sind wie sie sind. Entsprechend stellt sich die Frage, wie diese im »Kapital« explizit betonte zweite Seite der gesellschaftlichen Praxis Eingang findet in die darstellungslogische Funktion der Kategorien als gedankliche Reproduktion der Wirklichkeit. Es geht also nicht nur um eine Revolutionierung der Wissenschaft der politischen Ökonomie, sondern darum, dem Anspruch des »Kapital« gerecht zu werden, das »furchtbarste Missile [zu sein], das den Bürgern [...] an den Kopf geschleudert worden ist«.[121]

117 Marx: Zur Kritik der hegelschen Rechtsphilosophie. Einleitung, MEW, Bd. 1, S. 385.
118 Marx: Das Kapital. Erster Band (1890), MEGA², Bd. II/10, S. 74.
119 Ebd., S. 78.
120 Ebd.
121 Marx an Johann Philipp Becker, 17.4.1867, MEW, Bd. 31, S. 541.

Bis auf die »Feuerbachthesen« finden sich zu dieser Problemstellung jedoch kaum Anknüpfungspunkte in den frühen und mittleren Schriften, weswegen das für das Kategorienverständnis notwendige Moment der Praxis nur äußerlich, als retrospektiver Blick vom »Kapital« auf die »Feuerbachthesen« entwickelt werden kann. Herausgearbeitet wurde bisher, dass entgegen Hegel das Wechselverhältnis zwischen Mensch und Natur nicht als Widerspruch zwischen Denken und Sein, oder moderner, zwischen Subjekt und Objekt, aufgefasst wird, sondern als der über die Arbeit vermittelte Prozess des Stoffwechsels natürlicher Wesen. Hiermit rekurriert die Subjektivität, die in den Kategorien erscheint, nicht auf das Denken und den Geist, sondern auf die sich vermittels der Produktion vollziehende Humanisierung der Natur bei einer Naturalisierung des Menschen. In der Kritik der politischen Ökonomie drücken die Kategorien im Gegensatz zu Hegel daher nicht nur die erreichte Reflexivität des Denkens aus, sondern ein soziohistorisches Kategorienmodell des Selbstverständnisses des Menschen in der Welt.

Diese Transformation Hegels gelingt unter der Voraussetzung, dass die Menschheit gleich der Vernunft nicht als theoretisch-tätige, sondern als praktisch-tätige Subjektform begriffen wird, die sich analog zum erkennenden Subjekt in seinen Kategorien selbst reflektieren und vermittels der darin erscheinenden Substanz der abstrakt menschlichen Arbeit selbst begründen kann. Sie kann daher als Gattungssubjekt ein Selbstbewusstsein erlangen, das sich im Durchgang der Kritik der politischen Ökonomie in den Kategorien als in verkehrter Form realisierende Wirklichkeit des gesellschaftlichen Menschen entpuppt, »so daß materialistische Dialektik die bewußte Erfahrung bedeutet, welche die antagonistische Gesellschaft an sich selber macht«.[122] In Analogie zu den Kategorien des Denkens kann der Mensch also in den gesellschaftlichen Kategorien seine gesellschaftliche Praxis und damit das gesellschaftliche Bewusstsein als sein eigenes Produkt im hegelschen Sinne begrifflich reflektieren.

Angeschlossen wird damit an Krahls Position,[123] dass die materialistische Wendung Hegels als Ersetzung des Bewusstseins und seiner Kategorien durch die Gesellschaft zu konzipieren sei. Was Hegel für das Denken in der »Phänomenologie« nachzeichnete, wie durch Reflexion sich das Bewusstsein als Selbstbewusstsein und Vernunft aus der Welt schält, so gilt auch für Marx, dass die Menschen erst ihre eigene gesellschaftliche Existenzweise verstehen, wenn ihnen diese – gleich den verschiedenen Bewusstseinsstufen – als schon immer konstituierte und daher aufzuklärende Form gegenübertritt. Angesichts der zu den Kategorien der politischen Ökonomie geronnenen Gesellschaftlichkeit der Menschen ver-

122 Krahl: Erfahrung des Bewusstseins, S. 17.
123 Vgl. ebd.

suchen sie diese als »Hieroglyphe zu entziffern, hinter das Geheimniß ihres eignen gesellschaftlichen Produkts zu kommen«,[124] und entdecken analog zum Bewusstsein in der »Phänomenologie des Geistes«[125] nur sich selbst und ihre eigene gesellschaftliche Praxis im Inneren der Dinge.

Die sich so ergebende Grundbestimmung der Kategorien der Kritik der politischen Ökonomie ist, dass es die historisch entstandenen bürgerlichen Produktionsverhältnisse sind, »die durch die Categorien der politischen Oekonomie theoretisch oder ideal ausgedrückt werden«.[126] Von der ersten bis zur vierten Ausgabe des »Kapital« gilt daher, dass die Kategorien nur »gesellschaftlich gültige, also objective Gedankenformen für Produktionsverhältnisse dieser historisch bestimmten gesellschaftlichen Produktionsweise [sind]«.[127] Die theoretische Kritik des Bewusstseins als selbstreflexive Entzifferung dieser objektiven Gedankenformen bzw. Kategorien, die den Grund in den gesellschaftlichen Verhältnissen haben, ist also direkt auf gesellschaftliche Praxis gerichtet, indem die Kategorien und Vorstellungen der bürgerlichen Gesellschaft nur aufgehoben werden können, wenn die ihnen zugrunde liegenden Verhältnisse revolutioniert werden, weil sie als Denkbestimmungen eben nicht nur Denk- sondern auch Grundbestimmungen einer Substanz sind. Wie schon zuvor angedeutet, wird so einerseits die Konstitutionstheorie des deutschen Idealismus in Gesellschaftheorie überführt.[128] Andererseits wird inhaltlich erkennbar, was in den »Thesen über Feuerbach« nur programmatisch benannt wurde: Dass die Veränderung der Persönlichkeit und praktische Revolutionierung der Gesellschaft für Marx zusammenfallen, indem die Einzelnen und ihr Bewusstsein durch die gesellschaftlichen Verhältnisse formiert werden, wie formierend auf diese einwirken – kurz, das menschliche Wesen »in seiner Wirklichkeit [...] das ensemble der gesellschaftlichen Verhältnisse [ist]«.[129]

Eingeholt wird so in der funktionalen Bestimmung der Kategorie, dass sich die Bedingungen der Aufhebung aus den bestehenden Voraussetzungen des gegenwärtigen gesellschaftlichen Seins ergeben und »nicht durch Dogmen, sondern durch Analysierung des mystischen, sich selbst unklaren Bewußtseins«; kurzum, es geht in der kategorialen Kritik um »Selbstverständigung (kritische Philosophie) der Zeit über ihre Kämpfe und Wünsche«.[130] In der Kategorienproblematik ist daher das

124 Marx: Das Kapital. Erster Band (1890), MEGA², Bd. II/10, S. 73.

125 Hegel: Phänomenologie, Werke, Bd. 3, S. 135 f.

126 Karl Marx: Zur Kritik der politischen Ökonomie (Manuskript 1861–63), Teil 6, in: MEGA², Bd. II/3.6, S. 2379.

127 Marx: Das Kapital (1867), MEGA², Bd. II/5, S. 47; ders.: Das Kapital. Erster Band (1890), MEGA², Bd. II/10, S. 75.

128 Vgl. die vorliegende Arbeit ab S. 151.

129 Marx: 1) ad Feuerbach, MEGA², IV/3, S. 21.

130 Karl Marx: Briefe aus den Deutsch-Französischen Jahrbüchern, in: MEW, Bd. 1, S. 337–346, hier S. 346.

Zentrum der marxschen Kritik wie seiner Methode auszumachen, da Gesellschaftskritik hier nicht als Subjekt-Objekt-Schema, also wie in der neueren kritischen Theorie als bloße Entfremdungstheorie formuliert wird,[131] sondern als eine Theorie der Verkehrung gesellschaftlicher Verhältnisse – indem die Wertform den Menschen beherrscht, wird, was Subjekt war, Objekt und was Objekt war, Subjekt.[132] Was von Marx analysiert wird, ist die Entstehung und Formung des gesellschaftlichen Systems durch die kollektiv tätigen Menschen und wie die daraus entstehenden Formen umschlagen zu einer fremden Macht, die den einzelnen Menschen überwältigt und formt, sodass es zu dem kommt, was Judith Butler anhand der Geschlechterverhältnisse beschreibt: »Um als man selbst zu bestehen, muss man also die Bedingungen seiner eigenen Unterordnung begehren.«[133] In dieser Analyse steht die Gesellschaft nicht mehr als abstraktes Objekt dem Einzelnen gegenüber, sondern die eigene Verstrickung in die Verhältnisse tritt hervor. Diese Wechselwirkung ist es, die auf den Begriff gebracht wird, wenn Marx von »revolutionärer Praxis«[134] oder »praktisch-*kritischer* Tätigkeit«[135] spricht.[136]

Die darstellungslogische Bewältigung dieser Doppelfunktion der Kritik, auf den Gegenstand wie die ihn repräsentierende Wissenschaft zu zielen und die dies widerspiegelnde Eigenheit der Kategorien als Einheit von Denk- und Grundbestimmungen des Seienden, gelingt jedoch erst spät: im »Kapital«. Sie setzt die Erkenntnis des hier nur als abstrakt menschliche Arbeit vorweggenommenen Zugrundeliegenden, der Substanz als Subjekt, voraus. Die Erkenntnis der abstrakt menschlichen Arbeit als gesellschaftliche Wertsubstanz wie des Doppelcharakters der warenproduzierenden Arbeit vollzieht sich jedoch erst in den 1860er-Jahren.[137]

131 Z. B. Rahel Jaeggi: Entfremdung, Frankfurt a. M. 2005.

132 Vgl. Tairako Tomonaga: Der fundamentale Charakter der Dialektik im »Kapital« von Marx. Zur »Logik der Verkehrung«, in: Siegfried Bönisch (Hrsg.): Marxistische Dialektik in Japan. Beiträge japanischer Philosophen zu aktuellen Problemen der dialektisch-materialistischen Methode, Berlin (Ost) 1987, S. 105–123.

133 Butler: Psyche der Macht, S. 14.

134 Marx: 1) ad Feuerbach, MEGA^2, Bd. IV/3, S. 20.

135 Ebd., S. 19.

136 Ganz ähnliche Gedanken finden sich im Übrigen in einem Brief von Engels an Marx vom 19.11.1844 und es stellt sich die Frage, wie viel von diesem Eingang gefunden hat in die marxschen »Feuerbachthesen« – oder anders, wie viel Einfluss Engels nicht nur vermittels seiner »Umrisse zu einer Kritik der Nationalökonomie« auf die ökonomischen, sondern auch auf die philosophischen Ansichten des jungen Marx hatte (vgl. Engels an Marx, 19.11.1844, in: MEW, Bd. 27, S. 9–13, hier S. 12).

137 Bis »Zur Kritik der politischen Ökonomie« (1858) verfügt Marx noch nicht über eine klare begriffliche Ausarbeitung dieser Doppelform, es »verschlingen sich die Gegensätze konkret/abstrakt, besonders/allgemein, qualitativ/quantitativ, bestimmt/unterschiedslos usw.« (Frigga Haug: Doppelcharakter der Arbeit, Sp. 813). In den »Manuskripten 1861–63« sei Marx zwar schon von der Arbeit überhaupt zu der Kategorie der allgemeinen Arbeit gekommen, verstehe sie aber immer noch primär als physiologisch gleiche Arbeit. Erst in der ersten Auflage des »Kapital« von 1867 spreche Marx im Teil zur Wertformanalyse von abstrakt menschlicher Arbeit (vgl. ebd.). Jedoch ist auch hier noch eine unzureichende Entwicklung zu bemerken, die in den Ergänzungen und Veränderungen zum ersten Band des »Kapital« (MEGA^2 II/5, II/6) weiter modifiziert und erst mit der dritten Auflage wirklich bewältigt wurde (vgl. die vorliegende Arbeit ab S. 192).

Auch wenn sich Andeutungen finden, bleibt es bis zum »Kapital« nur bei der Ahnung, dass sich aus der Wertform des Arbeitsproduktes die Kategorien der politischen Ökonomie in einer Art entfalten lassen könnten, die ihre Konstitutionsprinzipien einholt. Und so heißt es in den »Ökonomisch-philosophischen Manuskripten« nur programmatisch, dass Marx im »Begriff der *entfremdeten, entäusserten Arbeit* den Begriff des *Privateigenthums* durch Analyse gefunden habe«, sodass gemeinsam mit der hieraus resultierenden Wert- und Warenform der Arbeitsprodukte, das heißt dem Austauschprozess, »alle nationalökonomischen *Categorien* entwickelt werden können«, mehr noch, man »in jeder *Categorie* [...] nur einen *bestimmten* und *entwickelten Ausdruck* dieser ersten Grundlagen wiederfinden [wird]«.[138]

Schon früh zeichnet sich so ab, dass die in den Eigenschaftsbestimmungen der Dinge verdinglichte und durch Reflexion erschließbare, sie formbestimmende Substanz nicht das Denken ist, sondern die sich in der gesellschaftlichen Praxis der Menschen realisierende abstrakt menschliche Arbeit. Folglich wird bei Marx nicht wie bei Hegel die Vernunft die Kategorie der Kategorien, sondern es ist die (gesellschaftliche) Teilung der Arbeit »in gewisser Beziehung die Categorie aller Categorien der politischen Oekonomie«.[139] Je nach Form der gesellschaftlichen Teilung der Arbeit ergibt sich daher eine unterschiedliche Gesellschaftsformation, in der die so bestimmte Produktionsweise der »Aether ist, der das spezifische Gewicht alles in ihm hervorstechenden Daseins bestimmt«,[140] bzw. verhält es sich so, dass die

> »specifische ökonomische Form, in der unbezahlte Mehrarbeit aus den unmittelbaren Producenten ausgepumpt wird, das Herrschafts- und Knechtschaftsverhältniß [bestimmt], wie es unmittelbar aus der Produktion selbst hervorwächst, und seinerseits bestimmend auf sie zurückwirkt.«[141]

Der Konstitutionsgrund der Kategorien der politischen Ökonomie und damit der darin formbestimmten Wirklichkeit der bürgerlichen Gesellschaft ist also nicht einfach ein aufzuklärendes verkehrtes Bewusstsein, sondern die gesellschaftliche Form der Arbeit. Solange die Arbeit über den Markt vergesellschaftet wird, fungiert die sich so realisierende abstrakt menschliche Arbeit als gesellschaftliche Wertsubstanz, die zugleich Subjekt ist und dadurch die Wirklichkeit wie ihre Kategorien als »objec-

138 Marx: Ökonomisch-philosophische Manuskripte, MEGA², Bd. I.2, S. 245.
139 Marx: Manuskript 1861–63, Teil 1, MEGA², Bd. II/3.1, S. 242.
140 Marx: Ökonomische Manuskripte 1857–58, Teil 1, MEGA², Bd. II/1.1, S. 41.
141 Karl Marx: Das Kapital. Dritter Band (1894), MEGA², II.15, S. 766.

tive Gedankenformen«[142] formbestimmt. Gesellschaftliche Praxis ist von diesem Standpunkt also nicht als ein Anhängsel von Theorie zu betrachten, sondern geht konstitutiv in die Theorie ein. Die durch den Kategorienbegriff methodisch getragene Kritik ist daher so strukturiert, dass das Dechiffrieren der herrschenden Abstraktionen nur einen Teil der Kritik leistet – den anderen Teil leisten die praktischen Kämpfe, welche die Bedingungen der Möglichkeit dieser objektiven Gedankenformen als Formbestimmungen der abstrakt menschlichen Arbeit negieren: das Privateigentum an Produktionsmitteln.

Ideologiekritische Funktion der Kategorien

Ein Teil der ideologiekritischen Funktion hat sich bereits in der Auseinandersetzung mit der hegelschen Rechtsphilosophie angedeutet:[143] Wenn Hegel den Begriff der Freiheit in den empirischen Kategorien der bürgerlichen Gesellschaft oder die politische Ökonomie die Produktion im Allgemeinen in den Kategorien der politischen Ökonomie darstellt, dann wird eine historisch sekundäre Form zur Verwirklichung eines abstrakt Allgemeinen. Entsprechend wird durch die Wissenschaft so die jeweilige Gegenwart naturalisiert wie apologetisiert, denn die Kategorien werden nur als Denkbestimmungen des von der jeweiligen Wissenschaft zugrunde gelegten Begriffs entfaltet, aber nicht aus dem ihnen wirklich Zugrundeliegenden. Gelingt hingegen die skizzierte Darstellungsform der Kategorien als Grund- und Denkbestimmungen der der Sache selbst zugrunde liegenden Substanz als Subjekt, dann werden die Konstitutionsbedingungen der Kategorien aufgedeckt, sodass sie als historische, das heißt vergängliche Formbestimmungen erkennbar werden. Dies ist ein Moment der Ideologiekritik. Dabei entsteht ein zweites, bisher wenig betrachtetes ideologiekritisches Moment: Durch die so abgeleitete Stellung im System werden die Kategorien transformiert und erhalten eine neue, kritische Bedeutung. Hierauf zielte Wolfgang Fritz Haugs Ansicht, dass Marx die Kategorien zu Begriffen umarbeitete[144] – was aus den bisher entwickelten Gründen der Sache nach richtig, terminologisch aber problematisch ist.

Diese zweite Seite tritt schlagend an der Vorstellung des Geldes in der politischen Ökonomie hervor, denn unmittelbar hat jeder eine Vorstellung vom Geld als Tauschmittel. Diese Vorstellung findet als Kategorie Eingang in die politische Ökonomie, und zwar als transhistorische Bestimmung des Geldes: Angesichts der Widersprüche der Warenzirkulation, dass Warenbesitzer A möglicherweise nicht das Bedürfnis nach Ware B verspürt, würde das Geld die Lösungsform dieser widersprüch-

142 Marx: Das Kapital. Erster Band (1890), MEGA², Bd. II/10, S. 75.
143 Vgl. die vorliegende Arbeit, S. 127, 161.
144 Haug: Kategorie, Sp. 475.

lichen Austauschbewegung darstellen, insofern es als Zwischentauschmittel den Austausch durch Werterhaltung garantiert, so Marx.[145] Unbegriffen bleibt in dieser Bestimmung dessen, *was* das Geld ist, *warum* es diese Fähigkeit der Wertaufbewahrung besitzt. Es fehlt daher das der hegelschen und marxschen Kategorie eigene Moment der Grundbestimmung. Damit bleibt das Bewusstsein in der gedanklichen Reproduktion der Wirklichkeit auf die gesellschaftliche Oberfläche beschränkt, das heißt auf der Erscheinungsebene gefangen, sodass es bei Marx heißt: »Jeder kann Geld als Geld brauchen, ohne zu wissen, was [im Sinne von warum, F. H.] Geld ist. Die ökonomischen Kategorien spiegeln sich im Bewußtsein sehr verkehrt ab.«[146] Geld erscheint den Menschen in ihren Handlungen wie der politischen Ökonomie in der Theorie unmittelbar als Tauschmittel und so »halten sie dann konsequent am Tauschhandel als adäquater Form des Austauschprocesses der Waaren fest, der nur mit gewissen technischen Unbequemlichkeiten verknüpft sei, wofür Geld ein pfiffig ausgedachtes Auskunftsmittel«.[147] Die politische Ökonomie integrierte so zwar die Kategorie des Geldes in ihr wissenschaftliches System, aber dieser Typus Kategorie entspricht nur der Verstandesauffassung des Gegenstandes. Doch so taugen die schiefen, verstandesmäßigen Auffassungen der Verhältnisse in den unkritischen Kategorien der politischen Ökonomie nur »dem englischen Fabrikanten zum Hausgebrauch«.[148]

Innerhalb der Wissenschaft der politischen Ökonomie führt diese Betrachtungsweise aber auch zu fatalen Fehlern in der Darstellung des Gegenstandes. Ausgehend von der Idee des Geldes als Tauschinstrument, so Marx, behauptete ein

> »geistreicher englischer Oekonom [...], Geld sei ein blos materielles Instrument, wie [...] eine Dampfmaschine, aber nicht die Darstellung eines gesellschaftlichen Produktionsverhältnisses und folglich keine ökonomische Kategorie. Es werde daher nur mißbräuchlich in der politischen Oekonomie [...] abgehandelt.«[149]

Diese mangelhafte Auffassung entstünde Marx zufolge, weil die Ökonomen ihre Kategorien dem »Alltagsleben ohne weitere Kritik«[150] entlehnten. Um dem zu begegnen, dürften in einem System der politischen Ökonomie die »gang und gäbe Vorstellungen« nicht unmittelbar als Kategorien Eingang finden, sondern nur als durch den Begriff bestimmte und damit durch die

145 Vgl. z. B. Marx: Das Kapital. Erster Band (1890), MEGA², Bd. II/10, S. 86.

146 Karl Marx: Zur Kritik der politischen Ökonomie (Manuskript 1861–63), Teil 4, in: MEGA², Bd. II/3.4, S. 1346.

147 Marx: Zur Kritik der politischen Ökonomie. Erstes Heft, MEGA², Bd. II/2, S. 129 f.

148 Marx: Das Kapital. Erster Band (1890), MEGA², Bd. II/10, S. 201.

149 Marx: Zur Kritik der politischen Ökonomie. Erstes Heft, MEGA², Bd. II/2, S. 130.

150 Marx: Das Kapital (1867), MEGA², Bd. II/5, S. 435.

Kritik durchgegangene. Um dies verständlich zu machen, ist ein Vorgriff nötig: Wird das Geld ausgehend von der Wertsubstanz entwickelt, zeigt sich, dass in der unmittelbaren Austauschbarkeit ein gesellschaftliches Produktionsverhältnis als natürliche Eigenschaftsbestimmung verdinglicht erscheint. Entsprechend heißt es schon in »Zur Kritik«, dass »das Geld nicht Produkt der Reflexion oder der Verabredung ist, sondern instinktartig im Austauschprozeß gebildet wird«[151] und damit die unbewusste Ausdrucksform des allen Waren zugrunde liegenden Gehaltes ist: der marktförmig vergesellschafteten abstrakt menschlichen Arbeit. In der nicht durch diese Kritik durchgegangenen Kategorie bleibt diese Grundbestimmung verborgen und es gilt als konventionelles, pfiffiges Tauschmittel. Unerkannt bleibt, dass es die abstrakt menschliche Arbeit als gesellschaftliche Substanz ist, die einem Metallstück die gesellschaftliche Eigenschaft aneignet, universelles Tauschmittel zu sein, und es daher die Wertform der abstrakt menschlichen Arbeit ist, die dieses wie jedes andere »Arbeitsprodukt in eine gesellschaftliche Hieroglyphe [verwandelt]«.[152] Fungiert ein Gegenstand im Austauschprozess als Geld, ist dieser konstitutionstheoretische Zusammenhang erloschen und die stofflichen mit gesellschaftlichen Bestimmungen unmittelbar verwachsen. Ein Gegenstand scheint so schlicht von Natur aus Geld zu sein und fungiert in seiner stofflichen Gestalt als Geld, wie beispielsweise Gold. So komme es dazu, dass der »gewöhnliche Oekonom, der diese *ökonomische Formbestimmtheit* grob als dingliche Eigenschaften läßt, daher durch die Dialektik dieser Bestimmungen in Verwirrung [geräth]«.[153] Nur in den Kategorien als Einheit von Denk- und Grundbestimmungen ist also dies fetischistische »Zusammenwachsen des Stoffs mit der Form« rekonstruierbar – ohne diese Darstellungsform ist man konfrontiert mit dem »Verschwinden der Formbestimmung als solcher«.[154] Für die von der Bewegung der Substanz isoliert genommene Kategorie gilt daher: »Die vermittelnde Bewegung verschwindet in ihrem eignen Resultat und läßt keine Spur zurück.«[155] Gegenstand der Wissenschaft wäre dann nur die Beantwortung des *ti esti*, das *Was*?, die *ousía*, das *Warum*?, bliebe verborgen. Entgegen dieser Erkenntnis der Erscheinungsform eines gesellschaftlichen Verhältnisses in den Eigenschaftsbestimmungen eines Stoffes werfe der bürgerliche Ökonom beides zusammen und bliebe so in den »ökonomischen Categorien befangen, wie er sie vorfindet«.[156] Die Kategorien werden also nicht reflektiert als

151 Marx: Zur Kritik der politischen Ökonomie. Erstes Heft, MEGA², Bd. II/2, S. 128; vgl. auch ders.: Das Kapital. Erster Band (1890), MEGA², Bd. II/10, S. 84.

152 Ebd., S. 73.

153 Karl Marx: Ökonomische Manuskripte 1863–67, Teil 1, in: MEGA², Bd. II/4.1, S. 277.

154 Tairako Tomonaga: Versachlichung und Verdinglichung in ihrer Beziehung zur hegelschen Dialektik. Zur Erschliessung der Logik der Verkehrung, in: Hokudai Economic Papers 12/1982, S. 65–85, hier S. 71.

155 Marx: Das Kapital. Erster Band (1890), MEGA², Bd. II/10, S. 89.

156 Marx: Manuskript 1861–63, Teil 4, MEGA², Bd. II/3.4, S. 1382.

Erscheinungsform für »ein gesellschaftliches Produktionsverhältnis«,[157] sondern widergespiegelt als »Daseinsformen, Existenzbestimmungen, oft nur einzelne Seiten dieser bestimmten Gesellschaft«.[158]

Durch die damit einhergehende vorherrschende Identifizierung von stofflicher und gesellschaftlicher Bestimmung ginge verloren, dass es nur die historisch entstandenen bürgerlichen Produktionsformen seien, die »durch die Categorien der politischen Oekonomie theoretisch oder ideal ausgedrückt werden«,[159] und nicht die Produktion schlechthin. So wäre »niemals auch nur die Frage gestellt, warum dieser Inhalt jene Form annimmt, warum sich also die Arbeit im Wert und das Maß der Arbeit durch ihre Zeitdauer in der Wertgröße des Arbeitsprodukts darstellt«.[160] Hieraus entsteht die Ideologie, die kapitalistische Produktionsweise wäre die transhistorisch adäquate Form gesellschaftlicher Produktion, da die Ökonomen die Kategorien »nicht als *historische*, sondern als *ewige* Categorien behandeln«.[161] So vollende sich »der der bürgerlichen Ökonomie eigenthümliche Fetischismus, der den gesellschaftlichen, ökonomischen Charakter, welche Dinge im gesellschaftlichen Produktionsproceß aufgeprägt erhalten, in einen natürlichen, aus der stofflichen Natur der Dinge entspringen Charakter verwandelt«.[162] Entgegen dem sind für Marx die Kategorien aufzufassen als an den Dingen erscheinende »reine Formbestimmtheiten«[163] und damit als eine historisch-spezifische Existenzweise der durch die Substanz (fremd-)bestimmten Wirklichkeit, in der der Wert zum automatischen Subjekt wird. Marx nimmt in seiner Darstellung der Kategorien also in Anspruch, damit

> »bereits bei den einfachsten Categorien der capitalistischen Productionsweise, der Waare und dem Geld den mystificierenden Charakter nachgewiesen [zu haben], der die gesellschaftlichen Verhältnisse, denen die stofflichen Elemente des Reichthums in der Production als Träger dienen, in Eigenschaften dieser Dinge selbst verwandelt (Waare) und noch ausgeprochener die Productionsverhältnisse selbst in ein Ding verwandelt. (Geld.)«[164]

Was bedeutet diese Bemerkung für das über Marx' Kategorienauffassung vermittelte ideologiekritische Moment? Dass der Reichtum einer

157 Marx: Das Kapital. Erster Band (1890), MEGA², Bd. II/10, S. 81.

158 Marx: Ökonomische Manuskripte 1857–58, MEGA², Bd. II/1.1, S. 41.

159 Marx: Ökonomisches Manuskript 1861–63, Teil 6, MEGA², Bd. II/3.6, S. 2379.

160 Marx: Das Kapital. Erster Band (1890), MEGA², Bd. II/10, S. 79.

161 Karl Marx: Ökonomische Manuskripte 1863–67, Teil 2, MEGA², Bd. II/4.2, S. 668.

162 Karl Marx: Das Kapital. Kritik der politischen Ökonomie. Zweiter Band (1885), in: MEGA², Bd. II/13, S. 208.

163 Vgl. Marx: Ökonomische Manuskripte 1863–67, Teil 1, MEGA², BD. II/4.1, S. 141.

164 Marx: Ökonomische Manuskripte 1863–67, Teil 2, MEGA², Bd. II/4.2, S. 848.

Gesellschaft nur in der kapitalistischen Produktionsweise als »ungeheure Waarensammlung«[165] und damit als historisch spezifische »gesellschaftliche Form« des »stofflichen Inhaltes des Reichtums«[166] erscheint, wie das Gold als Geld nur in der bürgerlichen Gesellschaft zur »stets schlagfertigen, absolut gesellschaftlichen Form des Reichthums«[167] wird. Oder wie Marx schon in seiner Dissertation, Religions- und Ökonomiekritik verbindend, betonte:

> »Bringe Papiergeld in ein Land, wo man diesen Gebrauch des Papiers nicht kennt, und jeder wird lachen über deine subjektive Vorstellung. Komme mit deinen Göttern in ein Land, wo andere Götter gelten, und man wird dir beweisen, daß du an Einbildungen und Abstraktionen leidest.«[168]

Marx macht also gegen die klassische politische Ökonomie geltend, dass nicht nur die »ökonomischen Categorien sich im Bewußtsein sehr verkehrt ab[spiegeln]«, sondern dass die Menschen, die in diesen ökonomischen Verhältnissen interagieren, in Verhältnisse gesetzt sind, die nicht nur ihre Existenz, sondern auch »ihren mind bestimmen, ohne daß sie es zu wissen brauchen«.[169] Reproduzieren die Ökonomen nur die hieraus entwachsenden unmittelbaren Vorstellungen über die gesellschaftlichen Produktionsverhältnisse im »Creditkauderwelsch des money market«[170] und nicht als durch die begriffliche Kritik durchgegangenen Kategorien des Systems der politischen Ökonomie, dann erreichen sie nicht das Niveau, das einer wissenschaftlichen Auseinandersetzung mit dem Gegenstand geboten ist. Es ist also gerade die »kritiklose Annahme der Kategorien« welche »die klassische politische Oekonomie in unauflösbare Wirren und Widersprüche [verwickelte], während sie der Vulgärökonomie eine sichere Operationsbasis für ihre principiell nur dem Schein huldigende Flachheit bot«.[171] Angesichts dieser Einschätzungen wundert es wenig, dass Marx seine Hauptaufgabe in der Kritik und Verwissenschaftlichung ebendieser Kategorien erblickte.

Festzuhalten ist also, dass Kategorien für Marx in erster Linie nicht fixe Entitäten darstellen, sondern im hegelschen Sinne »Formbestimmtheiten«[172] der Substanz als Subjekt sind und damit Ver-

165 Marx: Das Kapital. Erster Band (1890), MEGA², Bd. II/10, S. 37.

166 Ebd., S. 38.

167 Ebd., S. 122.

168 Marx: Doktordissertation, in: MEW, Bd. 40, S. 371.

169 Marx: Ökonomisches Manuskript 1861–63, Teil 4, MEGA², Bd. II/3.4, S. 1346.

170 Marx: Ökonomische Manuskripte 1863–67, Teil 2, MEGA², Bd. II/4.2, S. 548, vgl. auch Marx: Das Kapital (1867), MEGA², Bd. II/5, S. 435.

171 Marx: Das Kapital. Erster Band (1890), MEGA², Bd. II/10, S. 482.

172 Marx: Ökonomische Manuskripte 1863–67, Teil 1, MEGA², Bd. II /4.1, S. 55, 115, 141.

hältnisbestimmungen. Erst durch die Reflexion der in den Dingen verborgenen Vermittlungsprozesse, in der die Eigenschaftsbestimmungen der Dinge nicht als stoffliche, sondern als gesellschaftlich vermittelte Eigenschaften reflektiert werden, wird Marx zufolge aus der politischen Ökonomie eine Wissenschaft. Davon, diese Vermittlung der Unmittelbarkeit zu reflektieren, sei die politische Ökonomie jedoch weit entfernt. Sie optiere »für gesunden Menschenverstand«, was bedeutet, »über diesen Unterschied nicht weiter nachzudenken und sich nicht in der Sophistik einander aufhebender Categorien zu verlieren, d. h. sich überhaupt nicht auf das Denken und Begreifen einzulassen«.[173]

Dass die hier zusammengetragenen Funktionsbestimmungen der Kategorien ihre Gültigkeit haben, ist nun anhand der kategorialen Darstellung des »Kapital« nachzuweisen. Deutlich sollte geworden sein, dass Marx nicht ohne Voraussetzung zu dieser folgenreichen Einschätzung gekommen sein kann, sondern sie auf einer der klassischen Ökonomie entgegengesetzten Wirklichkeitskonzeption beruht, die ihre Wurzeln in der Verwissenschaftlichung von Logik und Metaphysik bei Aristoteles, Kant und Hegel hat und auf die sich in Begriffen vollziehende gedankliche Reproduktion der Wirklichkeit zielt. Diese über den Kategorienbegriff vermittelte Transformation der Metaphysik und Logik in Gesellschaftstheorie findet ihren Ausdruck im nun zu fixierenden marxschen Begriff des Kapitals und begründet den Übergang von Philosophie in Gesellschaftskritik, wie sie zugleich deren Verhältnis bestimmt.

Das Verhältnis von Begriff und Kategorie im »Kapital«

Die konkrete Form, in der die Herrschaft der abstrakt menschlichen Arbeit als Wertsubstanz in der bürgerlichen Gesellschaft erscheint, ist die des Kapitals über die Arbeit – in begrifflicher wie wirklicher Hinsicht: »Das Capital ist die alles beherrschende ökonomische Macht der bürgerlichen Gesellschaft.«[174] Zu dessen Darstellung muss also eine Form gefunden werden, in der das die Wirklichkeit beherrschende Prinzip gedanklich reproduziert werden kann – und sie ist gefunden in dem hier herausgearbeiteten Verhältnis von Begriff und Kategorie. Daher scheint es hilfreich, die Zusammenhänge noch einmal zu benennen, von denen nun ausgegangen wird – auch wenn sie erst im Durchgang durch das »Kapital« wirklich verständlich werden: Das Kapital ist der dem System der politischen Ökonomie wie der von ihm gedanklich reproduzierten Wirklichkeit eigene Begriff. Er ist bestimmt als Prozess des sich realisierenden und (selbst-)verwertenden Wertes und ist als gesellschaftliche Formsubstanz die abstrakt menschliche Arbeit. Die Bestimmungslosigkeit dieser Substanz verleiht ihr den Status eines Subjekts, da *die* Arbeit sich – wie *das*

173 Ebd., S. 277.
174 Marx: Ökonomische Manuskripte 1857–58, Teil 1, MEGA^2, Bd. II/1.1, S. 42.

Denken, oder *der* Wille – bestimmen muss, da nichts Formloses existieren oder gedacht werden kann. In der hieraus folgenden Vermittlung von Identität und Nichtidentität entfalten sich durch fortlaufende Entfaltung dieses Widerspruchs die Kategorien als Denk- und Grundbestimmungen. Expliziert wird darin der Begriff des Kapitals wie zugleich der Gegenstand gedanklich reproduziert wird. Die Bestimmungen des Begriffs – als des Subjekts eines Urteils über die Wirklichkeit – werden so nicht nur äußerlich, durch das Denken als Prädikation in der Form »S ist P«, verbunden, sondern sind die aus der Substanz als Subjekt hervorgehenden eigenen Bestimmungen. Die über das Kapital ausgesagten Prädikationen sind also dessen eigene Grundbestimmungen.

Der Begriff des Kapitals ist bei Marx daher nicht fassbar in der klassischen Form einer Definition, sondern entfaltet sich in einer Totalität von Kategorien. Indem diese Kategorien aus der Substanz als Subjekt hervorgehen, drückt sich in ihnen nicht nur eine wissenschaftliche Systematik, sondern auch das Konstitutionsprinzip der Wirklichkeit aus. Indem sich der Wert zum absoluten Subjekt in Form des Kapitals konstituiert und damit das der Wirklichkeit Zugrundeliegende ist, ist er formbestimmend. Es ist also nicht mehr das Denken, wie in der Philosophie, das Form und Inhalt zusammenbringt, sondern die im Austausch verselbstständigte Gesellschaftlichkeit der Menschen verleiht der abstrakt menschlichen Arbeit den Status einer *gesellschaftlichen* Substanz. Im Wert und Kapital vollzieht sich so die Herrschaft einer Abstraktion, der abstrakt menschlichen Arbeit, über die Menschen. Insofern die Arbeit aber keinen Subjektstatus besitzt, nicht an sich formbestimmend, sondern durch den Menschen formbestimmt ist, kommt es zu einer mystischen Verkehrung, der Verselbstständigung eines Unselbstständigen. Dies macht die »okkulte Qualität«[175] des Wertes aus. Die Potenzialität der abstrakt menschlichen Arbeit als Substanz der menschlichen Selbstbestimmung – die sich in ihr nicht durch den Markt, sondern als durch die mit Willen und Bewusstsein hergestellte Gesellschaftlichkeit der Menschen zeigen würde – realisiert sich daher unter den Bedingungen der bürgerlichen Gesellschaft und in ihren Kategorien nur in beschränkter, unvernünftiger Form.[176]

So ermöglicht das rekonstruierte Verhältnis von Begriff und Kategorie nicht nur die Kritik der politischen Ökonomie als wissenschaftliches System, welches die herrschenden Produktionsverhältnisse gedanklich reproduziert, sondern es wird mögliche Grundlage einer kommenden Revolution, indem die Konstitutionsprinzipien freigelegt werden, mittels derer das Kapital »die Springquellen alles Reichthums untergräbt; die Erde und den Arbeiter«.[177] Daher ist dem marxschen Begriff in Weiterent-

175 Marx: Das Kapital. Erster Band (1890), MEGA², Bd. II/10, S. 141.

176 Vgl. Marx: Ökonomisch-philosophische Manuskripte, MEGA², Bd. I/2, S. 299.

177 Marx: Das Kapital. Erster Band (1890), MEGA², Bd. II/10, S. 456.

wicklung Hegels die »Bewegung der revolutionären Negation« als des der Darstellung »spezifischen logischen Korrelats«[178] eigen.

Die Struktur des »Kapital« als Vermittlung zweier Totalitäten von Kategorien

Dies Verhältnis von Kategorie und Begriff hat in seiner Beziehung auf die Geschichte der Metaphysik weitreichende Auswirkungen für die Interpretation des »Kapital«. Ausgehend von der Ursachenlehre Aristoteles' lässt sich über die Wertsubstanz sagen, dass sich die Arbeit darin als eigenständiges Subjekt gegenüber den Menschen konstituiert, als *causa formalis*, genauer als *causa sui*, und in den Wertformen eine von ihrem Träger, der menschlichen Praxis, verselbstständigte Existenzform findet. Insofern jedoch die kapitalistische Gesellschaft nicht nur im Tausch besteht, sondern dieser Ausdruck der Produktionsweise ist, muss auch die Vergesellschaftung der Arbeit als die *Verschränkung zweier Totalitäten* – der Zirkulation und Produktion – begriffen werden.

Während die abstrakt menschliche Arbeit als Wertsubstanz in der Zirkulationssphäre tatsächlich einen Subjektstatus besitzt, sich selbst bestimmt und zu einem »automatischen Subjekt« wird, so ist sie im Abschnitt zum Mehrwert und in der Darstellung des Produktionsprozesses mitnichten als *causa sui* gefasst. Vielmehr ist die Formbestimmung der Arbeit in der Produktion durch die Selbstverwertung des Wertes determiniert. Die Formursache ist so durch die Verwertungsbedürfnisse des Kapitals als äußere Formursache, *causa finalis*, aufzufassen und darzustellen. So wird einerseits klar, warum erst im fünften Kapitel auf die Arbeit als solche eingegangen wird – denn erst hier hat sie ihren darstellungslogischen Ort, an dem die Formbestimmung der konkreten Arbeit eingeholt werden kann. Damit ist die abstrakt menschliche Arbeit einmal als *causa sui* begriffen, um ihre Verselbstständigung darzustellen, und ein anderes Mal durch den Mehrwert als *causa finali* bestimmt. So werden die verschiedenen Dimensionen der entfremdeten Arbeit eingeholt: Als *causa sui* wird die *abstrakte Herrschaft* des Wertes reflektiert und in der *causa finalis* die *konkrete Herrschaft*. Beide Momente werden dann im Abschnitt zum Akkumulationsprozess des Kapitals zusammengeführt und in ihrer Wechselwirkung entwickelt und damit der Begriff des Kapitals als Einheit von konkreter und abstrakter Herrschaft vollendet. Diese Interpretation der Darstellung des »Kapital« ergibt sich aus dem hier entwickelten Zusammenhang von Substanz und Kategorie, die den Begriff bestimmt, wie dieser durch jenen bestimmt ist.

178 Zelený: Wissenschaftslogik bei Marx und »Das Kapital«, S. 294.

Die Zirkulationssphäre als erste Totalität — Erster und zweiter Abschnitt (Ware und Geld, Verwandlung von Geld in Kapital)

Die erste Totalität besteht aus den Kategorien der Waren- und Geldform. Sie sind die Existenzbestimmungen der abstrakt menschlichen Arbeit in der Zirkulation und beruhen auf der dem Privateigentum an Produktionsmitteln entspringenden marktförmigen Arbeitsteilung. Diese Totalität entspricht dem ersten und zweiten Abschnitt des »Kapital« und ist als erste Wirklichkeit der gesellschaftlichen Wertsubstanz eine Abstraktion vom kapitalistischen Produktionsprozess von Waren (*Geld > Ware* [...Produktion...] Ware' > Geld'). Als Waren- und Geldzirkulation analysiert Marx, wie Dieter Wolf betont,[179] also die (logisch-systematische) Voraussetzung des Wesens des Kapitals. In diesem Sinne ist die Geld- und Warenzirkulation schon immer immanentes Moment des kapitalistischen Produktions- und Zirkulationsprozesses und damit, wie es sich in der Strukturformel des Kapitals ausdrückt, von diesem gesetzt und nicht eine historisch anzutreffende Vorform der kapitalistischen Produktionsweise. Als diese formbestimmte Setzung geht die erste Totalität der abstrakt menschlichen Arbeit vom sie setzenden kapitalistischen Produktionsprozess aus, was sie zur »erste[n] Totalität unter den ökonomischen Categorieen«[180] macht. Als naturwüchsiger gesellschaftlicher Zusammenhang, in dem sich die gesellschaftlich notwendige Arbeit realisiert, entspringen die Kategorien dabei unmittelbar dem Selbstbezug der abstrakt menschlichen Arbeit als Wertsubstanz und holen die Konstitution der Substanz zum Subjekt ein, die den Arbeitsprodukten eine gesellschaftliche Gegenständlichkeit verleiht: die Waren- und Wertform. Die so entfalteten Kategorien der Zirkulationssphäre verhalten sich zum Produktionsprozess dabei ähnlich wie die Kategorien der Seins- und Wesenslogik in der »Logik«. Der Zirkulationssphäre mit den abstrakten Personen des Käufers und Verkäufers ist die Abstraktion von der Produktion der Waren eigen und damit auch die Abstraktion vom Widerspruch zwischen Kapital und Arbeit. In dieser Abstraktion begegnen sich die Menschen wie in Hegels »Rechtsphilosophie« als freie und gleiche Personen. Ihre Bestimmungen sind die bürgerlichen Rechtsvorstellungen der Menschen als freie und gleiche Subjekte. Daher sind die in den ersten beiden Abschnitten ausgetauschten Waren auch nicht als Produkte des Kapitals bestimmt, sondern scheinen Produkte vermeintlich privat-arbeitsteiliger Produzenten. Diese Abstraktion der Sphäre einer von freien und gleichen

179 Die innere Struktur der ersten drei Kapitel hat dabei Dieter Wolf (ders.: Der dialektische Widerspruch im Kapital) als Lösungsbewegung des dialektischen Widerspruchs von Wert und Gebrauchswert bereits aufgeschlüsselt, und an ihr wird sich hier orientiert wie diese mit dem hier entwickelten Begriff der Kategorien weiterentwickelt.

180 Marx: Ökonomische Manuskripte 1857–58, Teil 1, MEGA², Bd. II/1.1, S. 126.

Privateigentümern dominierten Warenzirkulation, des »paradise lost«[181] des Bürgertums, wird durch die zweite Totalität von Kategorien in der Produktionssphäre anschließend als Setzung aufgeklärt werden. Die Darstellung schreitet so von der Zirkulation zur Produktion der Waren fort und klärt das Sein als Scheinen des Wesens auf.

— Der Produktionsprozess als zweite Totalität von Bestimmungen der abstrakt menschlichen Arbeit

In der Darstellung des Produktionsprozesses vom dritten bis sechsten Abschnitt des »Kapital« ändert sich nun die logische Form der Entfaltung der Kategorien. Es ist nicht mehr die Substanz der abstrakt menschlichen Arbeit, die sich vermittels des Selbstbezugs naturwüchsig zu einem unbeherrschbaren gesellschaftlichen Zusammenhang entfaltet. Die Formbestimmung ist die planvolle Verwirklichung der abstrakt menschlichen Arbeit in Form kooperativer Produktion – freilich nicht als Verein freier Menschen, sondern unter dem Kommando des Kapitals. In dieser muss sie den Bedingungen der sich im Kapital vollziehenden Selbstverwertung des Wertes entsprechen und Mehrwert schaffen. Die Formursache liegt also nicht in der Substanz selbst, sondern in den Erfordernissen des Kapitals. Die Bestimmung der Substanz vollzieht sich hier nicht an-und-für-sich naturwüchsig und autonom (als *causa sui*), sondern das *Für-sich-sein* ist bestimmt durch die Bedingungen der Mehrwertproduktion und das Telos der Verwertung des Kapitals (*causa finalis*). Diese zweckbestimmte Besonderung des Allgemeinen bildet gegenüber der Waren- und Geldzirkulation die zweite Totalität von Bestimmungen der gesellschaftlich geteilten Arbeit. Im Produktionsprozess des Kapitals ist es daher nicht der vermeintliche einzelne Privateigentümer, der den Arbeitsprozess realisiert. Vielmehr realisiert sich die abstrakt menschliche Arbeit vermittels innerbetrieblicher gesellschaftlicher Produktion und aufgrund des Privateigentums an Produktionsmitteln als Widerspruch zwischen Kapital und Arbeit. Dabei erscheint auch der Widerspruch zwischen konkreter und abstrakter Arbeit nicht mehr unmittelbar am Arbeitsprodukt als Ware und in den Formbestimmungen von Wert und Gebrauchswert, sondern ist im Produktionsprozess von Waren als prozessierende Einheit von Wertbildungs-, Verwertungs- und Arbeitsprozess reflektiert.

Die Herrschaftsform ist so auch nicht die abstrakte Subjektivität der Wertform der Arbeitsprodukte, die die eigentlichen Subjekte, die Menschen, zum Objekt der gesellschaftlichen Verhältnisse macht, sondern die konkrete Herrschaft des Kapitals, die den Menschen als Arbeitenden zum Objekt des Kapitals stempelt. Jenem tritt die Gesellschaftlichkeit der Arbeit und damit sein Gattungswesen nun nicht mehr allein in der Wert-

181 Marx: Zur Kritik der politischen Ökonomie. Erstes Heft, MEGA², Bd. II/2, S. 136.

form des Arbeitsproduktes, sondern in dem ihm äußerlichen Kommando des Kapitals gegenüber, was sich im Organismus des Produktionsprozesses der Fabrik realisiert. Aus der Entfaltung des Widerspruchs zwischen konkreter und abstrakter Arbeit, Gebrauchswert und Wert wird so die Entwicklung der modernen Industrie nachvollziehbar. Sie gipfelt in der Fabrik als einer historisch-spezifischen Form der gesellschaftlichen Teilung der Arbeit in der bürgerlichen Gesellschaft. Unter dem Kommando des Kapitals erscheint diese planvolle Teilung der gesellschaftlich realisierten Arbeit also als die Arbeitenden formbestimmend und daher ist auch hier ihre Gattungstätigkeit ihnen entfremdet, in einem in Form von Maschinerie und Industrie verselbstständigten Produktionsorganismus. Im siebten Abschnitt des »Kapital« werden dann in der Betrachtung des Akkumulationsprozesses beide Totalitäten miteinander vermittelt wie als Setzung durch das Kapital aufgeklärt.

Aspekte der Vermittlung dieser Totalitäten und der Begriff des Kapitals

Damit werden im »Kapital« zwei wechselseitig aufeinander verwiesene Formbestimmungen der abstrakt menschlichen Arbeit als miteinander verschränkte Totalitäten entwickelt. In diesen bzw. in der bürgerlichen Gesellschaft ist somit nicht der Mensch mit sich selbst identisch, sondern der Wert als das alles übergreifende Subjekt. Die dem Menschen entfremdete Arbeit wird als »Werth hier das Subjekt eines Processes, worin er unter dem beständigen Wechsel der Formen von Geld und Waare, seine Größe selbst verändert, sich als Mehrwerth von sich selbst als ursprünglichem Werth abstößt, sich selbst verwerthet« und »wodurch seine Identität mit sich selbst konstatirt wird«.[182]

Um den Begriff des Kapitals als Selbstverwertung des Werts zu entwickeln, ist es also für die Architektur des Gesamtwerks – wie Marx schon in den »Grundrissen« erkennt – »nöthig nicht von der Arbeit, sondern vom Werth auszugehn, und zwar von dem schon in der Bewegung der Circulation entwickelten Tauschwert«.[183] Im Tauschwert als erster Erscheinungsform des Wertes ist der Wert noch nicht mit sich identisch. Seine Inhaltsbestimmung, vergegenständlichtes Quantum Arbeit und damit abstrakt Allgemeines *aller* Arbeitsprodukte zu sein, hat in der Formbestimmung des Tauschwertes den Widerspruch an sich, dass er nur beschränkte Daseinsform dieses Allgemeinen ist – Tauschwert *einer* anderen Ware. Dieser Widerspruch löst sich erst in der Bewegungsform des Geldes und so schreitet die Entfaltung der Bestimmungen des Wertes über die Wertformanalyse und die Warenzirkulation »in seiner Objectivirung fort bis zum Dasein als Geld, handgreifliches Geld«.[184] Sobald das

182 Marx: Das Kapital. Erster Band (1890), MEGA², Bd. II/10, S. 141.
183 Marx: Ökonomische Manuskripte 1857–58, Teil 1, MEGA², Bd. II/1.1, S. 183.
184 Ebd., S. 186.

Geld jedoch aufhört, die Zirkulation von Waren (W > G > W) zu vermitteln, ist die Identität des Wertes bedroht, insofern es zu einem Stück Papier oder Metall zusammensinkt und die Ware als Arbeitsprodukt konsumiert wird. Dieser Widerspruch löst sich erst in einer neuen Zirkulationsform, dem Kapital, in dem das Geld nicht mehr die Warenzirkulation, sondern die Ware die Selbstbewegung des Geldes als Kapital vermittelt (G > W > G'). Würde das Geld jedoch dadurch zum Kapital werden, dass es die Ware teurer verkauft als eingekauft wurde, so würde dies als Einzelfall möglich sein – gesamtgesellschaftlich würden sich die höheren Preise jedoch ausgleichen, weswegen eine spezielle Ware die Zirkulation des Geldes als Kapital vermitteln muss: die Ware Arbeitskraft. So wird der Wert im Kapital zum »automatischen Subjekt«, alle Produktion reines »Vervielfältigen seiner selbst«[185] – kurzum: Er hat *»seine Starrheit verloren, und ist aus einem handgreiflichen Ding zu einem Process geworden«*,[186] in dem er »beständig aus der einen Form in die andre über[geht], ohne sich in dieser Bewegung zu verlieren«.[187] In dieser Form einer unendlichen Reihe von Metamorphosen verwirklicht sich der Begriff des Kapitals: Der Wert vollzieht einen beständigen Formwechsel von Geld in Ware und im Anschluss an den Produktionsprozess von Ware in Geld. So bestimmt sich die der Kapitalakkumulation eigene Bewegung als G > W ...P... W' > G' > W' ...P... W" > G" > ... .

Erst in der Geldzirkulation (G > W > G) und im Geld als Kapital (G > W > G'), das mit der Ware Arbeitskraft zum kapitalistischen Produktionsprozess fortbestimmt wird (G > W ...P... W' > G') als eines sich ins Unendliche fortbildenden Formwechsels bleibt der Wert als Mehrwert bei sich, da er »weder substanzlos wird [...] noch seine Formbestimmung verliert, sondern [...] seine Identität mit sich selbst erhält«.[188] Diese Bestimmung einer Substanz als Subjekt macht für Marx die exakte Entwicklung des Kapitals aus und sie ist entscheidend,

> »da er der Grundbegriff der modernen Oekonomie [ist], wie das Capital selbst, dessen abstraktes Gegenbild sein Begriff, die Grundlage der bürgerlichen Gesellschaft. Aus der scharfen Auffassung der Grundvoraussetzung des Verhältnisses müssen sich alle Widersprüche der bürgerlichen Production ergeben, wie die Grenze, an der es über sich selbst hinaus treibt.«[189]

185 Ebd.

186 Ebd., S. 187.

187 Marx: Das Kapital. Erster Band (1890), MEGA², Bd. II/10, S. 141. Vgl. auch Marx: Ökonomisch-philosophische Manuskripte, MEGA², Bd. I/2, S. 302.

188 Marx: Ökonomische Manuskripte 1857–58, Teil 1, MEGA², Bd. II/1.1, S. 184.

189 Ebd., S. 246.

So kann dann auch gezeigt werden, wie die der Zirkulationssphäre angehörigen Ideen der Freiheit, Gleichheit und des Eigentums durch das Kapital erzeugt werden, das heißt, es »müssen *an sich* seine civilisirenden Tendenzen etc enthalten sein; nicht [...] blos als äusserliche Consequenzen erscheinen. Ebenso die Widersprüche, die später frei werden, schon latent in ihm nachgewiesen werden.«[190] In systematischer Hinsicht ist der Begriff des Kapitals so die Einheit von Produktion und Zirkulation, die vermittels des Kapitalbegriffs als eine »Totalität von Processen gegeneinander«[191] systematisiert werden, wie es sich in den beiden entgegengesetzten Verwirklichungsformen der abstrakt menschlichen Arbeit spiegelt.

Erst in dieser Form einer Einheit zweier miteinander wechselwirkender Totalitäten von Bestimmungen der abstrakt menschlichen Arbeit ist sie als Wert das der bürgerlichen Gesellschaft zugrunde liegende Subjekt. Zugleich ist der Begriff des Kapitals in Analogie zur hegelschen Form des spekulativen Begriffs angelegt: als die Wahrheit beider Sphären. Dabei existiert die Form des hegelschen Begriffs *zuerst* in Analogie zur Seinslogik in der abstrakt menschlichen Arbeit in der Zirkulationssphäre, dessen Maß wie Identität im Geld besteht. Diese Existenzform, damit sie eine allgemeine ist, verweist jedoch auf die weiteren Bestimmungen der kapitalistischen Warenproduktion als ihren Grund. Und so werden die in der Geld- und Warenzirkulation sich realisierenden Bestimmungen als Setzung des kapitalistischen Produktionsprozesses als *zweiter* Totalität – analog zur Wesenslogik – aufgeklärt: »*Ihr unmittelbares Sein ist daher reiner Schein*«, nur das »*Phänomen eines hinter ihrem Rücken vorgehnden Processes*«.[192]

Beide Totalitäten werden im siebten Abschnitt dann in ihrer Wechselwirkung betrachtet, worin sich der Begriff des Kapitals verwirklicht und der so – von Hegel her gesprochen – diese beiden Totalitäten begriffslogisch als seine seins- wie wesenslogischen Sphären setzt. Hieran schließen zwei Exkurse an: erstens die Darstellung der *ursprünglichen Akkumulation* als Voraussetzung dieser sich selbst reproduzierenden Totalität der kapitalistischen Produktionsweise, also des Begriffs des Kapitals. Damit werden die historischen Voraussetzungen des Werdens des Kapitals eingeholt, die sich als Entstehungsbedingungen im Dasein reproduzieren und die Historizität der Kategorien in der logischen Entwicklung verbürgen. Sie werden zwar nicht mehr durch unmittelbare politische und staatliche Gewalt produziert, wie in der Scheidungsphase »zwischen Arbeitern und Arbeitsbedingungen«, diesem »Kunstprodukt der modernen Geschichte«, dem es gelang, »auf dem einen Pol die gesellschaftlichen Produktions- und Lebensmittel in Kapital zu verwandeln, auf dem Gegenpol die Volksmasse in Lohnarbeiter, in freie ›arbeitende Arme«‹.[193]

190 Marx: Ökonomische Manuskripte 1857–58, Teil 2, MEGA², Bd. II/1.2, S. 326.

191 Ebd.

192 Marx: Zur Kritik der politischen Ökonomie. Erstes Heft, MEGA², Bd. II/2, S. 64.

193 Marx: Das Kapital. Erster Band (1890), MEGA², Bd. II/10, S. 682.

Aber diese Geschichte des Werdens des Kapitals reproduziert sich in der vermittels der Rechtsbestimmungen der bürgerlichen Gesellschaft fortlaufenden Scheidung des Arbeitenden von den Verwirklichungsbedingungen der Arbeit – als stummer Zwang.[194] Dieser vollzieht sich durch das Privateigentum an Produktionsmitteln, und so entwickelt sich als formbestimmte Existenzweise des Menschen im

> »Fortgang der kapitalistischen Produktion [...] eine Arbeiterklasse, die aus Erziehung, Tradition, Gewohnheit die Anforderungen jener Produktionsweise als selbstverständliche Naturgesetze anerkennt. Die Organisation des ausgebildeten kapitalistischen Produktionsprocesses bricht jeden Widerstand, [...] der stumme Zwang der ökonomischen Verhältnisse besiegelt die Herrschaft des Kapitalisten über den Arbeiter. Außerökonomische, unmittelbare Gewalt wird zwar immer noch angewandt, aber nur ausnahmsweise. Für den gewöhnlichen Gang der Dinge kann der Arbeiter den ›Naturgesetzen der Produktion‹ überlassen bleiben, d. h. seiner aus den Produktionsbedingungen selbst entspringenden, durch sie garantirten und verewigten Abhängigkeit vom Kapital.«[195]

Zweitens schließt der erste Band des »Kapital« im Anschluss hieran mit einem ideologiekritischen Exkurs zur modernen Kolonisationstheorie ab. Damit sind alle Bedingungen vorhanden, um in den folgenden Bänden die weiteren Bestimmungen der Wertformen in der Zirkulation (2. Band) wie des Gesamtprozesses des Kapitals auf der gesellschaftlichen Oberfläche (3. Band) hervortreten zu lassen.

Im ersten Band des »Kapital« wird so generell von den im zweiten Band dargestellten, die Bewegung G > W ... P ... W' > G' übersteigenden Kreislaufprozessen des Kapitals abstrahiert.[196] Aber es spricht viel dafür, dass die Bewegungsform der Substanz als Subjekt auch mindestens für den zweiten Band des »Kapital« bestimmend ist, was hier aber nicht weiter untersucht wurde, da Marx diesen nicht mehr selbst vollenden konnte. In Bezug auf die verschiedenen Formen (Geldkapital, Warenkapital, ...) des zirkulierenden Kapitals führt er jedoch bereits in den »Grundrissen« aus: »Als das Subjekt, über die verschiednen Phasen dieser Bewegung übergreifende, sich in ihr erhaltende und vervielfältigende Werth, als das Subject dieser Wandlungen, die in einem sich erweiterndem [...] Zirkel vor sich gehen [...] ist das Capital *Capital Circulant*.«[197]

194 Vgl. hierzu: Søren Mau: Stummer Zwang. Eine marxistische Analyse der ökonomischen Macht im Kapitalismus, Berlin 2022.

195 Marx: Das Kapital. Erster Band (1890), MEGA², Bd. II/10, S. 662.

196 Vgl. Nathanael Wolff: Der Übergang des ersten in den zweiten Band des »Kapital«. Ein Beitrag zur Rekonstruktion der Architektonik des Marxschen Hauptwerks, in: Z. Zeitschrift für marxistische Erneuerung 119, 2019, S. 138–153.

197 Marx: Ökonomische Manuskripte 1857–58, Teil 2, MEGA², Bd. II/1.2, S. 507.

Die Entwicklung der Kategorien im ersten Band des »Kapital«

Im Folgenden soll nun das bisher nur allgemein und methodologisch Vorweggenommene im Detail nachgewiesen werden. Interpretationsleitend ist dabei, anhand des ersten Bandes des »Kapital« abschnittsweise vorzugehen und den ersten bis zweiten Abschnitt[1] wie den dritten bis sechsten Abschnitt[2] als zwei sich bedingende Verwirklichungsformen der gesellschaftlichen Teilung der Arbeit zu betrachten. Die unausgeführt gebliebene marxsche Bemerkung der »Ökonomisch-philosophischen Manuskripte«, dass ausgehend vom Privateigentum und der entfremdeten Arbeit alle Kategorien der politischen Ökonomie als Selbstbestimmungen der Substanz zu entwickeln wären, findet so ihre Auflösung, indem die Arbeitsteilung und mit ihr die abstrakt menschliche Arbeit zur Substanz wie zum Subjekt wird. Dabei ist zu prüfen, inwiefern sich hierdurch gängige Interpretationen verändern bzw. korrigiert werden sollten.

Die Wertableitung und der dialektische Gehalt des »Kapital«

Wenn die Kategorien also die Existenzbestimmungen der Substanz sein sollen, als ein Hervortreten der Sache selbst in die Existenz, dann muss es am Anfang gelingen, diese Substanz, die abstrakt menschliche Arbeit, aus der Wirklichkeit und den Vorstellungen der politischen Ökonomie abzuleiten. Nur so wäre sie als Abstraktion zugleich das der Wirklichkeit Zugrundeliegende und die Kategorien Bestimmende.

Die größte Herausforderung bei der Darstellung dieser Marx aus dem Forschungsprozess bekannten Zusammenhänge und den seit den »Grundrissen« vorgenommenen Darstellungsversuchen besteht also darin, am Beginn des »Kapital« von der geläufigen Vorstellung der Ware als Einheit von Gebrauchswert und Tauschwert zur Wertbestimmung zu kommen, ohne diese – wie in der politischen Ökonomie – vorauszusetzen und ausgehend von ihr als dogmatischer Setzung alle weiteren Kategorien zu bestimmen.[3] Hiervon hängt nicht nur die Ableitung des Wertes als einer dialektisch fortbestimmbaren gesellschaftlichen Substanz

1 Marx: Das Kapital. Erster Band (1890), MEGA², Bd. II/10, S. 37–160.

2 Ebd., S. 161–504.

3 Vgl. die Kritik in Marx: Ökonomisches Manuskript 1861–63, Teil 3, MEGA², Bd. II/3.3, S. 816 f.

ab, sondern auch die die deutsche akademische Debatte beherrschende Frage, ob Marx in den verschiedenen Auflagen des »Kapital« seine dialektische Methode zugunsten einer »Popularisierung« versteckt hätte, und gar drohe, dass »die ›Deduktion‹ des Werts [...] nicht mehr als dialektische Bewegung« begreifbar werde.[4]

Hieran schließt die Frage an, welche der Auflagen des »Kapital« heranzuziehen wäre und ob das »Kapital« überhaupt als Werk verstanden werden könne oder es sich nicht vielmehr um einen Torso handele, der alles andere sei »als eine abgeschlossene, kohärente und zu Ende gedachte Theorie«.[5] Insbesondere die Interpretation des ersten Kapitels ist dabei der neuralgische Punkt einer jeden »Kapital«-Lektüre. Entgegen der zunehmenden Fixierung auf die *Erst-* und *Zweitauflage*[6] vertrete ich die These, dass eine dialektische Bestimmung des Wertes tatsächlich erst in der posthumen dritten und vierten Auflage vorliegt. An anderer Stelle[7] konnte ich zeigen, dass die Einschätzung eines Torsos wie Verlusts des dialektischen Gehalts nicht nur auf philologischen Irrtümern beruht, sondern verknüpft ist mit dem Fehler, dass die Rekonstruktionsversuche stets mit der Analyse der Wertform oder der Analyse zweier Waren als Reflexionsverhältnis beginnen, anstelle einer Totalität von Gebrauchswerten als Tauschwerten.[8]

Ebenso ließe sich anhand des hier entwickelten Kategorienverständnisses die in der Marx-Forschung zu beobachtende Dichotomie gegenüber Hegel auflösen, in der es einerseits häufig heißt: Es sind für

> »die Herausbildung der Marxschen Kritik der politischen Ökonomie [...] zentrale Figuren aus der Hegelschen *Wissenschaft der Logik* konstitutiv: Aus den *Grundrissen*, aus dem *Urtext*, aus *Zur Kritik der politischen Ökonomie*, aus der *1. Auflage des Kapitals* springt das geradezu ins Auge. Weite Teile sind, ohne dass man Hegel kennt, gar nicht verständlich.«[9]

4 Backhaus: Dialektik der Wertform, S. 43.

5 Valeria Bruschi/Antonella Muzzupappa/Sabine Nuss/Anne Steckner/Ingo Stützle: PolyluxMarx, Bildungsmaterial zur *Kapital*-Lektüre. Erster Band, Berlin 2012, S. 13.

6 Vgl. die zuletzt erschienenen Auflagen des »Kapital«: Karl Marx: Das Kapital. Kritik der politischen Ökonomie. Erster Band. Buch I, Der Produktionsprozess des Kapitals, hrsg. v. Thomas Kuczynski, Hamburg 2017; ders.: Das Kapital. Kritik der politischen Ökonomie. Erster Band, hrsg. u. kommentiert von Michael Quante, Hamburg 2019; ders.: Das Kapital (1867). Kritik der politischen Ökonomie. Erster Band, Der Produktionsprozess des Kapitals. Erster Band von 1867, Freiburg 2022.

7 Der folgende Abschnitt ist eine stark erweiterte und in vielen Punkten korrigierte Fassung eines im *Argument* publizierten Artikels (Heilgendorff: Die fragwürdige These einer fortschreitenden Popularisierung im *Kapital* und ihre Konsequenzen).

8 Vgl. exempl. Helmut Reichelt: Zur logischen Struktur des Kapitalbegriffs bei Karl Marx, Frankfurt a. M. 1970, S. 142 f., 149; ders.: Neue Marx-Lektüre, S. 94; Hans-Georg Backhaus/Helmut Reichelt: Wie ist der Wertbegriff in der Ökonomie zu konzipieren? Zu Michael Heinrich: »Die Wissenschaft vom Wert«, in: Beiträge zur Marx-Engels-Forschung, Neue Folge, 1995, S. 60–94, hier S. 72.

9 Ulrich Ruschig: Der Begriff der Substanz bei Marx, in: Zeitschrift für Kritische Sozialtheorie und Philosophie 1–2/2017, S. 49–85, hier S. 70. Vgl. auch Lenin: Konspekt zu Hegels »Wissenschaft der Logik«, Werke, Bd. 38, S. 170.

Andererseits schreibt Ulrich Ruschig zugleich, es ließe sich von Auflage zu Auflage eine Zurückdrängung der hegelschen Terminologie finden, wenn auch kein endgültiges »Sich-Verabschieden von Hegel«.[10] Dies leitet über zum zweiten Pol der »Kapital«-Interpreten, die eine Ablösung bzw. weniger entscheidende Rolle Hegels betonen.[11] Entgegen dieser Voraussetzung Hegels beziehen Autoren wie Wolfgang Fritz Haug eine gegenteilige Position: Der Einstieg sei »ein ›Gemeinplatz‹, auf dem jeder sich tagtäglich bewegt«,[12] und damit bestünde für jeden Leser die Möglichkeit, die Darstellung nachzuvollziehen, insofern dieser an keine weitere Voraussetzung geknüpft sei. Der Beginn wäre etwas, »was jeder weiß, wenn er auch sonst nichts weiß«.[13] Doch es bleibt trotz aller detaillierten wie kaum noch zu überblickenden Untersuchungen die Frage offen und zu beantworten: *Warum* bestehen diese Parallelitäten zu Hegel als auch dessen »Logik« und *Wieso* verschwinden von Auflage zu Auflage immer mehr Hinweise auf Hegel?[14] Die Antwort liegt im hier entwickelten Begriff der Kategorie verschlossen: Marx gelang es nach jahrzehntelanger Forschung und unzähligen Darstellungsversuchen – unter Zuhilfenahme der hegelschen logischen Kategorien –, zunehmend die Logik der Sache selbst zu begreifen. Wenn dann die Darstellungsform der Entwicklung der Sache selbst entspricht, ist sie als Entfaltung der Formbestimmungen der Substanz selbst unmittelbar dialektisch und bedarf so schlicht nicht mehr des äußerlichen Verweises auf Hegel. Dieser Ansatz unterscheidet sich insofern von der allgemeinen Forschungslage, als es in der Auseinandersetzung um Hegels Anteil an Marx' Kritik der politischen Ökonomie vornehmlich um »überraschende Parallelitäten«[15] geht und eine bloße Analogisierung von Hegel und Marx in Detailfragen bis heute die Debatten bestimmt. Dies erschöpft sich häufig darin, das »Kapital« als realphilosophisches Pendant der »Logik« aufzufassen oder diese Lesart zu kritisieren.[16]

Ausgehend von der hier ausgearbeiteten Funktion der Kategorien bedarf die Darstellung schlicht keiner äußeren, im Text vermerkten methodischen Reflexion, die auf ihre dialektische Struktur hinweist. Indem vielmehr in der Entfaltung der Kategorien als Formbestimmungen der Substanz Form und Inhalt zusammenfallen, erklärt dies das In-

10 Ruschig: Der Begriff der Substanz bei Marx, S. 70.

11 Z. B. Michael Heinrich.: Wie das Marxsche Kapital lesen? Hinweise zu Lektüre und Kommentar zum Anfang von »Das Kapital«, Stuttgart 2008; Haug: Vorlesungen zur Einführung ins »Kapital«, Hamburg 2005; ders.: Neue Vorlesungen zur Einführung ins »Kapital«, Hamburg 2006; ders.: Das »Kapital« lesen – aber wie?, Materialien, Hamburg 2013.

12 Haug: Vorlesungen zur Einführung ins »Kapital«, S. 51.

13 Ebd., S. 39.

14 Dass dies die Kernfrage in Bezug auf die Parallelitäten von Marx' »Kapital« und Hegels »Logik« ist, ist auch vielen Autoren durchaus präsent, wie beispielsweise Helmut Reichelt, wenn er verschiedene Ansätze in dieser Frage kritisiert, nicht zu thematisieren, »wie Hegels Logik beiträgt, innerökonomische Fragestellungen einer Lösung zuzuführen« (Reichelt: Neue Marx-Lektüre, S. 198).

15 Reichelt: Zur logischen Struktur des Kapitalbegriffs bei Karl Marx, S. 77.

16 Vgl. hierzu die Darstellung der Methodendiskussion.

den-Hintergrund-Treten Hegels wie auch den Umstand, dass die äußerlichen methodischen Verweise von Arbeitsstufe zu Arbeitsstufe abnehmen. Denn im Umschlagen von Form in Inhalt und Inhalt in Form ist die Form (der Darstellung) nichts, was äußerlich hinzutreten und begründet werden müsste, sondern die Bestimmung des Inhaltes selber. Das ist jedoch nicht unmittelbar ersichtlich und provoziert die eingangs dargestellte Methodendebatte.

Wenn der Inhalt in den Kategorien seine eigenen Formbestimmungen setzt, daher Form und Inhalt, Gegenstand und Methode zusammenfallen, entsteht noch ein weiteres Problem, wie Marx im Nachwort zur zweiten Auflage schreibt und es als Verhältnis von Forschung und Darstellung reflektiert:

> »Allerdings muß sich die Darstellungsweise formell von der Forschungsweise unterscheiden. Die Forschung hat den Stoff sich im Detail anzueignen, seine verschiednen Entwicklungsformen zu analysiren und deren innres Band aufzuspüren. Erst nachdem diese Arbeit vollbracht, kann die wirkliche Bewegung entsprechend dargestellt werden. Gelingt dieß und spiegelt sich nun das Leben des Stoffs ideell wieder, so mag es aussehn, als habe man es mit einer Konstruktion a priori zu thun.«[17]

Marx spricht hier von einer Konstruktion a priori, weil die Ableitung der Bestimmungen des Wertbegriffs als Kategorien der politischen Ökonomie auf den ersten Blick eine metaphysisch-dogmatische Begriffsdialektik darstellt – als stünde sie (gleich den Gedanken Gottes in Hegels »Logik«) außerhalb jeder Geschichte, in der die Wertsubstanz das innere Band der Kategorien darstellt. Dieses Missverständnis wurde bereits ausgeräumt, indem anhand der »Rechtsphilosophie« nachgewiesen wurde,[18] dass die Abstraktion des Anfangs kein historisch, sondern ein logisch Erstes ist. Die Besonderheit bei Marx ist, dass kein abstrakter Begriff den Ausgangspunkt bildet, sondern das der Warensammlung wirklich Zugrundeliegende, konkret Allgemeine, der sich zum Kapital fortbestimmende Wert. Das heißt, es müssen am Beginn der Darstellung die Waren auf die abstrakt menschliche Arbeit als ihr Identitätsmoment so zurückgeführt werden, dass die abstrakt menschliche Arbeit nicht nur in der dem Denken eigenen Vergleichung das Identische zweier Waren oder das dogmatisch Vorausgesetzte ist, sondern das allen Waren wirklich zugrunde Liegende. Hieraus ergibt sich dann die vermeintliche Konstruktion a priori, weil, wie im Teil zu Hegel nachgewiesen, analytisches und synthetisches Urteil in der Form des spekulativen Begriffs ineinander übergehen.

17 Marx: Das Kapital. Erster Band (1890), MEGA², Bd. II/10, S. 17.
18 Vgl. die vorliegende Arbeit ab S. 133.

Dies ist jedoch keine Willkür, sondern der Struktur begrifflichen Denkens geschuldet. Entsprechend kritisiert Marx solch Willkürakte zum Beispiel an Adolph Wagners »Lehrbuch der politischen Ökonomie«. Wagner setze den abstrakten Begriff des Wertes voraus und verdopple ihn schlicht in Gebrauchs- und Tauschwert.[19] Diese dogmatisch-metaphysische »*Begriffs*wirtschaft«,[20] in der aus einem abstrakten Begriff (Wert) zwei neue konkretere Begriffe[21] (Gebrauchs-, Tauschwert) herausgeklaubt werden, ergäbe nichts weiter als »Faseleien«, und so sähe sich Marx auch keineswegs gezwungen, den Wertbegriff zu beweisen, denn »[d]e prime abord gehe ich nicht aus von ›Begriffen‹, also auch nicht vom ›Wertbegriff‹, und habe diesen daher auch in keiner Weise ›einzuteilen‹. Wovon ich ausgehe, ist die einfachste gesellschaftliche Form, worin sich das Arbeitsprodukt in der jetzigen Gesellschaft darstellt, und dies ist die ›*Ware*‹.«[22]

Der Wert ist daher bei Marx nicht ein metaphysisch-dogmatisch vorausgesetzter Begriff, sondern, wie noch zu zeigen ist, die abstrakteste Identitätsbestimmung der Totalität der bürgerlich-kapitalistischen Gesellschaft, die darin in ihre Substanz und ihren Grund zurückgeht. Indem aus der Totalität der Waren die abstrakt menschliche Arbeit als gesellschaftliche Substanz des Wertes abgeleitet wird, ist der hierauf fußende Wertbegriff historisch-konkret Allgemeines, und dies ist es, was Marx als Eigenheit seiner »*analytischen* Methode« betont, die nicht von einem abstrakten Begriff wie zum Beispiel »*dem* Menschen« oder *dem* Wert ausgeht, »sondern [von] der ökonomisch gegebnen Gesellschaftsperiode«.[23] Ohne den hier rekonstruierten philosophischen Gehalt des Kategorienbegriffs bliebe dabei unklar, was es bedeutet, dass Marx' Darstellungsform zwar als Begriffsableitung und so als Konstruktion a priori erscheint, andererseits aber keine »Metaphysik« der politischen Ökonomie – wie etwa bei Proudhon – sei. Indem sie vielmehr der hegelschen Form einer in den Kategorien als Denk- und Grundbestimmungen entfaltenden Substanz folgt, verbindet sich wie schon in Hegels Kantkritik analytisches und synthetisches Moment.[24] Trotz dieser spekulativen Erscheinung hat sie also »mit der professoraldeutschen Begriffsanknüpfungs-Methode nichts gemein«.[25]

19 Vgl. Karl Marx: Randglossen zu Adolph Wagners »Lehrbuch der politischen Ökonomie«, in: MEW, Bd. 19, S. 355–383, hier S. 361.

20 Ebd., S. 368.

21 Eigentlich Kategorien.

22 Ebd., S. 368 f.

23 Ebd., S. 371.

24 Analytisch, indem sie aus dem Gegebenen das Wesen erschließt, aber dieses nicht nur Verstandesbestimmung ist, sondern als das *hypokeímenon* sich zu den Bestimmungen der Ware entfaltet, Einheit von Gebrauchswert und Wert zu sein und damit hiervon ausgehend synthetisch die weiteren (Form-)Bestimmungen (Tauschwert, Geld, ...) entwickelt.

25 Ebd.

Hegel und Marx. Erneut

Der Wert und die Logik der Sache selbst in den »Kapital«-Auflagen

Marx verfährt folglich *analytisch*, indem aus dem Gegebenen das Wesen erschlossen wird – der Wert. Dieser ist aber nicht nur eine beliebige Abstraktion, das heißt eine rein dem Denken entspringende Verstandesbestimmung, sondern als abstrakt menschliche Arbeit das wirklich zugrunde liegende, aus welchem sich *synthetisch* die Kategorien des »Kapital« als Formbestimmungen entfalten. Bezeichnend ist, dass Marx mit dieser Lösungsform möglicherweise tatsächlich Hegel folgt. In Marx' Exemplar der »Enzyklopädie«[26] sind Anstreichungen insbesondere auf den Seiten zu finden, die die hegelschen Überlegungen zur Frage der Einteilung einer Wissenschaft und den letztlich um den Begriff der Substanz sich drehenden Zusammenhang von analytischer und synthetischer Methode betreffen, der für die dialektische Entfaltung der Kategorien entscheidend ist.[27] Im Zusatz des § 229 findet sich dabei, dass weder die analytische noch die synthetische Methode allein ausreichend sei. Es müsse erst durch Analyse »von den unwesentlich scheinenden Besonderheiten ein konkretes Allgemeines, die *Gattung* oder die Kraft und das Gesetz, heraus[gehoben]«[28] werden – das heißt hier entsprechend der Wert bzw. die Wertsubstanz aus der Totalität der Waren abgeleitet werden. An diese Analyse schlösse die synthetische Methode an als die »Entwicklung der Momente des Begriffs am Gegenstande«.[29] Genau dieses Verhältnis findet sich in der Wertabstraktion, die aus der »ungeheuren Waarensammlung« mit der abstrakt menschlichen Arbeit als Wertsubstanz ein konkret Allgemeines heraushebt, von dem ausgehend die Kategorien als Bestimmungen des Begriffs am wirklichen Gegenstand entwickelt werden können. Nur so ergibt sich die dem hier entworfenen Kategorienverständnis eigene »Bestimmung des Allgemeinen als *Besonderung*«, die als solche zugleich »die *Einteilung*«[30] der jeweiligen Wissenschaft ist, sodass »das Prinzip derselben aus der Natur des einzuteilenden Gegenstandes selbst entnommen und die Einteilung somit natürlich und nicht bloß künstlich, d. h. willkürlich gemacht sei«.[31]

Es hängt also alles an der korrekten Ableitung des Allgemeinen, folglich der Wertableitung aus den Waren. Für diese finden sich bei

26 Nicht nur in der »Enzyklopädie« finden sich Marginalien und Randnotizen zu Hegels allgemeiner Idee des Erkennens, sondern auch in den betreffenden Abschnitten der »Wissenschaft der Logik« (vgl. MEGA², Bd. IV/32, S. 321, und Hegel: Wissenschaft der Logik II, Werke, Bd. 6, S. 486 f. Diese und weitere Seitenkonkordanzen der von Marx genutzten zur Suhrkamp-Ausgabe wurden von mir hergestellt.

27 Vgl. Hegel: Enzyklopädie (Teil 1). Logik, Werke, Bd. 8, S. 381 f., §§ 229 f. und MEGA², Bd. IV/32, S. 315.

28 Ebd., S. 380, § 227.

29 Ebd., S. 381, § 229 Zusatz.

30 Ebd., S. 382, § 230.

31 Ebd., Zusatz.

Marx verschiedene Fassungen: In »Zur Kritik« bildet die einzelne Ware das elementarische Dasein, im »Kapital« wird sie hingegen als die Elementarform bezeichnet[32] und verweist darin auf die im »Vorwort der Erstauflage« getroffene Bestimmung der Ware als der »ökonomischen Zellenform«[33] der bürgerlichen Gesellschaft.[34] Marx geht somit zur Ableitung des Werts von der Ware in ihrer nationalökonomischen Vorstellung[35] als Einheit von Gebrauchs- und Tauschwert aus. Nach der Bestimmung des Gebrauchswerts auf der unmittelbaren Tatsachenebene geht er dazu über, den Gebrauchswert innerhalb kapitalistischer Warenproduktion als Träger des Tauschwertes zu bestimmen und den Tauschwert als das quantitative Verhältnis des Austauschs von Gebrauchswerten.[36] Daher beginnt Marx nicht mit dem abstrakten Begriff des Wertes, sondern mit seiner Ableitung aus dem Warentausch als abstraktester Erscheinungsebene der kapitalistischen Produktionsweise. Der Wert wird so nicht in der Theorie vorausgesetzt, sondern ist Ausdruck einer in der Wirklichkeit existierenden und gedanklich reproduzierbaren Substanz, was Marx' Wertbestimmung grundlegend von dem ihm unterstellten abstrakten Begriff des Wertes unterscheidet.

Der Übergang zur Analyse des im Tauschwert erscheinenden Gehaltes, also des in den Waren Identischen der Wertsubstanz, wird dabei in allen Auflagen gleichgehalten: Dass nämlich das Austauschverhältnis der Gebrauchswerte beständig wechsele und daher »ein der Ware innerlicher, immanenter Tauschwert (valeur intrinsèque)« eine »contradictio in adjecto« sei.[37] Diese Feststellung artikuliert ein terminologisches sowie darstellungslogisches Problem, denn es geht um die Lösung der

32 Marx: Zur Kritik der politischen Ökonomie. Erstes Heft, MEGA², Bd. II/2, S. 107; ders.: Das Kapital (1867), MEGA², Bd. II/5, S. 23; ders.: Das Kapital. Erster Band (1890), MEGA², Bd. II/10, S. 37.

33 Marx: Das Kapital (1867), MEGA², Bd. II/5, S. 12; ders.: Das Kapital. Erster Band (1890), MEGA², Bd. II/10, S. 9.

34 In dieser Analogie folgt Marx erneut Engels – insbesondere dessen Studien auf dem Gebiet der Anatomie und der Lektüre der Theorien Theodor Schwanns. Engels schrieb am 14.7.1858 an Marx: »Alles ist Zelle. Die Zelle ist das Hegelsche Ansichsein und geht in ihrer Entwicklung genau den Hegelschen Prozeß durch, bis sich schließlich die ›Idee‹, der jedesmalige vollendete Organismus daraus entwickelt.« (In: MEW, Bd. 29, S. 337–340, hier S. 338) 1864 dann schien Marx während einer Krankheitsepisode endlich die Zeit gefunden zu haben, sich mit den Fragen der »Zellenscheiße« bei »Schwann und Schleiden« tiefergehend auseinanderzusetzen, und schreibt an Engels, dass dieser hoffentlich wisse, »daß alles 1. bei mir spät kommt und 2. ich immer in Deinen Fußtapfen nachfolge. So wahrscheinlich, daß ich in den Nebenstunden jetzt viel Anatomie und Physiology treiben, außerdem Vorlesungen (wo das Zeug ad oculos demonstriert und seziert wird) besuchen werde.« (Marx an Engels, 4.7.1864, in: MEW, Bd. 30, S. 417 f., hier S. 418) Und so heißt es dann in einer Fußnote der »Erstauflage« des »Kapital«, als Marx die Wertform analysiert, fast wortwörtlich Engels Einschätzung übernehmend: »Sie [die einfache Wertform, F. H.] ist gewissermaßen die Zellenform oder, wie Hegel sagen würde, das An sich des Geldes.« (Marx: Das Kapital [1867], MEGA², Bd. II/5, S. 28).

35 An dieser Stelle kann noch nicht von Kategorien, sondern tatsächlich nur von Vorstellungen gesprochen werden, die jedoch insofern zugleich Kategorien sind, als sie in dieser Form Eingang in die Systeme der politischen Ökonomie vor Marx fanden. Wenn im Folgenden also von Vorstellungen die Rede ist, geht es um die vorkritische Auffassung der Kategorien.

36 Vgl. Marx: Das Kapital. Erster Band (1890), MEGA², Bd. II/10, S. 37 f.

37 Ebd., S. 39.

Frage, wie sich von der Ebene des verdinglichten Bewusstseins (Tauschwert) zur Analyse des in ihr versteckten Gehalts kommen lässt (Wert). Diese Schwierigkeit, vor der die Analyse in Bezug auf die Verkehrungen der einfachen Wertform steht, beschreibt Marx in der »Erstauflage« wie folgt: In der Gleichsetzung zweier Waren ist auf den ersten Blick zwar die Bildung der Kategorie des Tauschwertes (=Ware B) möglich, aber nur als Reflexion der quantitativen Austauschbestimmungen,[38] wie sie sich in der klassischen politischen Ökonomie bei Smith und Ricardo finden. In dieser quantitativen Fragestellung des Austauschs zweier Waren bliebe jedoch die Einsicht des marxschen Forschungsprozesses verdeckt, dass die Werteigenschaft der Ware nicht nur dieses gemeinsame Dritte als »*caput mortuum* der Abstraktion«[39] ist. Der Aspekt, dass in der Formbestimmung ein allgemeines gesellschaftliches Verhältnis erscheint und nicht nur die Denkbestimmung der Identität, ist auch insofern für die Darstellungslogik entscheidend, als dass ausgehend von zwei vereinzelt und zufällig getauschten Arbeitsprodukten als Waren eben kein *allgemeines* gesellschaftliches Verhältnis gesetzt ist, sondern nur das beliebige Verhalten von zwei Waren(-besitzern) zueinander. In zwei einzelnen Waren bestünde das Gemeinsame nur als ein vergleichendes Drittes, wie es sich vermittels der Interessen in einem zufälligen Austauschakt zweier Arbeitsprodukte realisiert – und damit einer dialektischen Entfaltung unzugänglich, weil es eben nur die Denktätigkeit der beteiligten Personen ist, die die Identität stiftet. Dem erliegt Helmut Reichelt, wenn er einerseits Marx vorwirft, sich einer »Subreption«[40] in Bezug auf die Wertgegenständlichkeit schuldig zu machen,[41] wie andererseits den Wert als Gedanken bestimmt und sich so fragen muss: »Aber wie verbindet sich der Gedanke mit der Sache?«[42]

Die Darstellung im »Kapital« ist also – wie schon anhand der Kategorienreflexion in den »Grundrissen« deutlich wurde – mit der Frage

38 Marx: Das Kapital (1867), MEGA², Bd. II/5, S. 639.

39 Hegel: Enzyklopädie (Teil 1). Logik, Werke, Bd. 8, S. 231, § 112.

40 Reichelt wiederholt ökonomisch die Kritik von Kant an den Erschleichungen des Denkens, in denen regulative Ideen oder Prinzipien in einen Grund und konstitutives Prinzip verwandelt würden. Abgesehen von der Beschränkung der Vernunft auf ihren empirischen Gebrauch verweist dies in letzter Instanz auf die philosophisch-theologischen Gottesbeweise. Thematisch wird dadurch bei Reichelt die Differenz zwischen Kant und Hegel, insofern jener in dem Begriff Gottes die Existenz nicht gesetzt sah. Es offenbart sich in den Diskussionen um den Wertbegriff in der »Neuen Marx-Lektüre« also teils der Gottesbeweis als Zentrum der zu rekonstruierenden, marxschen Methode. Der Gottesbeweis wird jedoch nicht erst bei Reichelt entscheidender Teil des philosophischen Hintergrunds, der in der Methodendiskussion um den Wertbegriff sedimentiert ist, sondern er orientiert sich dabei an Adorno, für den das »Problem der Objektivität der Abstraktion« thematisiert wird »als eine Wiederholung des ontologischen Gottesbeweises (in der hegelschen Deutung natürlich) auf der Ebene der Soziologie« (Helmut Reichelt: Die Marxsche Kritik ökonomischer Kategorien. Überlegungen zum Problem der Geltung in der dialektischen Darstellungsmethode im »Kapital«, in: Iring Fetscher/Alfred Schmidt (Hrsg.): Emanzipation als Versöhnung. Zu Adornos Kritik der »Warentausch«-Gesellschaft und Perspektiven der Transformation, Lubljana 2002, S. 142–180, hier S. 149).

41 Reichelt: Neue Marx-Lektüre, S. 125, 317.

42 Ebd., S. 160.

konfrontiert, wie eine Werksarchitektur aussieht, die, das wirkliche Leben des Stoffes ideell widerspiegelnd, von der Analyse der Ware und ihrer gesellschaftlichen Substanz zu deren weiteren Formbestimmungen und schlussendlich zum kapitalistischen Produktionsprozess verläuft, daher vom Abstrakten zum Konkreten voranschreitet.[43] Folglich heißt es programmatisch in der »Erstauflage«: »Das entscheidend Wichtige aber war den inneren nothwendigen Zusammenhang zwischen Werth*form*, Werth*substanz* und Werth*größe* zu entdecken«.[44]

Wie wenig auf der Ebene der Sachlogik diese für die Kategorien entscheidende Ableitung der Wertsubstanz in der »Erstauflage« gelungen ist, zeigt sich daran, dass Marx schreibt: Obwohl sich eine Ware in den verschiedensten Proportionen austausche, so bleibe dennoch der »Tauschwerth *unverändert*, ob in x Stiefelwichse, y Seide, z Gold u. s. w. ausgedrückt«.[45] Diese Äußerung ist nicht nur angesichts der Bestimmungen in den späteren Auflagen offensichtlich logisch widersprüchlich und sachlich falsch, sodass fortgefahren wird: »Er [der Tauschwert, F. H.] muß also von diesen seinen verschiedenen *Ausdrucksweisen* unterscheidbar sein.«[46] Wie kann sich der Tauschwert, als er selbst, von sich selbst unterscheiden? Eine logische Unmöglichkeit. In diesem Sinne hätte Marx hier *Wert, der von seiner Ausdrucksweise als Tauschwert zu unterscheiden sei*, schreiben müssen. Als Reflexionsverhältnis erinnert dies nicht von ungefähr an die Bewegung des Selbstbewusstseins als Identität von Identität und Nichtidentität. Analog zur Bewegung des Denkens, in der dieses auch nicht als Denken selbst, also unmittelbar, sondern als *Denkbestimmungen* des Realprozesses des Denkens erscheint, somit als die Kategorien desselben, ist es auch der Wert, der nicht unmittelbar als er selbst erscheinen kann, sondern nur als Tauschwert als erster Identität.

Diese Bewegung der Negation, die der Substanz als Subjekt eigen ist, führt in den Kern der dialektischen Darstellungsform: Die Substanz als Subjekt erzeugt aus sich Formbestimmungen, die Kategorien, welche als Ausdruck der prozessierenden Formsubstanz die Denk- und Grundbestimmungen der politischen Ökonomie bilden. Der Wert und später der sich selbst verwertende Wert im Kapital bildet so das Einheitsmoment, das innere organisierende Moment der Kategorien wie der so formbestimmten Wirklichkeit. Den Wert als gesellschaftliche Substanz, die abstrakt menschliche Arbeit, konnte Marx in der »Erstauflage« nicht konsistent ableiten, weil er – wie man sah – Wert und Tauschwert noch nicht stringent voneinander scheidet und so die Sache noch nicht vollends erfasst hat – bisweilen Wert und Tauschwert sogar synonym verwendet,

43 Vgl. Iljenkow: Die Dialektik des Abstrakten und Konkreten, S. 221–286.

44 Marx: Das Kapital (1867), MEGA², Bd. II/5, S. 43.

45 Ebd., S. 19.

46 Ebd.

obwohl der Tauschwert eine kategoriale Bestimmung des Wertes, Wertform und damit Formbestimmung der Substanz ist.[47]

In der zweiten Auflage ist Marx diese problematische Ableitung bewusst geworden und er schreibt stattdessen: Der Tauschwert »muß also einen von diesen verschiedenen Ausdrucksweisen unterscheidbaren Gehalt haben«.[48] So wird die Wertabstraktion von Marx ausgehend von der besonderen Äquivalentform entwickelt, was über den rein quantitativen Ausgangspunkt der klassischen Ökonomie hinausgeht. Noch deutlicher wird dies am Zusatz ab der dritten Auflage, dass der Weizen »mannigfache Tauschwerte [...] statt eines einzigen«[49] besitze. In dieser Totalität der gleichgesetzten Waren, von denen zwei zur Analyse herausgegriffen werden, ist also schon immer die gesellschaftliche Problematik der sich durch die Wertform realisierenden gesellschaftlich notwendigen Arbeit gesetzt. Auf diesen ausgeblendeten qualitativen Aspekt der Formtätigkeit zielt Marx' Kritik der politischen Ökonomie, was insbesondere die »Neue Marx-Lektüre« betont.[50] Sie begeht dabei jedoch häufig den Fehler, die – wie dargelegt – fehlerhafte »Erstauflage« gegen die vierte Auflage auszuspielen. Wird Marx stattdessen ein Lernprozess zugestanden, dann zeigt nicht nur die zweite, sondern zeigen auch die posthume dritte und vierte Auflage, dass – möglicherweise in Rückgriff auf die »Logik« in der Fassung der »Enzyklopädie«[51] – die Bereinigung von Fehlern gelingt. In der vierten Auflage wird die Analyse des Tauschwerts dann auch nicht ausgehend von der einfachen Wertform, sondern von der entfalteten Wertform der Ware realisiert: »Mannigfache Tauschwerte also hat der Weizen statt eines einzigen.«[52] Oder wie Stephan Krüger anmerkt: Es wären »eine Menge Irrwege erspart geblieben, wenn anstelle der nutzlosen Reflexionen über den Grad der Abstraktion bei der Analyse der einzelnen Ware genau hingesehen und die Gesamtheit der Waren

47 Wie wenig die Darstellung in der »Erstauflage« bewältigt ist, zeigt auch die kurz darauffolgende Stelle, wenn Marx in einer Fußnote schreibt: Wenn »wir künftig das Wort ›Werth‹ ohne weitere Bestimmung brauchen, so handelt es sich immer vom Tauschwerth« (ebd.). Der kurz darauf auf die Fußnote folgende Satz müsste dann nicht so gelesen werden: »Als Werthe sind die Waren nichts als krystallisierte Arbeit«, sondern: »Als [Tauschwerthe] sind die Waren nichts als krystallisierte Arbeit.« (Ebd.) Beide Aussagen sind richtig, aber eben auch zu unterscheiden, weil es sich einmal um die Substanz des Wertes, das andere Mal um die Wertgröße als gesellschaftlich gleichgesetzte Arbeit in ihrem Durchschnitt und damit um unterschiedliche Abstraktionsstufen handelt. Marx müsste damit schon die Unterscheidung zwischen Wertsubstanz und Wertgröße eingeführt haben, die im Tauschwert als einfache Wertform erscheint, und flüchtet sich in die Verlegenheitslösung der Doppeldeutigkeit. Er müsste also etwas, das noch nicht entwickelt wurde, voraussetzen, damit die Argumentation stimmig ist.

48 Marx: Das Kapital (1872), MEGA², Bd. II/6, S. 71.

49 Marx: Das Kapital. Erster Band (1890), MEGA², Bd. II/10, S. 39.

50 Vgl. Backhaus: Dialektik der Wertform, S. 34.

51 Wie aus dem Bibliotheksbestand hervorgeht, sind die Hegel-Bände Bakunins (im in der MEGA² verzeichneten Bestand der marxschen Bibliothek = Nr. 548), die Marx nutzte und von denen er in einem Brief (16.1.1858) an Engels sprach (in: MEW, Bd. 29, S. 259 f.), keineswegs die große Logik Hegels, sondern die Fassung der Logik in der »Enzyklopädie« (vgl. MEGA², IV/32, S. 315).

52 Marx: Das Kapital. Erster Band (1890), MEGA², Bd. II/10, S. 39.

als theoretischer Ausgangspunkt der Darstellung identifiziert worden wäre.«[53] Denn es ist nur dies Gemeinsame der Warenwelt, welches die Bestimmung der Identität der Waren nicht nur eine Denkbestimmung sein lässt – da »die allgemeinsten Abstraktionen überhaupt nur bei der reichsten konkreten Entwicklung [entstehen], wo eines vielen gemeinsam erscheint, allen gemein«.[54]

So ist aufgrund der Vielzahl der darunter befassten Waren das durch Abstraktion erschlossene Identitätsmoment nicht nur das *abstrakt Allgemeine* der Warenform. Die abstrakt menschliche Arbeit als Wertsubstanz ist folglich nicht nur als »verständige Abstraction« eingeführt, die »das Gemeinsame hervorhebt, fixirt, und uns daher die Wiederholung erspart«,[55] sondern als Substanz. Die folgende Entwicklung ist damit, als das Übergehen aus der den Dingen gemeinsamen Substanz, das *konkret Allgemeine*, gleich der Idee »ewig das mit sich Identische von dem Differenten«.[56] Als dieses ist es nicht nur dem Denken nach bestimmt, sondern die gedankliche Reproduktion des wirklich zugrunde liegenden.

Solange dies nicht deutlich formuliert ist und die einzelne Ware oder derer zwei anstelle einer Totalität von Gebrauchs- als Tauschwerten den Ausgangspunkt bilden, so scheint die abstrakt menschliche Arbeit nur eine beliebige Annahme des Denkens. Sie wäre dann die beliebige äußere Einheit zweier ausgetauschter Arbeitsprodukte als Waren und nicht substanzielle Bestimmung der Dinge selbst. Es sind Problemstellen wie diese, die in der »Erstauflage«[57] falsche Lesarten mitprovozier(t)en und sich in der neuerlichen Fixierung auf diese fortzusetzen drohen. In den späteren Auflagen sind diese Problemstellen verbessert, da Marx nun von *mannigfachen Tauschwerten* statt von *dem Tauschwert* spricht und mit dieser entscheidenden Neuerung in Teilen der Darstellung auf die Fassung in »Zur Kritik« zurückgeht.[58]

Die Darstellung ab der dritten deutschen Auflage

Dass die Kategorien der politischen Ökonomie Formbestimmungen der Substanz sind, setzt voraus, dass diese Substanz als das Zugrundeliegende also korrekt abgeleitet wird, und dies geschieht, wie gezeigt, erst in der posthumen *dritten* und *vierten* Auflage. Nimmt man an, Engels hat dort die Intentionen von Marx umgesetzt,[59] dann ist die Logik der Sache nun

53 Stephan Krüger: Allgemeine Theorie der Kapitalakkumulation. Konjunkturzyklus und langfristige Entwicklungstendenzen, Hamburg 2010, S.29.

54 Marx: Das Kapital. Erster Band (1890), MEGA², Bd. II/10, S. 39. Vgl. auch die vorliegende Arbeit, S. 130.

55 Marx: Ökonomische Manuskripte 1857–58, Teil 1, MEGA², Bd. II/1.1, S. 23.

56 Hegel: Enzyklopädie (Teil 1). Logik, Werke, Bd. 8, S. 371, § 214.

57 Marx: Das Kapital (1867), MEGA², Bd. II/5, S. 19.

58 Vgl. Marx: Zur Kritik der politischen Ökonomie. Erstes Heft, MEGA², Bd. II/2, S. 109.

59 Ob dies wirklich der Fall war, siehe Heilgendorff: Die fragwürdige These einer fortschreitenden Popularisierung, S. 879 FN.

so gefasst, dass Marx in der Deduktion des Werts von den Tauschwerten als besonderen Äquivalentformen[60] ausgeht. Gegenüber der »Erstauflage« sind die Tauschwerte primär nicht als vereinzelte Äquivalente des Weizens begriffen, sondern als Totalität von Wertausdrücken und damit als rein quantitatives Verhältnis von Dingen.[61] So erreicht Marx in der Analyse des Tauschwertes als Verhältnis von Gebrauchswerten einen Ausgangspunkt, der – vom Standpunkt Hegels gesprochen – eine wesenslogische Darstellungsform vorbereitet, denn es sind die mannigfachen Tauschwerte der »endlichen Dinge in ihrer gleichgültigen Mannigfaltigkeit [...] daher überhaupt dies, widersprechend an sich selbst, *in sich gebrochen zu sein und in ihren Grund zurückzugehen*«.[62]

In der »ungeheuren Waarensammlung« ist der Tauschwert als das vorgestellte Identitätsmoment also nicht so begründet, dass die Waren im Austausch mittels ihrer Tauschwerte einfach auf ein Drittes – das nur als Vergleichendes fungiert – reduziert werden, sondern die Totalität der Tauschwerte wird als die *äußere Reflexion* des Grundes begriffen. Das heißt, dass der »Grund gleichfalls nicht an und für sich selbst [ist], sondern es [...] durch jene ursprüngliche Verknüpfung gesetzt [ist], daß es Grund sei«.[63] Dass hier Hegels Bestimmungen des Grundes rekonstruierbar sind, ist möglicherweise kein Zufall, da sich in Marx' Exemplar der »Logik« am Rand des Kapitels zum Grund notierte Marginalien finden.[64] Und tatsächlich, der sacheigenen Logik folgend gehen die Tauschwerte in dieser analytischen Fixierung durch den Wissenschaftler in ihren Grund zurück.

Da der Grund als durch die Reflexion bestimmter nur formeller Grund ist, kann der Tauschwert auch noch nicht als »›Erscheinungsform‹ eines von ihm unterscheidbaren Gehalts«[65] bestimmt werden, sondern in der Analyse, dies nur abstrakt vorwegnehmend, als solcher benannt werden. So erklärt sich, warum eines der letzten Residuen einer scheinbar an Hegel erinnernden Terminologie, der Begriff der »Erscheinungsform«, in Anführungszeichen gesetzt ist: Eben weil der analytisch aus dem Tausch-

60 Vgl. Marx: Das Kapital. Erster Band (1890), MEGA², Bd. II/10, S. 64.

61 Streng genommen haben die Dinge entgegen der Terminologie Marxens noch überhaupt keine gesellschaftliche Form, sondern stehen sich nur als Gebrauchswerte oder Arbeitsprodukte gegenüber, aus denen der Wert als gesellschaftliches Verhältnis von Produkten überhaupt erst abzuleiten wäre.

62 Hegel: Wissenschaft der Logik II, Werke, Bd. 6, S. 79.

63 Ebd., S. 112.

64 Vgl. MEGA², Bd. IV/32, S. 321, und Hegel: Wissenschaft der Logik II, Werke, Bd. 6, S. 111. Hegel scheint daher ein ständiger Begleiter gewesen zu sein, von dem Marx sich Hilfe versprach. Z. B. legen die Briefstellen aus den Jahren 1862–64 (vgl. MEW, Bd. 30) nicht nur eine intensive Beschäftigung Marxens mit Naturwissenschaften und Mathematik nahe, sondern im Zuge der Auseinandersetzung mit Ricardos Differenzialrententheorie auch mit der Differenzialrechnung (Marx an Engels, 6.7.1863, in: MEW, Bd. 30, S. 361–367, hier S. 362). Entsprechend finden sich im Exemplar der hegelschen »Logik« aus dem Bestand der Bibliotheken von Marx und Engels Marginalien genau an den Stellen, an denen sich Hegel zum Differenzialkalkül äußert (vgl. MEGA², Bd. IV/32, S. 321, und Hegel: Wissenschaft der Logik I, Werke, Bd. 5, S. 322).

65 Marx: Das Kapital. Erster Band (1890), MEGA², Bd. II/10, S. 39.

wert bestimmte Grund desselben nur erst dessen »Unmittelbarkeit vielmehr voraussetzt«, auch wenn der verborgene Gehalt als Grund »sich darin auf sich als auf ein Anderes«[66] zu beziehen scheint. Die Anführungszeichen hat zum Beispiel auch Michael Heinrich sehr genau wahrgenommen, untersucht aber nicht ihre Bedeutung für die Darstellung.[67] Vielmehr interpretiert er die in Anführungszeichen stehende »Erscheinungsform« als Ablösung von Hegel. Vergleicht man die Stelle jedoch mit der »Erstauflage«, so scheint »Erscheinungsform« keineswegs in Anführungszeichen zu stehen, weil eine Differenz zu Hegel bekundet wird, sondern weil der Tauschwert eben noch nicht als Erscheinungsform, das heißt als Kategorie und damit Formbestimmung der Substanz, begriffen ist – genauso wenig wie der Gehalt dessen, der darin erscheint.[68] Würde der Wertbegriff hier bereits vor Bestimmung des Gehaltes eingeführt, wie in der »Erstauflage«, so würde er nur der unbestimmte Name einer dogmatisch vorausgesetzten Sache sein. Hieraus ergäbe sich das schon bekannte Problem der Prädikation, dass allein die definitorische Festlegung durch das Denken/den Wissenschaftler die abstrakt menschliche Arbeit zur Wertbestimmung macht. An ihrer Stelle könnte es genauso gut das Bedürfnis sein, was das Denken als Allgemeines im Wert der Waren identifiziert.

Marx schreibt so auch fälschlicherweise in der »Erstauflage«, die Mängel des hegelschen Wertbegriffs als abstrakter Identität reproduzierend:[69] »Was besagt diese Gleichung? Daß derselbe Werth in zwei verschiednen Dingen, in 1 Qrtr. Weizen und ebenfalls in a Ctr. Eisen existirt.«[70] Es ist dabei nicht nur problematisch, dass Marx mit der Gleichung den Tauschwert stillschweigend durch den Wert als solchen ersetzt, sondern dieser Nachweis ist eben auch sachlich unzureichend, da unbestimmt bleibt, was dieser Wert eigentlich ist. Da der Wert so nur als Name für etwas eingeführt wird, kann er als definitorische Verstandesbestimmung die abstrakt menschliche Arbeit nur beigelegt bekommen.[71] In den späteren Auflagen taucht der Wertbegriff erst eine Seite später zum ersten Mal auf – nach der Analyse des versteckten Gehaltes als der abstrakt mensch-

66 Hegel: Wissenschaft der Logik II, Werke, Bd. 6, S. 112.

67 Heinrich: Wie das Marxsche Kapital lesen?, S. 63.

68 Backhaus hingegen, bemüht um den Nachweis einer mangelnden Vermittlung von Inhalt und Form, der durch eine Korrektur Marxens durch Hegel abgeholfen werden soll, geht den umgekehrten Weg und streicht (oder übersieht) kurzerhand die Anführungszeichen, um sich den Ausgangspunkt so zurechtzulegen, dass Marx zur Entwicklung des Wertes vom empirischen Tauschwert ausgehe, der unmittelbar die »Erscheinungsform eines von ihm unterscheidbaren Gehaltes« (Backhaus: Dialektik der Wertform, S. 43) sei. Das Backhaus hier in seinem zentralen Argument Quelle und Anführungszeichen weglässt sowie falsch zitiert, soll zumindest angemerkt werden.

69 Vgl. Hegel: Rechtsphilosophie, Werke, Bd. 7, S. 160, § 77, S. 167, § 80, S. 177, § 88, S. 192–194, § 101.

70 Marx: Das Kapital (1867), MEGA², Bd. II/5, S. 19.

71 Hierin aufgehoben ist ganz im Sinne von Hegel und Aristoteles der in den Kategorien liegende Problemzusammenhang von Name und Begriff einer Sache und damit die Frage nach der Wahrheit.

lichen Arbeit. Als diese ist der Wert substanziell bestimmt und nicht nur ein Name. Entgegen einer Denkbestimmung des Wissenschaftlers ist er zugleich Grundbestimmung, und diese Einheit kann sich anschließend auch in den Kategorien als Formbestimmungen ausdrücken – der hegelschen »Logik« folgend als eine »Beziehung von unmittelbaren Inhaltsbestimmungen«.[72] Es bedarf also erst der Analyse, um den Grund und identischen Gehalt als gesellschaftliche Substanz auszumachen, um anschließend das Hervortreten der Sache selbst in die Existenz begründen zu können, das heißt den Tauschwert als Erscheinungsform des Werts. Die Notwendigkeit erhält diese Erscheinungsform daraus, dass – wie im Kapitel zur Kategorie der Wirklichkeit dargestellt – das Allgemeine ja aus der Wirklichkeit abgeleitet wurde und so die Bedingungen enthalten sind, die die abstrakt menschliche Arbeit tatsächlich zur Substanz als Subjekt machen: nämlich der Austausch der Arbeitsprodukte als Waren.

Nur so lässt sich die Totalität der bürgerlichen Gesellschaft als durch diese Formsubstanz bestimmte begreifen: Dies wäre in dieser Rekonstruktion ganz im hegelschen Sinne die »Bewegung der Sache, durch ihre *Bedingungen einerseits* und andererseits durch ihren Grund gesetzt zu werden [...]. Das Gesetztwerden der Sache ist hiermit ein *Hervortreten*, das einfache Sich-Herausstellen *in die Existenz*, reine Bewegung der Sache zu sich selbst.«[73] Hierdurch erklärt sich unmittelbar, was Marx meint, wenn er schreibt, die Kategorien seien die Existenzbestimmungen und Daseinsweisen der Sache selbst. So sind die Kategorien Einheit von Denk- und Grundbestimmungen der gesellschaftlichen Substanz – und entgegen den dogmatischen Vorstellungen der politischen Ökonomen, als notwendige Erscheinungsform der inneren Bewegung begriffen.

Ohne diese Analyse und Ableitung des Wertes bliebe die Bestimmung der Kategorie des Tauschwertes der Eigenbewegung der Sache äußerlich und wäre, genau wie die Ware, im streng begrifflichen Sinne nicht als Kategorie der politischen Ökonomie verstanden. Sie verbliebe so auf dem Niveau der Vorstellungen der politischen Ökonomie über den Gegenstand, weil sie zwar dem Verstand folgend die Denkbestimmungen des Gegenstandes festhalten könnte, aber nicht im Zusammenhang mit der wirklichen Bewegung der Sache selbst, als deren Grundbestimmungen, entwickelt würde. Nur so wird auch die Ware als Kategorie der politischen Ökonomie richtig begriffen, die eben nicht Einheit von Gebrauchs- und Tauschwert ist, sondern Einheit von Gebrauchswert und Wert. Erst so ist der Ware ein entwicklungsbedürftiger Widerspruch eigen: Der Wert kann an der Ware nicht selbst erscheinen, man könne sie »drehen und wenden wie man will, sie bleibt unfaßbar als Werthding«.[74] Aus diesem

72 Hegel: Wissenschaft der Logik II, Werke, Bd. 6, S. 112.
73 Ebd., S. 121.
74 Marx: Das Kapital. Erster Band (1890), MEGA², Bd. II/10, S. 49.

Widerspruch ergibt sich, wie auch Dieter Wolf betont,[75] die dialektische Darstellung der Kategorien. Sie ist möglich wie nötig, da der Wert nur formbestimmt, als Tauschwert, in einer anderen Ware erscheinen kann. Nur so lassen sich die Kategorien kritisch in ihrem Gewordensein begreifen, und daher *muss* – entgegen der Bruch-These von Hans-Georg Backhaus[76] – in der Darstellung auch nach der Analyse der Ware und des Doppelcharakters der Arbeit *notwendig* die Wertformanalyse folgen, Marx also zur sacheigenen Logik »zurückkehren«.[77] Die Entwicklung der Kategorien entspricht damit einer Lösungsbewegung von Widersprüchen der Substanz, und dies sei »überhaupt die Methode, wodurch sich wirkliche Widersprüche lösen«, indem die Bewegung »diese Widersprüche nicht auf[hebt], aber die Form [schafft], worin sie sich bewegen können«.[78] Kurzum: Nur dadurch, dass man an die Stelle des Streits über die Wertbestimmung der Waren, »der conflicting dogmas die conflicting facts und die realen Gegensätze stellt, die ihren verborgnen Hintergrund bilden, kann man die politische Ökonomie in eine positive Wissenschaft verwandeln«.[79]

Dass der Wert der Ware A nur im Gebrauchswert der Ware B erscheinen kann, besitzt dabei als Reflexionsverhältnis, »*ideell* ausgedrückt«,[80] eine Strukturanalogie zu Hegels »Logik«. Dies ist auch einer Vielzahl von »Kapital«-Interpreten nicht verborgen geblieben, und an zwei Beispielen soll exemplarisch gezeigt werden, wie sich ihre Kritik an Marx durch die hier vorgelegte Rekonstruktion und den entwickelten Kategorienbegriff als Missverständnis aufklären lässt. Ist dieser Zusammenhang einmal herausgearbeitet, zeigt sich zum Beispiel, dass Backhaus' Hypothese einer mangelhaften dialektischen Entwicklung und der Missachtung wesenslogischer Figuren sich aus einer fehlerhaften Wiedergabe ergibt. Er unterstellt schlicht als Folie Hegels wesenslogische Kategorien unvermittelt der Analyse der Ware, also dem ersten Unterabschnitt des ersten Kapitels. Dabei führt er richtig aus, Marx ginge vom »›empirischen‹ Faktum Tauschwert« aus, behauptet aber anschließend (wahrscheinlich an der »Erstauflage« orientiert), dass das, »was dem Tauschwert ›zugrunde‹ liegen soll, Wert genannt [wird]«.[81] In dieser Form findet sich nun tatsächlich keine Möglichkeit der dialektischen Entwicklung und Backhaus kommt so zu der Fehleinschätzung, Marx vollziehe eine von der »Erscheinungsform unabhängige Analyse des Wesens«,[82] die eine man-

75 Vgl. Wolf: Der dialektische Widerspruch im Kapital.
76 Vgl. Backhaus: Dialektik der Wertform, S. 43, 142.
77 Marx: Das Kapital. Erster Band (1890), MEGA², Bd. II/10, S. 49.
78 Ebd., S. 98.
79 Marx an Engels, 10.10.1868, in: MEW, Bd. 32, S. 179–181, hier S. 181.
80 Marx: Das Kapital (1867), MEGA², Bd. II/5, S. 43.
81 Backhaus: Dialektik der Wertform, S. 43.
82 Ebd.

gelnde Vermittlung der Abschnitte nach sich ziehe.[83] Es wurde jedoch gezeigt, dass in den späteren Auflagen dieser Fehler vermieden wurde und damit auch der Wert nicht nur ein einfaches vergleichendes Drittes ist, wie Christopher Arthur meint.[84] Indem so die verschiedensten Kategorien Hegels innerhalb der Darstellung rekonstruierbar sind, je nachdem, wie der Gegenstand betrachtet wird, scheinen diese weniger als Vorlage zu dienen als die Logik der Darstellung die Logik der Sache selbst zu reproduzieren.

Zusammenfassend gilt also für die Analyse der Ware: Es wird nicht von einer vereinzelten Vorstellung einer imaginären Beziehung zweier Waren ausgegangen, wie das diesen vorangestellte »nehmen wir ferner«[85] verdeutlicht, sondern sie sind Teil der »ungeheuren Warensammlung«[86] und damit Ausdruck der kapitalistischen Produktionsweise. Über den Tauschwert als quantitatives Verhältnis von Gebrauchswerten gelangt Marx zu seinem Gehalt, der in den Gebrauchswerten aufgehäuften menschlichen Arbeit als der »gemeinschaftlichen gesellschaftlichen Substanz«.[87] So wird im Zuge der verschiedenen Auflagen der Wert nicht einfach als Name eingeführt oder als vergleichendes Drittes erkennbar, sondern zuerst der substanzielle Gehalt der Vorstellung des Tauschwerts

83 Ganz abgesehen davon, dass die Bestimmungen, wie Marx die Ableitung im hegelschen Sinne vorzunehmen hätte (ebd., S. 44), nicht anhand von Hegels »Logik« selbst, sondern vermittels Herbert Marcuses Artikel »Der Begriff des Wesens« in der Zeitschrift für Sozialforschung (5/1936, S. 1–39) entwickelt wurden.

84 Unterstellte man – wie Arthur – Marx' Darstellung die hegelsche Seinslogik als Folie, dann würde dies bedeuten, dass die reine Quantität die qualitative Existenz der Dinge nur äußerlich aufhebt. In diesem Moment gelten beide zwar als Tauschwerte gleich, aber eben nur als Größen, die sich im mehr oder minder des Gebrauchswertes darstellen (beide sind nur »Gemeinsames von derselben Größe in zwei verschiednen Dingen« (Marx: Das Kapital. Erster Band [1890], MEGA², Bd. II/10, S. 39). Diese Bestimmung ist tautologisch, denn der Tauschwert ist als Größe, also nur als Mehr oder Weniger bestimmt und so bloß Veränderung, und diese Veränderung bestimmt die Größe (vgl. Hegel: Enzyklopädie [Teil 1]. Logik, Werke, Bd. 8, S. 223, § 106 Zusatz). Die sich daraus ergebende Kritik Hegels an der Mathematik in der »Enzyklopädie« (vgl. ebd., S. 209–212, 241 f.) erklärt dann auch, warum Marx – wie Hegel im gleichen Zusammenhang (vgl. ebd., S. 211, 241) – zur Veranschaulichung gerade hier das geometrische Beispiel eines Dreiecks nutzt. Marx illustriert damit in kritischer Absicht das bereits analysierte Problem der Einführung des Wertbegriffs, und dass vermieden werden muss, dass der Wert nur als Größe, als reine Veränderung, d. h. als bloßer Name erscheint, dessen substanzielle Bestimmung unausgeführt bleibt oder als bloß vergleichendes Drittes, als »notorious third thing argument«, beliebig erscheint. Die Kritik Hegels ist, dass in der mathematischen Konstruktionsleistung des Dreiecks zwar ein Konstitutionsprinzip liegt, aber dieses von der philosophischen Idee der Konstitution zu unterscheiden ist, wie es als Prozess der dialektischen Vermittlung von Wesen und Erscheinung (bzw. der Substanz als Subjekt) bestimmt ist. Ginge man von zwei Waren aus, dann würde lediglich gesagt werden können, dass der Tauschwert der daseiende Wert wäre, und man würde, in Hegels Worten, behaupten, dass das Sein des Endlichen das Sein des Absoluten sei (Hegel: Wissenschaft der Logik II, Werke, Bd. 6, S. 80). Damit wäre das Resultat der Abstraktion einer dialektischen Entwicklung jedoch nicht zugänglich und das bereits problematisierte *caput mortuum* der Abstraktion. Weil z. B. Backhaus und Reichelt jedoch von einer reduzierten Dialektik ausgehen, sehen sie diesen Problemkreis nicht und weisen das geometrische Beispiel von Marx schlicht als »verwirrend« ab (Backhaus/Reichelt: Wie ist der Wertbegriff, S. 79). Eine weitere, hier nicht weiter einbezogene Erklärung zum Dreieck findet sich bei Georg Quaas (ders.: Die ökonomische Theorie von Karl Marx, Marburg 2016, S. 83).

85 Marx: Das Kapital. Erster Band (1890), MEGA², Bd. II/10, S. 39.

86 Ebd., S. 37.

87 Ebd., S. 40.

bestimmt als abstrakt menschliche Arbeit. Weil diese als solche nicht denkbar ist, flüchtet sich Marx zu den Metaphern einer »gespenstigen Gegenständlichkeit« oder »Gallerte unterschiedsloser menschlicher Arbeit«.[88] Erst im Anschluss hieran taucht das erste Mal der Wertbegriff auf, der substanziell durch diese »gesellschaftliche Substanz« bestimmt ist. Eben weil diese Substanz – wie *das* Denken oder *der* Wille – nicht denkbar ist, was die genutzte Metaphorik anzeigt, muss sie sich bestimmen und wird so zum Subjekt. Hieraus resultiert die den Kategorien der politischen Ökonomie eigentümliche Dialektik. Durch diese Entfaltung der Substanz als Subjekt entspringt die Darstellung keiner dogmatisch-metaphysischen Konstruktion a priori oder »Begriffsanknüpfungsmethode«: Indem der demgemäß abgeleitete Wert etwas Allgemeines ausdrückt, nämlich die abstrakt menschliche Arbeit, das gleich, aber in seiner Größe, also der Arbeitszeit, veränderbar ist, lassen sich die seiner substanziellen Grundlage entsprechende Formen bestimmen, deren einfachste der Warenwert, das heißt der Tauschwert ist. Und so zeigt sich, »dass die einfache Wertform der Ware zugleich die einfache Warenform des Arbeitsprodukts ist, dass also auch die Entwicklung der Warenform mit der Entwicklung der Wertform zusammenfällt«.[89]

Die Kategorien sind damit die sprachlich fixierten Momente der Entwicklung einer fortschreitenden Formbestimmung der Substanz und reproduzieren so gedanklich in der Form des spekulativen Begriffs den außerhalb des Denkens stehenden Gegenstand. Weil sie darin zugleich Ausdruck der der Wirklichkeit eigenen Substanz sind, sind sie Grundbestimmungen des durch diesen Begriff bestimmten Seienden, also Realabstraktionen der wirklichen Bewegung, und insofern ist, wie auch Ulrich Ruschig betont, »der Hegelsche Begriff der Substanz [...] konstitutiv für die logische Struktur der abstrakten Arbeit«.[90] Darauf wies bereits Isaac I. Rubin in der frühen Debatte um die Dialektik der Kategorien in der Sowjetunion hin (1927–1929). Den Wert machen für ihn drei Momente aus: Die Bestimmung der Substanz als abstrakt menschlicher Arbeit (Wertsubstanz), die nur als bestimmte Größe, das heißt gesellschaftlich notwendige Arbeitszeit, gefasst werden kann (Wertgröße) und dabei einen spezifischen Wertausdruck besitzt, den Tauschwert als erster Erscheinungsform des Wertes (Wertform).[91] In der hieraus durch fortschreitende Negation folgenden Entwicklung der Kategorien kann Marx über David Ricardos Darstellung der Kategorien der politischen Ökonomie hinausgehen. Dieser, so Marx' Vorwurf, *entwickele* die komplexeren Verhältnisse *nicht* mehr aus dem Wert, sondern *prüfe nur*, inwiefern seine

88 Ebd.

89 Ebd., S. 62.

90 Ruschig: Der Begriff der Substanz, S. 73.

91 Vgl. Rubin: Studien zur Marxschen Werttheorie; ders.: Dialektik der Kategorien.

Wertkonzeption komplexeren Kategorien ent- oder widerspreche: »Der Fortgang ist keine Fortentwicklung mehr.«[92] So hätte Ricardo

> »den Werth der Form nach gar nicht untersucht – die bestimmte Form, die die Arbeit als Substanz des Werths annimmt –, sondern nur die Werthgrössen, die Quantitäten dieser abstrakt-allgemeinen und in dieser Form gesellschaftlichen Arbeit, die den Unterschied in den *Werthgrößen* der Waaren hervorbringt.«[93]

Abwegig erscheint daher der weitverbreitete Vorwurf, dass Marx einem physiologischen Arbeitsbegriff aufsitzen würde, der dies herausgestellte formanalytische Moment verdecke, sodass es Marx »offenbar zuweilen selbst schwergefallen [ist], das radikal Neue seiner Werttheorie gegenüber der klassischen politischen Ökonomie konsequent durchzuhalten«.[94] Die Fragwürdigkeit dieser Position wurde mit der hier erfolgten Rekonstruktion der abstrakt menschlichen Arbeit als Formsubstanz bereits deutlich und somit auch die diese Einschätzung vorbereitenden Positionen Michael Heinrichs.[95] Diese aus seinen »Einführungen« weitertradierte Kritik an einer vermeintlichen »›naturalistischen‹ Tendenz« bei Marx,[96] der durch eine physiologische Bestimmung des Wertes in die ökonomische Klassik zurückfallen würde, ist schlicht nicht haltbar. Es handelt sich bei der kritisierten physiologischen Bestimmung der Arbeit vielmehr um unterschiedliche Abstraktionsstufen der abstrakt menschlichen Arbeit, wie es bereits der – von Heinrich gerade dafür kritisierte – Rubin nachwies[97] und Dieter Wolf auf ähnliche Weise verdeutlicht.[98] Nur so werden in der gedanklichen Reproduktion der wirklichen Bewegung der Sache selbst die Kategorien nicht durch den abstraktlogischen Widerspruch zwischen Inhalt und Form konstituiert, sondern den der Wirklichkeit, das heißt durch die »Lösungsbewegungen des dialektischen Widerspruchs zwischen Gebrauchswert und Wert«[99] gestiftet.

Schon bei Marx selbst findet sich, dass die einfache Übertragung der logischen Kategorien auf einen Gegenstand unzureichend wäre und daher auch Hegel »nie die Subsumtion einer Masse von ›Cases‹ under a general principle Dialektik genannt [hat]«. Dialektik wäre in diesem Sinne

92 Marx: Ökonomisches Manuskript 1861–63, Teil 3, MEGA², Bd. II/3.3, S. 820.

93 Ebd., S. 822–825.

94 Bruschi u. a.: PolyluxMarx, S. 46.

95 Heinrich: Wie das Marxsche Kapital lesen?, S. 101 f.

96 Heinrich: Die Wissenschaft vom Wert, S. 213.

97 Rubin: Studien zur Marxschen Werttheorie, S. 50, 100; vgl. Heinrich: Die Wissenschaft vom Wert, S. 214.

98 Vgl. Dieter Wolf: Konstitutive Rolle theoretisch bedeutsamer Abstraktionen für die Methode der wissenschaftlichen Darstellung, 2007, unter: www.dieterwolf.net/pdf/theoretische_Abstraktionen_methode_wissenschaftlicher_darstellung.pdf.

99 Wolf: Die »Bewegungsformen« des »absoluten Geistes«, S. 103.

»›*falsch*‹ angewandt« und der »Ideologismus geht durch«.[100] Daher funktioniere es auch nicht, wie anhand der Rekonstruktionen von Backhaus, Arthur oder auch Proudhon gezeigt, »ein abstraktes, fertiges System der Logik [...] anzuwenden«.[101] Letztlich ergibt sich so für die Methodendiskussion ein beständiges Abhängigkeitsverhältnis: Ohne Inhalt gäbe es keine Reflexion der Form, zugleich ist aber auch gänzlich ohne Form kein Inhalt zu erkennen – der Inhalt besitzt also, ganz im hegelschen Sinne, bereits an sich Form. Es artikuliert sich darin Engels' Bestimmung des Verhältnisses von Philosophie und positiver Wissenschaft, dass nämlich die »Kunst, mit Begriffen zu operieren, nicht eingeboren und auch nicht mit dem gewöhnlichen Alltagsbewußtsein gegeben ist, sondern wirkliches Denken erfordert, welches als Denken ebenfalls eine lange erfahrungsmäßige Geschichte hat«.[102]

Die dialektische Bestimmung des Wertbegriffs und die gesellschaftliche Herrschaft der Abstraktion. Konsequenzen für das Projekt »materialistische« Dialektik

»*Ideell*« ausgedrückt ist es also die Aufgabe der Analyse der Ware, die synthetische Darstellung des Werts in einer Reihe von Kategorien und damit als von der Substanz als Subjekt ausgehende vorzubereiten – philosophisch gesprochen ist damit in dieser identitätslogischen Subjektkonstitution der Wert begriffen als *causa sui*. Er ist es, der die Dinge formbestimmt und Dinge wie Menschen als Waren, Privatproduzenten, Warenhüter, Arbeitskräfte u. dgl. m. unter sich subsumiert. Die so in der Wertformanalyse erschlossenen Kategorien bilden sich aus dem Widerspruch, dass der Wert als ein gesellschaftliches Verhältnis auch nur in einem gesellschaftlichen Verhältnis von Waren erscheinen kann.[103] So bestimmt sich die gesellschaftliche Wertsubstanz im ersten bis dritten Abschnitt bis zum Geld als Kapital in verschiedenen Wertformen, und damit werden diese als Kategorien der politischen Ökonomie darstellbar. Es wurde gezeigt, dass dies bei Marx nur möglich und *notwendig* ist, wenn die Wertabstraktion bereits von der Totalität der Arbeitsprodukte in Warenform ausgeht und damit das Gemeinsame nicht einfach nur eine Verstandesidentität ist, sondern der durch Abstraktion erschlossene Grund die Formsubstanz der Wirklichkeit ist. Daher geht Marx unmittelbar von der der bürgerlichen Gesellschaft eigenen »ungeheuren Warensammlung« aus, in der die Tauschwerte in ihrer Mannigfaltigkeit nicht mehr zufällig oder rein relativ aufeinander bezogen sind (wie in der einfachen Wertform zweier Waren), sondern eine Totalität von Wertaus-

100 Marx an Engels, 9.12.1861, in: MEW, Bd. 30, S. 206 f., hier S. 207.

101 Marx an Engels, 1.2.1858, in: MEW, Bd. 29, S. 273–275, hier S. 275.

102 Engels: Anti-Dühring, MEW, Bd. 20, S. 14.

103 Vgl. Wolf: Der dialektische Widerspruch im Kapital, S. 142.

drücken bilden. Im gegenseitigen Bezug verschiedener Proportionen von Gebrauchswerten aufeinander setzt dieses Mosaik von Wertausdrücken in seiner schlechten Unendlichkeit schon immer den Wert als Grund voraus. Dadurch gelingt es, dass in den Kategorien Denk- und Grundbestimmungen der bürgerlichen Gesellschaft zusammenfallen. Dies macht die Eigenheit der Kategorien aus, nicht nur eine Kritik der Denkbestimmungen der bürgerlichen Gesellschaft zu sein, sondern zugleich als Grundbestimmungen eine Kritik der realen, außerhalb des Denkens seienden, aber im Begriff reproduzierten Wirklichkeit.

Dass dies für ein Projekt »materialistischer« Dialektik entscheidend ist, zeigt sich zum Beispiel an Andreas Arndt, der ausgehend von Hegel die Kategorien vor allem als Denkbestimmungen zu interpretieren scheint. Dies sei für ihn auch der Grund, der einen »experimentellen Gebrauch«[104] der hegelschen Kategorien ermöglicht. Das resultierende System der Kategorien sei gleich dem hegelschen Begriff daher als eine »Relation von Denkbestimmungen«[105] bzw. als »systematische[r] Zusammenhang reiner Denkbestimmungen«[106] aufzufassen. Insofern diese Denkbestimmungen bei Hegel in der hier erfolgten Rekonstruktion der »Logik« aber zugleich *Grund*bestimmungen sind, so sind sie weitaus mehr als die reinen Denkbestimmungen der zugrunde liegenden Sache, wie es Arndt ausführt. Es entpuppt sich also auch hier das Fehlen eines dezidierten Verständnisses der Funktion der Kategorien als entscheidend für die Auffassung der dialektischen Methode von Marx. Wird die Seite der Grundbestimmungen missachtet, scheint daher kein Unterschied zwischen Marx und Hegel, sodass das, »was in Wahrheit ist, [...] nur als Verhältnis zu denken [ist], genauer gesagt: als prozessierendes Verhältnis, in dem sich der Begriff vermittelt«.[107] Dies ist einerseits richtig, andererseits verkürzt, denn was fehlt und Marx' Eigenheit gegenüber Hegel aus dem Blick geraten lässt, ist, dass sich nicht der Begriff, sondern die Sache mit sich selbst begrifflich vermittelt, was zur Voraussetzung hat, dass die Kategorien als Denk- und Grundbestimmung der Substanz als Subjekt verstanden werden.

Entsprechend folgert Arndt, dass sich aufgrund dieser formalen Analogie das »Projekt einer »materialistischen« Dialektik als Chimäre [erweist]«.[108] Jedoch nur auf den ersten Blick: Denn wie Arndt richtig beobachtet, besteht für Marx »der Einsatz der dialektischen Methode bei Hegel darin, sie der Realität als ein Subjekt zu unterlegen, und zwar im

104 Arndt: »... unbedingt das letzte Wort aller Philosophie«, S. 31.

105 Arndt: Hegels Begriff des Begriffs (2023), S. 108.

106 Andreas Arndt: Hegels Wesenslogik und ihre Rezeption und Deutung durch Karl Marx, in: ders.: Hegel in Marx, Berlin 2023, S. 90–102, hier S. 102.

107 Arndt: Hegels Begriff des Begriffs (2023), S. 108

108 Arndt: Hegels Begriff des Begriffs und der Begriff des Wertes in Marx' Kapital, in: Zeitschrift für kritische Sozialtheorie und Philosophie 1–2/2017, S. 3–22, hier S. 15.

doppelten Sinne: als Substrat (*hypokeímenon*) und als selbstbewusstes *agens*«.[109] Dies macht auch den hier bei Marx rekonstruierten Substanzbegriff der abstrakt menschlichen Arbeit aus, jedoch in kritischer Absicht, wie sich mit Ulrich Ruschig betonen lässt.[110] Doch auch bei Ruschig tritt der Mangel eines Begriffs von Kategorien hervor. Ruschig, der dabei auf das, was Kategorien sind, nicht weiter eingeht, ist dazu gezwungen, die Relevanz der Substanzkategorie äußerlich zu begründen, und führt als Autorität Hans-Jürgen Krahl an, der betonte, dass die Abstraktion der abstrakt menschlichen Arbeit nur diese Realität besitzt, »weil sie Ausdruck eines Arbeitsteilungsverhältnisses« und damit die »Abstraktion, die Marx meint, [...] eine repressive Abstraktion [ist]«.[111] So ergibt sich jedoch ein Vorrang des Realobjekts gegenüber der Wissenschaft, da der Fokus darauf liegt, dass »die Wertsubstanz der kapitalistischen Produktionsweise [...] jene Verkehrsform der Individuen untereinander [ist], in denen ihr Verkehr selber nach der Logik der Naturbeherrschung organisiert wird«.[112]

In der hier vorgelegten Interpretation ist es jedoch nicht nötig, diese Frage einseitig entweder zur Seite der Wissenschaft oder zu Seite der Kritik des Realobjekts aufzulösen. Marx wendet in dem hier rekonstruierten Zusammenhang die dialektische Methode Hegels nicht insofern »materialistisch«, als ob bei Hegel die Idee zum mystischen Demiurg der Wirklichkeit werde und Marx daher das der Idee Zugrundeliegende – wie Arndt vorwirft, »Feuerbach pur«[113] – nur durch den Menschen ersetzen müsste. Der von Arndt als inexistent behauptete Materialismus der marxschen Methode besteht, wie er betont,[114] tatsächlich nicht in einer Alternative zu Hegel, wohl aber in einer Transformation, die an der *wahren* Auffassung der Funktion der Kategorien hängt: Dadurch, dass die abstrakt menschliche Arbeit im Wert als fatale Formursache auf den Menschen als ihren Träger verweist, kann Marx die Wertsubstanz als Konstitutionsmoment des »Mysticismus der Warenwelt«[115] dechiffrieren, die aus der Realisierungsform der abstrakt menschlichen Arbeit in der bürgerlichen Gesellschaft hervorgeht. Nur so gehen die realhistorisch wirksamen wie vom Wert ausgehenden, gedanklich rekonstruierbaren Reflexionsbestimmungen der abstrakt menschlichen Arbeit hervor, die darin beides sind: Grund- und Denkbestimmungen der Substanz,

109 Ebd., S. 110.

110 Ruschig: Der Begriff der Substanz, S. 74–77.

111 Krahl: Beiträge aus den Schulungsprotokollen, S. 379.

112 Hans-Jürgen Krahl: Produktion und Klassenkampf, in: ders.: Konstitution und Klassenkampf. Zur historischen Dialektik von bürgerlicher Emanzipation und proletarischer Revolution, Frankfurt a. M. 2008, S. 392–417, hier S. 403.

113 Arndt: Hegels Begriff des Begriffs (2023), S. 110.

114 Arndt: Hegels Wesenslogik, S. 102.

115 Marx: Das Kapital. Erster Band (1890), MEGA², Bd. II/10, S. 75.

also Kritik des Realgegenstandes wie der ökonomischen Lehrmeinung. Daher ist der Wert nicht einfach nur Analogie des hegelschen Begriffs, sondern geht in dem Rückbezug auf die menschliche Praxis darüber hinaus, indem Marx ihn als *wirklich* herrschenden Begriff wie auch als Sache begreift, als reale herrschaftsförmige »Abstraktion von den konkreten Gebrauchswerten, Individuen, Bedürfnissen und Interessen«.[116] Der Skandal der bürgerlichen Gesellschaft und der Realisierung der abstrakt menschlichen Arbeit als Wertsubstanz in ihr ist also, wie Ruschig herausarbeitet, die Verwirklichung einer »an sich nichtigen Reflexion. In den immer weiter fetischisierten Wirklichkeitsgestalten manifestiert sich die allgegenwärtige Repression [...].«[117] An diesem Skandal, der nur durch die funktionale Verschränkung von Denk- und Grundbestimmungen in den Kategorien reproduzierbar wird, hängt, so die hier vertretene These, das Projekt einer »materialistischen« Dialektik und unterscheidet sich darin von Hegel – durch die Kritik an der abstrakten Herrschaft des Begriffs.

Marx kann folglich die Kritik der politischen Ökonomie in dem Doppelsinn der Wissenschaft und des Realobjekts *ausgehend vom Wert und in der spekulativen Form des Begriffs* entwickeln, weil diese Darstellungsform der Kategorien zurückgebunden ist an die der historisch kontingenten bürgerlichen Gesellschaft zugrunde liegende Substanz. So werden in den Kategorien die verdinglichten Herrschaftsformen derselben entmystifiziert und aufgeklärt, wie Stoff- und Formbestimmung zusammenwachsen. Dekonstruiert wird damit der Gesamtzusammenhang der bürgerlichen Gesellschaft wie seine Erscheinungsform in der Zirkulation, als »wahres Eden der angebornen Menschenrechte«[118] – die bürgerliche Gesellschaft ist damit nicht die zu sich gekommene *Vernunft* in der Geschichte, die selbstbewusste Tätigkeit des Menschen, sondern Setzung durch den Wert, Freiheit und Gleichheit konstituiert durch ein unbewusst Allgemeines. Entsprechend zeigt sich das Sein als Schein, wenn die Zirkulation als erste Totalität des Begriffs mittels des Produktionsprozesses bestimmt wird als Zwang der ökonomischen Verhältnisse, der »Herrschaft des Kapitalisten über den Arbeiter«.[119] Als hierdurch gesetzte Verhältnisse entpuppt sich das der bürgerlichen Gesellschaft eigene Moment der Freiheit nur als Scheinen des Wesens. Die konzise Rekonstruktion dieser durch den Zusammenhang von Kategorien und Begriff getragenen Kritik ist im Folgenden darzustellen, um den hier behaupteten Zusammenhang zweier ineinander verschränkter fataler Verwirklichungsformen der Wertsubstanz zu entwickeln und die Eigenheit von Marx' materialistischer Dialektik auszubuchstabieren.

116 Krahl: Beiträge aus den Schulungsprotokollen, S. 385.

117 Ruschig: Der Begriff der Substanz, S. 75 f.

118 Marx: Das Kapital. Erster Band (1890), MEGA², Bd. II/10, S. 160.

119 Ebd., S. 662.

Die erste Totalität der Bestimmungen der abstrakt menschlichen Arbeit.

Vom Doppelcharakter der Arbeit über die Wertformanalyse zum Geld

Das Problem dieser hier verfolgten Rekonstruktion der dialektischen Darstellung der Kategorien ist, dass sie nicht um eine repetitive und kommentierende Wiedergabe dessen kommt, was bereits im »Kapital« selbst steht, weil sie versucht, den sich darin ausdrückenden dialektischen Gehalt zu rekonstruieren, der zwar auf Hegels logische Kategorien verweist, aber eben hauptsächlich in der zu rekonstruierenden Formbestimmung der inneren Bewegung besteht.

Dabei ist der »Springpunkt [...,] um den sich das Verständniß der politischen Ökonomie dreht«,[120] dass nicht nur die Ware als Einheit von Gebrauchswert und Wert, sondern auch die darin verausgabte Arbeit einen zwieschlächtigen Charakter besitzt: Einmal als *konkrete Arbeit* und Bildnerin des Gebrauchswertes, ein anderes Mal als *abstrakt menschliche Arbeit* und damit unter kapitalistischen Produktionsverhältnissen als wertbildend. Dies verweist darauf, dass in der Vielfalt der Warenkörper eine »gesellschaftliche Theilung der Arbeit« erscheint, denn einzig »Produkte selbstständiger und voneinander unabhängiger Privatarbeiten treten einander als Waaren gegenüber«.[121] Dabei ist die im Gebrauchswert verwirklichte »nützliche Arbeit [...] eine von allen Gesellschaftsformen unabhängige Existenzbedingung des Menschen, [...] um den Stoffwechsel zwischen Mensch und Natur [...] zu vermitteln«.[122] In dieser Form kommen die Arbeitsprodukte als Gebrauchswerte zur Welt, es sei dies ihre »Naturalform«[123] – Waren sind sie nur, wenn sie zugleich »Werthträger« seien. Sie besäßen daher »nur die Form von Waaren, sofern sie Doppelform besitzen, Naturalform und Werthform«.[124] Und diese erste Wertform, das durch den Tauschwert als Ware bestimmte Arbeitsprodukt als »Erscheinungsform des Werthes« (nun ohne (!) Anführungszeichen)[125] wird in der an die Warenanalyse anschließenden Wertformanalyse dargestellt. Darin tritt Marx auch den Nachweis der Genesis der Geldform an, die Ableitung der Kategorie des Geldes aus den Widersprüchen der ersten Erscheinungsform des Wertes, der Kategorie des Tauschwertes – etwas, »was von der bürgerlichen Oekonomie nicht einmal versucht ward«.[126] Die zu entwickelnden Bestimmungen der Wertformanalyse sind jedoch gegenüber denen des Austauschprozesses im zweiten Kapitel noch »the-

120 Ebd., S. 43.
121 Ebd., S. 44.
122 Ebd.
123 Ebd., S. 49.
124 Ebd.
125 Ebd.
126 Ebd.

oretische, gedachte«[127] der Arbeitsprodukte als Waren. Die Analyse ihrer »*wirkliche*[n] Beziehung«, wie sich vermittels der Menschen als Warenträgern und damit die Beziehungen der Waren als Waren »[b]ethätigt«,[128] ist erst Gegenstand des *Austauschprozesses*, an den das dritte Kapitel zum Geld anschließt und die »doppelseitig polarische[n] Gegensätze«[129] von Ware und Geld darstellt.

Als einfachste Wert- und damit Erscheinungsform bestimmt Marx den Bezug zweier Waren (x Ware A = y Ware B), in denen sich die Ware A in relativer Wertform gegenüber der Ware B in Äquivalentform befände – denn es gilt ja: »Man mag eine einzelne Waare drehen und wenden wie man will, sie bleibt unfaßbar als Werthding.«[130] Ihre Wertbestimmung kann daher nur in einer anderen Ware erscheinen, und damit wird die Ware B zum Wertspiegel der Ware A; der innere Widerspruch von Gebrauchswert und Wert erscheine so als äußerer Widerspruch zwischen zwei Waren. Die Ware B hat in diesem Verhältnis also einzig die gesellschaftliche Funktion, Wert auszudrücken.[131] So wird die Vorstellung der Ware transformiert zu einer Kategorie der Kritik der politischen Ökonomie, in der sie als Denk- wie Grundbestimmung der Substanz bestimmt ist. Marx merkt an, dass in diesem Sinne die »Eigenschaften eines Dings nicht aus seinem Verhältniß zu andern Dingen entspringen«,[132] so als ob nur im Austausch abstrakt menschliche Arbeit in ihm verkörpert ist. Es würde sich diese stoffliche Eigenschaft »vielmehr in solchem Verhältniß nur bethätigen«[133] und als Wert- und Warenform des Arbeitsproduktes, also als gesellschaftlich formbestimmte Eigenschaft erscheinen. Die Eigenschaftsbestimmungen des Arbeitsproduktes, als Ware einen Gebrauchswert und Wert zu besitzen, ist so zwar durch die in ihm inkorporierte Arbeit eine Möglichkeit, zur Wirklichkeit wird sie aber erst durch die Bedingungen der privat-arbeitsteiligen Produktion – die Entwicklung der Werth- und Warenform des Arbeitsproduktes fällt somit zusammen.[134] Und so gilt als Eigentümlichkeit der Wertformen: Erstens wird der »Gebrauchswerth [...] zur Erscheinungsform seines Gegentheils, des Werths«.[135] Die zweite Eigentümlichkeit ist, dass dabei die »konkrete Arbeit zur Erscheinungsform ihres Gegentheils, abstrakt menschlicher Arbeit wird«.[136] Und dazu kommt die dritte Eigentümlichkeit, in der die

127 Marx: Zur Kritik der politischen Ökonomie. Erstes Heft, MEGA², Bd. II/2, S. 121.
128 Ebd.
129 Ebd., S. 160.
130 Marx: Das Kapital. Erster Band (1890), MEGA², Bd. II/10, S. 49.
131 Vgl. ebd., S. 62.
132 Ebd., S. 58.
133 Ebd.
134 Vgl. ebd., S. 62.
135 Ebd., S. 57.
136 Ebd., S. 59.

»Privatarbeit zur Form ihres Gegentheils, zu Arbeit in unmittelbar gesellschaftlicher Form [wird]«.[137]

Folgt man der Logik der Sache selbst, dass die Allgemeinheit der Wertsubstanz nur in einer anderen Ware und nicht in allen denkbaren Waren erscheint, dann zeichnet sich ein Widerspruch der Substanz ab. Als Allgemeines, Identität aller Waren, ist sie nur in beschränkter Form an einer anderen Ware ausgedrückt. Hieraus resultiert die Notwendigkeit einer Ware, die unmittelbar die Form allgemeiner Austauschbarkeit hat und damit die Allgemeinheit des Werts verkörpert: die Geldware. Der Tauschwert als kategoriale Bestimmung der Substanz ist also einerseits angemessen, insofern diese Form den Widerspruch von Gebrauchswert und Wert (oder abstrakt, von Form und Inhalt) löst, andererseits unzureichend, da die begrenzte Form dem unbegrenzten Inhalt nicht angemessen ist. Aus diesem Widerspruch gelingt Marx die Darstellung der Genesis der Geldform, in der die Allgemeinheit der Substanz unmittelbar zur Erscheinung gebracht ist.

So folgt Marx einfach – wie Hegel in der »Logik«[138] – der sacheigenen Logik, in der die Darstellung von der einfachen zur totalen oder entfalteten Wertform als ein Mosaik von Wertausdrücken voranschreitet. Denn auch diese Reihung von Wertausdrücken in der Form »z Waare A = u Waare B oder = v Waare C oder = w Waare D oder x Waare E oder = etc.«[139] ist noch mangelhaft, da die Ware nun zwar »in gesellschaftlichem Verhältniß [...] zur Waarenwelt«[140] stünde, jedoch diese »Darstellungsreihe nie abschließt«[141] – und so bildet sie nur ein »buntes Mosaik auseinanderfallender und verschiedenartiger Werthausdrücke«.[142] So sei jede Ware nur »besondere, also nicht erschöpfende Erscheinungsform der menschlichen Arbeit«, und damit existiert noch immer keine der Substanz angemessene Kategorie bzw. »einheitliche Erscheinungsform«.[143]

Indem aber die besonderen Warenäquivalente rückbezüglich alle Äquivalente einer Ware sind, nämlich der vorausgesetzten Ware A, ist darin der logische Umkehrschluss enthalten, dass alle diese Waren ihren Wert in der Ware A spiegeln. So befindet sie sich ihnen gegenüber in der allgemeinen Wertform, in der die »Waaren ihre Werthe jetzt 1) einfach dar[stellen], weil in einer einzigen Waare und 2) einheitlich, weil in derselben Waare«.[144] Diese allgemeine Wertform entstünde »als gemein-

137 Ebd.

138 Hegel: Enzyklopädie (Teil 1). Logik, Werke, Bd. 8, S. 83, § 24 Zusatz 2.

139 Marx: Das Kapital. Erster Band (1890), MEGA^2, Bd. II/10, S. 63.

140 Ebd.

141 Ebd., S. 64.

142 Ebd.

143 Ebd.

144 Ebd., S. 65.

sames Werk der Waarenwelt«,[145] und so komme zum Vorschein, »daß die Werthgegenständlichkeit der Waaren, weil sie das bloß ›gesellschaftliche Dasein‹ dieser Dinge ist, auch nur durch ihre allseitige gesellschaftliche Beziehung ausgedrückt werden kann, ihre Werthform daher gesellschaftlich gültige Form sein muß«.[146] Der Körper dieser Ware wird so »die sichtbare Inkarnation, die allgemeine gesellschaftliche Verpuppung aller menschlichen Arbeit«.[147] Diese Ware, »mit deren Naturalform die Äquivalentform gesellschaftlich verwächst, wird zur Geldware oder funktioniert als Geld«,[148] sodass in dieser Kategorie die »allgemeine Erscheinungsform menschlicher Arbeit überhaupt«[149] begriffen ist.

Dass es sich dabei nicht um eine reine Begriffsdialektik handelt, zeigt sich daran, dass mit der Geldware ein historisches Argument in die Ableitung der Kategorien eintritt. Denn aus der logischen Struktur selbst – außerhalb der Bestimmungen, dass die Ware, die als allgemeines Äquivalent fungiert, möglichst haltbar und gut teilbar sein müsste – ist nicht ableitbar, welche Ware diese Funktion ausübt. Die Ware, die sich diesen »bevorzugten Platz [...] historisch erobert«[150] hat, sei das Gold, und in ihr ist »die allgemeine Aequivalentform [...] durch gesellschaftliche Gewohnheit endgültig mit der specifischen Naturalform der Waare Gold verwachsen«.[151]

In dieser Rekonstruktion zeigt sich, wie ausgehend von der selbstwidersprüchlichen Struktur der Substanz die Kategorien als Denk- wie Grundbestimmungen entspringen und dabei die Befürchtung der »Grundrisse« korrigiert wird, dass der Übergang von der einen Kategorie in die andere den Eindruck erweckt, »als handle es sich nur um Begriffsbestimmungen und die Dialektik dieser Begriffe [sic!, Kategorien, F. H.]«.[152] So bahnt sich nicht nur die Darstellung des Geldes als Kategorie der politischen Ökonomie an, sondern nebenbei erfüllt sich die ideologiekritische Aufschlüsselung des Zusammenwachsens von Stoff und gesellschaftlicher Formbestimmung, die Marx im anschließenden Fetischkapitel weiter ausführt.

145 Ebd., S. 66.

146 Ebd.

147 Ebd., S. 67.

148 Ebd., S. 69.

149 Ebd.

150 Ebd.

151 Ebd., S. 70.

152 Marx: Ökonomische Manuskripte 1857–58, Teil 1, MEGA², Bd. II/1.1, S. 85. Es handelt sich bei den Kategorien von Ware, Tauschwert und Geld, auf die Marx in dem Zitat anspielt, nur in der Hinsicht um Begriffe, als dass unter sie jeweils ein ganzer Kreis von Bestimmungen der Substanz, also von Kategorien fällt. Als Momente der Darstellung des »Kapital« und der dieser zugrunde liegenden Substanz bzw. dem Begriff des Kapitals bleiben sie als deren Denk- wie Grundbestimmungen nichtsdestoweniger Kategorien – siehe der Abschnitt zum Geld in der vorliegenden Arbeit.

Der Fetischcharakter der Ware

Von der Dechiffrierung ausgehend, wie gesellschaftliche und stoffliche Bestimmungen zu den fetischistischen Formen der Kategorien der politischen Ökonomie zusammengewachsen sind, kann nun untersucht werden, wie das Bewusstsein der handelnden Personen in Beziehung zu den gesellschaftlichen Strukturen steht. In der Werkarchitektur folgt auf die theoretische Analyse der Ware daher das Kapitel zum »Fetischcharakter der Ware«, zu dem es überleitend heißt:

> »Eine Waare scheint auf den ersten Blick ein selbstverständliches, triviales Ding. Ihre Analyse ergiebt, daß sie ein sehr vertracktes Ding ist, voll metaphysischer Spitzfindigkeit und theologischer Mucken. Soweit sie Gebrauchswerth, ist nichts Mysteriöses an ihr [...,] der Tisch [bleibt] Holz, ein ordinäres sinnliches Ding. Aber sobald er als Waare auftritt, verwandelt er sich in ein sinnlich übersinnliches Ding.«[153]

Arbeitsprodukte erhalten diese gesellschaftliche Form nur daher, weil – wie dargestellt – in der Wert- und Warenform

> »den Menschen die gesellschaftlichen Charaktere ihrer eignen Arbeit als gegenständliche Charaktere der Arbeitsprodukte selbst, als gesellschaftliche Natureigenschaften dieser Dinge zurück[ge]spiegelt [werden], daher auch das gesellschaftliche Verhältniß der Producenten zur Gesammtarbeit als ein außer ihnen existirendes gesellschaftliches Verhältniß von Gegenständen [erscheint]«.[154]

Das heißt, die Menschen vergesellschaften ihre Arbeit nicht planmäßig-bewusst, wie es in der abstrakt menschlichen Arbeit als Gattungstätigkeit angelegt ist, sondern erst vermittels des Austauschs. So realisiert sich das Zugrundeliegende nicht in einer planvollen gesellschaftlichen Teilung der Arbeit (die dann entsprechend dem gesellschaftlichen Charakter wieder persönliche Herrschaftsbeziehungen implizieren würde), sondern erscheint als Werteigenschaft der Arbeitsprodukte und stempelt diese zu Waren – als nichtiger Reflexionsbestimmung. Nichtig, weil es *historisch* gesehen keine Notwendigkeit für diese Reflexions- bzw. Formbestimmung gesellschaftlicher Arbeit gibt. Vielmehr realisiert sich so das repressive Moment der abstrakten Herrschaft des Begriffs real, in der Wirklichkeit, insofern in der Wertform die

> »allseitig voneinander abhängigen Privatarbeiten fortwährend auf ihr gesellschaftlich proportionelles Maß reducirt werden, weil sich in den

153 Marx: Das Kapital. Erster Band (1890), MEGA², Bd. II/10, S. 70 f.

154 Ebd., S. 71.

zufälligen und stets schwankenden Austauschverhältnissen ihrer Produkte die zu deren Produktion gesellschaftlich nothwendige Arbeitszeit als regelndes Naturgesetz gewaltsam durchsetzt, wie etwa das Gesetz der Schwere, wenn einem das Haus über dem Kopf zusammenpurzelt«.[155]

— Die Herrschaft der Abstraktion

Hierauf zielte die in den ersten nationalökonomischen Exzerpten noch sehr abstrakte und polemische Kritik an den Infamien der Nationalökonomie. Sie kann nun genauer gefasst werden als Herrschaft der Abstraktion, eines Allgemeinen, in dem sich »die Regel nur als blindwirkendes Durchschnittsgesetz der Regellosigkeit durchsetzen kann«[156] und die daher eine spezifische Form der Herrschaft des Menschen über den Menschen ausdrückt – in abstrakter wie verdinglichter Form struktureller Herrschaftsbeziehungen. Dies ist die tiefere Wahrheit der bereits zitierten unspezifischen Kritik, es seien die »*Durchschnittszahlen* [...] förmliche Beschimpfungen/Injurien der einzelnen wirklichen Individuen«,[157] und zeigt die kontinuierliche Relevanz der frühen Ricardo-Kritiken. Bereits dort kritisierte Marx, dass dieser für die Kategorien der politischen Ökonomie prägende Durchschnittsbegriff immer Abstraktion bedeutet: zwar – wie die schon von Hegel kritisierte Abstraktion der Freiheit – nicht immer Zerstörung, aber doch äußerliche Formbestimmung der Wirklichkeit und damit Herrschaft der verselbstständigten gesellschaftlichen Verhältnisse *des* Menschen über *die* Menschen.

Dieses Problem der Abstraktion löste Hegel, indem er der Wirklichkeit selbst eine begriffliche Struktur verlieh – und da so das Wirkliche vernünftig und das Vernünftige wirklich war, ein Verhältnis wechselseitiger Anerkennung und dadurch Freiheit möglich wurde. Diese sozusagen auf dem Kopf stehende Lösung wird nun von Marx auf die Füße gestellt, da für ihn die Beziehung des Menschen zur Natur nicht nur rational, sondern werktätig und damit über den Leib vermittelt ist. In diesem Sinne steht nicht nur Hegels Lösung für den die äußere Durchsetzung der Menschenrechte begleitenden Terror auf dem Kopf, sondern die bürgerliche Gesellschaft selbst: In ihr verselbstständigt sich – wie im Denken – eine von den Menschen geschaffene Substanz als Subjekt zum Zugrundeliegenden der Wirklichkeit, die abstrakt menschliche Arbeit. Damit transformiert er Hegels Philosophie in das innere Bewegungsprinzip der bürgerlichen Gesellschaft, sodass die Abstraktion und Formbestimmung keine äußere ist, sondern die der Wirklichkeit eigene. Das heißt, dass die Abstraktion und Formtätigkeit des Denkens übersetzt wird in die durch den Wert vorgenommene Abstraktion und Formbestimmung der Wirk-

155 Ebd. S. 74.
156 Ebd., S. 97.
157 Marx: Exzerpte aus Guillaume Prévost, MEGA², Bd. IV/2, S. 480.

lichkeit. Diese Verrücktheit ist für Marx im Privateigentum an Produktionsmitteln und dem marktförmigen Austausch begründet, als dem gegenwärtigen Modus der proportionalen Verteilung der gesellschaftlichen Gesamtarbeit unter die Mitglieder der Gesellschaft – was jedoch nicht gleichbedeutend damit ist, dass die planvolle Verteilung der Arbeit automatisch frei von Herrschaft und Gewalt wäre.

Was die bürgerliche Gesellschaft dabei auszeichnet, ist, dass sich diese Herrschaft und Gewalt zumeist strukturell vollzieht, weil sich die Gesellschaftlichkeit der Menschen zu einer zweiten Natur verselbstständigt hat. Diese Naturalisierung spiegelt sich auch im Bewusstsein der Menschen, etwa in der »gang und gäbe Vorstellung« einer »Endzeitstimmung«, eines »Erdbebens« oder eines »wirtschaftlichen Tsunamis«, in dem sich die durch den Markt

> »gewaltsam getrennten Elemente, die wesentlich zusammengehören, durch gewaltsame Eruption [...] als *Trennung* eines wesentlich Zusammengehörigen ausweisen. Die Einheit stellt sich gewaltsam her.«[158]

Diese dem Begriff und der Abstraktion gleichkommende gewaltsame Herrschaft, die die äußerliche Einheit des Getrennten herstellt und im Denken etwas als *so-und-so* bezeichnet, findet ihre realhistorische Entsprechung in der Wertabstraktion und der gewaltsamen Formbestimmung der Wirklichkeit durch die Krisen der bürgerlichen Gesellschaft, die aus der abstrakt menschlichen Arbeit als Wertsubstanz resultieren. Die Herrschaft des Begriffs wie der Sache spiegelt sich demnach in den verschiedenen Wertformen wider, die als solcherart reale Abstraktionen die Herrschaft über die Menschen ausüben und jeweils spezifische Krisen- und Herrschaftsmomente besitzen.

— Versachlichung und Verdinglichung

Doch dies ist nicht das einzige Moment der Kritik. Denn vermittels der Warenform des Arbeitsproduktes erscheinen den Produzenten ihre gesellschaftlichen Verhältnisse nicht als das, was sie sind, »als unmittelbar gesellschaftliche Verhältnisse der Personen in ihren Arbeiten, sondern als sachliche Verhältnisse der Personen und gesellschaftliche Verhältnisse der Sachen«.[159] In diesem »naturwüchsigen System der gesellschaftlichen Theilung der Arbeit«[160] kommt es nach Tairako Tomonaga zu einer doppelten Verkehrung:[161] Die Verhältnisse der Personen erscheinen

158 Marx: Ökonomische Manuskripte 1857–58, Teil 1, MEGA², Bd. II/1.1, S. 84.

159 Marx: Das Kapital. Erster Band (1890), MEGA², Bd. II/10, S. 72.

160 Ebd., S. 73.

161 Für Tomonaga wurde diese Bewegung von Versachlichung und Verdinglichung in Hegels »Phänomenologie« vorgebildet (ders.: Versachlichung und Verdinglichung in der Phänomenologie des Geistes Hegels, in: Hokudai Economic Papers 14/1984, S. 93–110, hier S. 106–110). Auf sehr

als Verhältnisse der Sachen, die so nur als »sachliche Hüllen gleichartig menschlicher Arbeit gelten«.[162] So durchlaufen sie einen Prozess einer Versachlichung, an den die Verdinglichung als Zusammenwachsen von stofflicher und gesellschaftlicher Formbestimmtheit in den Eigenschaftsbestimmungen der Dinge anschließt. Als solche entsprechen sie den der bürgerlichen Gesellschaft entwachsenden Vorstellungen, das heißt den Kategorien als objektiven Gedankenformen. Deutlich wird dabei erneut, wie auch Johannes Rohbeck betont, dass »[d]ie Verkehrung somit nicht ursprünglich im Kopf statt[findet], sondern in der ökonomischen Praxis. Der Verstand bildet diese Verkehrung nur ab.«[163] Verdinglichung meint also, dass diese gesellschaftliche Formbestimmung des Objekts gesellschaftlich gesetzt ist, aber zum Beispiel »dem Geld nicht angesehen wird, daß es ein gesellschaftliches Produktionsverhältniß darstellt, aber in der Form eines Naturdings von bestimmten Eigenschaften«.[164] So wird erst vollumfänglich deutlich, was Marx mit der zitierten Bemerkung aus den »Mill-Exzerpten« meinte, dass die Kategorien der politischen Ökonomie – oder auch die Kategorien des Rechts oder der Politik – die »einzig verständliche Sprache« der Menschen in Bezug auf ihr Gattungswesen seien, da in ihnen das Übersinnliche sinnlich wird: die Gesellschaftlichkeit der Menschen.

In den Kategorien als Denk- und Grundbestimmungen der Wertsubstanz sind also gesellschaftliche Verhältnisse materialisiert, doch dies tritt in ihrer Unmittelbarkeit und den »gang und gäbe Vorstellungen« nicht hervor, insofern die »vermittelnde Bewegung in ihrem eignen Resultat [verschwindet] und keine Spur zurück[läßt]«.[165] Somit muss die in den Dingen sedimentierte gesellschaftliche Praxis als ihr Konstitutionsgrund erst durch die Abstraktionskraft wieder erschlossen werden. Ihre kor-

abstrakter Ebene beschreibe Hegel anhand des »Selbstbewusstseins« (Hegel: Phänomenologie, Werke, Bd. 3, S. 263–291) und insbesondere im Kapitel »Das geistige Tierreich und der Betrug oder die Sache selbst« (ebd., S. 294–310) die der bürgerlichen Gesellschaft eigene Arbeitsteilung als ein Gegeneinander-füreinander-Arbeiten. Marx' Begriff der Sache sei in diesen Abschnitten als versachlichte gesellschaftliche Beziehungen der Individuen vorgebildet. Gemeinsam mit der Übernahme der feuerbachschen Hegelkritik durch Marx ließe sich so die Transformation der hegelschen in die marxsche Sache darlegen. Marx warf Hegel – die Kritik von Feuerbach aufnehmend – vor, beständig Subjekt und Prädikat zu verkehren, sodass Hegel »die Idee zum Subjekt macht und das eigentliche, wirkliche Subjekt […] zum Prädikat« (Marx: Zur Kritik der hegelschen Rechtsphilosophie, MEW, Bd. 1, S. 209). Subjekt und Prädikat stünden dabei in einem Verhältnis der »absoluten Verkehrung zueinander, *mystisches Subjekt-Objekt* oder über das *Objekt übergreifende Subjektivität*, das *absolute Subjekt* als ein Prozeß, als sich entäußerndes und aus der Entäußerung in sich zurückkehrendes, aber sie zugleich in sich zurücknehmendes *Subjekt* und das Subjekt als dieser Prozeß; das reine, rastlose Kreisen in sich.« (Marx: Ökonomisch-philosophische Manuskripte, MEGA², Bd. I/2, S. 302) Diese Grundstruktur der Verkehrung fände bei Marx seine Entsprechung, insofern mit der Versachlichung nicht nur eine Verkehrung des Willens der Personen in Sachen, sondern auch eine tatsächliche Verkehrung von Subjekt und Objekt einhergeht (Tomonaga: Versachlichung und Verdinglichung, S. 72).

162 Marx: Das Kapital. Erster Band (1890), MEGA², Bd. II/10, S. 73.

163 Rohbeck: Marx, S. 60.

164 Marx: Zur Kritik der politischen Ökonomie. Erstes Heft, MEGA², Bd. II/2, S. 114.

165 Marx: Das Kapital. Erster Band (1890), MEGA², Bd. II/10, S. 89.

rekte Handhabung wird damit zur Bedingung der Möglichkeit der Kritik der politischen Ökonomie, da in »der Analyse der ökonomischen Formen [...] weder das Mikroskop [...] noch chemische Reagentien« dienen können, sondern – wie anhand der gesellschaftlichen Substanz des Wertes dargestellt – »[d]ie Abstraktionskraft [...] beide ersetzen [muß]«.[166] So profitierte Marx von Hegel: Dieser wies in der »Phänomenologie« nach, wie in der Unmittelbarkeit der Gegenstände des Bewusstseins schon immer geistige Tätigkeit lag. Diese Vermittlung der Unmittelbarkeit herausgestellt zu haben, sei das »Große an der Hegelschen Phänomenologie«, da hierdurch das »Wesen der *Arbeit*«[167] gefasst wurde, insofern in den Dingen »die Vermittlung seiner Gebrauchseigenschaften durch vergangne Arbeit ausgelöscht [ist]«.[168] Und ebenso ist in der Unmittelbarkeit der ökonomischen Kategorien deren Formbestimmung durch die gesellschaftlichen Verhältnisse der Privatproduzenten ausgelöscht.

— Theorie der Revolution

Diese wissenschaftliche Entdeckung mag zwar den den ökonomischen Kategorien zukommenden Fetischismus als Gedankenformen aufklären, aber in dieser Aufklärung hebt sie »keineswegs ihre sachliche Form«[169] auf. Die Kategorie als Daseinsform der abstrakt menschlichen Arbeit als Wertsubstanz bleibt bestehen, weil sie ihren Konstitutionsgrund nicht im Denken, sondern in der gesellschaftlichen Praxis hat. Und sie verweist damit, wie eingangs benannt, auf eine andere Vergesellschaftungsform der abstrakt menschlichen Arbeit – eine unter anderen Bedingungen realisierte Wirklichkeit des Menschen. Mit und gegen die Beliebtheit der Verdinglichungskritik gerade in der »Neuen Marx-Lektüre« wäre also Adorno anzuführen: Die Kritik der Verdinglichung ist bloß »die Reflexionsform der falschen Objektivität; die Theorie um sie, eine Gestalt des Bewußtseins, zu zentrieren, macht dem herrschenden Bewußtsein und dem kollektiven Unbewußten die kritische Theorie idealistisch akzeptabel.«[170]

Entsprechend erwächst aus dieser Kategorienauffassung bei Marx die Notwendigkeit einer Revolution, da die Wirklichkeit erst »ihren mystischen Nebelschleier ab[streift], sobald sie als Produkt frei vergesellschafteter Menschen unter deren bewußter planmäßiger Kontrolle steht«.[171] Solange dies nicht geschieht, leben die »Agenten der capitalistischen Production in einer verzauberten Welt und ihre eignen Beziehungen erscheinen ihnen als Eigenschaften der Dinge, der stofflichen Elemente

166 Ebd., S. 8.
167 Marx: Ökonomisch-philosophische Manuskripte, MEGA², Bd. I/2, S. 292.
168 Marx: Das Kapital. Erster Band (1890), MEGA², Bd. II/10, S. 166.
169 Ebd., S. 74.
170 Adorno: Negative Dialektik, S. 191.
171 Marx: Das Kapital. Erster Band (1890), MEGA², Bd. II/10, S. 78.

der Production«.[172] Damit macht die Formanalyse in Bezug auf die politische Ökonomie als Wertformanalyse den Kern der Kritik der Kategorien aus und es ist der entscheidende Mangel der Kategorienauffassung der politischen Ökonomie, dass diese »niemals auch nur die Frage gestellt [hat], warum dieser Inhalt jene Form annimmt«.[173] Durch das »Fetischkapitel« wird also nicht nur der Fetischismus der Kategorien der politischen Ökonomie abschließend aufgeklärt, das Zusammenwachsen von stofflichen und gesellschaftlichen Formbestimmungen, sondern nachgewiesen, dass nirgendwo anders ein größerer Fetischismus besteht als in der sich selbst als säkular und aufklärerisch verstehenden bürgerlichen Gesellschaft. Hierauf zielte Marx, als er die in den Kategorien der politischen Ökonomie verarbeiteten Vorstellungen als »objektive Gedankenformen« beschrieb und im »Vorwort« von »Zur Kritik« betonte, dass die »Produktionsweise des materiellen Lebens den socialen, politischen und geistigen Lebensproceß [bedingt]«, und daher gilt: »Es ist nicht das Bewußtsein der Menschen, das ihr Sein, sondern umgekehrt ihr gesellschaftliches Sein, das ihr Bewußtsein bestimmt.«[174] Entsprechend werden der sacheigenen Logik folgend nun die in diesen Verhältnissen handelnden Personen eingeführt, deren Betrachtung und Analyse das zweite Kapitel zum Austauschprozess gewidmet ist. Denn dass die Menschen in der Wertform der Arbeitsprodukte ihre Arbeit als menschliche Arbeiten in einer »verrückten Form«[175] gleichsetzen, wissen sie nicht: »Sie wissen das nicht, aber sie thun es.«[176] Und so beginnt das Kapitel zum Austauschprozess und die praktische Ableitung der Kategorie des Geldes mit den Worten: »Die Waaren können nicht selbst zu Markte gehen und sich nicht selbst austauschen. Wir müssen uns also nach ihren Hütern umsehen, den Waarenbesitzern.«[177]

Der Austauschprozess. Hegels Rechtskategorien und die Kategorien der politischen Ökonomie sowie der Zusammenhang von Philosophie und positiver Wissenschaft

Doch nicht nur die Warenbesitzer sind Gegenstand des Kapitels, sondern es finden sich auch die von Hegel unter dem Begriff des Rechts betrachteten Kategorien der bürgerlichen Gesellschaft wieder, die nun nicht als Verwirklichung der Freiheit, sondern als Existenzbestimmungen des Zwangszusammenhanges der Warenproduzenten, als bloßer Schein der Freiheit reflektiert werden. Dabei führt Marx die Menschen in ihrer aus

172 Marx: Ökonomisches Manuskript 1861–63, Teil 4, MEGA², Bd. II/3.4, S. 1511.
173 Marx: Das Kapital. Erster Band (1890), MEGA², Bd. II/10. S, 79.
174 Marx: Zur Kritik der politischen Ökonomie. Erstes Heft, MEGA², Bd. II/2, S. 100.
175 Marx: Das Kapital. Erster Band (1890), MEGA², Bd. II/10, S. 75.
176 Ebd., S. 73.
177 Ebd., S. 82.

der Substanz hervorgehenden kategorialen Bestimmung als Warenhüter ein, und zwar explizit in ihrer Rechtsbestimmung als Personen, bestimmter als Privateigentümer.[178] So werden sie ähnlich zur hegelschen »Rechtsphilosophie« als sich wechselseitig im Eigentum verwirklichende Willen analysiert, mit dem Unterschied, dass es nicht in erster Linie die Bedürfnisse sind, die sich im Austausch als das Allgemeine realisieren, sondern die abstrakt menschliche Arbeit. Die marxschen Verhältnisse sind also komplexer: Die Existenz des Menschen als Person ist an die Warenzirkulation gebunden, die erst hierauf aufbauend als Rechtsverhältnis der Privateigentümer wesentlich ein Willensverhältnis ist. Aber dieser Inhalt ist durch die ökonomischen Verhältnisse überdeterminiert und in der wechselseitigen Befriedigung der Bedürfnisse realisiert sich nicht der Wille, sondern die gesellschaftliche Arbeitsteilung. So wird gezeigt, dass die Menschen als Personen in den gesellschaftlichen Verhältnissen durch diese bestimmt und daher nur kategorialer Ausdruck, das heißt »die Personifikationen der gesellschaftlichen Verhältnisse sind, als deren Träger sie sich gegenübertreten«.[179]

— Kritik der Kategorien der hegelschen »Rechtsphilosophie«

Als dieser Träger hat der Mensch nicht nur die Existenzbestimmung einer Person, sondern ist, wie Marx schon in »Zur Kritik« betont, auf die ökonomischen Funktionsbestimmungen der Warenhüter reduziert, sodass die »ökonomischen Formbestimmungen eben die Bestimmtheit [bilden], worin sie zueinander in Verkehr treten«.[180] Die gesellschaftliche Daseinsform des Menschen in den Kategorien der politischen Ökonomie ist daher nur eine abstrakte und durch die Strukturen der bürgerlichen Gesellschaft geformte: als Person, als Rechtssubjekt, in Absehung aller individuellen Eigenheiten von Geschlecht, Ethnizität und dergleichen mehr. Es finden sich diese Bestimmungen ebenfalls in der »Rechtsphilosophie« als »Gleichheit der abstracten Personen«.[181] Marx fasst daher die einzelne Person schon in den »Grundrissen« nur als Ausdruck der durch die gesellschaftlichen Beziehungen bestimmten Person schlechthin: »Als Subjekte des Austauschs ist ihre Beziehung daher die der *Gleichheit*. Es ist unmöglich[,] irgendeinen Unterschied oder gar Gegensatz unter ihnen auszuspüren, nicht einmal eine Verschiedenheit.«[182] Durch das abstrakte Recht ist das Individuum auf die abstrakte Gleichheit reduziert, als welche »die Person« existiert und die durch das »bloß atomistische

178 Vgl. ebd., S. 82 f.

179 Marx: Das Kapital. Erster Band (1890), MEGA², Bd. II/10, S. 83.

180 Marx: Zur Kritik der politischen Ökonomie. Urtext, MEGA², Bd. II/2, S. 47; vgl. auch ebd., S. 70.

181 Hegel: Rechtsphilosophie, Werke, Bd. 7, S. 113, § 49.

182 Marx: Ökonomische Manuskripte 1857–58, Teil 1, MEGA², Bd. II/1.1, S. 165.

Verhalten der Menschen in ihrem Productionsprozeß«[183] gesetzt wird. Das heißt, diese Abstraktion von den besonderen, einzelnen Individuen in der Sphäre des Rechts vollzieht sich durch den Warentausch, der bei Hegel ein vielschichtiges System von Bedürfnissen, bei Marx die gesellschaftliche Arbeitsteilung vermittelt. Insbesondere für Marx bedeutet dies: Die Menschen sind in ihrer Existenz dadurch nicht an und für sich selbst, sondern durch den Wert und damit einen ihnen fremden Begriff determiniert, der sie jedoch zugleich als freie und gleiche Personen bestimmt.

Noch expliziter als Hegel spricht daher Marx von den »Charaktermasken der Personen«, insofern die abstrakte Person als kategoriale Existenzweise des wirklichen Menschen in der bürgerlichen Gesellschaft eben nur durch »Personifikationen der ökonomischen Verhältnisse« zustande kommt[184] und als – wie Marx in den »Grundrissen« betont – bloßer »indicator ihrer gesellschaftlichen Funktion«[185] auftritt, womit auch das »zufällige Verhältniß zweier individueller Waarenbesitzer« hinwegfällt.[186] Damit die Menschen als Personen gleichgelten können, ist vorausgesetzt, dass der Austausch schon immer nicht nur »individueller Proceß«[187] ist, in dem durch Austausch sich wechselseitig das jeweilige Bedürfnis befriedigt. Vielmehr ist er bestimmt als »allgemein gesellschaftlicher Proceß«[188] als Realisierung der durch die Bedürfnisse aufeinander bezogenen gesellschaftlich notwendigen Arbeit. Das bei Hegel in dem wechselseitigen Bezug der Privateigentümer Aufscheinende ist hingegen der Wille, und so findet sich noch im »Kapital« eine Fortsetzung der frühen Kritik der »Rechtsphilosophie«. Da die Kategorien bei Marx nicht ausgehend vom Begriff der Freiheit, sondern dem Wert entwickelt werden, sind sie als die der politischen Ökonomie zugehörigen Rechtsbestimmungen begriffen, die unter der Herrschaft des Kapitals anstelle des Willens stehen.

— Kritik der Kategorien der politischen Ökonomie

Es findet sich jedoch nicht nur eine Kritik der Kategorien der politischen Ökonomie als Rechtskategorien Hegels, sondern auch der Lehrmeinungen der politischen Ökonomie. Dies zeigt sich darin, dass es Aufgabe des Kapitels ist, die *praktische* Entstehung des Geldes zu betrachten, welches in der Wertformanalyse nur *theoretisch* analysiert wurde. Der dem Austauschprozess zugrunde liegende und zu lösende Widerspruch der Substanz, der hier in den Kategorien erscheint, ist, dass die jeweiligen

183 Marx: Das Kapital. Erster Band (1890), MEGA², Bd. II/10, S. 89.

184 Ebd., S. 83.

185 Marx: Ökonomische Manuskripte 1857–58, Teil 1, MEGA², Bd. II/1.1, S. 165.

186 Marx: Das Kapital. Erster Band (1890), MEGA², Bd. II/10, S. 64.

187 Ebd., S. 83.

188 Ebd., S. 83 f.

Personen, von ihrem individuellen Standpunkt ausgehend, ihre Ware als allgemeines Äquivalent ansehen würden. Durch ihre Ware erträumen sie sich den Zugriff auf alle anderen Waren, von denen sie sich die Befriedigung ihrer Bedürfnisse versprechen[189] – hierdurch entsteht der Widerspruch, dass eine allgemeine relative Wertform (vom Standpunkt des Privatinteresses aus) logisch unmöglich ist, insofern die Bestimmung, dass jede besondere Ware allgemeines Äquivalent zu sein hätte, kein Allgemeines zulässt. Bewiesen ist damit, dass die Vorstellung und unkritische Kategorie des Geldes in der Lehre der politischen Ökonomie, ein »pfiffig ausgedachtes Auskunftsmittel«[190] zu sein, falsch ist. Das Geld als Kategorie der politischen Ökonomie kann nicht aus dem bewussten Handeln der Warenbesitzer entspringen. So wird vermittels der Kritik der politischen Ökonomie und der Entfaltung der Kategorien als Denk- wie Grundbestimmungen der Substanz auch die ökonomische Vorstellung korrigiert, Geld sei ein bewusst eingeführtes Instrument. Da das Geld als Reflexionsprodukt somit kein Ausdruck sich bewusst zueinander verhaltender Menschen sein kann, ist es die unbewusste und damit nichtige Reflexionsbestimmung der den Menschen entfremdeten Arbeit.

Für die Entstehung des Geldes aus den Handlungen der Personen gilt daher: »In ihrer Verlegenheit denken die Warenbesitzer wie Faust. Im Anfang war die That. Sie haben daher schon gehandelt, bevor sie gedacht haben.«[191] Und diese »gesellschaftliche That«, die »gesellschaftliche Aktion aller andren Waaren schließt daher eine bestimmte Waare aus«,[192] womit diese Ware zur Geldware, das heißt zum Geld wird. Hieraus ergibt sich eine aus der Praxis der Menschen resultierende, vertiefte Bestimmung der Kategorie der Geldware gegenüber der nur logischen-formalen Fassung in der »Wertformanalyse«: Es verdoppelt sich so nämlich der Gebrauchswert der Geldware und die Natureigenschaften derselben unterliegen einer doppelten gesellschaftlichen Formbestimmung. Neben dem stofflich bestimmten Gebrauchswert erhält sie einen gesellschaftlichen Gebrauchswert, allgemeine Verkörperung des Reichtums zu sein, »der aus ihren specifischen gesellschaftlichen Funktionen entspringt«.[193]

189 Indem das wechselseitige Bedürfnis der einzige Grund des Zusammenschlusses ist, ist die bürgerliche Gesellschaft schon von ihrer Struktur her ein Exzess der unbeschränkten Bedürfnisse, wie auch Hegel schrieb: »Die Besonderheit für sich, einerseits als sich nach allen Seiten auslassende Befriedigung ihrer Bedürfnisse, zufälliger Willkür und subjektiven Beliebens, zerstört in ihren Genüssen sich selbst und ihren substantiellen Begriff; andererseits als unendlich erregt und in durchgängiger Abhängigkeit von äußerer Zufälligkeit und Willkür sowie von der Macht der Allgemeinheit beschränkt, ist die Befriedigung des notwendigen wie des zufälligen Bedürfnisses zufällig. Die bürgerliche Gesellschaft bietet in diesen Gegensätzen und ihrer Verwicklung das Schauspiel ebenso der Ausschweifung, des Elends und des beiden gemeinschaftlichen physischen und sittlichen Verderbens dar.« (Hegel: Rechtsphilosophie, Werke, Bd. 7, S. 341, § 185)

190 Marx: Zur Kritik der politischen Ökonomie. Erstes Heft, MEGA², Bd. II/2, S. 129 f.

191 Marx: Das Kapital. Erster Band (1890), MEGA², Bd. II/10, S. 84.

192 Ebd.

193 Ebd., S. 87.

Vermittels der Darstellung werden so die historisch-praktischen Bedingungen des Geldes erinnert und es zeigt sich, »ideell« ausgedrückt, im Austauschprozess wie schon in den mannigfaltigen Tauschwerten am Beginn des »Kapital« das »Zugrundegehen des unmittelbaren Daseins und das Werden des Grundes«.[194] Der Grund des Geldes sind also die historisch spezifischen Bedingungen, unter denen abstrakt menschliche Arbeit zur gesellschaftlichen Wertsubstanz wird: die privat-arbeitsteilige Organisation der Arbeit, die sich im Austauschprozess der Waren realisiert und im Geld verdinglicht ist. Was sich in dieser Rekonstruktion im Rückgang in den Grund verbirgt, ließe sich auch als Einheit von Forschungs- und Darstellungsprozess interpretieren, wie es Dieter Wolf weniger philosophisch ausdrückt. Im Rückgang, also der Forschung, werde der Widerspruch von Gebrauchswert und Wert freigelegt, der im Darstellungsprozess wie dargelegt entfaltet wird.[195] In der Wirklichkeit erscheint dieser Vermittlungsprozess und die Setzung jedoch nicht mehr: Das Geld ist Geld, weil es Geld ist. Marx schließt darin an die dargestellte hegelsche Auffassung der Kategorie der Wirklichkeit an, in der die Wirklichkeit ist, weil sie ist.

Erneut zeigt sich daran, dass das Geld kein bewusstes Reflexionsprodukt der Menschen ist, dass die durch den Wert bestimmte Wirklichkeit selbst eine begriffliche Struktur besitzt und daher – durchaus in Übereinstimmung mit Kategorien der hegelschen Logik – gedanklich reproduzierbar ist.[196] Herausgearbeitet wurde bereits, dass Geld der der unbe-

194 Hegel: Wissenschaft der Logik II, Werke, Bd. 6, S. 122.

195 Wolf rekonstruiert diese die ersten Kapitel bestimmende Bewegung als Aufhebung des marxschen Forschungsprozesses in der dialektisch fortschreitenden Darstellung. Ausgehend von der tautologischen Bestimmung von Geld und preisbestimmter Ware ergäbe sich die Ordnung der Darstellung als verschiedener Abstraktionsebenen aus den notwendigen Abstraktionsvorgängen des Forschungsprozesses, um ebendiese tautologischen Erklärungen bürgerlicher Ökonomen (wie das Geld durch den Preis und den Preis durch das Geld) zu überwinden. Auch in der sowjetischen Debatte über die Darstellung findet sich dieses Argument einer Einheit von Forschungs- und Darstellungsprozess in der Darstellung des »Kapital«, dass Marx also Stück für Stück »allmählich das wiedereinführt, wovon er zunächst abstrahiert hat« (Rosental: Die dialektische Methode der politischen Ökonomie von Karl Marx, S. 373). Die Darstellung von Marx durchläuft die Auffassung folgend den Forschungsprozess rückwärts, das heißt vom Abstrakten zum Konkreten. Der Anfang des »Kapital« als einfacher Warenzirkulation ist damit »nicht von der vergangenen Geschichte und nicht von irgendeinem Stück Zeitgeschichte bestimmt, sondern einzig und allein von der methodisch auf seine ›Kernstruktur‹ eingeschränkten ›contemporären Geschichte‹, des Kapitals« (Wolf: Abstraktionen in der ökonomisch-gesellschaftlichen Wirklichkeit, S. 11).

196 Überhaupt zeigen sich Marx und Engels immer wieder begeistert und verdutzt, wie häufig die hegelschen Bestimmungen des Begriffs tatsächlich in der empirischen Wirklichkeit anzutreffen sind. Engels betont z. B. anhand der Zelle: »Die Zelle ist das Hegelsche Ansichsein und geht in ihrer Entwicklung genau den Hegelschen Prozeß durch, bis sich schließlich die ›Idee‹, der jedesmalige vollendete Organismus daraus entwickelt.« (Engels an Marx, 14.7.1858, in: MEW, Bd. 29, S. 337–339, hier S. 338; vgl. die Bemerkungen in Engels: Anti-Dühring, MEW, Bd. 20, S. 14.) Marx hingegen sieht angesichts der modernen Naturwissenschaften die hegelschen Bestimmungen bestätigt und stellt fest, wie Justus von Liebig die hegelschen Kategorien in der Chemie wiederentdeckt: »Schließlich Liebigs ›Jauchzen‹ über diese Entdeckung: ›Durch die Verbrennung eines Pfundes Steinkohle oder Holz empfängt die Luft nicht nur die Elemente wieder, um dieses Pfund Holz, oder unter Umständen die Steinkohle wieder zu erzeugen, sondern der Verbrennungsprozeß verwandelt *an sich*‹ (merke die Hegelsche Kategorie) ›eine gewisse Menge Stickstoff der Luft in einen für die Erzeugung von Brot und Fleisch unentbehrlichen Nährstoff‹.« (Marx an Engels,

wusst geteilten, gesellschaftlich notwendigen Arbeit eigene »Reflex der Beziehungen aller andren Waaren [ist]«.[197] »Ideell« ausgedrückt ist dieser Reflex der Grund des Hervortretens der Sache selbst in die Existenz – und zwar nicht in einem zeitlichen, sondern logischen Sinne, wie es für die Kategorien schon bei Hegel bezeichnend ist. In dem Moment, wo die Bedingungen der Sache vorhanden sind, also im Austauschprozess, ist in ihnen auch schon immer die Sache selbst als konkretes Allgemeines und nicht nur als abstrakte Denkbestimmung anwesend, »denn *alle* machen die Reflexion aus«.[198] Und so ist das Geld schlicht auf einen Schlag vorhanden, entspringt, wie Marx betont, unmittelbar der Tat der Warenbesitzer und hebt in diesem Moment zugleich seinen eigenen Grund in sich auf, wie es durch die Bedingungen hervortritt: Es also Geld ist, weil es Geld ist.

Es verbirgt die Kategorie des Geldes so ihre eigene Setzung und tritt als unmittelbar verdinglichte Form des Allgemeinen auf. Ohne dieses der Logik und Metaphysik entlehnte Verständnis der Kategorien entsteht in dem Versuch, die Entstehung des Geldes im Nachhinein – »post festum«[199] – aufzuklären, daher die fälschliche Vorstellung der politischen Ökonomen: Dass das Geld bewusstes, die Warenzirkulation erleichterndes Reflexionsprodukt der Menschen sei. Ein Problem, das Hegel schon in der »Logik« in Bezug auf den Grund kritisch entwickelte und an dessen Lösung Marx anknüpfte:

> »Der Grund zeigt sich nur als ein Schein, der unmittelbar verschwindet; dies Hervortreten ist somit die tautologische Bewegung der Sache zu sich, und ihre Vermittlung durch die Bedingungen und durch den Grund ist das Verschwinden beider. Das Hervortreten in die Existenz ist daher so unmittelbar, daß es nur durch das Verschwinden der Vermittlung vermittelt ist.«[200]

Reproduziert man jedoch gedanklich das Resultieren des Resultats, so lösen sich weitere Konfusionen der politischen Ökonomie auf. Es kann von Marx gegen die Lehrmeinung der Konventionstheorie des Geldes dargelegt werden, dass die »Waaren nicht durch das Geld kommensurabel« werden, sondern umgekehrt gilt: »[W]eil alle Waaren als Werthe vergegenständlichte menschliche Arbeit, daher an und für sich kommen-

20.2.1866, in: MEW, Bd. 31, S. 182 f., hier S. 183) Oder wenn Marx schreibt: »Was würde aber old Hegel sagen, wenn er erführe [...], daß das *Allgemeine* im Deutschen und Nordischen nichts bedeutet als das Gemeinland, und das *Sundre, Besondre*, nichts als das aus dem Gemeindeland ausgeschiedne Sondereigen? Da gehn denn doch verflucht die logischen Kategorien aus ›unsrem Verkehr‹ hervor.« (Marx an Engels, 25.3.1868, in: MEW, Bd. 32, S. 51–53, hier S. 52).

197 Marx: Das Kapital. Erster Band (1890), MEGA², Bd. II/10, S. 87.

198 Hegel: Wissenschaft der Logik II, Werke, Bd. 6, S. 122.

199 Marx: Das Kapital. Erster Band (1890), MEGA², Bd. II/10, S. 75.

200 Hegel: Wissenschaft der Logik II, Werke, Bd. 6, S. 122.

surabel sind, können sie ihre Werthe gemeinschaftlich in derselben specifischen Waare messen und diese dadurch in [...] Geld verwandeln.«[201] Das Gleiche gilt auch für die Tautologie der Gelderklärung: Eine Ware ist Geld, weil alle anderen Waren ihren Wert in ihr spiegeln, und sie spiegeln ihren Wert in ihr, eben weil sie Geld ist, sodass es scheint, als fänden die Waren »ihre eigne Werthgestalt fertig vor als einen außer und neben ihr existierenden Waarenkörper«.[202] Diese der unkritischen Vorstellung des Geldes anklebende Tautologie lässt sich nur vermittels der der marxschen Kritik der politischen Ökonomie eigenen Abstraktionskraft auflösen, in der die Extreme in ihrer gegenseitigen Vermittlung festgehalten werden und die das in ihrem tautologischen Wechselverhältnis als den Grund Verschwundene heraushebt. Dieter Wolf betont, dass sich so auch rückbezüglich die Ordnung der vorhergehenden Kapitel ergibt, denn um das Geld erklären zu können, muss die Wert- und Warenform begriffen werden, also von preisbestimmter Ware und Geld abstrahiert werden,[203] sodass das Zugrundeliegende aufscheint: die abstrakt menschliche Arbeit als Wertsubstanz. Ohne die dialektische Entfaltung der Kategorie des Geldes als formbestimmter Moment der Wertsubstanz verschwindet nämlich, dass das Geld die »bloße Erscheinungsform dahinter versteckter menschlicher Verhältnisse«[204] ist.

So sind die Existenzbestimmungen des Wertes im Geld Ausdruck der gesellschaftlichen Teilung der Arbeit, die die Substanz erst zum Subjekt macht. Die hieraus resultierenden Formbestimmungen[205] sind aber, wie dargelegt, selbst nur wieder der Inhalt, der sich vermittels der Negation der Negation als Kategorien setzte. Die Erklärung des Geldes resultiert so aus der Bewegung der durch Marx bewusst genutzten Abstraktionskraft: Die abstrakt menschliche Arbeit bleibt so lange formloser Inhalt und unbestimmt, wie sie nicht im gesellschaftlichen Verhältnis von mindestens zwei Waren als gesellschaftliches Verhältnis erscheint und damit gesellschaftliche Wertsubstanz ist, aus der folgend als Widerspruchsentfaltung die Genesis der Geldform expliziert werden kann. Das Geld ist nur in dieser abgeleiteten Form als Kategorie begriffen, indem es so eine Reflexionsbestimmung der Wertsubstanz ist und nicht nur Reflexionsbestimmung des Denkens. Damit ist auch das Geld gemäß der abstrakten Funktionsbestimmung der Kategorien innerhalb einer dialektischen Darstellung Denk- wie Grundbestimmung der Substanz.

Es lösen sich mit der so abgeleiteten Kategorie des Geldes – wie Marx in einem Brief an Engels betont – alle Mystizismen der Gelderklärung

201 Marx: Das Kapital. Erster Band (1890), MEGA², Bd. II/10, S. 90.
202 Ebd., S. 89.
203 Vgl. Wolf: Abstraktionen in der ökonomisch-gesellschaftlichen Wirklichkeit, v. a. S. 11–13.
204 Marx: Das Kapital. Erster Band (1890), MEGA², Bd. II/10, S. 88.
205 Hegel: Wissenschaft der Logik II, Werke, Bd. 6, S. 122.

derart »rationell, daß selbst Hegel zu seiner großen satisfaction den ›Begriff‹ wiedergefunden haben würde in dem ›empirischen Auseinander der Welt der endlichen Interessen‹«.[206] Wie Marx sagt, liegt die Schwierigkeit daher auch nicht darin, »zu begreifen, daß Geld Waare, sondern wie, warum und wodurch Waare Geld ist«.[207] So kehrt auch hier in den Kategorien die schon bei Aristoteles bestimmte Unterscheidung und in der Metaphysik als zusammenfallend postulierte Differenz des *Was*? und *Warum?* einer Sache wieder auf – freilich in ihrer hegelschen Lösungsform. Mit ihr einher geht ein verändertes Verständnis der Abstraktion, die nicht nur dem Verstand folgend das *Was?* bestimmt, sondern die Formbestimmung aus dem nur der begrifflichen Rekonstruktion der Wirklichkeit zugänglichen *Warum?* ableitet und so der Vernunft gemäß bestimmt. Damit erfüllt sich nicht zuletzt auch der Anspruch von Marx, auf dem Gebiet der politischen Ökonomie das Erbe Hegels anzutreten und die politische Ökonomie als positive Wissenschaft in Form des spekulativen Begriffs darzustellen.[208] Deutlich wird so erneut, wie sich der Übergang von Philosophie in Wissenschaft vollzieht, denn das Geld ist analog bestimmt zu Hegels Kategorie der Erscheinung – nämlich als »die absolute Abstraktion«.[209] Jedoch fungiert hier Hegels Logik nicht einfach als Schablone, sondern weil die Selbstbewegung der Wertsubstanz selbst eine begriffliche Struktur besitzt. Ist diese begriffen, erübrigt sich der äußere Verweis auf die hegelsche Logik als Gerüst der Argumentation. Und daher betont Marx im noch stärker den äußeren Anleihen an Hegels Philosophie verhafteten »Urtext« auch: Das Geld als »verselbstständigter Tauschwerth« sei »die reine Abstraction« der »Welt des wirklichen Reichthums«.[210] Ebenso findet sich in Reminiszenz an Hegel in der »Erstauflage« die Bemerkung, dass die bürgerliche Gesellschaft spekulativ betrachtet das Wunder vollbringe, den Gedanken, das Allgemeine als Begriff im Geld zu einer dinglichen Gestalt und damit zur Erscheinung zu bringen, ganz so, als ob »neben und außer Löwen, Tigern, Hasen und

206 Marx an Engels, 13.11.1857, in: MEW, Bd. 29, S. 207.

207 Marx: Das Kapital. Erster Band (1890), MEGA², Bd. II/10, S. 89.

208 Vgl. Hegel: Enzyklopädie (Teil 1). Logik, Werke, Bd. 8, S. 62, § 16, und S. 371 f., § 214. So schrieb Marx schon am 12.11.1858 an Lassalle, den Konflikt um die Frage herunterspielend, wer wohl von beiden als rechtmäßige Fortführung des hegelschen Systems gelten kann und die politische Ökonomie in der Form des spekulativen Begriffs darzustellen vermag: »In fact, die Ökonomie als Wissenschaft im deutschen Sinn ist erst zu machen, und nicht nur wir zwei, sondern ein Dutzend sind dazu nötig. Ich hoffe wenigstens den Erfolg von meiner Geschichte, daß eine Anzahl besserer Köpfe auf dasselbe Gebiet der Forschung geleitet wird.« (In: MEW, Bd. 29, S. 566 f., hier S. 567) Fred E. Schrader liefert die hierzu passende Interpretation, wenn er betont: »Hält man sich vor Augen, daß Hegel, ausgehend von seinen enzyklopädischen Skizzen, seine Schüler auf ein generationenübergreifendes und arbeitsteiliges Gesamtprojekt angesetzt hatte, in dem sie sich auf bestimmte Gebiete spezialisieren sollten, wird deutlich, was Marxens ›Bekenntnis‹ bedeutet: Er ›claimt‹ damit das Territorium der politischen Ökonomie in der Nachfolge Hegels für sich, insbesondere gegen anderweitige Konkurrenz.« (Fred E. Schrader: »By mere accident«. Hegel–Marx, 1857–1861, in: Hegel-Jahrbuch 2007, S. 175–181, hier S. 175).

209 Hegel: Wissenschaft der Logik II, Werke, Bd. 6, S. 124.

210 Marx: Zur Kritik der politischen Ökonomie. Urtext, MEGA², Bd. II/2, S. 64.

allen andern wirklichen Thieren, [...] auch noch *das Thier* existirte, die individuelle incarnation des ganzen Thierreichs«.[211] Damit scheint das Geld dem Begriff des Begriffs recht nahezukommen.

Das Geld – Begriff oder Kategorie?

Da *das* Geld sich zu seinen Geldfunktionen (Rechengeld, Kreditgeld, Weltgeld, Zirkulationsmittel, Münze, Schatz ...) verhält wie der Begriff zu seinen Kategorien, könnte man sich nun fragen, ob das Geld überhaupt noch eine Kategorie ist oder nicht vielmehr selbst als Begriff gefasst werden müsste. Und tatsächlich findet sich auch bei Marx die hier erarbeitete analytische Trennung von Begriff und Kategorie nicht konsistent durchgehalten, insofern er vom Begriff des Geldes[212] oder auch vom Begriff der Geldform spricht.[213] Auch an anderen Stellen zeigt sich diese Inkonsequenz, da er zum Beispiel vom Begriff des konstanten Kapitals spricht,[214] der an anderer Stelle aber eine Kategorie sei,[215] oder auch von den Begriffen des relativen Mehrwerts[216] und der produktiven Arbeit.[217] Nun könnte man sich darauf zurückziehen, dass einfach ein sprachliches Problem vorliegt und Marx an diesen Stellen mit Begriff schlicht nur Wort für eine Sache meint. Davon verschwindet jedoch nicht das an vielen Stellen sachlich zugrunde liegende Problem.

Angesichts der hier vorgeschlagenen Lesart, dass der Begriff das bezeichnet und umfasst, was sich vermittels der Bewegung der Substanz in den Kategorien bestimmt, scheint es angesichts des Werts, der Ware, des Geldes oder Mehrwerts durchaus berechtigt, von Begriffen zu sprechen, obwohl es sich um kategoriale Bestimmungen der Wertsubstanz handelt. Diese Eigenheit kommt auch schon in der dialektischen Darstellungsweise der Kategorien bei Hegel vor: Das Wesen in der »Logik« ist zum Beispiel eine Kategorie des Begriffs. Zugleich besitzt es aber als Einheit der Reflexionsbestimmungen einen begrifflichen Status innerhalb der dialektischen Darstellung des Begriffs. Gleiches zeigte sich auch in der analysierten Kategorie der Wirklichkeit, die beispielsweise unter sich die Kategorien der Substanz, Kausalität und Wechselwirkung fasst. In diesem Sinne kann auch das Geld beides zugleich sein: Denn einerseits ist das Geld als ein Moment des Kapitals eine Kategorie der politischen Ökonomie, andererseits drückt sich im Geld selbst eine in sich geschlossene Totalität von Bewegungsformen der gesellschaftlichen Substanz aus, die dem Geld als kategoriale Bestimmung einen begrifflichen Status

211 Marx: Das Kapital (1867), MEGA², Bd. II/5, S. 37.
212 Marx: Das Kapital. Erster Band (1890), MEGA², Bd. II/10, S. 131.
213 Ebd., S. 70.
214 Ebd., S. 189.
215 Ebd., S. 548.
216 Ebd., S. 281.
217 Ebd., S. 457.

verleiht. Man könnte sagen, dass es sich dabei innerhalb der Ordnung des Begriffs gewissermaßen um Begriffe zweiter Ordnung handelt. Das heißt, dass nicht *der Begriff* des Geldes schlechthin entwickelt wird, sondern ein kategorial bestimmter Begriff, eben der des Geldes in Gesellschaften, in denen kapitalistische Warenproduktion vorherrscht. Dabei zeichnet diesen kategorial bestimmten Begriff aus, dass wie im Begriff des Begriffs die Gleichzeitigkeit von Bestimmungen (Wertmaß, Wertausdruck, Zirkulationsmittel, Schatz, Zahlungsmittel, Weltgeld ...) geordnet wiedergegeben wird. Die Totalität entfaltet sich vom Abstrakten zum Konkreten[218] aufsteigend und zerlegt dabei die Gleichzeitigkeit aller Momente in ein explanatorisches Nacheinander der linearen Darstellung.

Der Widerspruch, der die Kategorien ausgehend von der Wertsubstanz entfaltet, ist dabei wie folgt bestimmt: Solange das Geld die Warenzirkulation vermittelt, bleibt der Wert mit sich identisch, kehrt also durch die Bewegung zu sich selbst zurück und erhält sich so. Dabei durchläuft er verschiedene Formbestimmungen, vom ideellen Geld im Wertmaß und Wertausdruck bis hin zum Weltgeld, das nicht nur einen national begrenzten Austausch der Waren, sondern den Austausch aller Waren vermittelt. Im Weltgeld wird, so Marx, die Erscheinungsform des Wertes bzw. seine »Daseinsweise seinem Begriff adäquat«.[219] Der Identitätslogik nach befindet sich jedoch die im Weltgeld realisierte Wertform noch immer im Widerspruch zum Inhalt, insofern auch auf dem Weltmarkt die Identität des Wertes sich nur in und durch die Warenzirkulation erhält – sobald die Waren aus der Zirkulation fallen oder es zu Stockungen kommt, bricht die für die Identität des Wertes entscheidende Prozessualität des Formwechsels ab und das Geld versteinert zum Schatz. Zur Lösung des dem Geld zugrunde liegenden Widerspruchs der Wertsubstanz bedarf es also einer weiteren Kategorie, der des Geldes als Kapital. Als Kapital vermittelt das Geld nicht mehr die Warenzirkulation (W > G > W), sondern der Wert seinen eigenen Formwechsel (G > W > G), sodass er seine Identität in einer unendlichen, selbstbezüglichen Zirkulationsbewegung dauerhaft erhält. Erkannt ist damit, dass der Wert nur als Prozess begriffen werden kann, weil er nur darin sich wirklich in der dem Inhalt adäquaten Form befindet, gleich der Idee »ewig das mit sich Identische von dem Differenten [bleibt]«.[220] Er besitzt im Weltgeld zwar eine alles übergreifende Identität, jedoch ist diese Identität der Form nach brüchig und daher ist das Geld als Geld noch nicht der adäquate Begriff des Wertes, sondern nur eine Kategorie. Der dem Wert entsprechende Begriff muss aufgrund der Identitätsbestimmungen der Substanz Selbstbewegung des Wertes,

218 Vgl. allgemein zu den Kategorien des Abstrakten und Konkreten: Iljenkow: Die Dialektik des Abstrakten und Konkreten, S. 221–286.

219 Marx: Das Kapital. Erster Band (1890), MEGA², Bd. II/10, S. 131.

220 Hegel: Enzyklopädie (Teil 1). Logik, Werke, Bd. 8, S. 371, § 214.

also Selbstverwertung sein, und dies kündigt sich erst im Geld als Kapital an. Erst im Kapital ist der Wert das alle Momente übergreifende und die Wirklichkeit bestimmende Subjekt.

So ist der im Kapital auf den Begriff gebrachte Wert, spekulativ ausgedrückt, nicht nur das Zugrundeliegende, sondern zugleich auch das Bestimmende, und es bleibt das Geld innerhalb der dialektischen Darstellung als Entfaltung der Wertsubstanz Kategorie und Existenzbestimmung des Wertes. Dies schließt jedoch nicht aus, dass das Geld durch den unter ihm subsumierten kategorialen Zusammenhang der Geldfunktionen bestimmt ist und so diesen gegenüber selbst einen begrifflichen Charakter besitzt. Der resultierende Begriff, als das sich in den Geldfunktionen realisierende konkret Allgemeine, ist jedoch nicht der Begriff des Geldes im Allgemeinen; er ist der der Wirklichkeit des Geldes in der ersten Totalität der Zirkulationssphäre eigene Begriff des Geldes, und als dieser ist das Geld begriffen als eine Kategorie der Kritik der politischen Ökonomie im auseinandergesetzten Sinne.

— Das Geld als ideelles Wertmaß und die Kategorien Maß der Werte und Maßstab der Preise

Folgt man dieser Struktur, bestimmt Marx ausgehend von der in der Wertformanalyse und dem Austauschprozess entspringenden Kategorie und verdinglichten Gestalt des Geldes die verschiedenen Geldfunktionen und es verwandelt sich die abstrakte Vorstellung dessen, was das Geld ist, in einen begrifflichen Zusammenhang. Als abstrakteste Form realisiert sich die Identität von Form und Inhalt der Wertsubstanz im Geld als Maß der Werte und Maßstab der Preise, wobei das Geld als »Maß der Werte [...] die gesellschaftliche Inkarnation der Arbeit [ist]« und als Maßstab der Preise »ein festgesetztes Metallgewicht«.[221] In dieser *ideellen* Form dient das Geld »als Rechengeld, sooft es gilt, eine Sache als Wert und daher in Geldform zu fixieren«,[222] und der Preis ist »der Geldname der in der Ware vergegenständlichten Arbeit«.[223] Dabei müssen Wert und Preis nicht zusammenfallen, sondern können voneinander abweichen, und es ist gerade diese »Möglichkeit quantitativer Inkongruenz«, die die Preisform »zur adäquaten Form einer Produktionsweise [macht], worin sich die Regel nur als blindwirkendes Durchschnittsgesetz der Regellosigkeit durchsetzen kann«.[224]

In ihr drückt sich der der gesellschaftlichen Substanz des Wertes eigene Widerspruch aus, dass die im Arbeitsprodukt verausgabte abstrakt menschliche Arbeit an sich die Möglichkeit hat, als Wert zu erschei-

221 Marx: Das Kapital. Erster Band (1890), MEGA², Bd. II/10, S. 93.
222 Ebd., S. 95.
223 Ebd., S. 96.
224 Ebd., S. 97.

nen, seine Größe und Formbestimmung aber durch den Austausch der Arbeitsprodukte als Waren erst gesetzt, also realisiert wird. Die Preisform bringt so den Widerspruch zwischen konkreter Privatarbeit und ihrer abstrakten gesellschaftlichen Form bzw. Gültigkeit zum Ausdruck. Diese fertigen Formen von Ware und Geld wiederum vorausgesetzt führt dazu, dass auch Dinge einen Preis erhalten können, die keinen Wert besitzen und so in die Warenform überführt werden, wie »z. B. Gewissen, Ehre u.s.w.«.[225] So wird der Wert tatsächlich zu dem die Wirklichkeit beherrschenden Prinzip, indem dadurch Dinge die Warenform annehmen, die vorher unveräußerlich erschienen, wie »jungfräulicher Boden, natürliche Wiesen, wildwachsendes Holz«.[226] Dazu aber müssen diese Sachen als Waren tatsächlich veräußert werden, sodass in den Kategorien des Preises und im »ideellen Maß der Werthe [...] das harte Geld«[227] nur lauert. Als hartes Geld ist es erst im Stellenwechsel von Ware und Geld anerkannt, wie die Sache als Ware und damit ihre Wertform. Damit ist der Sache nach die Warenwelt unbegrenzt und es realisiert sich eine unendliche Vervielfältigung der Bedürfnisse, wie das Geld zum absoluten Mittler zwischen den Menschen und ihren Bedürfnissen wird.[228] In dem dazu erforderlichen Übergang des ideellen ins harte Geld als Zirkulationsmittel folgt die Ordnung der Kategorien erneut dem Aufsteigen vom Abstrakten zum Konkreten, da das im Geld erscheinende Prinzip des Wertes, allgemeines Identitätsmoment zu sein, im Maß der Werte und Maßstab der Preise noch keine Wirklichkeit besitzt, sondern Abstraktum, reine Denkbestimmung der Sache zu bleiben droht.

— Die kategoriale Bestimmung des Geldes als Zirkulationsmittel

Das nun zu betrachtende harte Geld fungiert als Zirkulationsmittel, welches zwar die Widersprüche zwischen Form und Inhalt des Wertes, zwischen Gebrauchswert und Wert nicht aufhebt, jedoch die »Form [schafft], worin sie sich bewegen können«.[229] Der Austauschprozess produzierte mit der Fortbestimmung der Kategorien der Geldware und des Geldes real die »Verdopplung der Waare in Waare und Geld, einen äußeren Gegensatz, worin sie ihren immanenten Gegensatz von Gebrauchswerth und Werth darstell[t]«.[230] Die Identität des Wertes mit sich hat dabei aber nur in der Zirkulationsbewegung der Waren Bestand und dieser Prozess zerfällt »in zwei entgegengesetzte[n] und einander ergänzende[n] Metamorphosen – Verwandlung der Waare in Geld und ihre Rückverwand-

225 Ebd.

226 Ebd., S. 42.

227 Ebd., S. 98.

228 Vgl. hierzu die frühe Geldkritik in den Mill-Exzerpten: Marx: Exzerpte aus James Mill: Élémens d'économie politique, S. 450 f.

229 Marx: Das Kapital. Erster Band (1890), MEGA², Bd. II/10, S. 98.

230 Ebd., S. 99.

lung aus Geld in Waare«.[231] Jedoch ist die Metamorphose der Ware in Geld nicht selbstverständlich, vielmehr beweist erst der »salto mortale der Waare«[232] in die Geldform, ob der in der Ware verkörperte Teil der Gesamtarbeit gesellschaftlich notwendige Arbeit verkörpert – vermag zum Beispiel »der Marktmagen [...] Leinwand, zum Normalpreis [...], nicht zu absorbiren, so beweist das, dass ein zu großer Theil der gesellschaftlichen Gesammtarbeitszeit in der Form der Leinwandweberei verausgabt wurde«.[233] Demgemäß vollzieht sich in den Kategorien die Entdeckung, dass die gesellschaftliche Teilung der Arbeit nur ein naturwüchsiger Prozess ist, »dessen Fäden hinter dem Rücken der Warenproduzenten gewebt wurden und sich fortweben«,[234] sodass die »membra disjecta« dieses Produktionsorganismus' gewahr werden, »daß die Unabhängigkeit der Personen von einander sich in einem System allseitiger sachlicher Abhängigkeit ergänzt«.[235]

Diese gesellschaftlichen Verkehrsverhältnisse der Menschen reflektieren sich nicht nur in den kategorialen Bestimmungen der Person als Käufer und Verkäufer, sondern sie zerteilen die Metamorphose der Ware in besagte zwei Phasen: die Transsubstantiation des Wertes in der Ware zum Geld (W > G) und zweitens des Geldes in Ware (G > W). Aus diesen vermittels des Geldes nun auch räumlichen und zeitlichen Trennungen der Momente des Gesamtproduktionsprozesses »entwickelt sich ein ganzer Kreis von den handelnden Personen unkontrollierbarer, gesellschaftlicher Naturzusammenhänge«,[236] der durch das Geld vermittelt wird und sämtliche Krisenphänomene der Überproduktion wie Unterkonsumtion bereits als Möglichkeit an sich besitzt.[237] Die Entfaltung der Kategorien ist auch hier durch die dialektische Bewegung der Sache selbst bestimmt und Marx erinnert noch einmal an die Rolle der Abstraktionskraft und den Springpunkt seiner Kritik der ökonomischen Kategorien – den Doppelcharakter der Arbeit:

> »Der der Waare immanente Gegensatz von Gebrauchswerth und Werth, von Privatarbeit, die sich zugleich als unmittelbar gesellschaftliche Arbeit darstellen muß, von besondrer konkreter Arbeit, die zugleich nur als abstrakt allgemeine Arbeit gilt, [...] dieser immanente Widerspruch erhält in den Gegensätzen der Waarenmetamorphose seine entwickelten Bewegungsformen. Diese Formen schließen daher die Möglichkeit, aber auch nur die Möglichkeit der Krisen ein. Die Ent-

231 Ebd.
232 Ebd., S. 100.
233 Ebd., S. 101.
234 Ebd., S. 100.
235 Ebd., S. 101.
236 Ebd., S. 105.
237 Vgl. ebd., S. 107.

wicklung dieser Möglichkeit zur Wirklichkeit erfordert einen ganzen Umkreis von Verhältnissen, die vom Standpunkt der einfachen Waarencirkulation noch gar nicht existiren.«[238]

Das heißt, die Geldfunktionen als »Reflexionsbestimmungen« der Substanz werden als immer konkretere Formbestimmungen mittels der Lösungsbewegung von Widersprüchen entwickelt, die sich als Kette von Kategorien darstellt. Und so produziert die Sache selbst stets neue Kategorien als Existenzbestimmungen und Daseinsformen des prozessierenden Widerspruchs. Indem das Geld nun den Austausch der Waren als Realisierung der gesellschaftlich notwendigen Arbeit vermittelt, entspringt die Kategorie und Existenzbestimmung des Geldes als Zirkulationsmittel.

Als dieses befestigt sich der »falsche Schein«, dass das Geld die Warenzirkulation vermittele, wobei es sich der Entwicklung der Substanz nach umgekehrt verhält: Verhüllt wird so in den Vorstellungen »post festum«, dass die »Geldbewegung aus der doppelseitigen Formbewegung der Ware [W > G und G > W, F. H.] entspringt«, und es scheint fälschlicherweise in den Vorstellungen der politischen Ökonomie der »Ersatz von Waare durch andre Waare, [...] nicht durch ihren eignen Formwechsel vermittelt, sondern durch die Funktion des Geldes als Cirkulationsmittel«.[239] Obgleich also die »Geldbewegung nur Ausdruck der Waarencirkulation, erscheint umgekehrt die Waarencirkulation nur als Resultat der Geldbewegung«,[240] sodass Marx zeigen kann, inwiefern die bisherigen Vorstellungen des Geldes falsch waren.

Die hieraus resultierenden Fragen der Geldmengentheorie können übersprungen werden, denn für die dialektische Entfaltung ist die Ableitung der Kategorie der Münze als Wertzeichen entscheidend. Indem die Geldware Gold als Vermittlerin der Warenzirkulation beständig die Hände wechselt, kommt es auf der stofflichen Seite zu einer materiellen Abnutzung, sodass »Goldtitel und Goldsubstanz, Nominalgehalt und Realgehalt ihren Scheidungsproceß [beginnen]«.[241] So scheidet sich Stück für Stück das »Münzdasein des Geldes [...] völlig von seiner Werthsubstanz«[242] und infolge dieses der Substanz eigenen Widerspruchs von Gebrauchswert (Stoff, Geldmaterial) und Wert (Geldfunktion) können auch »werthlose Dinge, Papierzettel[,] also an seiner Statt als Münze funktioniren«.[243] Die Kategorie des Geldes als Zirkulationsmittel, welches sich als Produktionsverhältnis an einem materiellen Ding darstellt, trägt

238 Ebd., S. 106 f.
239 Ebd., S. 108.
240 Ebd.
241 Ebd., S. 116.
242 Ebd., S. 118.
243 Ebd.

den Widerspruch an sich, als unendliches Prinzip an einen vergänglichen Stoff gekettet zu sein, und hebt diesen Widerspruch dadurch auf, dass der Stoff nur noch Ausdruck der Form ist – Geldsymbol. So entsteht aus dem bekannten Prinzip des sich lösenden Widerspruchs die nächste Existenzform des Wertes und damit die Kategorie des »Werthzeichens«.[244] Die Münze als Verkörperung des Wertzeichens wird dabei durch staatliche Institutionen garantiert und geht so auch nur innerhalb der »Grenze eines Gemeinwesens [...] völlig in seine Funktion als Circulationsmittel oder Münze [auf]«, was so weit gehen kann, dass das Wertzeichen »im Papiergeld eine von seiner Metallsubstanz äußerlich getrennte und bloß funktionelle Existenzweise erhalten [kann]«.[245]

— Von den kategorialen Momenten zum Begriff des Geldes. Schatz, Zahlungsmittel und Weltgeld

Aus der gesellschaftlich sich festsetzenden Funktion der Goldware als Geld und dessen Existenzbestimmung als Münze wie Papiergeld ergeben sich weitere Daseinsformen, das heißt Kategorien des Wertes als Schatz, Zahlungsmittel (Kredit-, Rechengeld und Bilanzierung) und als Weltgeld, mit je spezifischen Widersprüchen. Insbesondere die Wertform des Schatzes, als Phantasma der schrankenlosen Verfügung, als »allgemeine[r] Repräsentant des stofflichen Reichtums, weil in jede Ware unmittelbar umsetzbar«,[246] weist als Kategorie voraus auf die dem Begriff nach zu erstrebende Identität des Wertes mit sich selbst. Diese geläufige Vorstellung des Schatzes als Erfüllungsgehilfe jedweden Bedürfnisses wird jedoch erst dann zur Kategorie der politischen Ökonomie, wenn sie als Geldfunktion verstanden wird und damit zu einer Erscheinungsform der Wertsubstanz wird.

Im Schatz realisiert sich das Allgemeine der Wertsubstanz jedoch nur in einer unendlichen Reihung von zu befriedigenden Bedürfnissen. Diese Unabschließbarkeit entspricht – wie schon die totale oder entfaltete Wertform – nicht dem Begriff, der durch die Momente zu sich selbst zurückkehrt. In dieser Reihung ergibt sich nur die schlechte Unendlichkeit des mathematischen n+1, und so wird klar, dass die dem Schatz eigene Vorstellung absoluter Verfügungsgewalt erstens nur eine spezifisch gesellschaftliche Form des Reichtums ist, wie er zweitens die Begriffsbestimmungen der Wertsubstanz nicht erfüllt. Es wird im Schatz also der der Substanz eigene »Widerspruch zwischen der quantitativen Schranke [des Schatzes, F. H.] und der qualitativen Schrankenlosigkeit des Geldes«[247] nicht gelöst, sondern verewigt.

244 Ebd., S. 119.

245 Ebd., S. 120.

246 Ebd., S. 123.

247 Ebd.

Die Lösung dieses Widerspruchs findet sich erst in der Bewegungsform des Kapitals, in der der Wert sich selbst verwertet und so in allen Momenten seiner Bewegung beständig mit sich identisch bleibt – wenn der Schatzbildner demgegenüber im »Goldfetisch seine Fleischeslust« opfert, ernst macht »mit dem Evangelium der Entsagung«,[248] so verhalten sich die wirklichen Menschen in ihrer kategorialen Bestimmung durch die Verhältnisse, als *dramatis personae*, wie folgt: Wo »der Schatzbildner nur der verrückte Kapitalist, ist der Kapitalist der rationelle Schatzbildner«.[249]

Die Kategorie des Zahlungsmittels mit den Geldfunktionen des Rechen- und Kreditgeldes wird hier übersprungen und direkt zum Weltgeld übergegangen. Der der Substanz eigene Widerspruch zwischen allgemeiner Gleichheit und Bindung an eine konkrete Gegenständlichkeit löst sich im Weltgeld darin, dass aufgrund der metallischen Stofflichkeit des allgemeinen Tauschmittels der Handel zwischen verschiedenen Nationen realisierbar wird. Dies gelingt, indem der Stoff, hier das Gold, als Wertträger in der jeweiligen Landeswährung und dem dortigen staatlich festgesetzten Nominalgehalt der Münze ausgeprägt werden kann.[250] In dieser Form dient es auch als internationaler Reservefonds und besitzt als Bilanzmittel die adäquate Wertform des Weltmarktes: »Erst auf dem Weltmarkt funktionirt das Geld in vollem Umfang als die Waare, deren Naturalform zugleich unmittelbar gesellschaftliche Verwirklichungsform der menschlichen Arbeit in abstracto ist. Seine Daseinsweise wird seinem Begriff adäquat.«[251]

In diesen Bestimmungen ist der Begriff des Geldes als Kategorie der Kritik der politischen Ökonomie dargestellt und in allen für die Zirkulation wichtigen Momenten entwickelt, ausgehend von den der Wertsubstanz eigenen Widersprüchen. Diese lösen sich jedoch nicht auf, sodass die der Wertsubstanz eigene Unendlichkeit weiterhin nur in begrenzter Form erscheint. Zudem ist die erreichte Identität brüchig: Die Wertform verschwindet, sobald das Arbeitsprodukt nicht mehr als Ware gilt, das heißt konsumiert wird, sich als unbrauchbarer Teil der gesellschaftlich notwendigen Arbeit entpuppt oder als Schatz in seine elementar-stofflichen Bestandteile als einem bloßen Haufen Gold zusammensinkt. Es besteht das Geld als Geld und damit die Identität des Wertes somit nur in der Zirkulation. Die Zirkulation wiederum existiert nur durch den Aus-

248 Ebd. Daher sei – in Vorwegnahme Max Webers protestantischer Ethik – auch der »Protestantismus, Deismus u.s.w., die entsprechendste Religionsform« (ebd., S. 78) des Kapitalismus.

249 Ebd., S. 141.

250 Dies betont Marx ausdrücklich im »Urtext«: »Ob das Geld so gemünzt oder ungemünzt circulirt ist gleichgültig. Die Mexican Dollars, Imperials of Russia, sind blose Form des Products der südamerikanischen und russischen Minen. Ebenso dient der englische sovereign, weil er keine seignorage zahlt.« (Marx: Zur Kritik der politischen Ökonomie. Urtext, MEGA², Bd. II/2, S. 28).

251 Marx: Das Kapital. Erster Band (1890), MEGA², Bd. II/10, S. 131.

tausch der Waren. Einmal als existierend vorausgesetzt, bestehen jedoch nicht nur die genannten Geldfunktionen, sondern das Geld kann auch dazu genutzt werden, aus Geld mehr Geld zu machen, sich also mit sich selbst zu vermitteln. In der hieraus abgeleiteten Bewegung G > W > G' entsteht dementsprechend »die erste Erscheinungsform des Kapitals«.[252]

Die Verwandlung von Geld in Kapital und das Kapital als Begriff des Wertes

Die Bewegung G > W > G' zielt also auf eine die Identität erhaltene Zirkulationsbewegung des Wertes, in der die Wertform dauerhaft besteht. Dieser darstellungslogische Zusammenhang zeigt deutlich auf, dass es sich beim Übergang der Geld- in die Kapitalzirkulation nicht um einen historischen Übergang in das Kapital handeln kann, sondern um eine fortgesetzte Ableitung aus den bereits erreichten logisch-kategorialen Existenzbestimmungen des Werts. Diese Deutlichkeit fehlt im »Kapital«. In früheren Entwürfen wird sie noch eher ausgesprochen, wenn Marx zum Beispiel ausführt, dass das Kapital »aus dem Verhältniß des verselbstständigten Tauschwerths zum Gebrauchswerth«[253] zu entwickeln wäre, weswegen der »Urtext« hier stellenweise zur Interpretationshilfe herangezogen wird.[254]

Schon auf den ersten Blick zeigt sich, dass der Zweck der Warenzirkulation die Bedürfnisbefriedigung ist, in der Konsumtion jedoch die ökonomische Formbestimmung des Wertes und damit auch die Warenform des Arbeitsproduktes ausgelöscht wird. Besonders deutlich kommt dies im »Urtext« zur Sprache: Mit der Konsumtion

> »ist also die Circulation am Ende. Es bleibt nichts übrig als das Circulationsmittel als einfaches Residuum. Als solches Residuum aber verliert es seine Formbestimmung. Es sinkt zusammen in seine Materie, die als unorganische Asche des ganzen Processes übrig bleibt. Sobald die Waare Gebrauchswerth als solcher geworden, ist sie aus der Circulation herausgeworfen, hat sie aufgehört Waare zu sein. Es ist daher nicht nach dieser Seite hin, daß wir die weiterführenden Formbestimmungen suchen müssen.«[255]

Um den »weitren aus der Bewegung der Circulation selbst hervorwachsenden Formbestimmungen nachzugehen«,[256] ist es daher notwendig, nicht die Warenzirkulation, sondern die Geldzirkulation zu untersu-

252 Ebd., S. 134.
253 Marx: Zur Kritik der politischen Ökonomie. Urtext, MEGA², Bd. II/2, S. 75.
254 Vgl. ebd., S. 68.
255 Ebd., S. 71.
256 Ebd.

chen. In anderen Worten: Der Widerspruch, der den Übergang von der Waren- in die Geldzirkulation ausgehend vom Geld als Geld bildet, ist, dass sich das Geld als eigenständige Existenzweise des Wertes weder außerhalb noch innerhalb der Zirkulation erhalten kann. Innerhalb der Zirkulation vermittelt es nur die doppelseitige Formbewegung (W > G // G > W) der Ware und hat so zwar vorübergehend eine Eigenständigkeit, in der es aber des beständigen Ein- und Ausgangs von Waren in die Zirkulation bedarf. Außerhalb der Zirkulation sinkt das Geld in seine stoffliche Gestalt zusammen. So sind die in der Warenzirkulation analysierten Geldformen zwar »selbstständige Formen«[257] des Werts, aber sie »vermitteln nur den Waarentausch und verschwinden im Endresultat der Bewegung«.[258]

Die Lösung für diese nur vorübergehend selbstständige Daseinsform des Wertes in der Warenzirkulation findet sich erneut in einer Umkehrung der Verhältnisse: Nicht das Geld vermittelt den Stellenwechsel der Ware, sondern die Ware den des Geldes. Die Kategorie der Ware erhält so eine neue Formbestimmung: Sie ist nicht mehr wesentlich Gebrauchswert, der Bedürfnisse befriedigt, sondern wird zum Vermittler der Kreislaufbewegung des Wertes. Dadurch wird diese wahrhaft unendlich und ist (auch im hegelschen Sinne) beständig. In der so abgeleiteten Geldzirkulation kehrt sich also die Unselbstständigkeit des Wertausdrucks um und die Wertformen Ware und Geld sind »nur [...] verschiedne Existenzweisen des Werths selbst«,[259] sodass der Wert in diesem Formwechsel stets bei sich bleibt. Hierin findet der Wert endgültig die Erscheinungsform, in der die Bestimmungen der Substanz als Subjekt angetroffen werden und in denen er sich auf sich selbst vermittels des Anderen bezieht. Und zwar nicht nur als Begehren, als Verhältnis von Einem und Anderem, sondern als Übergehen, als Identität von Identität und Nichtidentität. So verwandelt er sich

> »in ein automatisches Subject [...] eines Processes, worin er unter dem beständigen Wechsel der Formen von Geld und Waare, seine Größe selbst verändert, sich als Mehrwerth von sich selbst als ursprünglichem Werth abstößt, sich selbst verwerthet. [...] Er hat die okkulte Qualität erhalten, Werth zu setzen, weil er Werth ist. Er wirft lebendige Junge oder legt wenigstens goldne Eier.«[260]

Indem diese seine eigene Wirklichkeit setzende Bewegung als »okkulte Qualität« beschrieben wird, betont Marx seinen Unterschied zu Hegel

257 Marx: Das Kapital. Erster Band (1890), MEGA^2, Bd. II/10, S. 141.
258 Ebd.
259 Ebd.
260 Ebd.

und der Dreieinigkeit Gottes als bewegendem Moment der hegelschen Philosophie, wenn er ironisch ausführt: Der Wert »unterscheidet sich als ursprünglicher Wert von sich selbst als Mehrwert, als Gott Vater von sich selbst als Gott Sohn«.[261] Marx verwirklicht so im »Kapital« das religionskritische Motiv seiner frühen Schriften, die Fortsetzung der Religionskritik in den »unheiligen Gestalten« von Politik und Nationalökonomie.[262] So ist es nun der Wert, der die Gesellschaftlichkeit des Menschen, *den* Menschen *als* Subjekt, zu einer die Menschen beherrschenden Abstraktion fixiert. Sein Gattungswesen erscheint so nicht mehr entfremdet in der Religion (Gott), Politik (citoyen) oder Philosophie (Denken), sondern dem Kapital.

In der Geldzirkulation findet der Wert folglich die Form, »wodurch seine Identität mit ihm selbst konstatirt wird«.[263] Nicht nur erhält sich der Wert in dieser Bewegung, sondern ganz der hegelschen Idee der Gattungstätigkeit als »Leben erzeugendes Leben«[264] folgend, vermehrt sich der Wert der Möglichkeit nach auch selbst, wodurch die Bewegung G > W > G in G > W > G' übergeht. Und so ist die Kategorie des Geldes als Kapital (G > W > G') die erste beständige Lösungsform der Widersprüchlichkeit der abstrakt menschlichen Arbeit als gesellschaftliche Wertsubstanz und zugleich »die allgemeine Formel des Kapitals, wie es unmittelbar in der Circulationssphäre erscheint«.[265] Es tritt also »das Capital als *Geld* auf, das sich in *Capital* verwandeln soll, oder das nur noch δύναμις nach Capital ist«.[266]

Dieser Bestimmung des Kapitals als zirkulierendes Geldkapital sind jedoch erneut Widersprüche eigen, die den Übergang von der Zirkulation als erste Totalität der ökonomischen Kategorien in die Produktionssphäre als zweite Form der gesellschaftlichen Teilung der Arbeit konstituieren. Denn der Zirkulationsprozess der Waren wie dessen Analyse unterstellte stets dessen reine Form, nämlich dass die Waren als Äquivalente getauscht würden und trotzdem am Ende der Geldzirkulation mehr Geld stehen soll als am Beginn – »die Bildung von Mehrwerth und daher die Verwandlung von Geld in Kapital[,] kann also weder dadurch erklärt werden, daß die Verkäufer die Waaren über ihrem Werthe verkaufen, noch

261 Ebd., S. 142.

262 Vgl. Marx: Zur Kritik der hegelschen Rechtsphilosophie. Einleitung, MEW, Bd. 1, S. 379.

263 Marx: Das Kapital. Erster Band (1890), MEGA², Bd. II/10, S. 141.

264 Hegel: Phänomenologie, Werke, Bd. 3, S. 140, und Marx: Ökonomisch-philosophische Manuskripte, MEGA², Bd. I/2, S. 240.

265 Marx: Das Kapital. Erster Band (1890), MEGA², Bd. II/10, S. 142.

266 Marx: Ökonomische Manuskripte 1863–67, Teil 1, MEGA², Bd. II/4.1, S. 52. Dabei ist von Marx an dieser wie an anderen Stellen das aristotelische *dýnamis* ganz bewusst verwendet, um den formanalytischen Charakter der Analyse der sich in den Kategorien der politischen Ökonomie entfaltenden Produktionsverhältnisse zu betonen, und verweist auf die schon bei Aristoteles angelegte Erkenntnis einer Formsubstanz.

dadurch, daß die Käufer sie unter ihrem Werthe kaufen«.[267] Die immanenten Bestimmungen der Geldzirkulation lassen so nur den Schluss zu, dass eine Ware die Transsubstantiation des Wertes vermitteln muss, die die Eigenschaft hätte, Wert zu produzieren und

> »[u]m aus dem Verbrauch einer Waare Werth herauszuziehn, müßte unser Geldbesitzer so glücklich sein innerhalb der Cirkulationssphäre, auf dem Markt, eine Waare zu entdecken, deren Gebrauchswerth selbst die eigenthümliche Beschaffenheit besäße, Quelle von Werth zu sein, deren wirklicher Verbrauch also selbst Vergegenständlichung von Arbeit wäre, daher Werthschöpfung. Und der Geldbesitzer findet auf dem Markt eine solche specifische Waare vor – das Arbeitsvermögen oder die Arbeitskraft.«[268]

Vermittels der Ware Arbeitskraft gelingt darstellungslogisch die Lösung, dass die Warenzirkulation nicht ihrem eigenen Begriff nach als Befriedigung von Bedürfnissen Eingang in die politische Ökonomie findet, sondern als durch das Kapital und die Wertsubstanz bestimmte Kategorie erscheint. In der Ware Arbeitskraft geht die Wertsubstanz nicht mehr im Konsum unter, sondern erhält sich als Moment des kapitalistischen Produktionsprozesses und erzwingt somit den Übergang in die Darstellung der Erhaltung wie Vermehrung der Wertsubstanz in der Produktion.

Indem die Wertsubstanz statt einen Warenkörper nun den Körper des Menschen zur Erscheinung hat, erhält dieser die kategoriale Existenzbestimmung der Arbeitskraft. Wie Marx schon in den »Grundrissen« betonte, kennt daher die politische Ökonomie den wirklichen, bedürftigen Menschen nur als

> »*Abstraction* von diesen Momenten ihrer realen Wirklichkeit existirende Arbeit [...]; diese völlige Entblösung, aller Objektivität baare, rein subjektive Existenz der Arbeit. Die Arbeit als die absolute *Armuth*: die Armuth, nicht als Mangel, sondern als völliges Ausschliessen des gegenständlichen Reichthums.«[269]

Als diese reine Potenzialität der Arbeitskraft, als Inhalt nichts zu sein, aber alles werden zu können, wird die Arbeit dem Kapital gegenübergestellt als der absoluten Form (des Wertes), sich in allem verwirklichen zu können. Diese aus der Zirkulation entspringenden Formbestimmungen realisieren sich in den Kategorien von Kapitalist und Arbeiter, und so verschränken sich im Kapital die zwei Kreislaufbewegungen von Waren- und Geldzir-

267 Marx: Das Kapital. Erster Band (1890), MEGA², Bd. II/10, S. 147.
268 Ebd., S. 152.
269 Marx: Ökonomische Manuskripte 1857–58, Teil 1, MEGA², Bd. II/1.1, S. 216.

kulation: Die Warenzirkulation realisiert sich als W > G > W vom Standpunkt des Arbeiters, der seine Arbeitskraft (W) verkauft, um mittels des Arbeitslohns (G) seine Bedürfnisse zu befriedigen (W); die Geldzirkulation G > W > G' wird durch die Warenproduktion vermittelt, und damit findet der Wert in der Ware Arbeitskraft seine ins Unendliche vermittelnde Bewegungsform. So wird die Geldzirkulation darin zur Zirkulationsform des Geldkapitals (G > W ...P... > W' > G') fortbestimmt und die zugrunde liegende Bewegung des Wertes auf den Begriff des Kapitals gebracht.

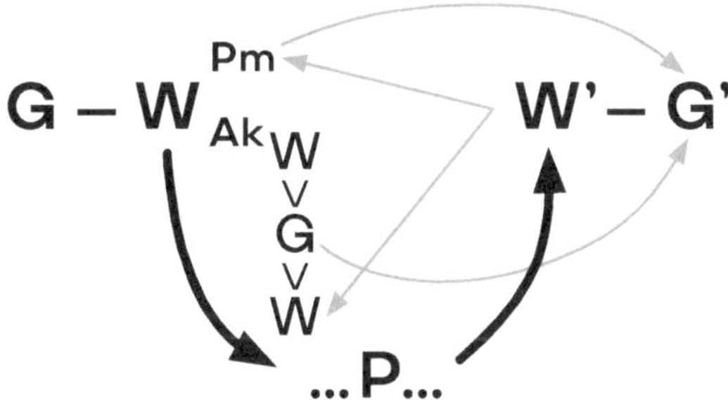

Die zweite Totalität der Bestimmungen der abstrakt menschlichen Arbeit und das Wesen des Kapitals

Die Trinität von Arbeits-, Wertbildungs- und Verwertungsprozess

Ausgehend von der sich in den Charaktermasken von Kapitalist und Arbeiter gegenüberstehenden Arbeit und Kapital wird die Zirkulationssphäre verlassen. Im daran anschließenden Produktionsprozess ist die abstrakt menschliche Arbeit nicht vermittels des Austauschs formbestimmt, sondern durch die Verwertungsbedürfnisse des Kapitals. Dies verändert die Bedingungen grundlegend, unter denen sich die den Kategorien zugrunde liegende Substanz entfaltet, weswegen sich auch die Deduktion der Kategorien unterscheiden muss. So ist es nicht mehr die zur Analyse der Verselbstständigung der gesellschaftlichen Verhältnisse der Menschen naturwüchsige Entfaltung der Substanz, sondern die Formbestimmung ist, »ideell« ausgedrückt, die Reflexionsbestimmung des sich selbst verwertenden Wertes. Folglich ist die Arbeit nicht mehr unbewusst, sondern nun planvoll gesellschaftlich geteilte Arbeit, und damit gehen die Bestimmungen der Substanz nicht naturwüchsig aus ihr hervor, sondern sind durch einen äußeren Zweck bestimmt. Die Herrschaftsform, die sich im Kapital ausdrückt, ist daher auch grundlegend anders strukturiert als die der Geld- und Warenform der Arbeitsprodukte.

In den Wertformen der Zirkulationssphäre setzte sich die abstrakt menschliche Arbeit als abstrakte Herrschaft durch, in der nicht mehr die Menschen direkt über andere Menschen herrschten, sondern strukturell ein ihrer eigenen Praxis entstammender Gesamtzusammenhang diese determinierte. In dieser zweiten Totalität gehen die hieraus resultierenden Rechtsbestimmungen der bürgerlichen Gesellschaft und zivilisierenden Tendenzen des Kapitals über in die konkrete Herrschaft des Kapitals.[270] Diese zweite Totalität der gesellschaftlich geteilten Arbeit ist deswegen für den Begriff des Kapitals als Verschränkung von konkreter und abstrakter Herrschaft entscheidend. Beide Totalitäten werden dann im siebenten Abschnitt als miteinander verwobene Momente des Begriffs dargestellt und im »Akkumulationsproceß des Kapitals«[271] als der Wirklichkeit des Kapitals verschränkt, sodass diese Momente in ihm wechselwirken.

Die abstrakte Herrschaft der Zirkulation ging einher mit der aus der Wertabstraktion resultierenden Freiheit und Gleichheit des Menschen als Person, »woraus der Freihändler vulgaris [...] Anschauungen, Begriffe und Maßstab für sein Urtheil über die Gesellschaft des Kapitals und der Lohnarbeit entlehnt«.[272] Diese Ebene der bürgerlichen Gesellschaft, die für die Analyse des Produktionsprozesses verlassen wird, transformiert sich nun in die konkrete Herrschaft des Kapitalisten über den Arbeiter. Und so verändert sich auch die Charaktermaske bzw. die »Physiognomie unsrer dramatis personae«[273] – des als Vertragspartner freien und gleichen Arbeiters und Kapitalisten: »[D]er Eine bedeutungsvoll schmunzelnd und geschäftseifrig, der Andre scheu, widerstrebsam, wie Jemand, der seine eigne Haut zu Markt getragen und nun nichts andres zu erwarten hat als die – Gerberei.«[274]

In den »Resultaten des unmittelbaren Produktionsprozesses« weist Marx noch deutlicher auf die Vermittlung der zwei Totalitäten der gesellschaftlich geteilten Arbeit in Zirkulations- und Produktionssphäre hin, was bedeute,

> »daß die entwickelte Theilung der Arbeit, wie sie *zufällig* im Innern der Gesellschaft erscheint, und die capitalistische Theilung der Arbeit im Innern des Atelier, einander wechselseitig bedingen und produciren. Denn *Waare* als nothwendige Form des Products und daher die Entäusserung des Products als nothwendige Form seiner Aneignung, unterstellt völlig entwickelte *Theilung der gesellschaftlichen Arbeit*, während andrerseits nur auf Grundlage der capitalistischen Production, also auch der *capitalistischen Theilung* der Arbeit im Innern des Ateliers, alles Product nothwendig die Form der Waare annimmt und alle Producenten daher nothwendig Waarenproducenten sind.«[275]

270 Vgl. Marx: Ökonomische Manuskripte 1857–58, Teil 2, MEGA², Bd. II/1.2, S. 322, 326.

271 Vgl. vor allem Marx: Das Kapital. Erster Band (1890), MEGA², Bd. II/10, S. 505–581.

272 Ebd., S. 161.

273 Ebd.

274 Ebd.

275 Marx: Ökonomische Manuskripte 1863–67, Teil 1, MEGA², Bd. II/4.1, S. 28.

Der Ausgangspunkt der »capitalistischen Theilung der Arbeit im Innern des Ateliers« rekapituliert dabei den Anfang des »Kapital«, in dem sich Gebrauchswert und Wert, konkrete und abstrakt menschliche Arbeit gegenüberstanden – nur nicht als Bestimmungen des Arbeits*produktes*, sondern der abstrakt menschlichen Arbeit als Wertsubstanz während des Arbeits*prozesses* selbst. Der zuvor anhand der Ware entwickelte Doppelcharakter der Arbeit, »das ganze Geheimnis der kritischen Auffassung«, wie Marx am 8. Januar 1868 an Engels schrieb,[276] erscheint so formbestimmt wieder im Produktionsprozess des Kapitals. Gegenstand der Analyse ist so nicht die Arbeit oder Produktion im Allgemeinen, sondern als Kategorie der Kritik der politischen Ökonomie, als historisch-spezifisch prozessierende Form. Damit wird die Arbeit als Kategorie des Kapitals begriffen. Und nicht nur das: So kann gezeigt werden, wie der Arbeitsprozess mit dem Wertbildungs- und Verwertungsprozess verwächst, sodass die Vorstellung, der kapitalistische Produktionsprozess sei die einzig mögliche Form gesellschaftlicher Produktion, fetischismuskritisch aufgelöst werden kann. Auch hier geschieht dies wieder durch die dialektische Entfaltung der Kategorien als Denk- wie Grundbestimmungen der Substanz. Die Darstellung des Zusammenwachsens von stofflicher und gesellschaftlicher Formbestimmung nimmt ihren Ausgang von den erläuterten Kategorien der Zirkulation: Denn das Geld als »Nichtgebrauchswert«, als *prima forma*, und die Arbeitskraft als »Gebrauchswert schlechthin«, *prima materia*, sind in ihrer dortigen Abstraktheit »jeder Bestimmtheit fähig«,[277] und es ist zu untersuchen, wie sich unter den Bedingungen des Privateigentums an Produktionsmitteln die Bestimmungen der gesellschaftlich geteilten Arbeit als Kategorien entwickeln – nämlich unter dem Zweck der Kapitalverwertung, als *causa finalis* oder Telos.

Nachdem also im zweiten Abschnitt mit dem Übergang vom Geld ins Kapital die Formbestimmungen der Wertsubstanz im Zirkulationsprozess der Waren und damit die erste Totalität vollendet ist, geht es nun um die gesellschaftliche Formbestimmung der Arbeit als die diese Waren produzierende Tätigkeit. So wird erstmalig die Arbeit als durch den Wert formbestimmte Kategorie der politischen Ökonomie entwickelt. Der Arbeitsprozess als unter dem Begriff des Kapitals sich realisierende Arbeit ist daher wie folgt bestimmt: Als »Einheit von Arbeitsproceß und Wertbildungsproceß ist [er] der Produktionsproceß von Waaren« und darüber hinaus als »Einheit von Arbeitsproceß und Verwerthungsproceß [...] kapitalistischer Produktionsproceß, kapitalistische Form der Waarenproduktion«.[278] Die im kapitalistischen Produktionsprozess von Waren erscheinende Einheit von Arbeits- und Wertbildungs-/Verwer-

276 In: MEW, Bd. 32, S. 11–14, hier S. 11.

277 Marx: Ökonomische Manuskripte 1857–58, Teil 1, MEGA², Bd. II/1.1, S. 217.

278 Marx: Das Kapital. Erster Band (1890), MEGA², Bd. II/10, S. 179.

tungsprozess ist daher nachvollzogen und damit die von Marx kritisierte Vorstellung der politischen Ökonomie aufgeklärt, dass der Arbeitsprozess nicht anders gedacht werden kann als kapitalistischer Produktionsprozess.

Im Gegensatz zur Zirkulation muss hier die Wertsubstanz nicht mehr abgeleitet werden, sondern ist bereits vorausgesetzt. Dies ist für die hier »begriffsmässig dirimirten«[279] Kategorien und ihre Ordnung entscheidend. Begriffsmäßig dirimiert, weil die abstrakt menschliche Arbeit nicht mehr als *causa sui* ihre eigene Form setzt, sondern die Formbestimmung sich als *causa finalis,* durch den Kapitalzweck bestimmte, vollzieht. So betont Marx auch in den »Resultaten«, dass es sich bei der Bestimmung der Arbeit unter dem Begriff des Kapitals um eine »begriffsmäßige« Entwicklung handele und bei den Kategorien um eine in den kapitalistischen Verhältnissen »aus der Natur des Arbeitsprocesses entquillende Diremtion«.[280] Bisher fehlt jedoch in der Forschungsliteratur eine Rekonstruktion der dialektischen Struktur der auf den Zirkulationsprozess folgenden Abschnitte des kapitalistischen Produktionsprozesses und es soll versucht werden, im Rückgriff auf den hier entwickelten Kategorienbegriff diese kursorisch, das heißt mit gewissen Auslassungen wie der Lohnform, in ihrem darstellungslogischen Zusammenhang zu begreifen.

Im kapitalistischen Produktionsprozess gilt für die Arbeit, dass in ihr die gesellschaftlich geteilte Arbeit so organisiert werden muss, dass sie diese Substanz erhält wie vermehrt, und der Nachvollzug dieses Prozesses macht die folgende Bestimmung der Kategorien darstellungslogisch aus. Dieser durch die Wissenschaft erkannte Zweck und die begriffliche Form kann – im Gegensatz zum hegelschen Begriff[281] – sich nicht aus sich selbst realisieren, sondern nur vermittels des Kapitalisten, und dieser ist bestimmt als »personificirtes Kapital. Seine Seele ist die Kapitalseele.«[282] Dies bedeutet jedoch nicht, dass dieser durch Marx wissenschaftlich reproduzierte innere Zusammenhang der Bewegung der Wertsubstanz und der (darstellungs-)logische Zusammenhang dem Kapitalisten zu Bewusstsein kommen muss. Gerade das Umgekehrte gilt: Alles dies spiegelt sich in seinem »Bewußtsein sehr verkehrt ab«,[283] als Jagd nach Profit oder Extramehrwert, doch diese Formen, wie sie als »treibende Motive dem individuellen Kapitalisten zum Bewußtsein kommen«,[284] sind erst Gegenstand des dritten Bandes des »Kapital«. Die entsprechenden Kategorien sind die kategorialen Bestimmungen in der die »äußern Bewe-

279 Marx: Ökonomische Manuskripte 1863–67, Teil 1, MEGA², Bd. II/4.1, S. 56.
280 Ebd.
281 Vgl. Marx: Das Kapital (1867), MEGA², Bd. II/5, S. 31.
282 Marx: Das Kapital. Erster Band (1890), MEGA², Bd. II/10, S. 209.
283 Marx: Ökonomisches Manuskript 1861–63, Teil 4, MEGA², Bd. II/3.4, S. 1346.
284 Marx: Das Kapital. Erster Band (1890), MEGA², Bd. II/10, S. 285.

gung der Kapitale erscheinen, [die] sich als Zwangsgesetze der Konkurrenz geltend machen«[285] und die der Ordnung des Begriffs nach nicht in den kategorialen Zusammenhang der inneren Ordnung des Produktionsprozesses gehören. Deswegen wird im ersten Band vom Zirkulationsprozess des Kapitals und der Konkurrenz – soweit wie möglich – noch abstrahiert.[286]

Damit einher geht, dass zur Darstellung der inneren Bewegung eine ganze Reihe neuer Kategorien geschaffen werden muss, über die die politische Ökonomie bisher nicht verfügte oder sie falsch auffasste (wie Arbeitsprozess, Wertbildungs- und Verwertungsprozess, produktive Arbeit, variables und konstantes Kapital, Arbeitskraft, Lohn, Arbeitsteilung, Arbeitstag, Maschinerie u. dgl. m.). Diese werden den marxschen Begriff des Mehrwerts als Kategorie der Kritik der politischen Ökonomie ausmachen. Dabei ist auch hier für die dialektische Darstellung der dazugehörigen Kategorien zurückzugehen auf die an Bestimmungen ärmste Form der abstrakt menschlichen Arbeit. Ausgehend von dieser höchsten Abstraktionsstufe lassen sich die allgemeinsten Bestimmungen der Produktion einfangen. Indem so die Arbeit als Stoffwechsel zwischen Mensch und Natur am Beginn steht, ist, wie Marx schon in den »Grundrissen« vermutete, die »Abstraction der Categorie ›Arbeit‹, ›Arbeit überhaupt‹, Arbeit sans phrase, [als] der Ausgangspunkt der modernen Oekonomie, erst praktisch wahr«.[287] Einzig in der diesem Abstraktum entsprechenden Form der Arbeitskraft ist sie begriffen als »Categorie der modernsten Gesellschaft«[288] und verweist zugleich in ihrer Abstraktion auf die Arbeit als solche, »unabhängig von jeder bestimmten gesellschaftlichen Form«.[289]

Der Arbeitsprozess oder die Abstraktion »Arbeit« als Kategorie der politischen Ökonomie

In dieser Darstellungsform weicht Marx grundlegend von der klassischen politischen Ökonomie ab, die die Kategorie der Arbeit als abstrakten Begriff der Produktion schlechthin der Analyse voranstellte und nicht als *kritische* Kategorie, also durch die Substanz formbestimmt, entwickelte. Marx kritisierte, wie dargestellt, dies Voranstellen der Produktion als solcher bereits in den »Grundrissen«, denn diese »Production im

285 Ebd.

286 Überhaupt denkt der Kapitalist über seine gesamtgesellschaftliche Rolle Marx zufolge nicht allzu viel nach »und überläßt diese und ähnliche faule Ausflüchte und hohle Flausen den dafür eigens bezahlten Professoren der politischen Oekonomie. Er selbst ist ein praktischer Mann, der zwar nicht immer bedenkt, was er außerhalb des Geschäfts sagt, aber stets weiß, was er im Geschäft thut.« (Ebd., S. 175)

287 Marx: Ökonomische Manuskripte 1857–58, Teil 1, MEGA², Bd. II/1.1, S. 39.

288 Ebd., S. 40.

289 Marx: Das Kapital. Erster Band (1890), MEGA², Bd. II/10, S. 161.

Allgemeinen ist eine Abstraktion, [...] eine verständige Abstraction«,[290] die dabei nur das Allerallgemeinste fixiert. Als Homonyme scheinen so die Kategorie der Arbeit im »Kapital« und die abstrakte Vorstellung der Arbeit zu kulminieren; Marx geht es jedoch bei der Arbeit als Kategorie der politischen Ökonomie nicht um diese allgemeine Vorstellung. Dass die Kategorie der Arbeit trotz ihrer Eigenheit als abstrakter Ausdruck historisch-spezifischer Produktionsverhältnisse in dieser Allgemeinheit der Produktion schlechthin erscheint, liegt an der schon dargestellten Ordnung des Begriffs, wie sie in Bezug auf die »Grundrisse« diskutiert wurde und sich nicht nur im Tauschwert, sondern auch in der Arbeitskraft als Verkörperung der Arbeit schlechthin zeigt. So betont Marx auch in den »Resultaten«, dass es sich bei der Bestimmung der Arbeit unter dem Begriff des Kapitals um eine »begriffsmäßige« Entwicklung handele und bei den Kategorien um eine in den kapitalistischen Verhältnissen »aus der Natur des Arbeitsprocesses entquillende Diremtion«.[291] Bevor die dialektische Struktur der Darstellung des Produktionsprozesses eingeholt werden kann, ist noch die Spezifik der Kategorie der Arbeit zusammenzufassen und die Kontinuität mit den frühen Schriften von Marx zu entwickeln, um die Tragweite dieses leicht zu unterschätzenden Abschnitts darzulegen.

Die von Marx betrachtete Abstraktion der Arbeit als solcher steht also am Anfang der Darstellung des Kapitalverhältnisses,[292] weil sie so in der von ihren Verwirklichungsbedingungen vollständig getrennten Form der Ware Arbeitskraft real existiert – als reine Potenzialität, als Arbeit schlechthin. Die Arbeit kann folglich – wie jede andere Kategorie der politischen Ökonomie – dialektisch nur dann sinnvoll eingeführt werden, wenn sie als Abstraktion aus der kontemporären Geschichte des Kapitals erschlossen ist und dadurch, dass die Wirklichkeit ihr Ausgangspunkt war, die Bedingungen ihrer Formbestimmung bekannt sind.[293] Zugleich ist das auf Seite 161 beginnende Kapitel zum Arbeitsprozess als der darstellungslogische Ort zu betrachten, an dem Marx die zumeist als anthropologisch apostrophierten Reflexionen der »Frühschriften« über die Arbeit systematisch weiterentwickelt, aber nicht mehr als Begriff der Arbeit schlechthin, sondern eben als Kategorie der politischen Ökonomie. Mehr noch, es findet sich hier in der Darstellung des Arbeitsprozesses die Auflösung der in den »Feuerbachthesen« nur skizzierten Idealismuskritik, die ich an anderer Stelle[294] ausführlich dargestellt habe.

290 Marx: Ökonomische Manuskripte 1857–58, Teil 1, MEGA², Bd. II/1.1, S. 23.

291 Marx: Ökonomische Manuskripte 1863–67, Teil 1, MEGA², Bd. II/4.1, S. 56.

292 Vgl. Marx: Das Kapital. Erster Band (1890), MEGA², Bd. II/10, S. 161–168.

293 Vgl. Marx: Ökonomische Manuskripte 1857–58, Teil 1, MEGA², Bd. II/1.1, S. 39.

294 Vgl. Franz Heilgendorff: Hegels »Enzyklopädie« und Marx' »Kapital«. Zur sachlich motivierten Verwendung von Kategorien der »Enzyklopädie« im »Kapital«, in: Hegel-Jahrbuch 2020 (im Druck).

Denn das Kapitel zum Arbeitsprozess lässt sich also nicht nur als Kritik der unkritischen Auffassung der Arbeit in der politischen Ökonomie verstehen,[295] sondern auch als Negation der Abschnitte zum Objekt in der »Enzyklopädie« Hegels. Marx schließt dafür insbesondere an das Bild der »List der Vernunft«[296] als dem Realisierungsmoment der Idee an. Sie ist dem Arbeitsprozess insofern strukturverwandt, als dass der Arbeitsprozess auf der hier betrachteten Abstraktionsstufe schlicht eine Form rationaler Tätigkeit ist, in der der Arbeitende durch das Arbeitsmittel[297] seine Zwecke an einem (Natur-)Stoff verwirklicht und die Arbeit – gleich der Idee der Sache selbst – formbestimmend wirkt, indem der Mensch »das inhärente Maaß dem Gegenstand anzulegen weiß«.[298] Die Arbeit ist hier als Formursache bestimmt und der Arbeitsprozess als solcher ist in dieser Umformung von Naturstoffen produktive Arbeit: »Betrachtet man den ganzen Proceß vom Standpunkt seines Resultats, des Produkts, so erscheinen beide, Arbeitsmittel und Arbeitsgegenstand, als Produktionsmittel und die Arbeit selbst als produktive Arbeit.«[299]

Marx führt nun ein, dass der Arbeitende nicht für sich, sondern für andere produziert. Als Produzent von Ware ähnelt er im kapitalistischen Produktionsprozess auch hier wieder, wie in der Warenabstraktion, dem Warenproduzenten des »paradise lost«[300] der politischen Ökonomen. Als Privateigentümer von Produktionsmitteln ist er eingebunden in einen komplexen gesellschaftlichen Prozess der Arbeitsteilung, in der das Produkt im Austausch nicht nur seine Bedürfnisse befriedigen soll, sondern für den Austausch produziert wird, sodass das Produkt als Endpunkt zugleich Ausgangspunkt ist: »Produkte sind daher nicht nur Resultat, sondern zugleich Bedingung des Arbeitsprozesses.«[301] Damit sind alle menschlichen Produkte und die durch diese bestimmte Wirklichkeit des Menschen[302] durch die Arbeit vermittelt. In diesem Prozess des Stoffwechsels und der Formbildung der Wirklichkeit wird die Arbeit von Marx als Gattungstätigkeit wie Formsubstanz der menschlichen Wirklichkeit gefasst. Die Analogie zur hegelschen Idee liegt dabei auf der Hand. Dies wird auch daran deutlich, dass Marx in der Auffassung der Produkte als End- wie Ausgangspunkt und eines durch die Arbeit zweck-

295 Vgl. Marx: Ökonomische Manuskripte 1857–58, Teil 1, MEGA², Bd. II/1.1, S. 39 f.

296 Marx: Das Kapital. Erster Band (1890), MEGA², Bd. II/10, S. 163; Hegel: Enzyklopädie (Teil 1). Logik, Werke, Bd. 8, S. 365, § 209.

297 Die erkenntnistheoretische Bedeutung des Arbeitsmittels im Allgemeinen und in Bezug auf Hegel findet sich u. a. herausgearbeitet bei: Johannes Rohbeck/Jens Brockmeier: Identität als analytische Erkenntniskategorie wissenschaftlicher Arbeit, in: Hegel-Jahrbuch 1979, S. 93–101, hier S. 96 f.

298 Marx: Ökonomisch-philosophische Manuskripte, MEGA², Bd. I/2, S. 241.

299 Marx: Das Kapital. Erster Band (1890), MEGA², Bd. II/10, S. 165.

300 Marx: Zur Kritik der politischen Ökonomie. Erstes Heft, MEGA², Bd. II/2, S. 136.

301 Marx: Das Kapital. Erster Band (1890), MEGA², Bd. II/10, S. 165.

302 Vgl. Engels/Marx: Die deutsche Ideologie, MEW, Bd. 3, S. 43.

bestimmten Zusammenhangs bewusst die Wendung vom endlichen zum unendlichen Zweck der Paragrafen 211 und 212 der »Enzyklopädie« aufhebt. Negiert wird so die hegelsche Auffassung vom Objekt und der Idee: »Der erreichte Zweck ist daher nur ein Objekt, das auch wieder Mittel oder Material für andere Zwecke ist, und so fort ins Unendliche.«[303] In dieser beständigen Fixierung wie der Entwicklung der Substanz in den Dingen wird eine unendliche Einheit von Form und Inhalt gesetzt, und mittels der durch die Arbeit umgeformten Naturstoffe setzt sich analog zur Idee die Arbeit als das konkret Allgemeine. In diesem Sinne konstituiert sie die hierauf beruhende menschliche Wirklichkeit wie Objektivität als die ihrem Begriff entsprechende.

So werden von Marx die Bestimmungen der tätigen, prozessualen Seite der Idee und die Reflexionsbestimmungen nicht als Moment des reinen Begriffs aufgefasst, sondern auf den Arbeitsprozess übertragen – im individuellen wie gesellschaftlichen Sinn. Individuell, indem der Arbeitende »die mechanischen, physikalischen, chemischen Eigenschaften der Dinge benutzt, um sie als Machtmittel auf andre Dinge, seinem Zweck gemäß, wirken zu lassen«.[304] Gesellschaftlich, indem jedes Arbeitsprodukt selbst zur Bedingung des Arbeitsprozesses wird und so nur ein Moment der Substanz darstellt.[305] Die durch die Arbeit als einem gesellschaftlichen Prozess konstituierte menschliche Wirklichkeit unterliegt dabei den gleichen Formbestimmungen wie die Sache selbst bei Hegel, deren Hervortreten in die Wirklichkeit die Sachen nicht mehr als eine Ansammlung von Einzeldingen erscheinen lässt, sondern als Ausdruck eines sie – mittels des Zugrundeliegenden – einenden Zwecks.[306] Die Täuschung einer Totalität selbstständiger Einzeldinge[307] oder die Herrschaft des »Verstands der subjektiven Zwecke«[308] in der bürgerlichen Gesellschaft verweist so schon bei Hegel auf die Vernunft als »das in ihnen sich Erhaltene«[309] wie Aufscheinende. Diese »List der Vernunft« verbleibt bei Hegel jedoch im Scheinen und wird erst im Staat aufgehoben wie als Wirklichkeit der Vernunft bestimmt.

Ähnlich ist die Kritik bei Marx gelagert, nur mit dem Unterschied, dass das für Hegel in der Vernunft als wechselseitiger Anerkennung bestimmte Gattungswesen des Menschen nicht in die Politik und das Recht abzuspalten sei, sondern in den Produktionsverhältnissen selbst

303 Hegel: Enzyklopädie (Teil 1). Logik, Werke, Bd. 8, S. 366, § 211.

304 Marx: Das Kapital. Erster Band (1890), MEGA², Bd. II/10, S. 163.

305 Vgl. ebd., S. 165.

306 Dies ließe sich bereits anhand der Exzerpte zu John Stuart Mill darlegen und diese Kontinuität zeigt, wie Marx auch schon in den »Frühschriften« den hegelschen Zweckbegriff in Bezug auf die in der »List der Vernunft« liegende Gesellschaftlichkeit der Arbeit entwickelt (vgl. Marx: Exzerpte aus John Stuart Mill, MEGA², Bd. IV/2, S. 462–466).

307 Hegel: Enzyklopädie (Teil 1). Logik, Werke, Bd. 8, S. 367, § 212 Zusatz.

308 Hegel: Rechtsphilosophie, Werke, Bd. 7, S. 347, § 189.

309 Hegel: Enzyklopädie (Teil 1). Logik, Werke, Bd. 8, S. 365, § 209.

anzutreffen sein müsste. Bei der Arbeit als Kategorie der politischen Ökonomie handelt es sich also in Marx' Augen nicht um die Wirklichkeit der Vernunft, sondern um eine zu kritisierende Existenzweise derselben, den Schein von Vernunft in Form gesellschaftlicher Unvernunft.[310] Diese soll bei Marx jedoch nicht im Staat aufgehoben werden, sondern unmittelbar in der Produktion und der sich dort konstituierenden Gesellschaftlichkeit der Menschen: Kurz, es fände die Gesellschaft der Menschen als prozessierende und durch die Arbeit vermittelte Einheit von Mensch und Natur so lange »nicht ihr Gleichgewicht, bis sie sich um die Sonne der Arbeit dreht«.[311]

Im »Kapital« interessiert sich Marx jedoch weniger für diese abstrakte Seite der Arbeit als solcher, das heißt den philosophisch-spekulativen Begriff von Arbeit oder Tätigkeit schlechthin. Sondern die Arbeit ist als Kategorie durch den sich selbst verwertenden Wert zweck- und damit fremdbestimmt – das Kapital ist anstelle der Vernunft die Formursache der Bestimmungen der Arbeitsteilung im Produktionsprozess, der den Zweck und die Arbeit bestimmt.[312] Damit wird die Arbeit verkehrt zu einem Moment und einer bloßen Kategorie der politischen Ökonomie, die durch den Begriff des Kapitals gesetzt ist. Als diese ist ihr eigen, dass sie stets ein gesellschaftlicher Prozess ist und nicht nur Prozess individueller Reproduktion. Und nur in dieser Form der gesellschaftlichen Teilung der Arbeit wird sie zum Zugrundeliegenden – einmal in der bereits dargestellten gesamtgesellschaftlichen Teilung der Arbeit in der Zirkulationssphäre als gesellschaftliche Form des Arbeitsproduktes und

310 Vgl. Marx: Ökonomisch-philosophische Manuskripte, MEGA², Bd. I/2, S. 299.

311 Karl Marx: Nachwort zu »Enthüllungen über den Kommunisten-Prozeß in Köln«, in: MEW, Bd. 18, S. 568–571, hier S. 570.

312 So wird nicht realisiert, was in der abstrakt menschlichen Arbeit für Marx als Verwirklichung der Philosophie angelegt ist – die Einsicht in den (Natur-)Zweck, wie es sich im Begriff der anhand von Aristoteles und Hegel entwickelten Formsubstanz spiegelt und bei Marx in der Bestimmung wiederkehrt, dass die Natur vermittels des Menschen zu ihrem Bewusstsein käme. Als Bewusstsein der Natur bzw. als freies Subjekt weiß der Mensch eigentlich – vermittels der Arbeit – »überall das inhärente Maaß dem Gegenstand anzulegen [...]; der Mensch formirt daher auch nach den Gesetzen der Schönheit« (Marx: Ökonomisch-philosophische Manuskripte, MEGA², Bd. I/2, S. 241) und darin ist der philosophische Begriff des Zwecks, des Telos aufgehoben, als des Guten, Schönen und Wahren. Die Arbeit als eine freie Tätigkeit wäre so eine Realisierungsform der Vernunft und Verwirklichung der Transzendentalien (im Sinne des *ens et unum, verum, bonum et pulchrum convertuntur*). Diese Bestimmung bei Marx ist selbst aber nicht Ergebnis einer der Sache äußeren Logik, sondern der Begriff der Arbeit ist das sich aus dem Verhältnis des Menschen zur Natur ergebene Einheitsmoment, also die Logik, der Begriff der Sache selbst, da Marx im Gegensatz zu Hegel die Tätigkeit und Arbeit nicht als Willen, sondern »materialistisch« als Bewusstwerdung der Natur selbst begreift. In diesem Zusammenhang mit der Natur verhält sich der Mensch daher nicht nur als geistiges Wesen, sondern als Naturwesen zu ihr und ist »nicht nur wie im Bewußtsein intellektuell, sondern werktätig, wirklich verdoppelt«, sodass er »sich selbst daher in einer von ihm geschaffnen Welt anschaut« (ebd.). Durch das Privateigentum und die daraus resultierende Trennung der Arbeitenden von den Verwirklichungsbedingungen ihrer Arbeit kann sich dieses Gattungswesen jedoch nicht realisieren (vgl. ebd. S. 239–243). Indem die abstrakt menschliche Arbeit durch das Kapital formbestimmt ist, verwirklicht sie sich in der Welt vermittels der Durchschnittsbildungen der Nationalökonomie als verdinglichte Herrschaft des Menschen über den Menschen. Und wie schon in der Religionskritik bestimmt Marx: »Nicht die Götter, nicht die Natur, nur der Mensch selbst kann diese fremde Macht über d[en] Menschen sein.« (Ebd., S. 243)

nun anschließend in der Produktionssphäre, also der gesellschaftlichen Organisation des Arbeitsprozesses. Folglich wird in der Darstellung die Kategorie der Arbeit einerseits eingeführt als die prozessuale Einheit von Mensch und Natur, als Existenzbedingung des Menschen, und erinnert an den Begriff der Arbeit und Produktion schlechthin. Hierbei bleibt sie aber Kategorie der politischen Ökonomie, indem andererseits diese allgemeine Bestimmung der Arbeit nur die abstrakteste Erscheinungsform ihrer historisch spezifischen Form ist und an die Realität der Arbeit in der Ware Arbeitskraft gekoppelt bleibt.[313] Nur so bildet sie den Übergang in den Produktionsprozess des Kapitals und der dortigen Subsumtion der Arbeitenden als Objekte im »Konsumtionsproceß der Arbeitskraft durch den Kapitalisten«.[314]

Statt wie in den »Ökonomisch-philosophischen Manuskripten« und den »Mill-Exzerpten« also die entfremdete Arbeit nur in Abhängigkeit vom Privateigentum zu analysieren und ihr die Arbeit als Gattungstätigkeit gegenüberzustellen, wird hier entwickelt, warum die Gattungstätigkeit notwendig in dieser verkehrten Form erscheint. In der Formbestimmung durch den kapitalistischen Verwertungsprozess gelten die Gebrauchsgegenstände nicht als »Spiegel des Wesens«, sondern sie werden als Waren produziert. Entsprechend liegt die Entfremdungsproblematik im »Kapital« nicht allein in einer philosophischen Anerkennungsproblematik, sondern wird in eine Theorie der Verkehrung transformiert, die auf eine Transformation der Wirklichkeit zielt. In dieser Verkehrung wird sich zeigen, dass es »nicht mehr der Arbeiter [ist], der die Produktionsmittel anwendet, sondern es [...] die Produktionsmittel [sind], die den Arbeiter anwenden«.[315] Als produktive Arbeit erscheint darin auch nicht die Arbeit, die Produkte schafft, sondern die produktive Arbeit ist bestimmt durch ihre Existenzweise als Kategorie der politischen Ökonomie. Somit verengt sich auch der allgemeine »Begriff der produktiven Arbeit« als Kategorie der politischen Ökonomie auf die Bestimmung, dass produktiver Arbeiter derjenige ist, »der Mehrwerth für den Kapitalisten producirt oder zur Selbstverwerthung des Kapitals dient«.[316]

Die Arbeit als Kategorie des Kapitals. Verwertungsprozess und absoluter Mehrwert

Der Mehrwert ist entscheidend, weil darin nicht nur die dem Kapital eigene Selbstverwertung des Wertes begriffen, sondern die Verwertung erklärt werden kann, ohne dass dabei die Rechtsbestimmungen des

313 D. h. Marx geht damit über die Robinsonade der politischen Ökonomie hinaus (vgl. Marx: Das Kapital. Erster Band [1890], MEGA², Bd. II/10, S. 75 f.; vgl. auch die Kritik in: Marx: Ökonomische Manuskripte 1857–58, Teil 1, MEGA², Bd. II/1.1, S. 39 f.).

314 Marx: Das Kapital. Erster Band (1890), MEGA², Bd. II/10, S. 168.

315 Ebd., S. 280.

316 Ebd., S. 457.

freien und gleichen Tauschs verletzt werden. Dies wird dadurch realisiert, dass Marx erkennt, dass vom Standpunkt des Kapitals der Arbeitsprozess als Vergegenständlichung abstrakt menschlicher Arbeit in einem Produkt ab einem gewissen Punkt nicht nur Wertbildungsprozess, sondern durch Mehrarbeit wesentlich Verwertungsprozess ist. Hierin löst sich für Marx der Widerspruch der Kapitalbildung in der Zirkulationssphäre, dass einerseits Äquivalente getauscht würden, andererseits am Ende mehr Wert aus der Zirkulationsbewegung gezogen werden soll, als in sie ursprünglich eingegangen ist. Der Schlüssel hierzu ist die Ware Arbeitskraft, die mehr Wert vergegenständlichen kann als sie kostet. Indem die Ware Arbeitskraft zu ihrem Tageswert gekauft wird, jedoch die Erhaltung der Arbeitskraft beispielsweise

> »nur einen halben Arbeitstag kostet, obgleich die Arbeitskraft einen ganzen Tag wirken, arbeiten kann, daß daher der Werth, den ihr Gebrauch während eines Tags schafft, doppelt so groß ist als ihr eigner Tageswerth, ist ein besondres Glück für den Käufer, aber durchaus kein Unrecht gegen den Verkäufer.«[317]

Die Produktion des Mehrwerts wird also in der Zirkulation im Kauf der Ware angebahnt, vollzieht sich aber erst in der Konsumtion der Ware Arbeitskraft während des Verwertungsprozesses in der Produktionssphäre, der nichts weiter als ein über die gesellschaftlich durchschnittlich nötige (Reproduktions-)Arbeit verlängerter Arbeits- und damit Wertbildungsprozess ist. Daher heißt die erste Form des Mehrwerts auch absoluter Mehrwert – weil es der Logik der Abstraktion folgend erst einmal nur um die absolute Verlängerung des Arbeitstages geht. Werden die daraus hervorgehenden Waren verkauft und realisiert sich die Transsubstantiation des Wertes von Ware in Geld, so ist »das Kunststück gelungen«, »Geld [...] in Kapital verwandelt«.[318] Diese »Schmetterlingsentfaltung« der in der Zirkulation auftretenden »Kapitalistenraupe« geht dabei »in der Cirkulationssphäre und [...] nicht in der Cirkulationssphäre« vor sich.[319] In der Zirkulation, wo Kapitalist und Arbeiter als sich wechselseitig anerkennende Personen ein Rechtsverhältnis bilden und einen Austausch von Äquivalenten mittels Vertrag vollziehen, und nicht in der Zirkulation, indem der Gebrauch der Ware Arbeitskraft und damit der Wertbildungs-/Verwertungsprozess sich in der Produktion vollzieht. Anschließend muss das so in der Ware vergegenständlichte Wertinkrement $\Delta G'$ wieder in der Zirkulation mittels des Austauschs von Ware gegen Geld realisiert werden.

317 Ebd., S. 176.
318 Ebd.
319 Ebd., S. 151.

Die Zirkulationsform des Geldkapitals (G > W ...P... > W' > G') zeigt damit nicht nur, dass das Kapital ein gesellschaftliches Verhältnis, ein Prozess und kein Ding ist, sondern es ist die der Wertsubstanz eigene Identität von Identität und Nichtidentität erreicht, die eigenen »Bedingungen des Problems gelöst und die Gesetze des Warenaustauschs in keiner Weise verletzt«.[320] Hierzu ist jedoch eine grundlegende Umgestaltung des Arbeitsprozesses nötig, wie im Folgenden gezeigt werden soll. Dabei sind die dem Arbeitsprozess vorausgesetzten Bedingungen, dass auf der einen Seite die Arbeitskraft steht und auf der anderen Seite Produktionsmittel als Verwirklichungsbedingungen der Arbeit. Diese Bedingungen, unter denen der Arbeitsprozess neben der Selbstverwertung des Wertes formbestimmt ist, sind somit keine der Abstraktion des Arbeitsprozesses von selbst zukommenden Bedingungen. Sie kommen der Abstraktion der Arbeit zu, weil diese Substanz aus den herrschenden Verhältnissen herausabstrahiert ist und so nur wiedereingeführt wird, was zuvor durch die Abstraktionskraft isoliert wurde. In der stückweisen Einführung dieser Bedingungen in der gedanklichen Reproduktion der bürgerlichen Gesellschaft vermittels der Kategorien sind diese begriffsmäßigen Diremtionen, also Denkbestimmungen, damit zugleich auch die Grundbestimmungen der Arbeit unter dem Kapital, und so fallen Wissenschaftskritik und Kritik der politischen Ökonomie als Realsystem weiterhin zusammen. Ebenso lässt sich hieraus das dialektische Moment in der Entwicklung der Kategorien des Produktionsprozesses nachzeichnen.

Dieser Übergang von einer Selbstentwicklung der Substanz zu ihrer Fremdbestimmung zeigt sich besonders deutlich in den Vorarbeiten zum »Kapital«, wenn die stofflichen Elemente des Arbeitsprozesses ausgehend von der »Natur des *Arbeitsprocesses*« bestimmt werden, und so »dirimiren sich zunächst die Productionsmittel in *Arbeitsgegenstand* und *Arbeitsmittel*, oder weiter bestimmt *Rohmaterial* auf der einen Seite, *Instrumente, Hilfsmaterialien* u.s.w. auf der andren«.[321] Im Arbeitsprozess als Verwertungsprozess erhalten diese so der Analyse der Sache selbst entspringenden Bestimmungen eine neue, gesellschaftliche Formbestimmung. Als Kategorien der politischen Ökonomie gelten sie als konstantes Kapital und erhalten darin ihre formbestimmte Daseinsweise. So ist es auch hier wieder der Widerspruch zwischen – »*ideell* ausgedrückt« – Form und Inhalt, das heißt Gebrauchswert (Arbeitsmittel etc.) und Wert (konstantes Kapital), konkreter und abstrakter Arbeit, der die Entwicklung bestimmt. Diese Formbestimmung des Gebrauchswerts wird nun »selbst wesentlich für die Entwicklung des *ökonomischen Verhältnisses*, der *ökonomischen Categorie*«,[322] insofern die Art und Weise, wie die Pro-

320 Ebd., S. 177.

321 Marx: Ökonomische Manuskripte 1863–67, Teil 1, MEGA², Bd. II/4.1, S. 55.

322 Ebd.

duktionsmittel in den Produktionsprozess als Einheit von Arbeits- und Verwertungsprozess eingehen, selbst formbestimmend wirkt, je nachdem, wie sie ihren Wert übertragen – das heißt ob ihr Wert unmittelbar (Rohmaterial) oder Stück für Stück (Maschinen, Werkzeuge etc.) in das Arbeitsprodukt übergeht, was für den Umschlagsprozess des Kapitals besonders im zweiten Band entscheidend sein wird.

Während also die Seite der konkreten Arbeit ein Produkt schafft und darin der vormalige Gebrauchswert neue Bestimmungen erhält, so ist dieser Formwechsel der Naturstoffe vom Standpunkt des Verwertungsprozesses zugleich nur die »Seelenwandrung« des Wertes: »Er geht aus dem verzehrten Leib in den neu gestalteten Leib über. Aber diese Seelenwandrung ereignet sich gleichsam hinter dem Rücken der wirklichen Arbeit.«[323] Diese Tätigkeit der Wertübertragung kostet den Kapitalisten nichts, denn sie ist »eine Naturgabe der sich bethätigenden Arbeitskraft, der lebendigen Arbeit, Werth zu erhalten, indem sie Werth zusetzt, eine Naturgabe, die dem Arbeiter nichts kostet, aber dem Kapitalisten viel einbringt, die Erhaltung des vorhandnen Kapitalwerths.«[324] Im Verwertungsprozess erscheinen daher Arbeitsgegenstände und Arbeitsmittel gesellschaftlich formbestimmt als konstantes Kapital (c), weil sie ihre Wertgröße im Produktionsprozess nicht verändern und als Wertbestandteile in das fertige Produkt übergehen – diese gesellschaftliche Formbestimmung drückt auf der Seite des Arbeitsprozesses die erfolgreiche Umformung des Naturstoffes aus. Dies ist ein Beispiel dafür, wie sich aus der logischen Ordnung gänzlich neue Kategorien[325] als Existenzbestimmungen allgemeiner Verhältnisse ergeben und diese erst so wirklich begriffen sind als Momente der politischen Ökonomie – denn vor Marx existierte die Kategorie des konstanten Kapitals nicht bzw. nur in der verkehrten Vorstellung des fixen Kapitals.

Das Gleiche gilt für die Arbeit, die als Arbeitskraft im Verwertungsprozess kategorial bestimmt ist. Sie erscheint dem Kapitalisten zuallererst als Kostenfaktor, als die auf dem Markt erworbene Arbeitskraft. Anders als Kategorie der Kritik der politischen Ökonomie und der logischen Ordnung des Begriffs folgend: Dort wird die Arbeitskraft in der Kategorie des variablen Kapitals (v) gefasst, die eine veränderliche Wertgröße besitzt, indem sie im Wertbildungsprozess ihr »eignes Aequivalent [reproduziert]« und im Verwertungsprozess »einen Ueberschuß darüber, Mehrwerth, der selbst wechseln, größer oder kleiner sein kann«.[326] Die Bestandteile des Produktionsprozesses als Kategorien der politischen Ökonomie unterscheiden sich so »vom Standpunkt des Arbeitsprocesses

323 Marx: Das Kapital. Erster Band (1890), MEGA², Bd. II/10, S. 187.

324 Ebd.

325 Vgl. hierzu erneut Hegel: Enzyklopädie (Teil 1). Logik, Werke, Bd. 8, S. 52 f., § 9.

326 Ebd., S. 189.

als objektive und subjektive Faktoren, als Produktionsmittel und Arbeitskraft« und vom »Standpunkt des Verwerthungsprocesses als konstantes Kapital und variables Kapital«.[327] Die Kategorien konstantes und variables Kapital sind so abstrakte Momente des Realprozesses der Bewegung des Wertes, Realabstraktionen, die sich unmittelbar aus den gesellschaftlichen Produktionsverhältnissen ergeben, und bestimmen die Bestandteile des Kapitals (C = c + v), zu denen als ebenfalls neue Kategorie der Mehrwert tritt, der die Verwertung des Kapitals beschreibt (C = c + v+ m). In dieser Formel wird von Marx die kapitalistische Form des Arbeitsprozesses als Verwertungsprozess gefasst.

Vom Standpunkt des Kapitalisten ist diese innere Bewegung der kapitalistischen Akkumulation insofern verschleiert, als diesen nur der Gewinn aus dem eingesetzten Kapital interessiert, der als Profit erscheint (verwertetes Kapital = Kosten + Profit). Diese Wertform, die den Ursprung des Mehrwerts verschleiert, ist jedoch erst Gegenstand des dritten Bandes, in dem diese innere Bewegung in verkehrter Form erscheint: Dort ist die Quelle des Profits nicht der Mehrwert als Verhältnis von notwendiger Arbeit und Mehrarbeit (m/v), sondern das Verhältnis von eingesetztem Kapital (c+v), also dem Kostpreis (k), zum Mehrwert und »so verwandelt sich die Formel: W = c + v + m in die Formel: W = k + m, oder Waarenwerth = Kostpreis + Mehrwerth«.[328] So scheint in der Vorstellung des Profits der Gewinn aus dem eingesetzten Kapital unmittelbarer Abkömmling des Gesamtkapitals zu sein und es wird verschleiert, dass er in Wirklichkeit aus dem Verhältnis von notwendiger und unbezahlter Mehrarbeit entsteht – das heißt der Ausbeutung der Arbeitskraft. Die Kategorien sind so schief aufgefasst und erst der Mehrwert erlaubt es, diese komplexeren Kategorien richtig darzustellen – ginge man, wie die politische Ökonomie, unmittelbar von den Vorstellungen der Zirkulationssphäre aus und entlehne dem besagten »Creditkauderwelsch des money market«[329] die Kategorien der politischen Ökonomie, dann käme es zu den dargestellten Widersprüchen und Fehlauffassungen der Verhältnisse wie die diese ausdrückenden Kategorien (Kostpreis etc.). So wird auch erklärbar, warum die innere Bewegung und die immanenten Widersprüche der Kapitalakkumulation den »einzelnen Kapitalisten und daher auch der in seinen Anschauungen befangnen politischen Oekonomie nicht zum Bewußtsein kommt«[330] und diese Kategorien als Erscheinungsformen der inneren Bewegung erst Gegenstand des dritten Bandes sein können.

327 Ebd.

328 Marx: Das Kapital. Dritter Band (1894), MEGA², Bd. II/15, S. 30.

329 Marx: Ökonomische Manuskripte 1863–67, Teil 2, MEGA², Bd. II/4.2, S. 548; vgl. auch Marx: Das Kapital (1867), MEGA², Bd. II/5, S. 435.

330 Marx: Das Kapital. Erster Band (1890), MEGA², Bd. II/10, S. 366.

Die marxschen Kategorien sind also grundverschieden von den »Verstandesbegriffen«[331] der politischen Ökonomie. In ihnen wird unmittelbar aus den Vorstellungen der Erscheinungsebene auf das Wesen geschlossen, ohne *kritisch* vom Wesen ausgehend die Kategorien der Erscheinungsebene synthetisch zu entwickeln: Auf diesem »umgekehrten Weg begreift man ni l'un, ni l'autre«.[332] Marx betont daher, dass die »einzig materialistische und daher wissenschaftliche Methode« durch folgendes Vorgehen gekennzeichnet ist: »Es ist in der That viel leichter, durch Analyse den irdischen Kern der religiösen Nebelbildungen zu finden, als umgekehrt aus den jedesmaligen wirklichen Lebensverhältnissen ihre verhimmelten Formen zu entwickeln.«[333]

— *Der Mensch in der Ökonomie. Rechtskategorien und Kategorien der politischen Ökonomie*

Der Kapitalist als Charaktermaske, als personifiziertes Kapital seinem Lebenstrieb folgend, ist der Sache nach berechtigterweise besorgt um den Mehrwert und daher bemüht, aus der Ware Arbeitskraft so viel an Wertsubstanz als möglich herauszupressen. Dieser »Lebenstrieb« ist dabei kein individuelles Persönlichkeitsmerkmal,[334] sondern die aus der Zirkulationssphäre stammende Bestimmung der Selbstverwertung des Wertes, die hier vermittels des Kapitalisten wirkmächtig wird. Nur so ist der Kapitalist als Kategorie der politischen Ökonomie begriffen und die durch ihn ausgeübte Herrschaft kein Merkmal der Persönlichkeit oder gar die gesellschaftlichen Verhältnisse auf vermeintliche anthropologische Dispositionen *des* Menschen zurückgeführt. Vielmehr ist sein Wesen bestimmt als »ensemble der gesellschaftlichen Verhältnisse«.[335] Nur für den Kapitalisten als »Personifikation ökonomischer Kategorien«[336] gilt daher: »Er, wie jeder andre Käufer, sucht den größtmöglichsten Nutzen aus dem Gebrauchswerth seiner Waare herauszuschlagen.«[337] So wird er zum Exekutor der Selbstbewegung des Wertes: »*An sich* ist diese Geldsumme erst Capital, d. h. ihrer *Bestimmung* nach, weil sie in einer Weise angewandt, verausgabt werden soll, die ihre *Vergrösserung* zum Zweck hat, weil sie zum *Zweck ihrer Vergrösserung* verausgabt wird.«[338] Dies gelang mittels einer weiteren Kategorie und Formbestimmung, der Arbeit als Arbeitskraft. Dem Kapital gegenüber steht die Arbeit so als Arbeiter in

331 Marx: Ökonomisches Manuskript 1861–63, Teil 3, MEGA², Bd. II/3.3, S. 817, vgl. auch Marx: Ökonomisches Manuskript 1861–63, Teil 1, MEGA², Bd. II/3.1, S. 42.

332 Marx: Das Kapital. Erster Band (1890), MEGA², Bd. II/10, S. 194.

333 Ebd., S. 334 FN.

334 Ebd., S. 9.

335 Marx: 1) ad Feuerbach, MEGA², Bd. IV/3, S. 21.

336 Marx: Das Kapital. Erster Band (1890), MEGA², Bd. II/10, S. 9.

337 Ebd., S. 209.

338 Marx: Ökonomische Manuskripte 1863–67, Teil 1, MEGA², Bd. II/4.1, S. 52.

der Charaktermaske der Arbeitskraft, gleich einem »buntscheckigen Haufen [...] von allen Professionen, Altern, Geschlechtern, die eifriger auf uns andrängen als die Seelen der Erschlagnen auf den Odysseus« und »denen man [...] auf den ersten Blick die Ueberarbeit ansieht«.[339] Ihre geschundenen Körper als Arbeitskraftbehälter unterscheiden sich dem Begriff nach dadurch von dem anderen »Warenpöbel«, insofern der darin durch das Kapital formbestimmte Mensch als »personificierte Arbeitszeit«[340] bemüht ist, seine Lebendigkeit zu erhalten. Dies provoziert die dem Verwertungsinteresse des Kapitalisten entgegenstehende Forderung: »Abgesehn von dem natürlichen Verschleiß durch Alter u. s. w., muß ich fähig sein, morgen mit demselben Normalzustand von Kraft, Gesundheit und Frische zu arbeiten, wie heute.«[341]

Auch die Rechtskategorie des Eigentums erscheint so formbestimmt als Kategorie der politischen Ökonomie. Der von Hegel ausgemachte, dem Eigentum eigene Widerspruch zwischen der Sache und ihrer Benutzung, der als Wechselwirkung von Substanz und Akzidenz, Innerem und Äußerem gedacht wurde, zeigt sich hier konkret als Widerspruch zweier Rechte: Der Käufer pocht auf den uneingeschränkten Konsum der Arbeitskraft, der Verkäufer auf den Erhalt seiner Lebendigkeit als Bedingung der Möglichkeit seiner Existenz. Nur indem beide Willen sich wechselseitig anerkennen, kommt es zur Entstehung der Rechtsperson der bürgerlichen Gesellschaft; nur indem Person A Person B das Recht gibt, über sie zu verfügen, und diese davon zeitlich begrenzt Gebrauch macht, erhält Person A den Status einer Rechtsperson, den es ohne die Veräußerung nicht besäße, eben weil das Recht ein gesellschaftliches Verhältnis und Person zu sein keine Natureigenschaft des Menschen ist.[342] Für den Lohnvertrag nicht als Kategorie der »Rechtsphilosophie«,[343] sondern als Kategorie der Kritik der politischen Ökonomie gilt nun aber:

> »Es findet [...] eine Antinomie statt, Recht wider Recht, beide gleichmäßig durch das Gesetz des Waarenaustausches besiegelt. Zwischen gleichen Rechten entscheidet die Gewalt. Und so stellt sich in der Geschichte der kapitalistischen Produktion die Normirung des Arbeitstags als Kampf um die Schranken des Arbeitstags dar – ein Kampf zwischen dem Gesammtkapitalisten, d. h. der Klasse der Kapitalisten, und dem Gesammtarbeiter, oder der Arbeiterklasse.«[344]

339 Marx: Das Kapital. Erster Band (1890), MEGA², Bd. II/10, S. 228.
340 Ebd., S. 218.
341 Ebd., S. 209.
342 Vgl. Hegel: Rechtsphilosophie, Werke, Bd. 7, S. 143, § 66.
343 Vgl. ebd., S. 167, § 80.
344 Marx: Das Kapital. Erster Band (1890), MEGA², Bd. II/10, S. 210 f.

Die Form, in der dieser Widerspruch sich löst, ist die »gewaltsame Beschränkung des Arbeitstages von Staats wegen«, denn der ungezügelte Drang des Auspumpens von Mehrarbeit hat »in dem einen Fall die Erde erschöpft« und »hatte in dem andren die Lebenskraft der Nation an der Wurzel ergriffen. Periodische Epidemien sprachen hier ebenso deutlich als das abnehmende Soldatenmaß in Deutschland und Frankreich.«[345] So verwirklichen sich die in der Zirkulation erscheinenden Bestimmungen der Person und ihre »unveräußerlichen Menschenrechte« für den Arbeitenden nur in beschränkter Form. Die von Hegel abgeleiteten Rechtskategorien in ihrer Bestimmung als Kategorien der politischen Ökonomie verkehren also gerade die freiheitlichen Momente der hegelschen Rechtsbestimmungen des Eigentums und der Abschaffung der Sklaverei, die sich in dem nur temporären Überlassen in Form des Lohnvertrages ausdrückten.[346] An die Stelle der Emanzipation des Menschen setzen das Recht und der bürgerliche Staat bei Marx so nur die beschränkte Anerkennung desselben: Statt der Menschenrechte realisiert sich die »bescheidne Magna Charta eines gesetzlich beschränkten Arbeitstags, die endlich klarmacht, wann die Zeit, die der Arbeiter verkauft, endet, und wann die ihm selbst gehörige Zeit beginnt«.[347] In der kategorialen Bestimmung des Menschen als Arbeitskraft ist nun die der Warenzirkulation entspringende Abstraktion freier und gleicher warenproduzierender Privateigentümer aufgehoben worden.

— *Formelle Subsumtion des Arbeitsprozesses als Verwertungsprozess unter das Kapital*

Durch die Gesamtheit dieser Prozesse kommt es zur formellen Subsumtion des Arbeitsprozesses unter den Verwertungsprozess, der Arbeit unters Kapital. Das Kapital im Arbeitsprozess ist damit bestimmt als »Kommando über die Arbeit« und das »personificierte Kapital, der Kapitalist« wacht über dieses »Zwangsverhältniß, welches die Arbeiterklasse nöthigt, mehr Arbeit zu verrichten, als der enge Umkreis ihrer eignen Lebensbedürfnisse vorschrieb«.[348] Der gesamte Arbeitsprozess wird dabei verkehrt; die Produktionsmittel und Arbeitsgegenstände als konstantes Kapital sind nur noch »Mittel zur Einsaugung fremder Arbeit«, und so ist es

> »nicht mehr der Arbeiter, der die Produktionsmittel anwendet, sondern es sind die Produktionsmittel, die den Arbeiter anwenden. Statt von ihm als stoffliche Elemente seiner produktiven Thätigkeit verzehrt zu werden, verzehren sie ihn als Ferment ihres eignen Lebensprocesses,

345 Ebd., S. 214.

346 Vgl. Hegel: Rechtsphilosophie, Werke, Bd. 7, S. 144 f., § 67; S. 167, § 80.

347 Marx: Das Kapital. Erster Band (1890), MEGA^2, Bd. II/10, S. 272.

348 Ebd., S. 279.

> und der Lebensproceß des Kapitals besteht nur in seiner Bewegung als sich selbst verwerthender Werth.«[349]

In diesem Sinne wachsen, wie Marx in den »Resultaten« fetischismuskritisch betonte, die stofflichen Bestimmungen des Arbeitsprozesses mit den gesellschaftlichen Bestimmungen des Verwertungsprozesses in den Kategorien der politischen Ökonomie zusammen. Indem der kapitalistische Produktionsprozess von Waren auf der einen Seite im Arbeitsprozess und aus Gebrauchswerten besteht, ergibt sich die Verkehrung, dass »alle *Productionsmittel* δύναμις und soweit sie als Productionsmittel functioniren, *actu* Capital sind«.[350] So entstehe die Illusion, dass das Kapital als »ein nothwendiges Moment des *menschlichen Arbeitsprocesses überhaupt*, abgesehn von jeder historischen Form desselben, und daher etwas ewiges und durch die Natur der menschlichen Arbeit Bedingtes ist«.[351] Es ist dies die von Marx kritisierte, der politischen Ökonomie eigene verkehrte Logik, »dieselbe Logik, die schließt, daß weil Geld Gold ist, Gold an und für sich Geld ist, daß weil die Lohnarbeit Arbeit, alle Arbeit nothwendig Lohnarbeit ist«.[352] Diese Logik, in der stoffliche und gesellschaftliche Formbestimmungen zusammengewachsen sind und verdinglicht erscheinen, ist die »Basis für den Fetischismus der Politischen Oekonomen«.[353]

Auch wenn es sich auf dieser Ebene der Darstellung noch um eine formelle Subsumtion des Arbeitsprozesses unter das Kapital handelt, sind hier alle aus der Analyse der Wertform bekannten Eigentümlichkeiten der Verkehrung anzutreffen. Die erste Verkehrung besteht in der Eigentümlichkeit, dass der Arbeitsprozess nur Wertbildungsprozess ist, wie zuvor der Gebrauchswert nur Erscheinungsform des Wertes. Zweitens zählt die konkrete Arbeit im Produktionsprozess nur als abstrakte Arbeit, als Verausgabung von Arbeitszeit, wie in der Wertformanalyse die konkrete Arbeit zur Erscheinungsform abstrakt menschlicher Arbeit wurde. Diese Verkehrung führte drittens dazu, dass Privatarbeit zu Arbeit in unmittelbar gesellschaftlicher Form wird. Diese dritte Eigentümlichkeit hat aber im Arbeitsprozess noch nicht seine adäquate Entsprechung gefunden. Für sie ist die Kategorie des relativen Mehrwerts entscheidend, insofern vermittels des relativen Mehrwerts die Form des Produktionsprozesses selbst revolutioniert wird und es zu einer technischen wie sozialen Reorganisation der Arbeit kommt. Der Arbeitsprozess löst sich darin vom einzelnen Arbeiter ab und realisiert sich als von ihm unabhängiger

349 Ebd., S. 280.

350 Marx: Ökonomische Manuskripte 1863–67, Teil 1, MEGA², Bd. II/4.1, S. 57.

351 Ebd.

352 Ebd.

353 Ebd., S. 59.

arbeitsteiliger Produktionsorganismus, sodass darin die Privatarbeit unmittelbar eine Verausgabung von Arbeit in gesellschaftlicher Form ist. Diese Form, die die Widersprüche und Grenzen der Identität des Wertes mit sich selbst im Anderen aufhebt, wird erst mit der Kategorie des relativen Mehrwerts begreifbar.

Die Wertsubstanz macht die Kategorie des relativen Mehrwerts aber aus einem anderen Grund notwendig: Da mit dem absoluten Mehrwert eine Schranke der Verwertung besteht, bildet sich erneut ein Widerspruch zwischen der Form (begrenzter Arbeitstag) und dem Inhalt (unbegrenzte Verwertung) heraus, der die Integrität der Wertidentität bedroht. Dieser Widerspruch, dass mit der Länge des Arbeitstages die Selbstverwertung des Wertes eine absolute, unübersteigbare Grenze besitzt, die darüber hinaus vermittels der Gesetzgebung und Arbeitskämpfe stets weiter beschränkt wird, löst sich in der von Marx neu geschaffenen Kategorie des relativen Mehrwerts. Die Kategorie ergibt sich also als eine notwendige weitere Bestimmung der Substanz, insofern eine Form gefunden werden muss, in der eine schrankenlose Verwertung möglich ist, die die Selbstidentität gewährt. Und auch hier folgt die Ordnung der Kategorien damit wieder dem Absteigen vom Abstrakten zum Konkreten.

Die Kategorie des relativen Mehrwerts und die reelle Subsumtion der Arbeit unter das Kapital

So ergibt sich ein begrifflicher Zusammenhang der Kategorien von absolutem und relativem Mehrwert: Die einzige Lösungsform ist, das im Arbeitstag absolute begrenzte Verhältnis von Wertbildungs- und Verwertungsprozess relativ zugunsten des Verwertungsprozesses zu verschieben. Da der vom Wissenschaftler Marx gedanklich reproduzierten inneren Bewegung folgend die Länge des Wertbildungsprozesses durch den Wert der Ware Arbeitskraft bestimmt ist und dieser wesentlich durch den Wert der Konsumtionsmittel, derer sie bedarf, um sich zu reproduzieren, muss die gesellschaftlich notwendige Arbeitszeit zur Reproduktion der Ware Arbeitskraft gesenkt werden, um dieses Verhältnis zugunsten des Verwertungsprozesses zu verschieben. Hierdurch ergibt sich eine »relative« Verlängerung der Mehrarbeitszeit und damit eine den schrankenlosen Verwertungsbedürfnissen des Wertes angemessenere Form. Das heißt, die substanzielle Eigenheit des Kapitals erfordert zur gedanklichen Reproduktion des Ganzen die Neubildung der Kategorie des relativen Mehrwerts durch Marx.

Der relative Mehrwert wird dabei möglich durch die Entwicklung der Produktivkraft der Arbeit und der daraus folgenden geringeren Abgabe von Arbeit, also Wertsubstanz an das Arbeitsprodukt, sodass dadurch die Reproduktionskosten der Arbeitskraft sinken. Dies geschieht durch eine »Revolution in den Produktionsbedingungen seiner Arbeit, d. h. in seiner

Produktionsweise und daher im Arbeitsproceß selbst«[354] und inkludiert so alle sozialen wie technischen Fragen der Produktivkraftentwicklung in die Kategorien der politischen Ökonomie. Letztlich kulminiert diese Produktivkraftentwicklung in der völligen Umgestaltung des Arbeitsprozesses unter den Bedingungen des Kapitals. So führt sie zu einer neuen Formbestimmung desselben, zum wirklichen Zusammenwachsen von Stoff und Form und damit zur »reellen Subsumtion der Arbeit unter das Capital«.[355] Hierzu sind die »technischen und gesellschaftlichen Bedingungen des Arbeitsprocesses, also die Produktionsweise selbst um[zu] wälzen«,[356] jedoch vollführt der Kapitalist die Realisierung dieses Prozesses nicht bewusst, sondern sie realisiert sich hinterrücks durch die Jagd nach einem Extramehrwert.[357] Wie weiter oben angekündigt, kann erst hiermit die zur Äquivalentform analoge dritte Eigentümlichkeit des Arbeitsprozesses unter dem Kapital analysiert werden, sodass die Privatarbeit zur Arbeit in unmittelbarer gesellschaftlicher Form wird. Erst mit der Kategorie des Mehrwertes kann daher der gesellschaftliche Produktionsprozess und seine Verselbstständigung – wie er in der Fabrik und großen Industrie erscheint – begriffen werden.

— Die Verwirklichung der Arbeit unter dem relativen Mehrwert

Anhand der Kategorien wie Kooperation, Teilung der Arbeit, Manufaktur, Maschinerie und Industrie werden nun der Ordnung des Begriffs folgend die technischen wie sozialen Momente der Produktivkraftentwicklung nachvollzogen und diese als Kategorien der politischen Ökonomie abgeleitet.[358] Dabei bildet das schon aus der formellen Subsumtion bekannte Kommando des Kapitals den Ausgangspunkt, wie das damit verbundene »Wirken einer größern Arbeiteranzahl zur selben Zeit, in demselben Raum (oder, wenn man will, auf demselben Arbeitsfeld), zur Produktion derselben Waarensorte«.[359] Auch hier ist die Ordnung der Kategorien durch ein Aufsteigen vom Abstrakten zum Konkreten gekennzeichnet, da die Bestimmungen der Kooperation die abstrakteste Erscheinungsform der Gesellschaftlichkeit der Arbeit innerhalb der kapitalistischen Warenproduktion ist. Insofern hat sie als »ärmste« Bestimmung auch die größte Überschneidung mit anderen historischen Epochen und benennt die allgemeinsten Kennzeichen der planvollen gesellschaftlichen Produk-

354 Marx: Das Kapital. Erster Band (1890), MEGA², Bd. II/10, S. 283.

355 Ebd., S. 458.

356 Ebd., S. 284.

357 Vgl. ebd., S. 285.

358 Dabei stellt sich die Frage, was von diesen »Begriffen« tatsächlich eine Kategorie ist und was vielmehr nur Bestandteil der Produktivkräfte: »Die Maschinen sind ebensowenig eine ökonomische Kategorie wie der Ochse, der den Pflug zieht, sie sind nur eine Produktivkraft. Die moderne Fabrik, die auf der Anwendung der Maschinen beruht, ist ein gesellschaftliches Produktionsverhältnis, eine ökonomische Kategorie.« (Marx: Das Elend der Philosophie, MEW, Bd. 4, S. 149)

359 Marx: Das Kapital. Erster Band (1890), MEGA², Bd. II/10, S. 290.

tion von Arbeitsprodukten und es reproduzieren sich im Abschnitt zum relativen Mehrwert die bekannten Fragen nach der Einheit von logischen und historischen Momenten der Darstellung, was sich auch daran zeigt, dass Marx ausführt, die Kooperation »bildet historisch und begrifflich den Ausgangspunkt der kapitalistischen Produktion«.[360]

Die Kooperation als Kategorie der politischen Ökonomie setzt historisch bereits die Konzentration von vielen Arbeitskräften voraus und in ihr erhalten alle Momente des Arbeitsprozesses nun gesellschaftlichen Charakter. In der Konzentration der Arbeitenden wird der Arbeitsprozess selbst zu einer Existenzform der gesellschaftlich notwendigen Arbeit, insofern sich vermittels ihrer Vielzahl die individuellen Arbeitszeiten zu einer gesellschaftlichen Durchschnittsarbeitszeit angleichen und der Kapitalist »von vorn herein gesellschaftliche Durchschnittsarbeit in Bewegung setzt«.[361] Hinzu kommt, dass gemeinsam genutzte Produktionsmittel einen »geringren Wertbestandteil an das einzelne Produkt ab[geben]« oder auch »die Produktion einer Werkstatt für 20 Personen weniger Arbeit als die von 10 Werkstätten für je zwei Personen [kostet]«[362] und daher auch ein »gesellschaftlicher Charakter«[363] der Arbeitsmittel entsteht, der ökonomisch formbestimmend wirkt. Indem die Kooperation als die Form definiert ist, in der die »Arbeit Vieler, die in demselben Produktionsproceß oder in verschiednen, aber zusammenhängenden Produktionsprocessen, planmäßig neben und mit einander arbeiten«,[364] entsteht eine »Beschränkung der Raumsphäre« der Produktion, »wodurch eine Masse falscher Kosten erspart werden«.[365] In diesem »planmäßigen Zusammenwirken mit Andern streift der Arbeiter seine individuellen Schranken ab und entwickelt sein Gattungsvermögen«,[366] was im Abschnitt zur Manufaktur in der Form des »kombinierten Gesamtarbeiters«[367] erscheint. Dieser »produktive Gesammtkörper«[368] nebst der Gesellschaftlichkeit der Produktionsmittel und Reduktion der notwendigen Arbeitszeit auf einen gesellschaftlichen Durchschnitt entwickelt sich aber nicht als selbstbewusste Form der Arbeitenden, sondern erscheint ihnen gegenüber entfremdet, »ideell als Plan, praktisch als Autorität des Kapitalisten [...], als Macht eines fremden Willens, der ihr Thun seinem Zweck unterwirft«.[369]

360 Ebd.
361 Ebd., S. 292.
362 Ebd.
363 Ebd., S. 293.
364 Ebd.
365 Ebd., S. 296.
366 Ebd., S. 296 f.
367 Ebd., S. 305.
368 Ebd., S. 299.
369 Ebd.

So ist einerseits die Kooperation als Kategorie der politischen Ökonomie ausgearbeitet, wie andererseits die Kategorie der Kooperation Ausdruck der entfremdeten Existenzweise des in der kooperativen Tätigkeit angelegten Gattungswesens. Das heißt, das Gattungswesen des Menschen, das von Marx in Anlehnung an Aristoteles als »gesellschaftliches Tier«[370] bestimmt wird, entwickelt sich in der Arbeit nur vermittels des Kapitalisten und ist somit durch den Begriff des Kapitals und nicht vernünftig, also selbstbestimmt. Nur auf diesem Weg – als Vernunft in der Unvernunft, wie der junge Marx kritisierte – findet die Kooperation wie auch schon die Arbeit als formbestimmte Kategorie Eingang in die politische Ökonomie. Die Möglichkeit wechselseitiger Anerkennung und damit die Realisierung der Gattungstätigkeit ist in dieser Wirklichkeit der Kooperation als Kategorie des Kapitals abgespalten in die Planungsfähigkeit des Kapitalisten. In ihm erscheint das Allgemeine und seine Funktion ist so wesentlich die Überwachung und Planung des Arbeitsprozesses. In der Kategorie der Kooperation vergegenständlicht sich den Arbeitenden damit der »Zusammenhang ihrer Funktionen und ihre Einheit als produktiver Gesamtkörper [...] außer ihnen, im Kapital, das sie zusammenbringt und zusammenhält«.[371]

So verwächst die stoffliche Bestimmung der Kooperation mit dem Kapital in der Charaktermaske des Kapitalisten und der den unmittelbar aufgenommenen Kategorien der politischen Ökonomie anklebende Fetischismus wird aufgelöst; kooperative Produktion und Leitung komplexer Produktionsprozesse scheinen nur deswegen eine natürliche Eigenschaft des Unternehmers zu sein, weil sie formbestimmter Ausdruck einer Abtrennung der planenden Fähigkeiten von den den Arbeitsprozess realisierenden Arbeitenden ist. So erscheint der gesellschaftliche Charakter der Arbeitsmittel, des Arbeitsprozesses wie der Arbeitskraft fetischistisch verkehrt: nicht als Gattungstätigkeit des Menschen, sondern in der Produktivkraft des Kapitals.[372] Demgemäß ist der Arbeitsprozess nicht mehr nur formell unter das Kapital subsumiert, sondern die Kooperation ist zu begreifen als die »erste Aenderung, welche der wirkliche Arbeitsproceß durch seine Subsumtion unter das Kapital erfährt«.[373] Die Kooperation entwickelt so zwar das menschliche Gattungsvermögen als Ausfluss der natürlichen Veranlagungen des menschlichen Gattungswesens, jedoch unter den Bedingungen der Wirklichkeit nur als »Grundform der kapitalistischen Produktionsweise«.[374]

Die klassische Gestalt dieser Kooperation ist dabei die Manufaktur, als »Kombination verschiedner Handwerke unter dem Kommando dessel-

370 Ebd., S. 294.
371 Ebd., S. 299.
372 Vgl. ebd., S. 300.
373 Ebd., S. 302.
374 Ebd.

ben Kapitals«.[375] In ihr werden die verschiedenen Gewerke, die zur Herstellung eines Produkts notwendig sind, »voneinander losgelöst, isolirt, räumlich neben einander gestellt, jede derselben einem andren Handwerker zugewiesen und alle zusammen von den Kooperirenden gleichzeitig ausgeführt«, und dies führt »nach und nach zur systematischen Teilung der Arbeit«.[376] Hieraus erwächst als ihr bestimmendes Merkmal die Verbindung des Arbeitenden mit einem Spezialwerkzeug, »die den Arbeiter zum Theilarbeiter verstümmelt«[377] und so »überall die Grundlage zu jener Ausbildung des Fachwesens, der Specialitäten, und einer Parcellirung des Menschen legt«.[378] Also das Gegenteil dessen, was Marx und Engels in der »Deutschen Ideologie« vorschwebte: Nämlich »heute dies, morgen jenes zu tun, morgens zu jagen, nachmittags zu fischen, abends Viehzucht zu treiben, nach dem Essen zu kritisieren, wie ich gerade Lust habe, ohne je Jäger, Fischer, Hirt oder Kritiker zu werden«.[379]

Diese erste Form der kapitalistischen Teilung der Arbeit macht damit das Werkzeug zum prägenden Element der Produktion und die Steigerung der Produktivkraft als auch die damit einhergehende »Verwohlfeinerung der Waare«[380] wird durch den kombinierten Gesamtarbeiter erreicht. Die Manufaktur als erste Daseinsweise der Kooperation formierte so vermittels der Gesellschaftlichkeit der Arbeit den Arbeitsprozess selbst und bestimmte diesen als Kategorie der politischen Ökonomie fort: Indem die verschiedenen Arbeiten zeitlich aufeinanderfolgen, besteht die Notwendigkeit einer Normierung aller Teilschritte, damit die einzelnen Momente des Gesamtprozesses nahtlos ineinandergreifen, und dies erzwingt »eine ganz andre Kontinuität, Gleichförmigkeit, Regelmäßigkeit, Ordnung und namentlich auch Intensität der Arbeit [...] als im unabhängigen Handwerk oder selbst der einfachen Kooperation«.[381]

Erst so gleicht sich die zu einer Produktion der Ware notwendige Arbeit dem gesellschaftlich notwendigen Durchschnitt wirklich an und schafft damit »ein mathematisch festes Verhältniß für den quantitativen Umfang [...] der Arbeitergruppen in jeder Sonderfunktion. Sie entwickelt mit der qualitativen Gliederung die quantitative Regel und Proportionalität des gesellschaftlichen Arbeitsprocesses.«[382] In diesem Gesamtorganismus wird »[d]ie Einseitigkeit und selbst die Unvollkommenheit des Theilarbeiters [...] zu seiner Vollkommenheit als Glied des Gesammtarbeiters. Die Gewohnheit einer einseitigen Funktion [...] zwingt [ihn],

375 Ebd., S. 303.
376 Ebd., S. 304.
377 Ebd., S. 326.
378 Ebd., S. 319.
379 Engels/Marx: Die deutsche Ideologie, MEW, Bd. 3, S. 33.
380 Marx: Das Kapital. Erster Band (1890), MEGA², Bd. II/10, S. 288.
381 Ebd., S. 311.
382 Ebd., S. 312.

mit der Regelmäßigkeit eines Maschinentheils zu wirken.«[383] In dieser »Abnormität« des Arbeitenden, die sein »Detailgeschick treibhausmäßig fördert durch Unterdrückung einer Welt von produktiven Trieben und Anlagen«,[384] werden letztlich alle planvollen Momente des Arbeitsprozesses von diesem entfremdet und den Arbeitenden gegenüber im Kapital konzentriert. Und auch hier ist es der Widerspruch zwischen konkreter und abstrakter Arbeit, Form und Inhalt, der die Widerspruchsentfaltung vorantreibt und zu neuen Formen führen wird, insofern zum Beispiel die »Klage über den Disciplinmangel der Arbeiter«, der die »ganze Manufakturperiode«[385] begleitet, beständig den fragilen Produktionsorganismus zu sprengen droht, wie damit die Verwertung des Wertes gefährdet.

Des Weiteren resultiert aus diesem äußeren, in Form der Manufaktur gestifteten Produktionsorganismus die dem Kapital eigene Teilung von Hand- und Kopfarbeit als ein historisch-spezifisches Produkt; der Kapitalist als Kopfarbeiter und Planungsinstanz ist damit schlicht »ein Produkt der manufakturmäßigen Teilung der Arbeit«, worin den Arbeitenden »die geistigen Potenzen des materiellen Produktionsprocesses als fremdes Eigenthum und sie beherrschende Macht [gegenüberstehen]«.[386] Abgeschlossen wird dieser Scheidungsprozess in der großen Industrie und der treibhausmäßigen Förderung der Naturwissenschaften. Auch diese werden entsprechend begriffen als Kategorie der politischen Ökonomie, die dabei »die Wissenschaft als selbstständige Produktionspotenz von der Arbeit trennt und in den Dienst des Kapitals preßt«.[387] Aufgehoben ist so in der Analyse des kapitalistischen Produktionsprozesses die Einsicht der »Ökonomisch-philosophischen Manuskripte«, dass die moderne Industrie »das *aufgeschlagne* Buch der *menschlichen Wesenskräfte*«[388] darstelle und »das *wirkliche* geschichtliche Verhältnis der Natur und daher der Naturwissenschaft zum Menschen [ist]«.[389] Die Industrie als Verwirklichung der Naturwissenschaft sei damit die »*exoterische* Enthüllung der menschlichen *Wesenskräfte*«.[390] Und so bildet die nun zu entwickelnde große Industrie als Kategorie der politischen Ökonomie und die in ihr vorgefundene Teilung der Arbeit für Marx »den nationalökonomische[n] Ausdruck von der *Gesellschaftlichkeit der Arbeit* innerhalb der Entfremdung«.[391] Die Arbeit als Kategorie der politischen

383 Ebd., S. 315.
384 Ebd., S. 325.
385 Ebd., S. 332.
386 Ebd., S. 326.
387 Ebd.
388 Marx: Ökonomisch-philosophische Manuskripte, MEGA^2, Bd. I/2, S. 271.
389 Ebd., S. 272.
390 Ebd.
391 Ebd., S. 309.

Ökonomie hat für Marx also übergreifend einen Doppelcharakter, einerseits gesellschaftlich formbestimmend und andererseits gesellschaftlicher Formbestimmtheit unterlegen zu sein.

— *Die aufzuhebende Wirklichkeit der Arbeit in der Fabrik und des Begriffs des Kapitals*

Durch die Manufaktur ergibt sich somit ein komplexes Wechselspiel zwischen der planmäßigen Teilung der Arbeit im Verwertungsprozess einerseits und der naturwüchsigen gesellschaftlichen Teilung der Arbeit im Austausch andererseits. Indem die Menschen nicht die Produkte eigener Arbeit austauschen, sondern vom Verkauf der Ware Arbeitskraft leben, beginnen sie sich selbst vermittels der kapitalistisch produzierten Waren zu reproduzieren. Schlaglichtartig wird hierin die Verschränkung von einfacher Warenzirkulation vom Standpunkt des Arbeitenden und Kapitalzirkulation klar. So ergibt sich eine wechselseitig vertiefende Verselbstständigung und Scheidung der Teile der gesellschaftlich notwendigen Arbeit voneinander wie auch eine Vertiefung der Arbeitsteilung innerhalb der Manufaktur, die die Bestimmung des Menschen als Person zunehmend durch die Kategorien der Arbeitskraft und Kapitalisten ersetzt.[392] In der Verschränkung dieser Zirkulationsformen erlangt das Wertgesetz darüber hinaus endgültig die gesellschaftliche Herrschaft, indem es anhand der Marktpreise der Ware Arbeitskraft regelt, »wieviel die Gesellschaft von ihrer ganzen disponiblen Arbeitszeit auf die Produktion jeder besondren Waarenart verausgaben kann«[393] und in dieser Produktionsweise die Arbeit nur Verausgabung von Arbeitszeit in gesellschaftlich durchschnittlicher Form ist.

Dass sich die Angleichung der individuellen Arbeiten auf den gesellschaftlichen Durchschnitt nicht mehr auf dem Markt vermittels der Wertbewegung vollzieht, sondern bereits in der Produktion die verausgabte Arbeit unmittelbar gesellschaftlich durchschnittliche Arbeitszeit ist, zeigt sich in der Leitungs- und Normierungsfunktion des Kapitals. Denn im Produktionsorganismus der Kooperation ist es der einzelne Arbeiter, der aufgrund seiner Subjektivität und Eigenheit in der Verrichtung der Arbeit in den Widerspruch mit der abstrakten Gleichförmigkeit

392 Aber auch hier verweist Marx noch auf die damit einhergehenden zivilisatorischen Tendenzen des Kapitals (Marx: Das Kapital. Erster Band [1890], MEGA², Bd. II/10, S. 321), dass durch die Lohnarbeit die Menschen tendenziell freigesetzt werden von Familie, Traditionen und persönlichen Abhängigkeitsverhältnissen. Sie ist damit die materielle Basis der modernen Identität (z. B. John D'Emilio: Capitalism and Gay Identity, in: Henry Abelove/Michèle Aina Barale/David M. Halperin [Hrsg.]: The Lesbian and Gay Studies Reader, London 1993, S. 467–476), jedoch in einer Form, in der Freiheit und Unfreiheit beständig ineinander umschlagen: »In der antagonistischen Gesellschaft sind die Menschen, jeder einzelne, unidentisch mit sich, Sozialcharakter und psychologischer in einem, und kraft solcher Spaltung a priori beschädigt.« (Theodor W. Adorno: Zum Verhältnis von Soziologie und Psychologie, in: ders.: Soziologische Schriften I [= Gesammelte Schriften 8], Frankfurt a. M. 1990, S. 42–85, hier S. 69)

393 Marx: Das Kapital. Erster Band (1890), MEGA², Bd. II/10, S. 321.

gerät, die die Wertform der Arbeit verlangt. Daher geht die Manufaktur nicht nur historisch über in die Fabrik, sondern auch und vor allem der logischen Ordnung des Begriffs folgend. Die Kategorie der Manufaktur und Kooperation als Bewegungsform der Wertsubstanz ist folglich wie angedeutet gekennzeichnet von Widersprüchen, die diese Daseinsform des im Arbeits- und Verwertungsprozess erscheinenden Widerspruches von Wert und Gebrauchswert, von konkreter und abstrakt menschlicher Arbeit, über sich hinaustreibt. In den Kategorien der Maschinerie und großen Industrie findet sie eine neue Bewegungsform, die die aus dem Disziplinmangel der Arbeiter resultierenden Widersprüche negiert. In diesen Kategorien löst sich somit der Widerspruch, dass teils eine lange Einarbeitungszeit der Detailarbeiter nötig ist oder dass das Gelingen des arbeitsteiligen Prozesses der Manufaktur von der Disziplin der Arbeitenden abhängt und noch immer das Handwerk die technische Basis der Produktionsweise bildet, also dass die Ware Arbeitskraft nicht der reinen Potenzialität als »Arbeit überhaupt« entspricht.

Die Kategorie der Fabrik stellt die Lösungsform dieser Widersprüche dar, indem sie die manufakturmäßige Teilung der Arbeit in Detailarbeitende von diesen ablöst und durch ein automatisiertes Maschinensystem ersetzt. So wird die Arbeitskraft abgetrennt von ihrer konkreten Form und auf die der Wertabstraktion entsprechende Existenzform reduziert, Tätigkeit schlechthin zu sein. Der Ausgangspunkt der Maschine ist die vorherige Reorganisation des Arbeitsprozesses in der Manufaktur, in der die Arbeit in viele Detailschritte mit Detailwerkzeugen zerlegt wurde und der Mensch faktisch nur noch den Antriebsmechanismus derselben bildete. Auf die Werkzeugmaschinen in Form von Webstühlen und dergleichen mehr, die bereits die Anzahl der Werkzeuge »emancipirt von der organischen Schranke, wodurch das Handwerkszeug eines Arbeiters beengt wird«,[394] folge dann logisch (wie historisch) die Verselbstständigung des Antriebsmechanismus in Form der Dampfmaschine:

> »Nachdem erst die Werkzeuge aus Werkzeugen des menschlichen Organismus in Werkzeuge eines mechanischen Apparats, der Werkzeugmaschine, verwandelt, erhielt nun auch die Bewegungsmaschine eine selbstständige, von den Schranken menschlicher Kraft völlig emancipirte Form.«[395]

Hierdurch tritt eine weitere Veränderung der Arbeit als Kategorie der politischen Ökonomie ein: Ist in der Manufaktur der Arbeiter zwar dem arbeitsteiligen Prozess unterworfen, aber die Arbeit selbst an den Arbeiter angepasst, so diktieren in der großen Industrie die Arbeitsmittel

394 Ebd., S. 336.
395 Ebd., S. 339.

den Arbeitsprozess – der Einzelne ist darin nur Anhängsel des in einem Maschinenpark verselbstständigten Arbeitsprozesses. Damit sei die Existenzweise vollständig nivelliert und die konkrete Arbeit entspricht in der Wirklichkeit ihrer Bestimmung als Kategorie der politischen Ökonomie: abstrakt menschliche Arbeit zu sein, schlicht »produktive Verausgabung von menschlichem Hirn, Muskel, Nerv, Hand u.s.w.«.[396]

Die Maschine als Kategorie oder Denk- und Grundbestimmung der Substanz ist so bestimmt, dass darin die »Leistungsfähigkeit des Werkzeugs [...] emancipirt [ist] von den persönlichen Schranken menschlicher Arbeitskraft«, und damit werde »die technische Grundlage aufgehoben, worauf die Theilung der Arbeit in der Manufaktur beruht«.[397] Ebenso sei die Scheidung zwischen Hand- und Kopfarbeit so weit fortgeschritten, dass sich die intellektuellen Momente des Arbeitsprozesses gegenüber den Arbeitenden in »eine höhere, teils wissenschaftlich gebildete, teils handwerksmäßige Arbeiterklasse, außerhalb des Kreises der Fabrikarbeiter«[398] abscheidet und in Wissenschaft als Beruf verselbstständigt. Kopf- und Handarbeit scheiden sich als Kategorien so »bis zum feindlichen Gegensatz«.[399] Auch die Verkehrung, dass die Arbeitsmittel den Arbeiter anwenden, erhält mit der Maschinerie eine handgreifliche Wirklichkeit und technische Manifestationsform des Kommandos des Kapitals über die Arbeit. In der großen Maschinerie entwickelt sich die Entfremdung der Arbeitenden von den Produktionsmitteln zum »vollständigen Gegensatz«.[400] Die Maschinerie erscheint dem Arbeiter als »feindliche Potenz«,[401] obwohl sie als Kategorie eines anderen Begriffs von Produktion, das heißt eines Vereins freier Menschen, die Möglichkeit der Arbeitsreduktion bedeuten würde.[402] In kapitalistischer Form wird die Maschinerie aber einerseits das »machtvollste Kriegsmittel zur Niederschlagung der periodischen Arbeiteraufstände«,[403] wie andererseits hieraus eine Feindschaft der Arbeitenden gegenüber technischem Fortschritt resultiert.

396 Ebd., S. 46.

397 Ebd., S. 378.

398 Ebd.

399 Ebd., S. 457.

400 Ebd., S. 388.

401 Ebd., S. 391.

402 Hierdurch spitzen sich die qualitativen Widersprüche des kapitalistischen Produktionsprozesses zu: Die Maschinen dürfen nicht stillstehen, und so konstituieren beispielsweise »Schmelzöfen und Arbeitsgebäude einen ›Anspruch auf die Nachtarbeit‹ der Arbeitskräfte« (ebd., S. 280), die Arbeit wird durch den Takt der Maschinen verdichtet und intensiviert, wodurch der Durchschnittsarbeitstag mehr Wert bildet, d. h. mehr Gebrauchsgüter produziert, die diesen vergegenständlichen, und es entsteht durch den Einsatz von Maschinen eine industrielle Massenarbeitslosigkeit. So ergibt sich u. a. das »ökonomische Paradoxon, daß das gewaltigste Mittel zur Verkürzung der Arbeitszeit in das unfehlbarste Mittel umschlägt, alle Lebenszeit des Arbeiters und seiner Familie in disponible Arbeitszeit für die Verwerthung des Kapitals zu verwandeln« (ebd., S. 367).

403 Ebd., S. 392.

Endgültig vollzieht sich so die dritte Eigentümlichkeit der Äquivalentform: Im Arbeitsprozess als Verwertungsprozess ist es nicht mehr die einzelne Arbeit, sondern nur die Arbeit in unmittelbar gesellschaftlicher Form, als Verausgabung von Arbeitszeit, die als produktive Arbeit gilt. Dafür genügt es, schlicht Arbeitszeit zu vergegenständlichen und damit »Organ des Gesamtarbeiters zu sein, irgendeine seiner Unterfunktionen zu vollziehn«.[404] Durch diese Verkehrung ergibt sich auch – wie vorweggenommen – die Bestimmung der produktiven Arbeit als Kategorie der politischen Ökonomie: Produktive Arbeit ist die Arbeit, die Mehrwert produziert und damit ein »spezifisch gesellschaftliches, geschichtlich entstandenes Produktionsverhältniß, welches den Arbeiter zum unmittelbaren Verwerthungsmittel des Kapitals stempelt«.[405]

Folglich entsteht als Resultat der großen Industrie die reelle Subsumtion des Arbeitsprozesses unter den Verwertungsprozess und die Arbeit ist vollumfänglich als Kategorie der politischen Ökonomie begriffen, das heißt als durch den Wert zweckbestimmt gedanklich reproduziert. Das darin liegende Zusammenwachsen von Stoff- und gesellschaftlicher Formbestimmung erscheint dann in der fetischistischen Vorstellung der politischen Ökonomie, dass Produktion ohne das Kapital schlicht undenkbar ist und die Fabrik wie industrielle Arbeitsorganisation die einzig mögliche Wirklichkeit der Arbeit und des Stoffwechsels zwischen Mensch und Natur. Erst die in den Kategorien sich vollziehende Formbestimmung der Substanz klärt dies (ideologie-)kritisch auf und verweist in den Kategorien – die damit nicht nur die Denk-, sondern Grundbestimmungen der Wertsubstanz sind – auf die Notwendigkeit einer Umwälzung der gesellschaftlichen Produktions- und Eigentumsverhältnisse, wie sie Marx vorschwebt. Denn trotz der Dekonstruktion dieses Scheins bleiben in der gesellschaftlichen Wirklichkeit die stofflichen Bestimmungen der Arbeit weiterhin mit den gesellschaftlichen Formbestimmungen untrennbar verwachsen und im Kapital zu einer fremden Macht verdinglicht.

— Widersprüche der Kategorie des relativen Mehrwerts und der Fabrik

Doch auch die Kategorie des relativen Mehrwerts löst die Widersprüche der Formsubstanz nicht endgültig auf und verweist auf die Krisenstruktur des kapitalistischen Akkumulationsregimes insgesamt. Zentral hierfür ist, dass sich durch die qualitative Veränderung des Arbeitsprozesses in Form der Produktivkraftsteigerung und damit der Reduktion der gesellschaftlich notwendigen Arbeitszeit auch der qualitative Aspekt des Verwertungsprozesses verändert. Denn zum Teil lässt sich die Steigerung der Produktivität nur durch Ersetzung von Arbeitskraft durch Maschi-

404 Ebd., S. 457.
405 Ebd.

nerie erreichen, was das Verhältnis zwischen konstantem Kapital und variablem Kapital verschiebt, also die »organische Zusammensetzung des Kapitals«[406] verändert und zu einer stetig sinkenden Mehrwertrate führt, was als tendenzieller Fall der Profitrate im dritten Band des »Kapital« untersucht wird.

Auch wenn die Formen des absoluten und relativen Mehrwerts beständig wechseln, vollzieht sich ausgehend von diesen Kategorien als notwendigen Existenzformen des Wertes auf lange Sicht eine Krise, die nicht nur in Überproduktions- und Unterkonsumtionskrisen gipfelt, sondern auch in den gegenwärtigen Formen von Klima- und Umweltkatastrophen erscheint. Denn genau wie der Mensch findet auch die Natur nur als Vergegenständlichungsform von Wert und nicht als notwendige Lebensbedingung Eingang in den gesellschaftlichen Produktionsprozess. Die so als Kategorie der politischen Ökonomie begriffene Natur gilt nur als Material der unendlichen Bewegung der Wertsubstanz, die so in den der Formsubstanz eigenen unauflösbaren Widerspruch übergeht, als unendliches Prinzip sich in den endlichen Formen natürlicher Ressourcen darzustellen und den Expansionsdrang wie die Kommodifizierung jeglicher Lebensbereiche und Körper durch die kapitalistischen Ökonomien erklärt.[407] Die existenziellen Krisen des aus dieser Vergesellschaftungsform der abstrakt menschlichen Arbeit resultierenden Stoffwechsels zwischen Mensch und Natur treiben so für Marx in letzter Instanz auf einen metabolischen Bruch »in dem Zusammenhang des gesellschaftlichen und durch die Naturgesetze des Lebens vorgeschriebnen Stoffwechsels«[408] zu, wie er sich in der gegenwärtigen Klimakrise ausdrückt und in einem Sieg der Natur über den Kapitalismus abzeichnet.[409]

406 Ebd., S. 549.

407 Vgl. auch Mau: Stummer Zwang, S. 221–319.

408 Marx: Das Kapital. Dritter Band (1894), MEGA², II/15, S. 788.

409 Vgl. hierzu: Kohei Saito: Systemsturz. Der Sieg der Natur über den Kapitalismus, München 2023.

Der Begriff des Kapitals und der kapitalistische Akkumulationsprozess

Damit ist die zweite Totalität der Bestimmungen der abstrakt menschlichen Arbeit nicht als eines naturwüchsigen Prozesses, sondern als durch den sich selbst verwertenden Wert zweckbestimmte gesellschaftliche Teilung der Arbeit reflexionslogisch und kategorial entfaltet. So sind die kontemporären Bestimmungen des Arbeitsprozesses als eines sich in Fabrik und großer Industrie vollziehenden Stoffwechselprozesses zwischen Mensch und Natur in das System der politischen Ökonomie integriert. Die Darstellung des Produktionsprozesses im ersten Band des »Kapital« ist damit erschöpft. Das Wechselverhältnis der Kategorien des absoluten und relativen Mehrwerts bestimmt somit den gesellschaftlichen Produktionsprozess in sozialer wie technischer Dimension. Damit sich absoluter und relativer Mehrwert aber in Wechselwirkung befinden, verweist dies wiederum auf eine notwendig dahinterliegende Wirklichkeit, in der sich die Bewegung der Wertvermehrung in ihren Reflexionsbestimmungen nicht nur ein- sondern mehrmals vollzieht, wie es der Lösungsbewegung der Widersprüche der Wertsubstanz angemessen ist. Reinvestiert der Kapitalist nicht den Mehrwert, so verliert der Wert in Form des Schatzes oder in der Form des Geldes als Zahlungsmittel zur Befriedigung von Bedürfnissen seine substanzielle Gestalt und wird vernichtet. Entsprechend muss sich der Prozess der Kapitalbildung beständig als unbegrenzter Akkumulationsprozess wiederholen, was makroökonomisch als Wachstum einer Volkswirtschaft erscheint.

Die Kategorie der Akkumulation weist dabei voraus auf den zweiten Band des »Kapital«, in dem das Kapital in den weiteren Kategorien des Zirkulationsprozesses dargestellt wird. Mittels der beständigen Wiederholung des Produktionsprozesses durch die Kapitalakkumulation wechseln sich nicht nur Formen des relativen und absoluten Mehrwerts ab, sondern es gehen Zirkulation und Produktion ineinander über, sodass in »einem stetigen Zusammenhang und dem beständigen Fluß seiner Erneuerung betrachtet, jeder gesellschaftliche Produktionsproceß daher zugleich Reproduktionsproceß [ist]«[1] und so in den Reproduktionsschemata des zweiten Bandes zum Ausdruck kommt.

Weder die Waren- und Geldzirkulation noch der Produktionsprozess allein machen also den Begriff des Kapitals aus, sondern erst ihre vermittels des kapitalistischen Akkumulationsprozesses gesetzte Einheit. Am Ende steht die vollständige Subsumtion des gesellschaftlichen (Re-)Produktionsprozesses unter das Kapital – so wie »in der kapitalistischen Produktionsweise der Arbeitsproceß nur als ein Mittel für den Verwerthungsproceß erscheint, so die Reproduktion nur als ein Mittel, den vorgeschoßnen Werth als Kapital zu reproduciren, d. h. als sich verwertenden Werth«.[2] Hierdurch vollzieht sich eine immer weiter fortschreitende Scheidung des Arbeiters vom Arbeitsprozess wie -produkt und konstituiert die von Marx in jungen Jahren nur abstrakt benannten Entfremdungsdimensionen der Arbeit unter dem Privateigentum.[3] Indem der Arbeitende darin nur Teilarbeiter in einem Produktionsorganismus ist, wird sein Dasein seinem Begriff als Arbeitskraft adäquat und was in der Abstraktion von Waren- und Geldzirkulation logischer »Ausgangspunkt war, wird vermittelst der bloßen Kontinuität des Processes, der einfachen Reproduktion, stets aufs Neue producirt und verewigt als eignes Resultat der kapitalistischen Produktion«.[4] So kommt es zu der Verkehrung, dass der

> »Arbeiter selbst daher beständig den objektiven Reichthum als Kapital [producirt], ihm fremde, ihn beherrschende und ausbeutende Macht, und der Kapitalist producirt ebenso beständig die Arbeitskraft als subjektive, von ihren eignen Vergegenständlichungs- und Verwirklichungsmitteln getrennte, abstrakte, in der bloßen Leiblichkeit des Arbeiters existirende Reichthumsquelle, kurz den Arbeiter als Lohnarbeiter. Diese beständige Reproduktion oder Verewigung des Arbeiters ist das sine qua non der kapitalistischen Produktion.«[5]

So schlagen die Gesetze der Waren- und Geldzirkulation in die Gesetze der kapitalistischen Akkumulation und Aneignung um, in der der Widerspruch zwischen Kapital und Arbeit die entwickelte Bewegungsform des Widerspruchs zwischen Gebrauchswert und Wert, konkreter und abstrakt menschlicher Arbeit ist.

Jede Totalität verweist so auf eine hinter ihr liegende Realität und es bietet sich an, hier erneut die hermeneutische Parallele zur hegelschen Logik des Seins, des Wesens und des Begriffs herzustellen. Das unmittel-

1 Marx: Das Kapital. Erster Band (1890), MEGA², Bd. II/10, S. 506.
2 Ebd., S. 507.
3 Vgl. Marx: Ökonomisch-philosophische Manuskripte, MEGA², Bd. I/2, S. 238–243.
4 Marx: Das Kapital. Erster Band (1890), MEGA², Bd. II/10, S. 510.
5 Ebd., S. 511.

bare Dasein des Kapitals erscheint in der Zirkulation als Ausgangspunkt und bringt dabei die abstrakten Vorstellungen der bürgerlichen Gesellschaft hervor. Die Kategorien werden hierin als naturwüchsige Verwirklichungsform der abstrakt menschlichen Arbeit dargestellt und aus dem Selbstbezug der Substanz auf sich als Wertformen entfaltet. Diese erste Totalität unter den ökonomischen Kategorien erweist sich aber nur als Schein des Wesens, des Produktionsprozesses des Kapitals. In ihm ist nicht mehr der naturwüchsige Zusammenhang der gesellschaftlichen Teilung der Arbeit das die Kategorien bestimmende Moment, sondern die gesellschaftliche Teilung der Arbeit folgt dem aus der Zirkulation des Geldes als Kapital entspringenden Zweck der Selbstverwertung des Wertes und ist so durch eine wesenslogische Reflexion bestimmt. Entsprechend wird die zweite Totalität der ökonomischen Kategorien, in denen die gesellschaftlich geteilte Arbeit erscheint, nicht naturwüchsig entfaltet, sondern ist durch die Bedingungen bestimmt, die der Wert als Mehrwert erfordert, sodass sich der Arbeitsprozess als Wertbildungs- und Verwertungsprozess zeigt. In diesen durch den Wert bedingten Reflexionsbestimmungen eines planvollen Produktionszusammenhanges zeigt sich das Wesen des Kapitals, unbezahlte Aneignung von Mehrarbeit zu sein, sodass die Bestimmungen der bürgerlichen Gesellschaft in der Zirkulationssphäre in ihr Gegenteil übergehen. In und vermittels des Prozesses der Kapitalakkumulation verkehrt sich so die abstrakte Herrschaft und mit ihr verkehren sich die Rechtsbestimmungen der Person in ihr Gegenteil: die konkrete Herrschaft der Kapitalisten über die Arbeitenden. Zugleich werden die Kategorien des Produktionsprozesses (Arbeit, Kooperation, Werkzeug und Maschinerie etc.) so als Kategorien der politischen Ökonomie begriffen. Entsprechend ist auch das verausgabte Kapital selbst schon immer Produkt des kapitalistischen Produktionsprozesses und besteht als solches bereits seit jeher aus akkumulierter Mehrarbeit. Es enthält Mehrwert, also ohne Äquivalent angeeignete Arbeitszeit. Und so »schlagen die Eigenthumsgesetze der Waarenproduktion um in Gesetze der kapitalistischen Aneignung«.[6]

So sind die Kategorien, die eingangs als logisch-systematischer Ausgangspunkt der Kapitalakkumulation erschienen, selbst das Resultat des (Re-)Produktionsprozesses und durch den der Substanz entsprechenden Begriff gesetzt. Es erscheinen damit die »Voraussetzungen, die ursprünglich als Bedingungen seines Werdens erschienen – und daher noch nicht von seiner Action *als Capital* entspringen konnten – [...] jetzt als Resultate seiner eignen Verwirklichung, Wirklichkeit, als *gesezt* von ihm – *nicht als Bedingungen seines Entstehens, sondern als Resultate seines Daseins*«.[7] Darin liegt das kritische Moment von Marx' dialektischer Methode und

6 Ebd., S. 526.

7 Marx: Ökonomische Manuskripte 1857–58, Teil 2, MEGA², Bd. II/1.2, S. 368.

seinem Begriff von Kategorie: Es ist die Erfahrung des Produktionsprozesses, sowohl der gesellschaftlichen Formen wie ihrer wissenschaftlichen Erkenntnis; nicht ihrer historischen Genesis nach, sondern in Form der logischen Ordnung des Begriffs – als gedankliche Reproduktion des außerhalb des Denkens existierenden Subjekts.[8] So wird im Anschluss an die hegelsche Dialektik des Begriffs und diese kritisch weiterentwickelnd darstellbar, wie die Totalität der Kategorien nur Ausdruck der Bewegung der Sache selbst ist – gedankliche Reproduktion der Wirklichkeit, in der die Kategorien als Realabstraktionen eines Prozesses zu gesellschaftlich herrschenden Abstraktionen werden, eben weil sie nicht nur die verstandesgemäßen Denkbestimmungen sind, sondern zugleich Grundbestimmungen des Seienden. Sie sind eine Kritik an den bisherigen Kategorien der politischen Ökonomie, wie dieses System als wissenschaftliches Ganzes durch neue, der Substanz entspringende Kategorien vervollständigt und erstmals wissenschaftlich dargestellt wird.

Darin vollendet sich Marx' Kritik an Hegel, weil der Begriff des Kapitals als sich selbst verwertender Wert tatsächlich dem Anspruch der Metaphysik gleichkommt, dass die Idee oder der Begriff das die menschliche Wirklichkeit und damit formbestimmende Moment ist. Indem die Kategorien durch den Begriff bestimmt sind, ist auch die Kritik am Junghegelianismus vollendet, dem in der »Deutschen Ideologie« vorgeworfen wurde, nur gegen die Herrschaft der Gedanken zu rebellieren.[9] Indem ausgehend vom Begriff des Kapitals die Kategorien nicht nur Denkbestimmungen der Wirklichkeit sind, ist ihr Konstitutionsgrund nicht das Denken und sind die Kategorien damit nicht nur reine Gedanken, sondern die Reproduktion der gesellschaftlichen Produktionsverhältnisse im Denken. Erst durch diese Wiederannäherung an Hegel und die hier explizierte Fassung der Kategorien als Denk- und Grundbestimmungen wird klar, worin die ans »Kapital« anschließende »›praktisch-kritische‹ Thätigkeit«[10] besteht: Das »Kapital« bildet die wissenschaftliche Grundlage für den Kommunismus, der bestimmt war als die »wirkliche Bewegung, welche den jetzigen Zustand aufhebt«.[11] Dies gelingt durch die Erfahrung, die diese Produktionsweise wissenschaftlicher Erkenntnis ermöglicht. In ihr werden nicht nur die Kategorien kohärent erarbeitet und stellen als gedankliche Reproduktion der Wirklichkeit eine Revolutionierung der Wissenschaft dar, sondern diese Kritik der Wissenschaft bezieht sich zugleich auf das dem Realobjekt Zugrundeliegende als Konstitutionsgrund dieser Kategorien und verweist so auf die gesellschaftliche Praxis. Eben auch, weil das Kapital nicht nur ein Herrschaftszusam-

8 Vgl. Marx: Ökonomische Manuskripte 1857–58, Teil 1, MEGA², Bd. II/1.1, S. 36 f.

9 Vgl. Engels/Marx: Die deutsche Ideologie, MEW, Bd. 3, S. 13.

10 Marx: 1) ad Feuerbach, MEGA², Bd. IV/3, S. 19.

11 Engels/Marx: Die deutsche Ideologie, MEW, Bd. 3, S. 35.

menhang, sondern mittels der ungeheuren Warensammlung ebenso Kultivierung »aller Eigenschaften des gesellschaftlichen Menschen und Production desselben als möglichst Bedürfnißreichen, weil Eigenschafts- und Beziehungsreichen«[12] ist. Es realisiert sich – was im Licht post- wie dekolonialer Diskurse kritisch zu hinterfragen wäre – für Marx in und vermittels der Fremdherrschaft und Unterdrückung zugleich »the great civilising influence of capital [...] gegen die alle frühren [Gesellschaftsstufen] nur als lokale Entwicklungen der Menschheit und als Naturidolatrie erscheinen«.[13]

12 Marx: Ökonomische Manuskripte 1857–58, Teil 2, MEGA², Bd. II/1.2, S. 322.

13 Ebd.

Zusammenfassung

Ich habe versucht zu zeigen, dass für das Verständnis der Darstellungslogik im »Kapital« ein Bewusstsein darüber entscheidend ist, was »Kategorien« im wissenschaftstheoretischen Sinn bedeuten und welche Funktion sie innerhalb einer dialektischen Darstellung haben. Dialektisches Denken ist ohne den hier rekonstruierten Zusammenhang von »Kategorie« und »Begriff« nur schwer greifbar, wie sich an dem in der Einleitung dargestellten jahrzehntelangen Ringen um die Frage ablesen lässt, was »materialistische Dialektik« sei. Die so entwickelte theoretische Figur einer Kritik durch Darstellung, in der die Kategorien Denk- wie Grundbestimmungen einer dem Begriff zugrunde liegenden Substanz sind, hat hoffentlich Auswirkungen auf die marxistische Methodendebatte und das Projekt einer »materialistischen« Dialektik.

Trotz der hier vollzogenen Rekonstruktion der darstellungslogischen Funktion von Kategorien lässt sich Marx' dialektische Methode außerhalb abstrakter Charakterisierungen schlecht formalisieren und auf andere Gegenstände übertragen. Denn die Form des Begriffs ist immer nur Resultat, »worin sich [...] Erfahrungen zusammenfassen«, wie Engels betonte. Den Begriff einer Sache zu bilden, erfordert daher stets »wirkliches Denken«[1] als gedankliche Aneignung der außerhalb des Denkens existierenden Gegenstände. Dazu ist eine gewisse Freiheit dem Gegenstand gegenüber erforderlich, wodurch die Denktätigkeit als freie Tätigkeit, so Marx, »verdammtester Ernst, intensivste Anstrengung [ist]«.[2] Es ist so durch die Eigenart dialektischen Denkens unabdinglich, sich der Eigenlogik der Sache zu überlassen,[3] insofern die dem Begriff eigene logisch-systematische Entfaltung der Kategorien an der gegenstandsspezifischen Dialektik von Form und Inhalt hängt und der sich darin vollziehenden Bestimmung der Substanz als Lösungsbewegung von Widersprüchen. Das *Wahre* ist daher, so wie schon bei Hegel, nicht nur »als *Substanz*, sondern ebenso sehr als Subjekt aufzufassen und auszudrücken«, und damit ist es »das Werden seiner selbst, der Kreis, der sein Ende als seinen

1 Engels: Anti-Dühring, MEW, Bd. 20, S. 14.

2 Marx: Ökonomische Manuskripte 1857–58, Teil 2, MEGA², Bd. II/1.2, S. 499.

3 Vgl. Hegel: Wissenschaft der Logik I, Werke, Bd. 5, S. 31, 49 f.

Zweck voraussetzt und zum Anfange hat und nur durch die Ausführung und sein Ende wirklich ist«.[4] Diese von Hegel ausgesprochene Dialektik von Form und Inhalt ist für jeden sich im begrifflichen Denken anzueignenden Gegenstand jeweils spezifisch eigentümlich, weil sie nicht ausgeht von einem Schema, sondern an der Herausarbeitung des der Sache Zugrundeliegenden (*hypokeímenon*) und damit des sich in ihr bestimmenden Wesens (*ousía*) hängt. »Post festum«[5] oder »prima facie«[6] erscheint dies Innere der Sache als Ding mit scheinbar natürlichen Eigenschaften, deren Vermittlungsprozess verborgen ist und zur Rekonstruktion drängt – dem denkenden Nachvollzug der Formbestimmung. Dialektik besteht daher wesentlich im Nachdenken der eigentümlichen Logik des eigentümlichen Gegenstandes und damit im Aufdecken der Konstitutionsbedingungen, sodass der Produktionscharakter der Wirklichkeit und diese damit unter dem Aspekt ihrer Veränderbarkeit begriffen werden kann – dies macht den sogenannten »materialistischen« Charakter der Dialektik aus. Dies mag unzufriedenstellend scheinen, aber wenn etwas zum Projekt einer »materialistischen Dialektik« gesagt werden kann, dann das, was Adorno als Grunderfahrung der Dialektik insgesamt benennt: Es besteht im Anschmiegen des Denkens an den Gegenstand und im »Weitertreiben der Begriffe durch Konfrontation mit dem, was von ihnen ausgedrückt wird«.[7] Diese Bewegung zeigte sich auch hier als Kernelement dialektischer Darstellung: dass die Form dem Inhalt nicht äußerlich ist, sondern die Formbestimmungen der Sache zugleich die Inhaltsbestimmungen der Substanz als Subjekt sind, die an dem inneren Widerspruch der Sache fortlaufend sich durch Negation der Negation entwickeln. Oder wie Hegel sagt: »[Der Widerspruch] aber ist die Wurzel aller Bewegung und Lebendigkeit; nur insofern etwas in sich selbst einen Widerspruch hat, bewegt es sich, hat Trieb und Tätigkeit.«[8] Um diesen allgemeinen Sachverhalt zur Darstellung zu bringen und zu rekonstruieren, wurde hier die Vermittlung von Form und Inhalt in den Kategorien einer wissenschaftlichen Systematik anhand des »Kapital« wie dem Abschnitt zur Wirklichkeit in der hegelschen »Enzyklopädie« entfaltet. Was dialektisches Denken auszeichnet, spiegelt sich insbesondere in dem in diesen Abschnitten ausgearbeiteten Verständnis von Kategorie und Begriff. Die Kategorien, als solcherart formbestimmte Momente der Wirklichkeit der Sache selbst, bringen diese auf ihren Begriff, der damit nicht nur ein Produkt *des* Denkens ist, sondern die gedankliche Reproduktion des wirklichen Gegenstandes *im* Denken.

4 Hegel: Phänomenologie des Geistes, Werke, Bd. 3, S. 23.

5 Marx: Das Kapital. Erster Band (1890), MEGA², Bd. II/10, S. 75.

6 Ebd., S. 350 FN 110.

7 Theodor W. Adorno: Einführung in die Dialektik, Frankfurt a. M. 2015, S. 10.

8 Hegel: Wissenschaft der Logik II, S. 75.

Und so ergibt sich als Grundzug kategorialer Kritik das Folgende: Der Begriff ist wie in der antiken Tradition nicht einfach nur als ein Wort oder Allgemeines aufzufassen, welches im Denken das Identitätsmoment des Gegenstandes abstrakt festhält. Er stellt vielmehr eine Urteils- und Schlussform dar, die das Wesen der Dinge begreifen soll, und hierzu wäre es unzureichend, bei den allgemeinen Merkmalen stehenzubleiben, die gemeinhin einen Begriff der Sache in der Prädikationsform »S ist P« definieren. Im aus der Tradition der Metaphysik hervorgehenden Begriff bei Hegel soll das in der Urteilsform liegende Allgemeine – als Wesen der Dinge – diese nicht nur definieren, sondern zugleich begründen wie bestimmen, also nicht nur Denk- sondern auch Grundbestimmung sein. Dazu werden die Bestimmungen der Sache selbst in Kategorien ausgedrückt, die dadurch nicht mehr als Prädikationsformen, sondern als ein System von miteinander vermittelten und durch den Begriff der Sache selbst determinierten Bestimmungen zu fassen sind. Die Kategorien sind so zu verstehen als Formbestimmungen, als Abstraktionen der inneren Bewegung der Sache selbst, des *hypokeímenon*. Sie sind Ausdrücke des durch die Abstraktionskraft erschließbaren Wesens im Sinne der Substanz, die aus ihrem Selbstbezug hervorgehend sowohl die Denkbestimmungen der gedanklichen Reproduktion der Sache selbst wie die Grundbestimmungen sind. Durch diesen Prozess ergibt sich eine Einheit von Denken und Sein, von Form und Inhalt, da die Gegenstände ausgehend von ihrer eigenen Substanz und der diesbezüglichen Formursache gedanklich reproduziert werden. Entspringen die Formursachen der Substanz selbst, insofern in ihr ein Widerspruch liegt, dann ergibt sich ein Subjektcharakter des in der Metaphysik häufig nur statisch bleibenden Wesens und es gelang Marx, in dieser Dynamisierung die Verselbstständigung gesellschaftlicher Verhältnisse nachzuzeichnen. Entspringen die Formursachen äußerlich, so lässt sich zumindest durch die am Arbeitsprozess dargelegte Formanalyse insoweit dialektisch denken, wie die Formbestimmung aus einem bestimmten Zweck – politisch gesprochen, bestimmten Interessen – hervorgeht, der als das Zugrundliegende aufgeklärt werden kann. Zur Disposition steht damit die auf die politische Praxis zielende Frage, wie und ob der Gegenstand nicht auch anders bestimmt sein könnte.

Damit sind die Kernmomente benannt, anhand derer die innere Logik gesellschaftlicher Gegenstände in einem Projekt materialistischer Dialektik reflektiert werden können. Die dialektische Darstellung eines Gegenstandes, die zugleich Kritik seiner vormaligen Bestimmungen und Prädikationen ist, beruht also auf einer systematischen Inanspruchnahme der Abstraktionskraft, die das Zugrundeliegende nicht nur als *caput mortuum* der Abstraktion fasst, sondern als Wesen und damit als Grund. Hiervon ausgehend sind in den durch die Negation der Negation entfalteten Kategorien Darstellung und Kritik verschränkt. Die Negation der Negation ist dabei für Marx nicht nur tragendes Moment zur »Entfaltung des gesamten Systems«,[9] sondern über die Entwicklungsmethode hinaus »die Verneinung des gesamten kapitalistischen Systems«.[10]

Die Eigentümlichkeit von Marx' Denken als einer kategorialen Kritik besteht – so das Resultat der vorliegenden Arbeit – darin, dass die Kategorien nicht in einem herkömmlichen Sinn die Grundbegriffe einer Wissenschaft sind, sondern formbestimmte Momente der der Wirklichkeit zugrunde liegenden Substanz innerhalb einer gedanklichen Reproduktion derselben, die sich an der hegelschen Form des Begriffs orientiert. Durch diesen sie bestimmenden Gesamtzusammenhang können sie nicht isoliert aus dem System entnommen werden, ohne ihre Wahrheit zu verlieren, weil sie dann nicht mehr als Kategorien der jeweiligen Wissenschaft begriffen sind, sondern im besten Fall als eigenständige Begriffe (möglicherweise sogar nur als Wörter für etwas) fungieren. Rational begriffen ist so nicht nur die sich seit Aristoteles in den Kategorien spiegelnde und in der Kopula verschlossen liegende Bestimmungsfunktion des Denkens, sondern auch die Bestimmung der Sache selbst, insofern das Zugrundeliegende gedanklich reproduziert werden kann. Hieraus ergibt sich dann der notwendige Zusammenhang von Begriff und Sache. Möchte man diesen Grundzügen einer Theorie kategorialer Kritik folgen, so findet sich in der Darstellung und Kritik des Kapitalverhältnisses durch Marx ein soziohistorisches Kategorienmodell. Fassbar wird es als ein Hegel übersteigendes Projekt »materialistischer Dialektik«, insofern sich hierin eine grundsätzliche Kritik an der im philosophischen Begriff durch die Abstraktion vermittelten Herrschaftsmomente verbirgt, so wie sie nicht zuletzt Adorno in seiner »Negativen Dialektik« als Kritik an der Identitätslogik herausarbeitete. Denn was sich bereits in der »Dialektik der Aufklärung« andeutete, dass dem philosophischen Begriff und der Vernunft eine abstrakte Herrschaft und Verselbstständigung über die Dinge beiliegt, vollzieht sich im Kapital wirklich: das im Wert verselbständigte gesellschaftliche Handeln der Menschen, tritt ihnen in der abstrakt formierenden Gestalt der kapitalistischen Verhältnisse gegenüber, sodass »daß die Individuen nun von *Abstraktionen* beherrscht werden, während sie früher von einander abhingen. Die Abstraktion oder Idee ist aber nichts als der theoretische Ausdruck jener materiellen Verhältnisse, die Herr über sie sind«.[11]

Entsprechend ließe sich sagen, dass bei Marx die (hegelsche) Metaphysik zu einer Kritik der bürgerlichen Gesellschaft transformiert und

9 Rohbeck: Marx, S. 99.

10 Ebd., S. 100.

11 Marx: Ökonomische Manuskripte 1857–58, Teil 1, MEGA², Bd. II/1.1, S. 96.

darin zu einer eigenständigen Form rationaler Weltauffassung wird,[12] so wie sie hier versucht wurde zu rekonstruieren. In Verbindung mit der These Krahls, dass in Analogie zu den Kategorien des Denkens der Mensch in den Kategorien der gesellschaftlichen Praxis die eigene Gattungstätigkeit und damit das darin liegende gesellschaftliche Bewusstsein als sein eigenes Produkt begrifflich reflektieren kann,[13] verkörpern die so erschlossenen Kategorien nicht nur eine Kritik der Wissenschaft von Gesellschaft, sondern zielen zugleich auf eine transformierte gesellschaftliche Praxis, indem sie sich anschicken, das Selbstverständnis des Menschen von sich und seiner Wirklichkeit zu verändern.

12 Vgl. auch Karl Heinz Haag: Metaphysik als Forderung rationaler Weltauffassung, Frankfurt a. M. 2018.

13 Vgl. Krahl: Erfahrung des Bewusstseins, S. 17.

Anhang

Siglen

MEGA^2 Karl Marx/Friedrich Engels: Gesamtausgabe, Berlin 1975 ff.

MEW Karl Marx/Friedrich Engels: Werke, Berlin 1956 ff.

Zur Zitierweise der Texte von Marx und Engels: Das »Kapital« und entsprechende Vorarbeiten werden nach der MEGA^2 zitiert, ebenso alle nicht in der MEW veröffentlichten Texte und solche, bei denen der historisch-kritischen Ausgabe der Vorzug zu geben ist. Eine Ausnahme bildet hier »Die deutsche Ideologie«. Die Briefe werden generell nach der MEW zitiert. Eine Angleichung der Rechtschreibung findet nicht statt. Bei der ersten Nennung wird der vollständige Titel einer Schrift angegeben, bei allen weiteren Nennungen der Kurztitel mit Angabe des Bandes der MEW oder der MEGA^2.

Literaturverzeichnis

Adorno, Theodor W.: Negative Dialektik. Jargon der Eigentlichkeit (= Gesammelte Schriften 6), Frankfurt a. M. 1986.

Adorno, Theodor W.: Zum Verhältnis von Soziologie und Psychologie, in: ders.: Soziologische Schriften I (= Gesammelte Schriften 8), Frankfurt a. M. 1990, S. 42–85.

Adorno, Theodor W.: Zur Metakritik der Erkenntnistheorie. Drei Studien zu Hegel (= Gesammelte Schriften 5), Frankfurt a. M. 2005.

Adorno, Theodor W.: Einführung in die Dialektik, Frankfurt a. M. 2015.

Adorno, Theodor W.: Erkenntnistheorie (1957/58), Frankfurt a. M. 2018.

Aristoteles: Metaphysik, Berlin (Ost) 1960.

Aristoteles: Organon. Bd. 1: Topik. Über die sophistischen Widerlegungsschlüsse, Hamburg 1997.

Aristoteles: Kategorien, Berlin 2006.

Arndt, Andreas: »... unbedingt das letzte Wort aller Philosophie«. Marx und die hegelsche Dialektik, in: Rahel Jaeggi/Daniel Loick (Hrsg.): Karl Marx – Perspektiven der Gesellschaftskritik, Berlin 2013, S. 27–38.

Arndt, Andreas: Geschichte und Freiheitsbewusstsein, Berlin 2015.

Arndt, Andreas: Hegels Begriff des Begriffs und der Begriff des Wertes in Marx' Kapital, in: Zeitschrift für kritische Sozialtheorie und Philosophie 1–2/2017, S. 3–22.

Arndt, Andreas: Hegel in Marx. Studien zur dialektischen Kritik und zur Theorie der Befreiung, Berlin 2023.

Andreas Arndt: Ein Gegensatz ohne Bedeutung: Idealismus und Materialismus, in: ders.: Hegel in Marx. Studien zur dialektischen Kritik und zur Theorie der Befreiung, Berlin 2023, S. 65–77

Andreas Arndt: Hegels Wesenslogik und ihre Rezeption und Deutung durch Karl Marx, in: ders.: Hegel in Marx. Studien zur dialektischen Kritik und zur Theorie der Befreiung, Berlin 2023, S. 90–102.

Arndt, Andreas: Hegels Begriff des Begriffs und der Begriff des Wertes in Marx' »Kapital«, in: Hegel in Marx. Studien zur dialektischen Kritik und zur Theorie der Befreiung, Berlin 2023, S. 103–113.

Arthur, Christopher J.: The New Dialectic and Marx's *Capital*, Leiden 2004.

Azarbaijani, Abbas Alidoust: Aufhebung Hegels »Wissenschaft der Logik« in Marx' »Das Kapital«. Teil 1: Die Lehre vom Sein – der Produktionsprozeß des Kapitals, Berlin u. a. 2010.

Azarbaijani, Abbas Alidoust: Aufhebung Hegels »Wissenschaft der Logik« in Marx' »Das Kapital«. Teil 2: Die Lehre vom Wesen – der Zirkulationsprozeß des Kapitals, Berlin u. a. 2010.

Azarbaijani, Abbas Alidoust: Aufhebung Hegels »Wissenschaft der Logik« in Marx' »Das Kapital«. Teil 3: Wissenschaft der subjektiven Logik oder die Lehre vom Begriff: der Gesamtprozess der kapitalistischen Produktion sowohl in seinem objektiven wert- als kapitalbegrifflichen Fortgang als auch in seiner wert- und kapitalbegrifflichen Widerspiegelung, Berlin u. a. 2015.

Backhaus, Hans-Georg: Dialektik der Wertform. Untersuchungen zur marxschen Ökonomiekritik, Freiburg 1997.

Backhaus, Hans-Georg: Theodor W. Adorno über Marx und die Grundbegriffe der soziologischen Theorie, in: ders.: Dialektik der Wertform. Untersuchungen zur marxschen Ökonomiekritik, Freiburg 1997, S. 501–513.

Backhaus, Hans-Georg: Über den Doppelsinn der Begriffe »Politische Ökonomie« und »Kritik« bei Marx und in der Frankfurter Schule, in: Stefan Dornuf/Reinhard Pitsch (Hrsg.): Wolfgang Harich zum Gedächtnis. Eine Gedenkschrift in zwei Bänden, Bd. 2, München 2000, S. 12–216.

Backhaus, Hans-Georg/Reichelt, Helmut: Wie ist der Wertbegriff in der Ökonomie zu konzipieren? Zu Michael Heinrich: »Die Wissenschaft vom Wert«, in: Beiträge zur Marx-Engels-Forschung, Neue Folge, 1995, S. 60–94.

Bartsch, Gerhard/Klimaszewsky, Günter: Materialistische Dialektik, ihre Grundgesetze und Kategorien, Berlin (Ost) 1973.

Baumgartner, Hans-Michael/Gerhardt, Gerd/Konhardt, Klaus u. a.: Kategorie, Kategorienlehre, in: Historisches Wörterbuch der Philosophie, Bd. 4, Basel o. J., S. 714–776.

Bellofiore, Riccardo/Fineschi, Roberto (Hrsg.): Re-reading Marx. New Perspectives after the Critical Edition, London 2009.

Bensch, Hans-Georg: Anmerkungen zum Begriff der Wahrheit bei Kant und Hegel – und Aristoteles, in: Hegel-Jahrbuch 1/2015, S. 465–469.

Bensch, Hans-Georg: Kategorie(n) bei Kant und Hegel, in: Hegel-Jahrbuch 1/2016, S. 154–159.

Böhme, Gernot: Platons theoretische Philosophie, Darmstadt 2000.

Bönisch, Siegfried/Fiedler, Frank: Dialektik als philosophischer Gegenstand – Ergebnisse und Aufgaben eines Forschungsprogramms, in: Deutsche Zeitschrift für Philosophie 5/1988, S. 385–394.

Brentel, Helmut: Soziale Form und ökonomisches Objekt. Studien zum Gegenstands- und Methodenverständnis der Kritik der politischen Ökonomie, Opladen 1989.

Bruschi, Valeria/Muzzupappa, Antonella/Nuss, Sabine/Steckner, Anne/Stützle, Ingo: PolyluxMarx, Bildungsmaterial zur *Kapital*-Lektüre. Erster Band, Berlin 2012.

Butler, Judith: Psyche der Macht. Das Subjekt der Unterwerfung, Frankfurt a. M. 2001.

D'Emilio, John: Capitalism and Gay Identity, in: Henry Abelove/Michèle Aina Barale/David M. Halperin (Hrsg.): The Lesbian and Gay Studies Reader, London 1993, S. 467–476.

Drjachlov, Nikolaj I.: Kategorien des historischen Materialismus. Studien zur Widerspiegelung gesellschaftlicher Entwicklungsprozesse in philosophischen Begriffen, Berlin (Ost) 1978.

Elbe, Ingo: Marx im Westen. Die neue Marx-Lektüre in der Bundesrepublik seit 1965, Berlin 2010.

Euchner, Walter/Schmidt, Alfred (Hrsg.): Kritik der politischen Ökonomie heute. 100 Jahre »Kapital«, Frankfurt a. M./Wien 1968.

Fiedler, Frank/Vogel, Bernd: Zum Begriff »Vermittlung«, in: Deutsche Zeitschrift für Philosophie 8/1982, S. 987–996.

Fischer, Kuno: Logik und Metaphysik oder Wissenschaftslehre, hrsg. v. Hans-Georg Gadamer, Heidelberg 1998.

Gropp, Rugard Otto: Die marxistische dialektische Methode und ihr Gegensatz zur idealistischen Dialektik Hegels, in: Deutsche Zeitschrift für Philosophie 1/1954, S. 69–112.

Gschnitzer, Fritz: Griechische Sozialgeschichte, Stuttgart 2013.

Günther, Gotthard: Beiträge zur Grundlegung einer operationsfähigen Dialektik, Bd. 1, Hamburg 1976.

Haag, Karl Heinz: Der Fortschritt in der Philosophie, Frankfurt a. M. 1983.

Haag, Karl Heinz: Metaphysik als Forderung rationaler Weltauffassung, Frankfurt a. M. 2018.

Hartmann, Nicolai: Aristoteles und das Problem des Begriffs, in: ders.: Kleinere Schriften, Bd. 2. Abhandlungen zur Philosophiegeschichte, Berlin 1957, S. 100–129.

Haug, Frigga: Doppelcharakter der Arbeit, in: Historisch-kritisches Wörterbuch des Marxismus, Bd. 2, Hamburg 1995, Sp. 812–819.

Haug, Wolfgang Fritz: Historisches/Logisches, in: Historisch-kritisches Wörterbuch des Marxismus, Bd. 6/1, Hamburg 2004, Sp. 335–367.

Haug, Wolfgang Fritz: Marx' Lernprozess, in: ders.: Dreizehn Versuche, marxistisches Denken zu erneuern, Hamburg 2005, S. 223–235.

Haug, Wolfgang Fritz: Vorlesungen zur Einführung ins »Kapital«, Hamburg 2005.

Haug, Wolfgang Fritz: Neue Vorlesungen zur Einführung ins »Kapital«, Hamburg 2006.

Haug, Wolfgang Fritz: Kategorie, in: Historisch-kritisches Wörterbuch des Marxismus, Bd. 7/1, Hamburg 2008, Sp. 467–486.

Haug, Wolfgang Fritz.: Das »Kapital« lesen – aber wie? Materialien, Hamburg 2013.

Hegel, Georg Wilhelm Friedrich: Die Verfassung Deutschlands (1800–1802), in: Werke [in 20 Bänden], Bd. 1, Frankfurt a. M. 1986, S. 451–610.

Hegel, Georg Wilhelm Friedrich: Differenz des fichteschen und schellingschen Systems der Philosophie, Werke [in 20 Bänden], Bd. 2, Frankfurt a. M. 1986, S. 9–140.

Hegel, Georg Wilhelm Friedrich: Verhältnis des Skeptizismus zur Philosophie. Darstellung seiner verschiedenen Modifikationen und Vergleichung des neuesten mit dem alten, in: Werke [in 20 Bänden], Frankfurt a. M. 1986, Bd. 2, S. 213–272.

Hegel, Georg Wilhelm Friedrich: Glauben und Wissen oder Reflexionsphilosophie der Subjektivität in der Vollständigkeit ihrer Formen als Kantische, Jacobische und Fichtesche Philosophie, in: Werke [in 20 Bänden], Bd. 2, Frankfurt a. M. 1986, S. 287–433.

Hegel, Georg Wilhelm Friedrich: Phänomenologie des Geistes, in: Werke [in 20 Bänden], Bd. 3, Frankfurt a. M. 1986.

Hegel, Georg Wilhelm Friedrich: Wissenschaft der Logik I. Erster Teil. Die objektive Logik. Zweites Buch. Zweiter Teil. Die subjektive Logik, in: Werke [in 20 Bänden], Bd. 5, Frankfurt a. M. 1986.

Hegel, Georg Wilhelm Friedrich: Wissenschaft der Logik II. Erster Teil. Die objektive Logik. Zweites Buch. Zweiter Teil. Die subjektive Logik, in: Werke [in 20 Bänden], Bd. 6, Frankfurt a. M. 1986.

Hegel, Georg Wilhelm Friedrich: Grundlinien der Philosophie des Rechts oder Naturrecht und Staatswissenschaft im Grundrisse. Mit Hegels eigenhändigen Notizen und den mündlichen Zusätzen, in: Werke [in 20 Bänden], Bd. 7, Frankfurt a. M. 1986.

Hegel, Georg Wilhelm Friedrich: Enzyklopädie der philosophischen Wissenschaften im Grundrisse 1830. Erster Teil. Die Wissenschaft der Logik. Mit den mündlichen Zusätzen, in: Werke [in 20 Bänden], Bd. 8, Frankfurt a. M. 1986.

Hegel, Georg Wilhelm Friedrich: Enzyklopädie der philosophischen Wissenschaften im Grundrisse 1830. Zweiter Teil. Die Naturphilosophie. Mit den mündlichen Zusätzen, in: Werke [in 20 Bänden], Bd. 9, Frankfurt a. M. 1986.

Hegel, Georg Wilhelm Friedrich: Enzyklopädie der philosophischen Wissenschaften im Grundrisse 1830. Dritter Teil. Die Philosophie des Geistes. Mit den mündlichen Zusätzen, in: Werke [in 20 Bänden], Bd. 10, Frankfurt a. M. 1986.

Hegel, Georg Wilhelm Friedrich: Vorlesungen über die Philosophie der Geschichte, in: Werke [in 20 Bänden], Bd. 12, Frankfurt a. M. 1986.

Hegel, Georg Wilhelm Friedrich: Vorlesungen über die Philosophie der Religion I, in: Werke [in 20 Bänden], Bd. 17, Frankfurt a. M. 1986.

Hegel, Georg Wilhelm Friedrich: Vorlesungen über die Geschichte der Philosophie I, in: Werke [in 20 Bänden], Bd. 18, Frankfurt a. M. 1986.

Hegel, Georg Wilhelm Friedrich: Vorlesungen über die Geschichte der Philosophie II, Werke [in 20 Bänden], Bd. 19, Frankfurt a. M. 1986.

Hegel, Georg Wilhelm Friedrich: Vorlesungen über die Geschichte der Philosophie II, Werke [in 20 Bänden], Bd. 20, Frankfurt a. M. 1986.

Heilgendorff, Franz: Die fragwürdige These einer fortschreitenden Popularisierung im *Kapital* und ihre Konsequenzen, in: Das Argument 330, 2018, S. 873–883.

Heilgendorff, Franz: Hegels »Enzyklopädie« und Marx' »Kapital«. Zur sachlich motivierten Verwendung von Kategorien der »Enzyklopädie« im »Kapital«, in: Hegel-Jahrbuch 2020 (im Druck).

Heilgendorff, Franz/Kleber, Marco: Das Recht der Ökonomie. Die Methode der Rechtsphilosophie und die Hegel-Kritik von Marx, in: Michael Quante/Birgit Sandkaulen (Hrsg.): Hegel-Studien 53/54, Hamburg 2020, S. 251–274.

Heinrich, Klaus: tertium datur. Eine religionsphilosophische Einführung in die Logik, Frankfurt a. M. 1981.

Heinrich, Michael: Die Wissenschaft vom Wert. Die Marxsche Kritik der politischen Ökonomie zwischen wissenschaftlicher Revolution und klassischer Tradition, Münster 2004.

Heinrich, Michael: Wie das Marxsche Kapital lesen? Hinweise zu Lektüre und Kommentar zum Anfang von »Das Kapital«, Stuttgart 2008.

Heinrich, Michael: Kritik der politischen Ökonomie. Eine Einführung, Stuttgart 2009.

Heinrich, Michael: Das Programm der Kritik der politischen Ökonomie, in: Michael Quante/David P. Schweikard (Hrsg.): Marx Handbuch, Stuttgart 2016, S. 71–118.

Hindrichs, Gunnar: Kategorienrahmen und Begriffswandel. Zwischen Kant und Hegel, in: Kazimir Drilo/Axel Hutter (Hrsg.): Spekulation und Vorstellung in Hegels enzyklopädischem System, Tübingen 2015, S. 119–156.

Hoff, Jan: Marx global. Zur Entwicklung des internationalen Marx-Diskurses seit 1965, Berlin 2009.

Horkheimer, Max: Copula und Subsumtion (1939), in: ders.: Gesammelte Schriften 12: Nachgelassene Schriften (1931–1949), Frankfurt a. M. 1985, S. 69–74.

Horkheimer, Max: Erbsünde und Copula (1942), in: ders.: Gesammelte Schriften 12: Nachgelassene Schriften (1931–1949), Frankfurt a. M. 1985, S. 277–278.

Horkheimer, Max.: Zum Problem der Wahrheit, in: ders.: Kritische Theorie. Eine Dokumentation, Bd. 1, Frankfurt a. M. 1968, S. 228–276.

Horkheimer, Max/Adorno, Theodor W.: Diskussionen über Sprache und Erkenntnis, Naturbeherrschung am Menschen, politische Aspekte des Marxismus (1939), in: Horkheimer, Max: Gesammelte Schriften 12: Nachgelassene Schriften (1931–1949), Frankfurt a. M. 1985, S. 493–529.

Horkheimer, Max/Adorno, Theodor. W.: Rettung der Aufklärung, Diskussionen über eine geplante Schrift zur Dialektik (1946), in: Max Horkheimer: Gesammelte Schriften 12: Nachgelassene Schriften (1931–1949), Frankfurt a. M. 1985, S. 593–602.

Iljenkov, Ewald Wassiljewitsch: Die Dialektik von Abstraktem und Konkretem, in: Mark M. Rosental (Hrsg.): Geschichte der marxistischen Dialektik. Von der Entstehung des Marxismus bis zur Leninschen Etappe, Berlin 1974, S. 211–233.

Iljenkov, Ewald Wassiljewitsch: Die Dialektik des Abstrakten und Konkreten im »Kapital« von Karl Marx, Moskau 1979.

Jaeggi, Rahel: Entfremdung. Zur Aktualität eines sozialphilosophischen Problems, Frankfurt a. M. 2005.

Kant, Immanuel: Prolegomena, in: ders: Schriften zur Metaphysik und Logik 1 (= Werkausgabe Bd. V), Frankfurt a. M. 1986.

Kant, Immanuel: Kritik der reinen Vernunft, Hamburg 1998.

Kleber, Marco: Philosophieren mit Hegel, Dresden 2021.

Kopnin, Pavel V.: Dialektik, Logik, Erkenntnistheorie, Berlin (Ost) 1970.

Kosík, Karel: Die Dialektik des Konkreten. Eine Studie zur Problematik des Menschen und der Welt, Frankfurt a. M. 1967.

Kosing, Alfred: Die Einheit von Dialektik und Erkenntnistheorie im dialektischen Materialismus, in: Deutsche Zeitschrift für Philosophie 11–12/1960, S. 1428–1447.

Krahl, Hans-Jürgen: Sinnlichkeit und Abstraktion: Prolegomena zu einer materialistischen Empirie. Eine Diskussion zwischen Peter Brückner, Hans-Jürgen Krahl u. a. u. Beitr. von Heinrich Brinkmann u. Manfred Lauermann, Gießen 1973.

Krahl, Hans-Jürgen: Erfahrung des Bewußtseins. Kommentare zu Hegels Einleitung der Phänomenologie des Geistes und Exkurse zur materialistischen Erkenntnistheorie, Frankfurt a. M. 1979.

Krahl, Hans-Jürgen: Vom Ende der abstrakten Arbeit. Die Aufhebung der sinnlosen Arbeit ist in der Transzendentalität des Kapitals angelegt und in der Verweltlichung der Philosophie begründet, Frankfurt a. M. 1984.

Krahl, Hans-Jürgen: Anhang. Zur Geschichtsphilosophie des autoritären Staates (2. Fassung), in: ders.: Konstitution und Klassenkampf, Frankfurt a. M. 2008, S. 227–246.

Krahl, Hans-Jürgen: Beiträge aus den Schulungsprotokollen, in: ders.: Konstitution und Klassenkampf. Zur historischen Dialektik von bürgerlicher Emanzipation und proletarischer Revolution, Frankfurt a. M. 2008, S. 368–391.

Krahl, Hans-Jürgen: Produktion und Klassenkampf, in: ders.: Konstitution und Klassenkampf. Zur historischen Dialektik von bürgerlicher Emanzipation und proletarischer Revolution, Frankfurt a. M. 2008, S. 392–417.

Kreis, Guido: Transzendentale Metaphysik: Kant und Hegel, in: ders.: Negative Dialektik des Unendlichen. Kant, Hegel, Cantor, Frankfurt a. M. 2015, S. 169–226.

Krüger, Stephan: Allgemeine Theorie der Kapitalakkumulation. Konjunkturzyklus und langfristige Entwicklungstendenzen, Hamburg 2010.

Laitko, Hubert: Struktur und Dialektik, in: Deutsche Zeitschrift für Philosophie 6/1968, S. 674–697.

Lassow, Ekkhard: Das Verhältnis von Gesetzen und Kategorien am Beispiel des historischen Materialismus, in: Deutsche Zeitschrift für Philosophie 2/1980, S. 147–158.

Lenin, Wladimir Iljitsch: Konspekt zu Hegels »Wissenschaft der Logik«, in: ders: Werke, Bd. 38, Berlin 1956 ff., S. 77–222.

Lenin, Wladimir Iljitsch: Konspekt zu Hegels »Vorlesungen über die Geschichte der Philosophie«, in: Werke, Bd. 38, S. 231–294.

Linder, Urs: Marx und die Philosophie. Wissenschaftlicher Realismus, ethischer Perfektionismus und kritische Sozialtheorie, Stuttgart 2013.

Lukács, Georg: Geschichte und Klassenbewusstsein. Studien über marxistische Dialektik, Neuwied 1968.

Marcuse, Herbert: Der Begriff des Wesens, in: Zeitschrift für Sozialforschung 5/1936, S. 1–39.

Marcuse, Herbert: Der eindimensionale Mensch. Studien zur Ideologie der fortgeschrittenen Industriegesellschaft, München 1998.

Márkus, György: Über die erkenntnistheoretischen Ansichten des jungen Marx, in: Alfred Schmidt (Hrsg.): Beiträge zur marxistischen Erkenntnistheorie, Frankfurt a. M. 1970, S. 18–72.

Marx, Karl: Das Kapital. Kritik der politischen Ökonomie. Erster Band. Buch I, Der Produktionsprozess des Kapitals, hrsg. v. Thomas Kuczynski, Hamburg 2017.

Marx, Karl: Das Kapital. Kritik der politischen Ökonomie. Erster Band, hrsg. u. kommentiert von Michael Quante, Hamburg 2019.

Marx, Karl: Das Kapital (1867). Kritik der politischen Ökonomie. Erster Band, Der Produktionsprozess des Kapitals. Erster Band von 1867, Freiburg 2022.

Mau, Søren: Stummer Zwang. Eine marxistische Analyse der ökonomischen Macht im Kapitalismus, Berlin 2022.

Moseley, Fred/Smith, Tony (Hrsg.): Marx's *Capital* and Hegel's *Logic*. A Reexamination, Leiden/Boston 2014.

Oehler, Klaus: Tabelle der Kategorienaufzählungen im Corpus Aristotelicum. Vergleichende Zusammenstellung, in: ders. (Hrsg.): Aristoteles. Kategorien, Berlin 2006.

Opitz, Heinrich: Die Praxis als zentrale Kategorie der materialistischen Gesellschaftstheorie, in: Deutsche Zeitschrift für Philosophie 4/1966, S. 450–468.

Postone, Moishe: Zeit, Arbeit und gesellschaftliche Herrschaft. Eine neue Interpretation der kritischen Theorie von Marx, Freiburg 2003.

Quaas, Georg: Die ökonomische Theorie von Karl Marx, Marburg 2016.

Queiser, Daniel: Vorwärts zu Aristoteles? Ernst Blochs Komposition einer links-aristotelischen Linie, in: Das Argument 325, 2018.

Rapp, Christof: Metaphysik, München 2016.

Rauh, Hans-Christoph: Materialistische Dialektik als Erkenntnistheorie und Erkenntnistheorie als Widerspiegelungstheorie, in: Deutsche Zeitschrift für Philosophie 3/1978, S. 338–349.

Reichelt, Helmut: Zur logischen Struktur des Kapitalbegriffs bei Karl Marx, Frankfurt a. M. 1970.

Reichelt, Helmut: Zur logischen Struktur des Kapitalbegriffs bei Karl Marx, Freiburg 2001.

Reichelt, Helmut: Die Marxsche Kritik ökonomischer Kategorien. Überlegungen zum Problem der Geltung in der dialektischen Darstellungsmethode im »Kapital«, in: Iring Fetscher/Alfred Schmidt (Hrsg.): Emanzipation als Versöhnung. Zu Adornos Kritik der »Warentausch«-Gesellschaft und Perspektiven der Transformation, Lubljana 2002, S. 142–180.

Reichelt, Helmut: Neue Marx-Lektüre. Zur Kritik sozialwissenschaftlicher Logik, Hamburg 2008.

Richter, Gudrun: Gesetzmäßigkeit und Geschichtsprozeß. Logisches und Historisches, Berlin (Ost) 1985.

Rohbeck, Johannes: Hegels »System der Bedürfnisse« und das Problem ihrer Entwicklung, in: Hegel-Jahrbuch 1984/85, S. 155–164.

Rohbeck, Johannes: Marx, Stuttgart 2014.

Rohbeck, Johannes: Integrative Geschichtsphilosophie in Zeiten der Globalisierung, Berlin/Boston 2020.

Rohbeck, Johannes/Brockmeier, Jens: Identität als analytische Erkenntniskategorie wissenschaftlicher Arbeit, in: Hegel-Jahrbuch 1979, S. 93–101.

Rosental, Mark M.: Kategorien der materialistischen Dialektik, Berlin (Ost) 1960.

Rosental, Mark M.: Die dialektische Methode der politischen Ökonomie von Karl Marx, Berlin (Ost) 1969.

Rubin, Isaac Iljitsch: Studien zur Marxschen Werttheorie, Frankfurt a. M. 1973.

Rubin, Isaac Iljitsch: Dialektik der Kategorien. Debatte in d. UdSSR (1927–29), Berlin (West) 1975.

Ruschig, Ulrich: Der Begriff der Substanz bei Marx, in: Zeitschrift für Kritische Sozialtheorie und Philosophie 1–2/2017, S. 49–85.

Saito, Kohei: Systemsturz. Der Sieg der Natur über den Kapitalismus, München 2023.

Schmidt, Alfred: Zum Erkenntnisbegriff der Kritik der politischen Ökonomie, in: Walter Euchner/Alfred Schmidt (Hrsg.): Kritik der politischen Ökonomie heute, S. 30–43.

Schnädelbach, Herbert: Hegels Praktische Philosophie. Ein Kommentar der Texte in der Reihenfolge ihrer Entstehung, Frankfurt a. M. 2000.

Schrader, Fred E.: »By mere accident«. Hegel–Marx, 1857–1861, in: Hegel-Jahrbuch 2007, S. 175–181.

Seidel, Helmut: Aristoteles und der Ausgang der antiken Philosophie. Vorlesungen zur Geschichte der Philosophie, Berlin (Ost) 1984.

Sohn-Rethel, Alfred: Geistige und körperliche Arbeit. Zur Epistemologie der abendländischen Geschichte. Revidierte und ergänzte Neuauflage, Weinheim 1989.

Stapelfeldt, Gerhard: Das Problem des Anfangs in der Kritik der Politischen Ökonomie von Karl Marx, Hamburg 2009.

Stekeler-Weithofer, Pirmin: Philosophie des Selbstbewußtseins, Frankfurt a. M. 2019.

Stiehler, Gottfried: Über die Elastizität von Kategorien des historischen Materialismus, in: Deutsche Zeitschrift für Philosophie 7/1977, S. 779–791.

Stoljarow, W. W.: Über Rolle und Stellung der philosophischen Kategorien im Denken, in: Deutsche Zeitschrift für Philosophie 5/1957, S. 672–696.

Theunissen, Michael: Sein und Schein. Die kritische Funktion der hegelschen Logik, Frankfurt a. M. 1980.

Tomonaga, Tairako: Versachlichung und Verdinglichung in ihrer Beziehung zur hegelschen Dialektik. Zur Erschliessung der Logik der Verkehrung, in: Hokudai Economic Papers 12/1982, S. 65–85.

Tomonaga, Tairako.: Versachlichung und Verdinglichung in der Phänomenologie des Geistes Hegels, in: Hokudai Economic Papers 14/1984, S. 93–110.

Tomonaga, Tairako: Der fundamentale Charakter der Dialektik im »Kapital« von Marx. Zur »Logik der Verkehrung«, in: Siegfried Bönisch (Hrsg.): Marxistische Dialektik in Japan. Beiträge japanischer Philosophen zu aktuellen Problemen der dialektisch-materialistischen Methode, Berlin (Ost) 1987, S. 105–123.

Tuchscheerer, Walter: Bevor das »Kapital« entstand. Die Entstehung der ökonomischen Theorie von Karl Marx, Berlin (Ost) 1968.

Vidal-Naquet, Pierre: Der schwarze Jäger. Denkformen und Gesellschaftsformen in der griechischen Antike, Frankfurt a. M./New York 1989.

Vieth, Andreas: Philosophische Grundbegriffe, in: Michael Quante/David P. Schweikard (Hrsg.): Marx Handbuch, Stuttgart 2016, S. 145–172.

Vogel, Bernd: Die philosophischen Kategorien als ein Gegenstand der materialistischen Dialektikforschung. Literaturbericht, in: Deutsche Zeitschrift für Philosophie 5/1988, S. 444–449.

Wandschneider, Dieter: Grundzüge einer Theorie der Dialektik: Rekonstruktion und Revision dialektischer Kategorienentwicklung in Hegels »Wissenschaft der Logik«, Stuttgart 1995.

Wolf, Dieter: Der dialektische Widerspruch im Kapital. Ein Beitrag zur Marxschen Werttheorie, Hamburg 2002.

Wolf, Dieter: Abstraktionen in der ökonomisch-gesellschaftlichen Wirklichkeit und in der diese Wirklichkeit darstellenden Kritik der politischen Ökonomie, 2007, unter: www.dieterwolf.net/pdf/Abstraktion.pdf.

Wolf, Dieter: Konstitutive Rolle theoretisch bedeutsamer Abstraktionen für die Methode der wissenschaftlichen Darstellung, 2007, unter: www.dieterwolf.net/pdf/theoretische_Abstraktionen_methode_wissenschaftlicher_darstellung.pdf.

Wolf, Dieter: Gesellschaftliche Praxis und das Problem der Geldware. Kritische Auseinandersetzung mit Ingo Stützle, Michael Heinrich und Jannis Milios, in: ders./Ansgar Knolle-Grothusen/Stephan Krüger (Hrsg.): Geldware, Geld und Währung. Grundlagen zur Lösung des Problems der Geldware, Hamburg 2009, S. 7–115.

Wolf, Dieter: Die »Bewegungsformen« des »absoluten Geistes« als Lösungsbewegungen des dialektischen Widerspruchs zwischen »Natur« und »Geist« und die »Bewegungsformen« des Kapitals als Lösungsbewegungen des dialektischen Widerspruchs zwischen Gebrauchswert und Wert, 2018, unter: www.freiland-potsdam.de/uploads/7294046b07eff1a96e119c9d1eba6031.pdf.

Wolff, Nathanael: Der Übergang des ersten in den zweiten Band des »Kapital«. Ein Beitrag zur Rekonstruktion der Architektonik des Marxschen Hauptwerks, in: Z. Zeitschrift für marxistische Erneuerung 119, 2019, S. 138–153.

Wygodski, Witali: Die dialektische Einheit von Forschungs- und Darstellungsmethode im politökonomischen Schaffen von Karl Marx und ihre schöpferische Anwendung durch W. I. Lenin, in: Hallesche Arbeitsblätter zur Marx-Engels-Forschung 3/1978, S. 57–72.

Wygodski, Witali: Die Verflechtung von Forschungs- und Darstellungsmethode in den »Grundrissen der Kritik der politischen Ökonomie«, in: Hallesche Arbeitsblätter zur Marx-Engels-Forschung 9/1979, S. 4–18.

Wygodski, Witali: Nochmals zum Verhältnis von Forschungs- und Darstellungsmethode, in: Hallesche Arbeitsblätter zur Marx-Engels-Forschung 11/1980, S. 20–25.

Zardoya Loureda, Rubén: ¿Son conceptos las categorías?, in: Pablo Guadarrama González/Carmen Suárez Gómez (Hrsg.): Filosofía y Sociedad, Tomo 1, Havanna 2000, S. 239–248.

Zelený, Jindřich: Die Wissenschaftslogik bei Marx und »Das Kapital«, Berlin (Ost) 1968.

Žižek, Slavoj: Weniger als nichts. Hegel und der Schatten des dialektischen Materialismus, Frankfurt a. M. 2016.

Danksagung

Das hier verfolgte Erkenntnisinteresse entzündete sich an einer Vielzahl von Krisen (mit) der widersprüchlichen Wirklichkeit. Der Versuch, zu verstehen, wie das »was über die Menschen hinweg sich durchsetzt, sich durchsetzt vermöge ihrer selbst, vermöge ihrer eigenen Interessen«,[1] ließ mich nach Methoden und Denkformen suchen, die unter dem Blickwinkel der Veränderbarkeit verstehen lassen, warum die Wirklichkeit ist, wie sie ist. Das vorliegende Buch als überarbeitete Fassung meiner Dissertation ist Ausdruck dieser Suche. Es wäre undenkbar ohne die Menschen, die mich in den letzten Jahren begleitet und unterstützt haben.

Daher möchte ich dem Karl Dietz Verlag und Ingo Stützle danken, sich auf das Wagnis eingelassen zu haben, eine Qualifikationsschrift zu publizieren und für die gute Zusammenarbeit. Ein besonderer Dank gilt Prof. Dr. Johannes Rohbeck, der meine Dissertation betreute und mich über schwierige Phasen hinweg unterstützt hat. Ohne seine wohlwollende Kritik und das damit verbundenen Zutrauen hätte sie nicht die vorliegende Form gefunden. Wertvolle Anregungen für den hier verfolgten eigenen Ansatz erhielt ich dabei in seinen Seminaren. Dies gilt auch für Prof. Dr. Reinhard Hiltscher und ihm sei gedankt, dass seine Tür für Fragen immer offen stand. Ihr Vertrauen, die uneingeschränkte Bereitschaft, Ihr Wissen zu teilen, und die Ermutigung, eigene Fragestellungen zu entwickeln, haben den Grundstein für dieses Projekt gelegt. Prof. Dr. Michael Städtler danke ich, dass er sich nicht nur für das Thema begeistern ließ und das Zweitgutachten verfasste, sondern auch die Endfertigung trotz immer weiter anwachsenden Umfangs begleitet hat.

Ohne die Diskussion und gemeinsame Hegellektüre mit dem leider viel zu früh verstorbenen Freund und Kollegen Marco Kleber wären der Teil zur »Rechtsphilosophie« und eine Grundorientierung in der »Wissenschaft der Logik« undenkbar gewesen. Die gemeinsame Lektüre und Vorträge mit Marvin Gasser wie auch die beständige Kritik von Nathanael Wolff haben meine Auffassung des »Kapital« geprägt. Martin Küpper hat es auf sich genommen, die gesamte Arbeit in einem frühen Stadium

1 Theodor W. Adorno: Zur Lehre von der Geschichte und von der Freiheit, Frankfurt a. M. 2001, S. 41.

durchzugehen, und damit entscheidend zu ihrem Gelingen beigetragen. Dr. habil. Felix Bernd Vogel sei gedankt für die Diskussionen und Materialien zur Methodendebatte in der DDR und Sowjetunion. Für Anmerkungen, Korrekturen und Zuspruch wie Kritik, an denen die Arbeit gewachsen ist und ihre Form gefunden hat, danke ich Adrian Neef, Alessandro Cardinale, Ana Miranda Mora, André Kistner, Daniel Queiser, Facundo Nahuel Martín, Georg Bardl, Heinrich Hofer, Lucas von Ramin, Natalia Fomina und ganz besonders dem *Referat für politische Bildung* der TU Dresden und Teilnehmenden verschiedener Seminare, ohne die ich nicht verstanden hätte, was ich eigentlich sagen will. Nicht zuletzt danke ich dem Berliner Verein zur Förderung der MEGA-Edition e. V. für einen großzügigen Druckkostenzuschuss und dem Land Sachsen, dessen Promotionsförderung in Form des Landesstipendiums die Abfassung der vorliegenden Arbeit ermöglichte.

Dank gebührt auch meinen Eltern für das mitgegebene Selbstvertrauen und nicht zuletzt die materielle Sicherheit, ein solches Projekt anzugehen. Das gleiche gilt für meine Familie, welche darüber hinaus die Herausforderungen und arbeitsintensiven Phasen mitzutragen hatte. Ihnen, Julia, Laila und Raya, ist die Arbeit gewidmet.